高等职业教育规划教材配套教学用书
高等职业学校课程改革实验教材

地下管网探测与检测技术

浙江天煌科技实业有限公司　组编
王　强　主编
苗金明　曲文晶　参编

机械工业出版社

为了保障油气管道以及城市地下管网运行安全，科学有效地开展管道探测、检测及监测就必不可少。本书较全面系统地阐述了地下管网探测、检测及监测的基本理论，以及各类管道探测、检测及监测技术的系统原理、仪器设备、操作方法和工程应用实例。同时，本书对国内外管道探测、检测及监测技术发展的最新成果也进行了简要介绍。本书分为地下管网探测、地下管网检测和地下管网监测三个模块，主要内容包括：地下管网探测技术概述、地下金属管线探测技术、地下非金属管线探测技术、复杂条件地下管线探测技术、地下管网检测技术概述、地下管网泄漏检测技术、地下管道外防腐层检测技术、地下管道腐蚀检测技术、管道管体无损检测技术、管道泄漏与第三方破坏监测技术、管道腐蚀在线监测技术、城市地下管网（廊）远程监控技术。

本书可用作高职院校安全工程、油气储运、市政工程等专业的教材，也可以供油气储运，以及城市给水、排水、燃气、供热等工程管线的管理与技术人员阅读参考。

图书在版编目（CIP）数据

地下管网探测与检测技术/浙江天煌科技实业有限公司组编；王强主编. —北京：机械工业出版社，2019.11（2024.1重印）

高等职业教育规划教材配套教学用书　高等职业学校课程改革实验教材

ISBN 978-7-111-63745-5

Ⅰ. ①地… Ⅱ. ①浙… ②王… Ⅲ. ①地下管道-管网-探测-高等职业教育-教材②地下管道-管网-检测-高等职业教育-教材　Ⅳ. ①U173.9

中国版本图书馆 CIP 数据核字（2019）第 205898 号

机械工业出版社（北京市百万庄大街22号　邮政编码100037）
策划编辑：汪光灿　责任编辑：汪光灿　于伟蓉
责任校对：佟瑞鑫　封面设计：张　静
责任印制：郜　敏
北京富资园科技发展有限公司印刷
2024年1月第1版第3次印刷
184mm×260mm · 21.5 印张 · 530 千字
标准书号：ISBN 978-7-111-63745-5
定价：63.00元

电话服务　　　　　　　　网络服务
客服电话：010-88361066　机 工 官 网：www.cmpbook.com
　　　　　010-88379833　机 工 官 博：weibo.com/cmp1952
　　　　　010-68326294　金 书 网：www.golden-book.com
封底无防伪标均为盗版　机工教育服务网：www.cmpedu.com

前　言

管道运输被认为是最安全经济的运输方式。随着我国经济的持续发展和城市规模的不断扩大，油气长输管道与城市地下管网的发展十分迅猛，目前我国油气长输管道总里程已超过13万km，全国城市地下管网总里程接近200万km。管道是油气运输的"主动脉"，是城市运行的"生命线"。管道运输在我国社会经济生活中承担着极其重要的运输任务。科学开展管道探测、检测及监测，可准确地掌握地下管线的属性与空间位置，及时发现管道泄漏与损伤状况，在线监控管网运行参数与实时状态，从而有效避免各类管道事故的发生，切实保障油气管道以及城市地下管网的运行安全。

本书较全面、系统地阐述了地下管网探测、检测及监测的基本理论，以及各类管道探测、检测及监测技术的系统原理、仪器设备、操作方法和工程应用实例。同时，本书对国内外管道探测、检测及监测技术发展的最新成果也进行了简要介绍。本书分为三个模块，共十二章内容。模块一地下管网探测，主要包括地下管网探测技术概述、地下金属管线探测技术、地下非金属管线探测技术、复杂条件地下管线探测技术四章内容；模块二地下管网检测，主要包括地下管网检测技术概述、地下管网泄漏检测技术、地下管道外防腐层检测技术、地下管道腐蚀检测技术、管道管体无损检测技术五章内容；模块三地下管网监测，主要包括管道泄漏与第三方破坏监测技术、管道腐蚀在线监测技术、城市地下管网（廊）远程监控技术三章内容。

本书在编写过程中力求结构合理、简繁得当、理论联系实际，参照和引用了现行技术标准和规范，并参阅了大量的文献和工程资料，吸收了同类教材的精华。在此，对所引用的参考资料的原作者表示最诚挚的谢意！

本书第一、二、三、四、五、六、八、九、十章由北京劳动保障职业学院王强编写，第七章由北京劳动保障职业学院苗金明编写，第十一、十二章由中国寰球工程有限公司北京分公司曲文晶编写。全书由王强统稿。

对在写作过程中给予帮助的朋友们，编者在此表示深深的谢意，并感谢浙江天煌科技实业有限公司给予的帮助。由于编者水平有限，书中疏漏和错误之处在所难免，望广大专家、读者提出宝贵意见，以便修订时加以改正。

编　者

目 录

前 言

模块一　地下管网探测

第一章　地下管网探测技术概述 …… 2
- 第一节　地下管网探测基础知识 …… 2
- 第二节　地下管网探查 …… 6
- 第三节　地下管线测量 …… 16
- 第四节　地下管线图编绘 …… 21
- 第五节　报告书编写和成果验收 …… 28

第二章　地下金属管线探测技术 …… 31
- 第一节　地下金属管线电磁法探测技术 …… 31
- 第二节　RD8000探测仪使用方法 …… 38

第三章　地下非金属管线探测技术 …… 50
- 第一节　地下非金属管线探查及标识方法 …… 50
- 第二节　探地雷达探测技术 …… 53
- 第三节　RD1000探地雷达使用方法 …… 57
- 第四节　塑料管线示踪法探测技术 …… 68

第四章　复杂条件地下管线探测技术 …… 74
- 第一节　非开挖施工管线惯性陀螺仪定位技术 …… 74
- 第二节　超深管线地震映像法探测技术 …… 78
- 第三节　超深管线高密度电法探测技术 …… 83
- 第四节　近间距并行管线电磁法探测技术 …… 87

模块二　地下管网检测

第五章　地下管网检测技术概述 …… 94
- 第一节　地下管道检测的必要性 …… 94
- 第二节　地下管网检测内容 …… 96

第六章　地下管网泄漏检测技术 …… 99
- 第一节　供水管道泄漏检测技术概述 …… 99
- 第二节　自来水管道检漏技术与仪器分类 …… 105
- 第三节　供水管网的系统检漏 …… 110
- 第四节　自来水管道检漏设备的使用 …… 115
- 第五节　燃气输配管道泄漏检测技术概述 …… 123
- 第六节　埋地燃气管道泄漏检测的一般方法 …… 131
- 第七节　埋地燃气管道氢气示踪检测法 …… 133
- 第八节　气体报警仪的使用 …… 137
- 第九节　城市燃气泄漏检测新方法及其应用 …… 148
- 第十节　热力管道泄漏光纤光栅检测技术 …… 155

第七章　地下管道外防腐层检测技术 …… 161
- 第一节　地下管道外防腐层状况检测技术 …… 161
- 第二节　地下管道外防腐层绝缘电阻检测技术 …… 177
- 第三节　管道防腐层高压电火花检测技术 …… 196
- 第四节　管道阴极保护参数测试技术 …… 203

第八章　地下管道腐蚀检测技术 …… 219
- 第一节　地下管道腐蚀与城市安全 …… 219
- 第二节　埋地管道腐蚀检测与评价技术概述 …… 223
- 第三节　埋地钢质管道环境腐蚀性检测 …… 228
- 第四节　燃气管道腐蚀检测技术简介 …… 233
- 第五节　管道腐蚀超声导波检测技术 …… 237
- 第六节　城市公共排水管道CCTV内窥检测技术 …… 248
- 第七节　腐蚀管道壁厚检测与安全评价方法 …… 252
- 第八节　埋地钢质管道腐蚀瞬变电磁法检测 …… 257

第九章 管道管体无损检测技术 262
第一节 管道管体的破坏形式及缺陷类型 262
第二节 埋地管道无损检测技术概述 265
第三节 地下管道内检测技术 271
第四节 油气管道无损检测方法 276
第五节 管道漏磁检测技术及应用 279
第六节 排水管道无损检测技术 282
第七节 管道对接焊缝的超声波检测 285
第八节 埋地金属管道应力集中检测技术 295
第九节 地下管道变形检测技术 298

模块三 地下管网监测

第十章 管道泄漏与第三方破坏监测技术 304
第一节 管道泄漏监测技术与监测体系 304
第二节 油气管道第三方破坏监测预警技术 309

第十一章 管道腐蚀在线监测技术 314
第一节 油气长输管道内腐蚀监测技术 314
第二节 金属管道非破坏腐蚀监测技术 316

第十二章 城市地下管网（廊）远程监控技术 320
第一节 SCADA 系统介绍 320
第二节 燃气管网 SCADA 系统 322
第三节 供水管网 SCADA 系统 327
第四节 城市地下综合管廊安全监测系统与关键技术 332

参考文献 337

模块一 地下管网探测

第一章

地下管网探测技术概述

第一节 地下管网探测基础知识

一、我国城市地下管网分类

城市地下管网系统是城市基础设施重要组成部分，是城市赖以生存和发展的物质基础，是保障城市正常、高效运转，保证城市经济、社会健康可持续发展的重要条件。

城市市政管网根据用途不同可分为城市供水管网、城市排水管网、城市燃气管网、城市集中供热管网等。

城市市政管网根据管道材质不同可分为钢管、铸铁管、混凝土管、塑料管。钢管主要包括无缝钢管、焊接钢管；铸铁管主要包括灰口铸铁管（亦称普通铸铁管）、延性铸铁管（亦称球墨铸铁管）；混凝土管主要包括预应力混凝土管（PCP）、自应力混凝土管（SPCP）、预应力钢筒混凝土管（PCCP）、混凝土管（CP）、钢筋混凝土管（RCP）；塑料管主要包括聚乙烯管（PE）、硬质聚氯乙烯管（PVC-U）等。

在城市市政管网系统中，城市供水管网主要品种有钢管、铸铁管、混凝土管、塑料管；城市排水管网主要品种有铸铁管、混凝土管、塑料管；城市燃气管网主要品种有钢管、铸铁管、塑料管；城市集中供热管网主要为钢管，塑料管作为其保温层的保护套管。

二、地下管网（线）探测基本术语

（1）地下管线探测：确定地下管线属性、空间位置的全过程，包括地下管线探查和地下管线测绘两个基本内容。

（2）地下管线探查：通过现场调查和不同的探测方法探寻各种管线的埋设位置和深度，并在地面设立测点——管线点。

（3）管线点：地下管线探查过程中为准确描述地下管线的走向特征和附属设施信息在地下管线探查或调查工作中设立的测点。

（4）地下管线测绘：对已查明的地下管线位置即管线点的平面位置和高程进行测量，并编绘地下管线图。

（5）地下管线普查：按城市规划建设管理要求，采取经济合理的方法查明城市建成区或城市规划发展区内的地下管线现状，获取准确的管线有关数据，编绘管线图，建立数据库和信息管理系统，实施管线信息资料计算机动态管理的过程。

（6）现况调绘：由各专业管线权属单位负责组织有关专业人员对已埋设的地下管线进行资料收集，并分类整理、调绘编制现况调绘图，为野外探测作业提供参考和有关地下管线属性依据的过程。

三、地下管网（线）探测涉及的专业领域

地下管线探测是一门集几种学科于一身的应用技术学科，它是一门中间学科，涉及物理学，地球物理学，电磁测量技术，工程测量，计算技术及有关的市政、规划、各类工程系统，工艺设计等学科。从它研究的领域看，属于地球物理学，准确地讲，是地球物理学中测量（地）学的特种工程测量。也可以把它归于应用地球物理学中的土木工程应用，或俗称为工程或环境地球物理探测。

探测地下管线主要涉及以下三个专业领域：

（1）地球物理专业　其作用是查明地下管线的空间赋存状态，即查明地下管线的平面位置、走向、埋深（或高程）、规格、性质、材质等。

（2）测绘专业　其作用是将探测结果用地理坐标网以及高程联系起来，绘制成相应的图件。

（3）计算机应用专业　其作用是将上述成果用地理信息系统（GIS）管理起来，制成随时可调用的"数字地图"，使我们对地下管线的管理工作实现数字化、科学化、现代化、信息化。

四、地下管网（线）探测的基本程序和要求

地下管线探测工作宜遵循下列基本程序：接受任务、搜集资料、现场踏勘、方法试验、编制技术设计、实地调查、仪器探查、建立测量控制、管线点连测、地下管线图编绘、报告书编写和成果验收。探测单一管线或工作量较少时，上述工作程序可以简化。

地下管线现场探测前，必须全面搜集和整理测区范围内已有的地下管线资料和有关测绘资料，宜包括下列内容：①已有的各种地下管线图；②各种管线的设计图、施工图、竣工图及技术说明资料；③相应比例尺的地形图；④测区及其邻近测量控制点的坐标和高程。

现场踏勘的主要任务是：①核查搜集的资料，评价资料的可信度和可利用程度；②察看测区的地面建筑、地貌、交通和地下管线分布出露情况、地球物理条件及各种可能的干扰因素；③核查测区内测量控制点的位置。

施工场地管线图探测基本地形图的比例尺一般为 1：200～1：1000。

五、地下管网（线）探测方法分类

地下管网探测的核心问题是对地下各类管线进行精确的定位与定深。地下管网探查工作实质上就是利用各种地下管线本身所具有的与其周围介质不同的物理特性及其与周围环境特征的关系来查找埋设在地下的各种管线的空间状态（位置、埋深、走向）。利用地下管线的不同物理特性，实现对地下管线的探测，就形成了不同的探测方法。从原理上讲，电磁法（含电磁波法）、直流电法（高密度）、磁法、地震波法（面波）、红外辐射法等物探方法，均可用于探测地下管网（线）。

地下管网探查的物探方法应根据任务要求、探查对象和地球物理条件进行选用。目前国内外用于地下管网探查的物探方法主要为电磁法。近几年大量的工程实践证明，电磁法在地下管网探查中应用最广泛，效果较好，速度快，成本低，是一种比较经济实用的方法。

六、地下管网（线）探测面临的环境

在城市高速发展的今天，城市的规模不断扩大，建设与发展突飞猛进，地下设施越来越密集，各种管线密如蛛网，交叉并行。地下管网探测工作面临着严峻的挑战，探测环境也越来越苛刻。在某些复杂的区域，地下管网探测干扰极为严重，可超过野外干扰的10000倍以上。

1. 城市地下管网探测过程中常见干扰信号

（1）天然电磁场干扰：频谱宽，随机性大。
（2）动力电源的电场及磁场。
（3）交通工具，如电车、汽车、电气化火车和摩托车的脉冲型电磁场。
（4）各类电器负载变化及交通信号控制系统引起的电磁场起伏。
（5）各类通信电路辐射的电磁场。
（6）各种交通工具引起的振动干扰。
（7）各类机械运行引起的振动干扰。

2. 城市地下管网探测时干扰体

（1）地面上铁栅栏、铁花栏围墙、钢筋混凝土（桩）、铁柱（桩）及铁磁性路障等铁磁性物体。
（2）各种近地表的架空电缆、变压器、信号箱及其他金属构建物。
（3）地下各种非探测目标体的存在。

3. 地下管网埋设环境

地下管网拥挤且分支多，加之埋设的年代不同，施工工艺不同，情况更加复杂。在某些地域，探测场地过于狭窄，地面交通繁忙，要求路面条件不能改善，交通不能中断。

七、地下管网（线）探测精度要求

施工场地地下管线探测可采用本地的建筑坐标系统，但应与当地城市坐标系统建立换算关系。城市地下管线探测的精度应符合以下规定：

（1）隐蔽勘探点的探查精度分为三个等级，见表1-1，表中限差值按两倍中误差计。

表1-1　隐蔽管线点的探查精度

精度等级	水平位置限差 δ_{ta}/cm	埋深限差 δ_{th}/cm	精度等级	水平位置限差 δ_{ta}/cm	埋深限差 δ_{th}/cm
Ⅰ	±(5+0.05h)	±(5+0.07h)	Ⅲ	±(5+0.12h)	±(5+0.18h)
Ⅱ	±(5+0.08h)	±(5+0.12h)			

注：1. h 为地下管线的中心埋深，以 cm 计。
　　2. 当 $h \leq 70$cm 时，埋深限差 δ_{th} 用 $h=70$cm 代入计算。
　　3. 如果对探查精度有特殊要求，可根据工程需要确定。

（2）测量管线点（管线点是为了探查和测绘地下管线而设置的测点）的解析坐标中误差（指测点相对于邻近解析控制点）不得超过±5cm；高程中误差（指测点相对于邻近高程

控制点）不得超过±2cm。

(3) 探测管线点的解析坐标中误差（指实际管线点相对于邻近解析控制点）不得超过表 1-2 中的规定；高程中误差（指实际管线高程点相对于邻近高程控制点）不得超过 $0.5\delta_{th}$。

表 1-2 探测管线点解析坐标中误差

精度等级	坐标中误差 m_s/cm	精度等级	坐标中误差 m_s/cm
Ⅰ	±(5+0.02h)	Ⅲ	±(5+0.055h)
Ⅱ	±(5+0.035h)		

(4) 地下管线图上测量点位中误差不得超过±0.5mm；地下管线图上探测点位中误差不得超过±$(0.5+0.625\delta_{ts}/M)$ mm，式中 M 为测图比例尺的分母，δ_{ts} 为平面位置限差。

八、地下管网（线）探测的取舍标准

地下管线探测的取舍标准应根据各城市的具体情况、管线的疏密程度和委托方的要求确定。市政公用管线探测宜按表 1-3 取舍。

表 1-3 市政公用地下管线探测的取舍标准

管线类型	需探测的管线	管线类型	需探测的管线
给水	管径≥50mm 或≥100mm	热力	全测
排水	管径≥200mm 或方沟≥400mm×400mm	电力	全测
燃气	管径≥50mm 或≥75mm	电信	全测
工业	全测		

九、地下管网（线）探测安全保护规定

(1) 从事地下管线探测的作业人员，必须熟悉本工作岗位的安全保护规定，做到安全生产。

(2) 在市区或道路上进行地下管线探测的作业人员，必须穿戴安全标志服，遵守城市交通法规。

(3) 进入企业厂区进行地下管线探测的作业人员，必须熟悉该厂安全保护规定，遵守该企业工厂的厂规。

(4) 对规模较大的排污管道，在下井调查或施放探头、电极导线时，严禁明火，并应进行有害、有毒及可燃气体的浓度测定。超标的管道要采取安全保护措施后才能作业。

(5) 严禁在氧、煤气、乙炔等易燃、易爆管道上设充电点进行直接法或充电法作业。

(6) 使用大功率仪器设备时，作业人员应具备安全用电和触电急救的基础知识。工作电压超过 36V 时，供电作业人员应使用绝缘防护用品。接地电极附近应设置明显警告标志，并委派专人看管。雷电天气严禁使用大功率仪器设备施工。井下作业的所有电气设备外壳必须接地。

(7) 打开窨井盖作实地调查时，井口必须有专人看管，或用设有明显标志的栅栏圈围起来。夜间作业时，应有安全照明标记。调查完毕必须立即盖好窨井盖，打开窨井盖后严禁作业人员离开现场。

（8）发生人身事故时，除立即将受害者送到附近医院急救外，还必须保护现场，及时报告上级主管部门，组织有关人员进行调查，明确事故责任。

（9）地下管线信息管理系统运行中应采取必要的措施，防止病毒攻击和数据流失，确保数据安全。

第二节 地下管网探查

一、地下管网探查的一般规定

（1）地下管线探查应在现场查明各种地下管线的敷设状况，即管线在地面上的投影位置和埋深，同时应查明管线类别、材质、规格、载体特征、电缆根数、孔数及附属设施等，绘制探查草图并在地面上设置管线点标志。

（2）管线点宜设置在管线的特征点在地面的投影位置上。管线特征点包括交叉点、分支点、转折点、变材点、变坡点、变径点、起讫点、上杆、下杆以及管线上的附属设施中心点等。

（3）在没有特征点的管线段上，视地下管线探测任务不同，地下管线的管线点间距应符合下列规定：

1）城市地下管线普查和专用管线探测，宜按相应比例尺设置管线点，管线点在地形图上的间距应小于或等于15cm。

2）厂区或住宅小区管线探测，宜按相应比例尺设置管线点，管线点在地形图上的间距应小于或等于10cm。

3）施工场地管线探测，宜在现场按小于或等于10m的间距设置管线点。

4）当管线弯曲时，管线点的设置应以能反映管线弯曲特征为原则。

（4）地下管线探查应在充分搜集和分析已有资料的基础上，采用实地调查与仪器探查相结合的方法进行。

（5）管线点的编号宜由管线代号和管线点序号组成，管线代号可用汉语拼音字母标记，管线点序号用阿拉伯数字标记。管线点编号在同一测区内应是唯一的。

（6）管线探查现场应使用墨水钢笔或铅笔按管线探查记录所列项目填写清楚，并应详细地将各种管线的走向、连接关系、管线点编号等标注在相应大比例尺（如1∶500）地形图上，形成探查草图交付地下管线测量工序使用。一切原始记录的记录项目应填写齐全、正确、清晰，不得随意擦改、涂改、转抄。确需修改更正时，可在原记录数据内容上划一"—"线后，将正确的数据内容填写在其旁边，并注记原因，以便查对。

二、实地调查

（1）对明显管线点上所出露的地下管线及其附属设施应做详细调查、记录和量测，并按表1-4的格式填写管线点调查结果。各种地下管线实地调查的项目可按表1-5选取。

（2）在实地调查时，应查明每一条管线的性质和类型，并应符合下列规定：

1）给水管道可按给水的用途分为生活用水、生产用水和消防用水。

2）排水管道可按排泄水的性质分为污水、雨水和雨污合流。

表 1-4　地下管线探查记录表

工程名称：　　　　　工程编号：　　　　　管线类型：　　　　　发射机型号、编号：
权属单位：　　　　　测区：　　　　　　　图幅编号：　　　　　接收机型号、编号：

管线点号	连接点号	管线点类别		材质	管线规格/mm	载体特征		隐蔽点探查方法			埋深/cm			偏距/cm	埋设		备注
		特征	附属物			压力（电压）	流向（根数）	激发	定位	定深	外顶（内底）	中心			方式	年代	
												探测	修正后				
1	2	3	4	5	6	7	8	9	10	11	12	13	14	15	16	17	18

探查单位：　　　　　探查者：　　　　　探查日期：　　　　　校核者：　　　　　第　页共　页

注：激发方式：①直接连接；②夹钳；③感应（直立线圈）；④感应（压线）；⑤其他。
　　定位方式：①电磁法；②电磁波法；③钎探；④开挖；⑤据调绘资料。
　　定深方法：①直读；②百分比；③特征点；④钎深；⑤开挖；⑥实地量测；⑦雷达；⑧据调绘资料；⑨内插。

表 1-5　各种地下管线实地调查项目

管线类别		埋深		断面		根数	材质	构筑物	附属物	载体特征			埋设年代	权属单位
		内底	外顶	管径	宽×高					压力	流向	电压		
给水			△	△			△	△	△				△	△
排水	管道	△		△			△	△	△		△		△	△
	方沟	△			△		△	△	△				△	△
燃气			△	△			△	△	△	△			△	△
工业	自流	△		△			△	△	△				△	△
	压力		△	△			△	△	△	△			△	△
热力	有沟道	△		△			△	△	△				△	△
	无沟道		△	△			△	△	△				△	△
电力	管块		△	△		△	△	△	△			△	△	△
	沟道	△		△		△	△	△	△				△	△
	直埋		△	△		△	△	△	△				△	△
电信	管块		△	△		△	△	△	△				△	△
	沟道	△		△		△	△	△	△				△	△
	直埋		△	△		△	△	△	△				△	△

注："△"表示应实地调查的项目。

3) 燃气管道可按其所传输的燃气性质分为煤气、液化气和天然气；按燃气管道的压力 p 大小分为低压、中压和高压，其中：

低压 $p \leq 5\text{kPa}$；中压 $5\text{kPa}<p \leq 0.4\text{MPa}$；高压 $0.4\text{MPa}<p \leq 1.6\text{MPa}$。

4) 工业管道可按其所传输的材料性质分为氢、氧、乙炔、石油、排渣等；按管内压力大小分为无压（或自流）、低压、中压和高压，其中：

无压（或自流）压力 = 0；低压 $0<p \leq 1.6\text{MPa}$；中压 $1.6\text{MPa}<p \leq 10\text{MPa}$；高压 $p>10\text{MPa}$。

5) 热力管道可按其所传输的材料分为热水和蒸汽；

6) 电力电缆可按其功能分为供电（输电或配电）、路灯、电车等；按电压的高低可分为低压、高压和超高压，其中：低压 $V \leq 1\text{kV}$；高压 $1\text{kV}<V \leq 110\text{kV}$；超高压 $V>110\text{kV}$。

7) 电信电缆可按其功能分为电话电缆、有线电视和其他专用电信电缆等。

(3) 地下管线的埋深用米（m）表示，测量误差不得超过±5cm。

(4) 地下管线的埋深可分为内底埋深、外顶埋深和外底埋深，如图1-1所示。测量何种埋深应根据地下管线的性质和委托方的要求确定：

1) 地下沟道或自流的地下管道应量测其内底埋深，有压力的地下管道应测量其外顶埋深。

2) 直埋电缆和管块应测量其外顶埋深，管沟应测量其内底埋深。

3) 地下隧道或顶管工程施工场地的地下管线探测应测量外底深度。

(5) 在窨井（包括检查井、闸门井、阀门井、仪表井、人孔和手孔等）上设置明显管线点时，管线点的位置应设在井盖的中心。当地下管线中心线的地面投影偏离管线点，其偏距大于0.2m时，应以管线在地面的投影位置设置管线点，窨井作为专业管线附属物处理。

(6) 地下管道及埋设电缆的管沟应量测其断面尺寸。圆形断面应量测其内径；矩形断面应量测其内壁的宽和高，单位用毫米（mm）表示。

(7) 地下管道应查明其材质（铸铁管、钢管、混凝土管、钢筋混凝土管、塑料管、石棉水泥管、陶土管、陶瓷管、砖石沟等）。

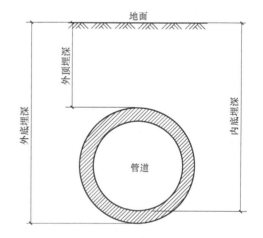

图1-1 地下管线埋深分类示意图

(8) 埋设于地下管沟或管块中的电力电缆或电信电缆，应查明其电缆的根数或管块孔数。

(9) 在明显管线点上，应查明地下各种管线上的建（构）筑物和附属设施（表1-6）。

(10) 工区内缺乏明显管线点或在已有明显管线点上尚不能查明实地调查中应查明的项目时，应邀请熟知本地区地下管线的人员参加或通过开挖进行实地调查和量测。

表 1-6　地下各种管线上的建（构）筑物和附属设施

管线类别	建(构)筑物	附属设施
给水	水源井、给水泵站、水塔、清水池、净化池	阀门、水表、消火栓、排气阀、排泥阀、预留接头、阀门井
排水(雨水、污水)	排水泵站、沉淀池、化粪池、净化构筑物、暗沟地面出口	检查井、跌水井、水封井、冲洗井、沉泥井、进出水口、污水箅、排污装置
燃气、热力及工业管道	调压房、煤气站、锅炉房、动力站、储气柜、冷却塔	涨缩器、排气(排水、排污)装置、凝水井、各种窨井、阀门
电力	变电所(站)、配电室、电缆检修井、各种塔(杆)	杆上变压器、露天地面变压器、各种窨井、人孔井
电信	变换站、控制室、电缆检修井、各种塔(杆)、增音站	交接箱、分线箱、各种窨井、检修井

三、地下管线探查物探方法和技术

（1）探查隐蔽地下管线的物探方法应具备以下条件：

1）被探查的地下管线与其周围介质之间有明显的物性差异。

2）被探查的地下管线所产生的异常场有足够的强度，能从干扰背景中清楚地分辨出来。

3）满足探查精度要求：平面位置限差 δ_{ts} 为 $0.10h$；埋深限差 δ_{th} 为 $0.15h$。

式中，h 为地下管线的中心埋深，单位为厘米（cm），当 $h<100$cm 时则以 100cm 代入计算。

（2）探查地下管线应遵循以下原则。

1）从已知到未知。在进行管线探测时，首先应对施工区内的基本情况进行了解，搜集分析与施工区相关的管线资料。然后对施工区进行踏勘，查找地下管线敷设情况已知的地方，进行方法试验，评价该方法的有效性和精度，再推广到未知区开展探查工作。在具体工作中也是先从管线已知点（明显点）开始工作。

2）从简单到复杂。在开展管线探查工作时，应首先选择管线少、干扰小、条件比较简单的区域开展工作，然后逐步推进到相对复杂条件的地区；也可以先从明显点比较多的管类开始工作，一般是排水、通信类管线。

3）方法有效、快捷、轻便。管线探测时，应根据实际情况选择效果好、轻便、快捷、安全和成本低的探测方法进行探测。

4）相对复杂条件下根据复杂程度宜采用相应的多种物探方法。当管线分布较为复杂时，单一的方法技术往往不能或难于辨别管线的敷设情况，应根据相对复杂程度采用适当的多种物探仪器和物探方法，以提高对管线的分辨率和探测结果的可靠程度。

（3）地下管线探查的物探方法应根据任务要求、探查对象和地球物理条件，按表 1-7 选用。

表 1-7 探查地下管线的物探方法

方法名称		基本原理	特点	适用范围	示意图		
电磁法	被动源法	工频法	利用动力电缆电源或工业游散电流对金属管线感应所产生的二次电磁场	方法简便,成本低,工作效率高	在干扰背景小的地区,用来探查动力电缆和搜查金属管线,是一种简便、快速的方法		
		甚低频法	利用甚低频无线电发射台的电磁场对金属管线感应所产生的二次电磁场	方法简便,成本低,工作效率高,但精度低、干扰大,其信号强度与无线电台和管线的相对方位有关	在一定条件下,可用来搜索电缆或金属管线		
	主动源法	直接法	利用发射机一端接被查金属管线,另一端接地或接金属管线另一端,直接加到被查金属管线上的场源信号	信号强,定位、定深精度高,且不易受邻近管线的干扰。但被查金属管线必须有出露点	金属管线有出露点时,用于定位、定深或追踪各种金属管线		
		夹钳法	利用专用地下管线仪配备的夹钳、夹套,在金属管线上通过夹钳上的感应线圈把信号直接加到金属管线上	信号强,定位、定深精度高,且不易受邻近管线的干扰,方法简便,但被查管线必须有管线出露点,且被测管线的直径受夹钳大小限制	用于管线直径较小且有出露点的金属管线,可做定位、定深或追踪		
		电偶极感应法	利用发射机两端接地产生的电磁场对金属管线感应产生的信号	信号强,不需管线出露点,但必须有良好的接地条件	在具备接地条件的地区,可用来搜索和追踪金属管线		
		磁偶极感应法	利用发射线圈产生的电磁场对金属管线感应所产生的二次电磁场	发射、接收均不需接地,操作灵活、方便,效率高、效果好	可用于搜索金属管线,也可用于定位、定深或追踪	固定源感应法	环形
							非同步
							同步

(续)

方法名称		基本原理	特点	适用范围	示意图
电磁法	主动源法 示踪电磁法	将能发射电磁信号的示踪探头或电缆送入非金属管道内,在地面上用仪器追踪信号	能用探测金属管道的仪器探查非金属管道,但必须有放置示踪器的出入口	用于探查有出入口的非金属管道	
	电磁波法（或探地雷达法）	利用脉冲雷达系统,连续向地下发射脉冲宽度为几纳秒的视频脉冲,接收反射回来的电磁波脉冲信号	既可探查金属管线,又可探查非金属管线,但仪器价格昂贵	在常规方法无法探查的情况下,可用来探查各种金属管线和非金属管线	
直流电法	电阻率法	利用直流电法勘探的原理,采用高密度或中间梯度装置在金属或非金属管道上产生的低阻异常或高阻异常	可利用常规直流电法仪器探测地下管线,探测深度大,但供电和测量均需接地	在接地条件好的场地探测直径较大的金属或非金属管线	高密度电阻率法 / 固定源同步法
	充电法	利用直流电源的一端接被查金属管线,另一端接地,对金属管线充电后在其周围产生的电场	追踪地下金属管线精度高,探测深度大,但供电金属管线必须有出露点,测量时必须接地	用于追踪具备接地条件和出露点的金属管线	
磁法	磁场强度法	利用金属管线与周围介质之间的磁性差异,测量磁场的强度	可利用常规磁法勘探仪器探查铁磁性管道,探测深度大,但易受附近磁性体干扰	在磁性干扰小的地区探查埋深较大的铁磁性管道	相对某点
	磁梯度法	测量单位距离内地磁场强度的变化	对铁磁性管道或井盖的灵敏度高,但受磁性体干扰大	用于探查掩埋的铁磁性管道或窨井盖	双探头相对测量
地震波法	浅层地震勘探法	利用地下管道与其周围介质之间的波阻抗差异,采用反射波法做浅层地震时间剖面	金属与非金属管道均能探查,探查深度大,时间剖面反映管道位置直观,但探查成本高	当其他方法探查无效时,用于探查直径较大的金属和非金属管道	震源 记录仪

(续)

方法名称		基本原理	特点	适用范围	示意图
地震波法	面波法	利用地下管道与其周围介质之间的面波波速差异,测量不同频率激振所引起的面波波速	探查设备和方法比浅层地震勘探查简便,可探查金属与非金属管道,但目前应用尚不广泛,方法技术还不够成熟	用于探查直径较大的非金属管道	
红外辐射法		利用管道或其填充物与周围上层之间的热特性的差异	探查方法简便,但必须具备相应的地球物理前提	用于探查暖气管道或水管漏水点	

注:T—发射机;R—接收机;✛—垂直、水平线框;E_N—磁测仪;E_H—辐射仪;G—管线。

（4）地下管线探查前，应在探查区或邻近的已知管线上进行方法试验，确定该种方法技术和仪器设备的有效性、精度和有关参数。不同类型的地下管线、不同地球物理条件的地区，应分别进行方法试验。

（5）金属管道和电缆的探查方法应根据管线的类型、材质、管径、埋深、出露情况、接地条件及干扰等进行选择。

1）金属管道宜采用电偶极感应法或磁偶极感应法。当存在相邻管线干扰，并有出露点时，宜采用直接法。

2）接头为高电阻体的金属管道，宜采用频率较高的电偶极感应法或夹钳法。

3）管径（相对埋深）较大的金属管道，宜采用电偶极感应法，也可采用磁法、电磁波法或地震波法。

4）相对埋深（相对管径）较大的金属管道，宜采用功率（或磁矩）大、频率低的电磁感应法。

5）电力电缆宜先采用被动源工频法进行搜索，初步定位，然后用主动源法精确定位、定深，当电缆有出露端时，宜采用夹钳法。

6）电信电缆和照明电缆宜采用主动源电磁法，有条件时可施加断续发射信号。

（6）非金属管道的探查方法宜采用电磁波法或地震波法，亦可按下列原则进行选择：

1）有出入口的非金属管道宜采用示踪电磁法。

2）钢筋混凝土管道可采用磁偶极感应法，但需加大发射功率（或磁矩）、缩短收发距离（应注意近场源影响）。

3）管径较大的非金属管道，宜采用电磁波法、地震波法，当具备接地条件时，可采用直流电阻率法（含高密度电阻率法）。

4）热力管道或高温输油管道宜采用主动源电磁法和红外辐射法。

（7）在盲区探查管线时，应先采用主动源感应法及被动源法进行搜索，搜索方法有平行搜索法及圆形搜索法，发现异常后宜用主动源法进行追踪，精确定位、定深。

（8）用管线仪定位时，可采用极大值法或极小值法。极大值法，即用管线仪两垂直线圈测定水平分量之差ΔH_x的极大值位置定位；当管线仪不能观测ΔH_x时，宜采用水平分量

H_x 极大值位置定位。极小值法,即采用水平线圈测定垂直分量 H_z 的极小值位置定位。两种方法宜综合应用,对比分析,确定管线平面位置。

(9) 用管线仪定深的方法较多,主要有特征点法(ΔH_x 百分比法、H_x 特征点法)、直读法及45°法,探查过程中宜多方法综合应用,同时针对不同情况先进行方法试验,选择合适的定深方法。定深点的位置宜选择在管线点或其邻近被测管线前后各3~4倍管线中心埋深范围内是单一的直管线,中间无分支或弯曲,且相邻管线之间距离较大的地方,并应符合下列规定:

1) 不论用何种方法定深,应先在实地精确定出定深点的水平位置。
2) 直读法定深时,应保持接收机天线垂直,直读结果应根据方法试验确定的定深修正系数进行深度校正。

(10) 区分两条或两条以上平行管道或电缆时,宜采用直接法或夹钳法,通过分别直接对各条管线施加信号来加以区分;在采用电磁感应法时,宜通过改变发射装置的位置和状态以及发射的频率和磁矩,分析信号异常的强度和宽度等变化特征加以区分。

(11) 采用直接法或充电法探查地下管线时,应保持良好的电性接触;接地电极应布设合理,接地点上应有良好的接地条件。

(12) 采用电磁感应法探查地下管线时,应使发射机与管线处于最佳耦合状态,接收机与发射机保持最佳收发距;当周围有干扰存在时,应进行方法试验,确定减小或排除干扰的方法。

(13) 现场作业时,应按仪器的使用说明进行操作,并按表1-4格式填写探查结果。

四、探查仪器技术要求

(1) 选用何种管线探查仪器应与采用的方法技术相适应。探查金属地下管线宜选用电磁感应类管线探查仪器即管线仪。

(2) 管线仪应具备下列性能:

1) 对被探测的地下管线,能获得明显的异常信号。
2) 有较强的抗干扰能力,能区分管线产生的信号或干扰信号。
3) 满足地下管线探查的精度要求,并对相邻管线有较强的分辨能力。
4) 有足够大的发射功率(或磁矩),能满足探查深度的要求。
5) 有多种发射频率可供选择,以满足不同探查条件的要求。
6) 能观测多个异常参数。
7) 性能稳定,重复性好。
8) 结构坚固,密封良好,能在-10~45℃的气温条件下和潮湿的环境中正常工作。
9) 仪器轻便,有良好的显示功能,操作简便。

(3) 非电磁感应类管线探查仪器(如地质雷达、浅层地震仪、电阻率仪、磁力仪及红外热辐射仪等),应符合相应物探技术标准的要求。

(4) 对新购置的、经过大修或长期停用后重新启用的仪器,在投入正式探查前应按说明书的要求做全面检查和校正。每天开工前或收工时应检查仪器的电池电压,不符合要求时应及时更换电池。

(5) 在仪器使用、运输和保管过程中,应注意防水、防潮、防曝晒、防剧烈振动。

五、地面管线点标志设置

（1）管线点均应设置地面标志，标志面宜与地面取平。选择何种地面标志（预制水泥桩、刻石、铁钉、木桩、油漆等）应根据标志需保留的时间长短和地面的实际情况确定。

（2）管线点地面标志埋置后应在点位附近用颜色漆注出管线点编号，标注位置宜选择在明显且能较长时间保留的地方。

（3）当管线点的实地位置不易寻找时，应在探查记录表中注记其与附近固定地物之间的距离和方位，实地栓点，并绘制位置示意图。

六、探查工作质量检验

（1）地下管线探查作业单位应建立质量管理体系，必须实行"三检"的质检制度，并提交各工序质量检查报告。地下管线普查工作应建立工程监理制，实行全过程的质量监控，工程监理机构应在作业单位完成各工序自检合格的基础上，对作业过程各工序进行质量检查，并提交工程监理报告。

各级检查工作必须独立进行，不能省略或代替。质量检查应按表1-8格式填写地下管线探查质量检查结果。

表1-8 地下管线探查质量检查表

工程名称：　　　　　检查单位：　　　　　检查单位：
工程编号：　　　　　探查仪器：　　　　　检查仪器：　　　　　检查方式：

检查点序号	点所在图幅号	管线点号	管类	材质	平面定位偏距/cm	埋深/cm			评定	备注
						探查	检查	差值		
1	2	3	4	5	6	7	8	9	10	11

探查日期：　　　探查者：　　　检查日期：　　　检查者：　　　校核者：　　　第　页共　页

（2）每一个工区必须在隐蔽管线点和明显管线点中分别抽取不少于各自总点数的5%，通过重复探查进行质量检查。检查取样应分布均匀，随机抽取，在不同时间、由不同的操作员进行。质量检查应包括管线点的几何精度检查和属性调查结果检查。

（3）管线点的几何精度检查包括隐蔽管线点和明显管线点的检查。对隐蔽管线点应复查地下管线的水平位置和埋深。对明显管线点应复查地下管线的埋深。根据重复探查结果，按式（1-1）、式（1-2）和式（1-3）分别计算隐蔽管线点平面位置中误差 m_{ts} 和埋深中误差 m_{th} 及明显管线点的量测埋深中误差 m_{td}，m_{ts} 和 $2m_{th}$ 不得超过限差 δ_{ts} 和 δ_{th} 的 0.5 倍，限差 δ_{ts} 和 δ_{th} 按式（1-4）和式（1-5）计算。m_{td} 不得超过 ±2.5cm。

$$m_{ts} = \pm\sqrt{\frac{\sum \Delta s_{ti}^2}{2n_1}} \tag{1-1}$$

$$m_{th} = \pm\sqrt{\frac{\sum \Delta h_{ti}^2}{2n_1}} \tag{1-2}$$

$$m_{td} = \pm\sqrt{\frac{\sum \Delta d_{ti}^2}{2n_2}} \tag{1-3}$$

$$\delta_{ts} = \frac{0.10}{n_1}\sum_{i=1}^{n_1} h_i \tag{1-4}$$

$$\delta_{th} = \frac{0.15}{n_1}\sum_{i=1}^{n_1} h_i \tag{1-5}$$

式中　Δs_{ti}——隐蔽管线点的平面位置偏差（cm）；

　　　Δh_{ti}——隐蔽管线点的埋深偏差（cm）；

　　　Δd_{ti}——明显管线点的埋深偏差（cm）；

　　　δ_{ts}——隐蔽管线点重复探查平面位置限差（cm）；

　　　δ_{th}——隐蔽管线点重复探查埋深限差（cm）；

　　　n_1——隐蔽管线点检查点数；

　　　n_2——明显管线点检查点数；

　　　h_i——各检查点管线中心埋深（cm），当 h_i<100cm 时，取 h_i = 100cm。

（4）对隐蔽管线点必须进行开挖验证，并应符合下列规定：

1）每一个工区应在隐蔽管线点中均匀分布、随机抽取不应少于隐蔽管线点总数的 1% 且不少于 3 个点进行开挖验证。

2）当开挖管线与探查管线点之间的平面位置偏差和埋深偏差超过规定的限差（平面位置限差 0.10h、埋深限差 0.15h）的点数，小于或等于开挖总点数的 10% 时，该工区的探查工作质量合格。

3）当超差点数大于开挖总点数的 10%，但小于或等于 20% 时，应再抽取不少于隐蔽管线点总数的 1% 开挖验证。两次抽取开挖验证点中超差点数小于或等于总点数的 10% 时，探查工作质量合格，否则不合格。

4）当超差点数大于总点数的 20%，且开挖点数大于 10 个时，该工区探查工作质量不合格。

5）当超差点数大于总点数的 20%，但开挖点数小于 10 个时，应增加开挖验证点数到 10 个以上，按上述原则再进行质量验证。

（5）地下管线探查除对管线点的平面位置和埋深进行检查外，还应对管线点的属性调查进行检查。发现遗漏、错误应及时进行补充和更正，确保管线点属性资料的完整性和正确性。

（6）经质量检查不合格的工区，应分析造成不合格的原因，并针对不合格原因采取相应的纠正措施，然后对不合格工区进行重新探查。在重新探查过程中，应验证所采取纠正措施的有效性。

（7）各项检查工作应做好检查记录，并在检查工作结束后编写管线探查质量检查报告，检查报告内容应包括：

1）工程概况。
2）检查工作概述。
3）问题及处理措施。
4）精度统计。
5）质量评价。

第三节　地下管线测量

一、地下管线测量的一般规定

（1）地下管线测量一般包括以下内容：控制测量、已有地下管线测量、地下管线定线与竣工测量、测量成果的检查验收。

（2）地下管线测量前，应收集测区已有控制和地形资料，对缺少控制点和地形图的测区，基本控制网的建立和地形图的施测，以及对已有控制和地形图的检测和修测，均应按现行的行业标准《城市测量规范》CJJ 8 的有关规定执行。

（3）地下管线点的平面位置测定宜采用解析法或数字测绘法进行；地下管线点的高程测量宜采用水准测量，亦可采用电磁波三角高程测量。

地下管线点的测量精度：平面位置中误差 m_s，不得大于±5cm（相对于邻近控制点），高程测量中误差 m_h 不得大于±3cm（相对于邻近控制点）。

（4）地下管线图的测绘，采用常规测图法、内外业一体化成图和其他数字测绘的方法进行。

地下管线图测绘精度：地下管线与邻近的建筑物、相邻管线以及规划道路中心线的间距中误差值不得大于图上±0.5mm。

（5）各项测量所使用的仪器设备，应经检验和校正。其检校及观测值的改正按现行的行业标准《城市测量规范》CJJ/T 8 的有关规定执行。

（6）数字测绘法所采集的数据应符合数据库入库的要求。

二、控制测量

（1）地下管线控制测量应在城市的等级控制网的基础上布设图根导线点。城市等级控制点密度不足时应按现行的行业标准《城市测量规范》CJJ/T 8 的要求加密等级控制点。

（2）图根导线的主要技术要求应符合下列规定：

1）图根光电测距导线测量的技术要求应符合表 1-9 的规定。

表 1-9　图根光电测距导线测量的技术要求

附合导线长度/m	平均边长/m	导线相对闭合差	测回数 DJ$_6$	方位角闭合差/(″)	测距	
					仪器类型	方法与测回数
900	80	≤1/4000	1	≤±40$\sqrt{n}$	Ⅱ	单程观测 I

注：n 为测站数。

2）图根钢尺量距导线测量的技术要求应符合表 1-10 的规定。

表 1-10　图根钢尺量距导线测量的技术要求

附合导线长度/m	平均边长/m	导线相对闭合差	测回数 DJ$_6$	方位角闭合差
500	75	≤1/2000	1	≤±60″$\sqrt{n}$

注：n 为测站数。

3）当进行 1∶500、1∶1000 测图时，附合导线长度可放长至表 1-10 规定值的 1.5 倍，此时方位角闭合差不应超过 ±40″$\sqrt{n}$，绝对闭合差不应超过图上 ±0.5mm。当导线长度短于上述两表规定的 1/3 时，其绝对闭合差不应大于图上 ±0.3mm。

（3）采用 GPS 技术布测地下管线控制点，可采用静态、快速静态和动态等方法进行。静态测量的作业方法和数据处理按现行的行业标准《卫星定位城市测量技术标准》CJJ/T 73 的要求执行。

（4）采用 RTK 动态测量时应符合以下规定。

1）基准站的位置宜选择在高处。

2）准确求取基准站的 WGS-84 坐标。

3）根据测区大小应连测 3 个以上且分布均匀的等级控制点，求解测区坐标的转换参数。

4）RTK 测量时应选择卫星较好时段和卫星数不少于 4 颗时进行作业，用户站（流动站）观测时，其观测精度应控制在 ±2cm 以内。

5）每点都应独立地测定两次，其较差应小于 5cm，否则应重测。

6）RTK 测定时的数据记录，不但要记三维坐标成果，还应记录原始的观测数据。

（5）图根钢尺量距导线的边长丈量应采用检定过的钢尺，按双次丈量法进行。当尺常数大于 1/10000、温度大于 10℃、坡度大于 1.5% 时应加改正。新的或经检修后的测距仪在使用前应进行全面的检验与校正。当使用钢尺量距时，新尺使用前，每隔一定时间或遭受折损后均应进行校尺。

（6）测距仪测距时可单方向测边，两次读数差值在 1cm 内取平均值。边长应加测距仪的加、乘常数改正，并用垂直角进行斜距改平。

（7）因地形限制导线无法附合时，可布设不多于四条边的支导线。边长用测距仪测距时，总长不应超过表 1-9 规定长度的 1/2；用钢尺量距时，总长不应超过表 1-10 规定长度的 1/2。最大边长不应超过上述表中平均边长两倍。水平角观测应左右角各测一测回，测站圆周角闭合差不应大于 ±40″。用钢尺量边时，应往返量测。

（8）导线计算可采用简易平差法，边长和坐标值取至毫米（mm），角值取至秒（″）。

（9）高程控制测量应起算于等级高程点，宜沿地下管线布设附合水准路线，不应超过两次附合。使用精度不低于 DS$_{10}$ 型水准仪及普通水准尺单程观测，估读至毫米。水准路线

闭合差不应超过 ±10mm×$\sqrt{n}$（n 为测站数）。水准路线计算可采用简易平差法，高程计算至毫米（mm）。

（10）高程控制测量可采用电磁波三角高程测量方法，与导线测量同时进行，仪高和镜高采用经检验的钢尺量取至毫米。其主要技术要求应符合表 1-11 的规定。

表 1-11　三角高程测量的主要技术要求

项　　目	线路长度/km	测距长度/m	高程闭合差/mm
限差	4	100	±10$\sqrt{n}$

（11）垂直角观测测回数与限差应符合表 1-12 的规定。

表 1-12　垂直角观测的技术要求

等级		测回数	指标差	垂直角互差
一次附合	DJ_2	1	15″	25″
	DJ_6	2	25″	
二次附合	DJ_6	1	25″	

三、已有地下管线测量

（1）已有地下管线测量内容应包括：对管线点的地面标志进行平面位置和高程连测；计算管线点的坐标和高程、测定地下管线有关的地面附属设施和地下管线的带状地形测量，编制成果表。

（2）管线点的平面位置测量可采用 GPS、导线串联法或极坐标法。采用 GPS 和串联法的坐标采集的作业方法和精度需满足规定要求。采用极坐标法时，水平角观测一测回，钢尺量距应双次丈量，距离不宜超过 50m，光电测距不宜超过 150m。

（3）管线点的高程宜采用直接水准连测。单独路线每个管线测点宜作为转点。管线测点密集时，可采用中视法。

（4）采用全站仪同时测定管线点坐标与高程时，水平角和垂直角均宜测一测回。若又采用管线数字测绘时，则可观测半测回，测距长度不应超过 150m，仪器高和砚牌高量至毫米（mm）。

（5）管线点的平面坐标和高程均计算至毫米（mm），取至厘米（cm）。

（6）横断面应垂直道路中心线布置。规划道路应测至两侧沿路建筑物或红线外，非规划道路可根据需要确定。在横断面上应测出道路的特征点、管线点高程，地面高程变化点以及遇到的各种设施，各高程点可按中视法实测，高程检测较差不应大于 ±4cm。

（7）地下管线 1∶500～1∶2000 比例尺带状地形图测绘的宽度：规划道路以测出两侧第一排建筑物或红线外 20m 为宜，非规划路根据需要确定。测绘内容按管线需要取舍，测绘精度与基本地形图相同。

四、地下管线定线测量

地下管线定线测量应符合下列规定：

（1）地下管线定线测量应依据经批准的线路设计施工图和定线条件进行。

(2) 定线导线测量应符合下列规定：
1) 当在规划线路内定线时，定线导线应符合表 1-13 和表 1-14 的规定。

表 1-13 光电测距导线的主要技术要求

等级	闭合环或附合导线长度/km	平均边长/m	测距中误差/mm	方位角闭合差/(″)	导线全长相对闭合差
三级	1.5	120	≤±15	≤±24$\sqrt{n}$	≤1/6000

表 1-14 钢尺量距导线的主要技术要求

等级	符合导线长度/km	平均边长/m	往返丈量较差相对误差	方位角闭合差/(″)	导线全长相对闭合差
三级	1.2	120	≤1/1000	≤±24$\sqrt{n}$	≤1/5000

注：1. 当附合导线长度短于规定长度的 1/3 时，导线全长的绝对闭合差不应大于 13cm。
　　2. 光电测距导线的总长和平均边长可放长至 1.5 倍，但其绝对闭合差不应大于 26cm。

2) 当在非规划线路等定线时，定线导线应符合表 1-9 和表 1-10 的规定。
3) 在控制点比较稀少的地区，定线导线可同级附合一次。
(3) 定线导线距离测量应采用 Ⅱ 级光电测距仪单程观测一测回；用钢尺量距，应采用往返或单程双次丈量等方法，距离应加尺长、温度和倾斜改正。
(4) 定线测量宜采用解析法。
(5) 测定地物点坐标，应在两个测站上用不同的起始方向按极坐标法或两组前方交会法测量，交会角应控制在 30°～150° 之间。当两组观测值之差小于 5cm 时，取两组观测值平均值作为最终观测值。
(6) 管线定线计算，方位可根据需要计算至 1″ 或 0.1″，距离、坐标计算至毫米（mm）。
(7) 管线桩位遇障碍物不能实钉时，可在管线中线上钉指示桩。各桩应写明桩号，指示桩与应钉桩位的距离应在有关资料中注明。
(8) 在测量过程中，应进行校核测量，包括控制点的校核、图形校核和坐标校核，并应符合下列规定：
1) 校核测量技术要求应符合表 1-15 的规定。
2) 用导线点测设的桩位，应采用图形校核，以及在不同测站（可是该导线的内分点或外分点）上后视不同的起始方向进行坐标校核测量。

表 1-15 校核测量技术要求

技术要求 适用范围	异站检测点位坐标差/cm	直线方向点横向偏差/cm	条件角验测误差/(″)	条件边验测相对误差
规划线路	≤±5	≤±2.5	60	1/3000
山区一般工程及非规划线路	≤±10	≤±3.5	90	1/2000

五、地下管线竣工测量

地下管线竣工测量应符合下列规定：

（1）新建地下管线竣工测量应在覆土前进行。当不能在覆土前施测时，应在覆土前，设置管线待测点并将设置的位置准确地引到地面上，做好地面测点标记。

（2）竣工测量以图根导线控制点或 GPS 控制点进行，也可利用原定线的控制点进行。

（3）新建管线点坐标与高程施测的技术需满足规定要求。

（4）新建管线应按"实地调查"内容的有关规定和"地下管线探查记录表"对照实地逐项填写。

（5）竣工测量采集的数据应符合数据入库的要求。

六、地下管线数字测绘

（1）地下管线数字测绘内容应包括：通过对已有测绘资料的收集、管线调查与外业测绘等手段采集数据并输入计算机，经数据处理，图形处理，输出综合（或单项）地下管线带状图（或分幅图）和各种成果表。

（2）标识管线，数据属性的代码设计应具有科学性、可扩性、通用性、实用性、唯一性、统一性。

（3）数据采集所生成的数据文件应便于检索、修改、增删、通信与输出。数据文件的格式可自行规定，但应具有通用性，便于转换。

（4）管线数字测绘软件应具有数据通信、分类、标准化、计算、数据预处理、编辑、储存、绘制管线图，输出和数据转换等功能。

（5）数据处理与图形处理应符合下列规定：

1）数据处理与图形处理应包括地下管线属性数据的输入和编辑、元数据和管线图形文件的自动生成等。

2）地下管线属性的输入应按照调查的原始记录和探查的原始手簿进行。

3）数据处理后的成果应具有准确性、一致性、通用性。

4）对野外采集生成的管线图形数据和属性数据的修改、编辑能联动。

5）管线成图软件应具有生成管线数据文件、管线图形文件、管线成果表文件和管线统计表文件，并绘制地下管线（带状）图和分幅图，输出管线成果表与统计表等功能。所绘制的地下管线图，应符合国家和地方现行的图式符号标准。

6）地下管线的元数据生成应能从图形文件和数据库中部分自动获取以及具有编辑、查询、统计的功能。

7）数据文件和图形文件应及时存盘、备份。

（6）对管线数据文件应进行处理，生成管线图形文件、管线属性数据文件与管线成果表文件，并绘制地下管线带状图或分幅图，输出管线成果表与统计表。同时，需要对地下管线数字化测绘的成果应进行检查与验收。

（7）地下管线数字测绘应提交下列成果：

1）成果说明文件。

2）管线元数据文件。

3）管线探查数据文件。

4）管线测量数据文件。

5）管线属性数据文件。

6）管线图形文件。

7）管线成果表册。

七、测量成果质量检验

（1）地下管线的测量成果必须进行成果质量检验，并符合下列要求：

1）测量成果质量检查时，应随机抽查测区管线点总数的5%进行复测。

2）复测管线点的平面位置和高程，应按式（1-6）和式（1-7）分别计算测量点位中误差 m_cs 和高程中误差 m_ch。

$$m_\mathrm{cs} = \pm \sqrt{\frac{\sum \Delta s_{ci}^2}{2n_c}} \tag{1-6}$$

$$m_\mathrm{ch} = \pm \sqrt{\frac{\sum \Delta h_{ci}^2}{2n_c}} \tag{1-7}$$

式中 Δs_{ci}、Δh_{ci}——分别为重复测量的点位平面位置较差和高程较差；

n_c——重复测量的点数。

（2）各级检查工作应做好检查记录，并在检查工作结束后编写地下管线测量的检查报告，检查报告应包括下列内容：

1）工程概况。

2）检查工作概述。

3）精度统计。

4）质量评价。

5）处理意见。

第四节 地下管线图编绘

一、地下管线图编绘的一般规定

（1）地下管线图的编绘应在地下管线数据处理工作完成并经检查合格的基础上，采用计算机编绘或手工编绘成图。计算机编绘工作应包括：比例尺的选定、数字化地形图和管线图的导入、注记编辑、成果输出等。手工编绘工作应包括：比例尺的选定、复制地形底图、管线展绘、文字数字的注记、成果表编绘、图廓整饰和原图上墨等。

（2）地下管线图应分为专业管线图、综合管线图和管线横断面图。

（3）专业管线图及综合管线图的比例尺、图幅规格及分幅应与城市基本地形图一致。

（4）编绘用的地形底图应符合下列要求：

1）比例尺应与所绘管线图的比例尺一致。

2）坐标、高程系统应与管线测量所用系统一致。

3）图上地物、地貌基本反映测区现状。

4）质量应符合现行的行业标准《城市测量规范》CJJ/T 8 的技术标准。

5）数字化管线图的数据格式应与数字化地形图的数据格式一致。

（5）数字化地形图的数据来源可采用现有城市基本地形图的数字化图、底图数字化或数字化测图等方法。地形底图在使用前应进行质量检查。

（6）数字化地形图的要素分类与代码应按现行国家标准《基础地理信息要素分类与代码》GB/T 13923 的要求实施。

（7）展绘管线或数字化管线应采用地下管线探测采集的数据或竣工测量的数据。

（8）地下管线图编绘所采用的软件及所采用的设备，可按实际情况和需要选择，软件应具有下列功能：

1）数据输入或导入。

2）数据入库检查：对进入数据库中的数据应能进行常规错误检查。

3）数据处理：该软件应能根据已有的数据库自动生成管线图形、注记和管线点、线属性数据库和元数据文件。

4）图形编辑：对管线图形、注记应可进行编辑，可对管线图图形按任意区域进行裁减或拼接。

5）成果输出：软件应具有绘制任意多边形窗口内的图形与输出各种成果表的功能。

6）数据转换：软件应具有开放式的数据交换格式，应能将数据转换到地下管线信息管理系统中。

（9）手工展绘所用的底图材料宜用厚为 0.07~0.10mm、变形率小于 0.02% 的经热处理的毛面聚酯薄膜。展绘限差应符合表 1-16 的规定。

表 1-16　展绘限差

项　　目	图上限差/mm
方格网图上长度与名义长度差	0.2
控制点间图上长度与边长差	0.3
控制点和管线点的展点误差	0.3

（10）综合地下管线图、专业地下管线图应以彩色绘制，断面图以单色绘制。地下管线按管线点的投影中心及相应图例连线表示，附属设施按实际中心位置用相应符号表示。

（11）在编辑管线图的过程中，应删去地形底图中与实测地下管线重合或矛盾的管线建（构）筑物。

（12）地下管线图各种文字、数字注记不得压盖管线及其附属设施的符号。地下管线图注记应按表 1-17 执行。管线线上文字、数字注记应平行于管线走向，字头应朝向图的上方，跨图幅的文字、数字注记应分别注记在两幅图内。

表 1-17　地下管线图注记

类　型	方　式	字体	字大/mm	说　　明
管线点号	字符、数字化混合	正等线	2	
线注记	字符、数字化混合	正等线	2	
扯旗说明	汉字、数字化混合	细等线	3	
主要道路名	汉字	细等线	4	路面辅装材料注记2.5mm
街巷、单位名	汉字	细等线	3	

(续)

类 型	方 式	字体	字大/mm	说 明
层数、结构	字符、数字化混合	正等线	2.5	分间线长10mm
门牌号	数字化	正等线	1.5	
进房、变径等说明	汉字	正等线	2	
高程点	数字化	正等线	2	
断面号	罗马数字化	正等线	3	由断面起、讫点号构成断面号：Ⅰ—Ⅰ′

（13）地下管线的代码和颜色应按表1-18执行。

表1-18 地下管线的代号和颜色

管线名称		代 号		颜 色
给水		JS		天蓝
排水	污水	PS	WS	褐
	雨水		YS	
	雨污合流		HS	
燃气	煤气	RQ	MQ	粉红
	液化气		YH	
	天然气		TR	
热力	蒸汽	RL	ZQ	桔黄
	热水		RS	
工业	氢	GY	Q	黑
	氧		Y	
	乙炔		YQ	
	石油		SY	
电力	供电	DL	GD	大红
	路灯		LD	
	电车		DC	
	交通信号		XH	
电信	电话	DX	DX	绿
	广播		GB	
	有线电视		DS	
综合管沟		ZH		黑

（14）地下管线及其附属设施的图例应按表1-19执行。

表1-19 地下管线及其附属设施的图例

符号名称	图 例	说 明
管线点	○ JS3	用直径为1mm的小圆圈表示

(续)

符号名称		图 例	说 明
地下管线		DN200 WS / WS	管道(或管沟)的直径或宽度依比例在图上小于2mm时,用单直线表示;大于2mm时,宜按实宽比例用双直线表示,线划粗0.2~0.3mm
窨井	给水	⊖	1. 用直径为2mm的小圆圈表示,不同类型的窨井用圆圈中的不同符号表示 2. 窨井直径按比例尺在图上大于2mm时,依比例绘制
	污水(或排水)	⊕	
	雨水	⊞	
	燃气	Ⓢ	
	工业	⊡	
	石油	⊞	
	热力	⊤	
	电力	⚡	
电信人孔		⊕	
电信手孔		◇	小方块的边长为2mm
预留口		─○─	
阀门		⟟	
水源井		⊕	
水塔		△	建(构)筑物的尺寸按比例在图上大于2mm时,按比例绘制
水池		□	
泵站		⊘	长方块的边长为3mm×2mm

(续)

符号名称	图 例	说 明
水表		
消火栓		
雨算		长方块的边长为 3mm×1mm
盖堵		
变径		
进水口		
出水口		
沉淀池		
化粪池		长方块的边长为 3mm×2mm
水封井		
跌水井		
渗水井		
冲洗井		
通风井		
凝水缸		
调压箱		
调压站		
煤气柜		

(续)

符号名称	图 例	说 明
接线箱		
控制柜		
变电站		
电缆余线		
上杆(出土)		

二、专业地下管线图编绘

（1）专业管线图的编绘宜一种专业一张图，也可按相近专业组合一张图。

（2）采用计算机编绘成图时，专业管线图应根据专业管线图形数据文件与城市基本地形图的图形数据文件叠加、编辑成图。采用手工展绘时，应根据实测数据展绘。手工展绘应采用以下程序：

1）复制地形底图。

2）展绘管线及其附属设施，并注记管线点编号和管线线上注记。

3）绘制管线断面图、放大示意图。

4）图幅接边。

5）绘制成果表、接图表、图例，编写说明书。

（3）专业管线图上应绘出与管线有关的建（构）筑物、地物、地貌和附属设施。

（4）专业管线图上注记应符合下列规定：

1）图上应注记管线点的编号。

2）各种管道应注明管线规格和材质。

3）电力电缆应注明电压和电缆根数。沟埋或管理时，应加注管线规格。

4）电信电缆应注明管块规格和孔数。直埋电缆注明缆线根数。

三、综合地下管线图编绘

（1）综合地下管线图的编绘应包括下列内容：

1）各专业管线。

2）管线上的建（构）筑物。

3）地面建（构）筑物。

4）铁路、道路、河流、桥梁。

5）主要地形特征。

（2）编绘前应取得下列资料：

1）测区地形底图或数字化地形图。

2）经检查合格的地下管线探测、竣工测量的管线图形和注记文件或管线成果表。

（3）当管线上下重叠或相距较近且不能按比例绘制时，应在图内以扯旗的方式说明。扯旗线应垂直管线走向，扯旗内容应放在图内空白处或图面负载较小处。

（4）综合管线图上注记应符合下列规定：

1）图上应注记管线点的编号。

2）各种管道应注明管线规格。

3）电力电缆应注明电压。沟埋或管埋时，应加注管线规格。

4）电信电缆应注明管块规格和孔数。直埋电缆注明缆线根数。

四、管线断面图编绘

（1）管线横断面图应根据断面测量的成果资料编绘。

（2）横断面图应表示的内容：地面地形变化、地面高程、管线与断面相交的地上、地下建（构）筑物、路边线、各种管线的位置及相对关系、管线高程、管线规格、管线点水平间距和断面号等。

（3）横断面图比例尺的选定应按图上不做取舍和移位能清楚表示上述内容为原则，图上应标注比例尺。

（4）横断面图的编号应采用城市基本地形图图幅号加罗马文顺序号表示。

（5）断面图的各种管线应以 2.5mm 为直径的空心圆表示；直埋电力、电信电缆以 1mm 的实心圆表示；小于 1m×1m（不含 1m×1m）管沟、方沟以 3mm×3mm 的正方形表示；大于 1m×1m（含 1m×1m）的管沟、方沟按实际比例表示。各种建（构）筑物、地物、地貌按实际比例绘制。

五、地下管线成果表编制

（1）地下管线成果表应依据绘图数据文件及地下管线的探测成果编制，其管线点号应与图上点号一致。

（2）地下管线成果表的内容及格式应按表 1-20 的要求编制。

（3）编制成果表时，对各种窨井坐标只标注井中心点坐标，但对井内各个方向的管线情况应按表 1-20 的要求填写清楚，并应在备注栏以邻近管线点号说明连接方向。

（4）成果表应以城市基本地形图图幅为单位，分专业进行整理编制，并装订成册。每一图幅各专业管线成果的装订顺序应按下列顺序执行：给水、排水、燃气、热力、电力、电信、工业管道、其他专业管线。成果表装订成册后应在封面标注图幅号并编写制表说明。

六、地下管线图编绘检验

（1）对地下管线图必须进行质量检验。地下管线图的质量检验应包括过程检查和转序检验。

（2）过程检查应分为作业员自检和台组互检。过程检查应对所编绘的管线图和成果表进行 100% 检查校对。

（3）转序检验应由授权的质量检验人员进行，转序检验的检查量应为图幅总数的 30%。

表 1-20 地下管线成果表

工程名称：　　　　　　　　　　　　　　工程编号：
测区：　　　　　　　　　　　　　　　　图幅编号：

图上点号	物探点号	管线点			管线			压强/Pa或电压/kV	流向或根数	平面坐标/m		埋深/cm	地面高程/cm	权属单位	埋设		备注
		编码	特征	附属物	类型	材质	规格			X	Y				方式	年代	
1	2	3	4	5	6	7	8	9	10	11	12	13	14	15	16	17	18

探测单位：　　　　制表者：　　　　校核者：　　　　日期：　　　　第　页共　页

（4）地下管线图的质量检验应符合下列规定：

1）管线没有遗漏。
2）管线没有连接错误。
3）各种图例符号和文字、数字注记没有错误，并符合表 1-17 的规定要求。
4）图幅接边没有遗漏和错误。
5）图廓整饰应符合要求。

第五节　报告书编写和成果验收

一、报告书编写和成果验收的一般规定

（1）地下管线探测工程结束后，作业单位应编写报告书。

（2）地下管线探测成果的验收应在探查、测量、数据处理和地下管线图编绘以及地下管线信息管理系统建立等工序检验合格的基础上，由质量监理机构认可和提出监理报告后，由任务委托单位组织实施。

（3）成果验收应依据任务书或合同书、经批准的技术设计书以及现行行业标准《城市地下管线探测技术规程》CJJ 61。

二、报告书编写

（1）报告书类型应包括地下管线探测报告书和地下管线信息管理系统报告书。

（2）地下管线探测报告书应包括下列内容：

1）工程概况：工程的依据、目的和要求；工程的地理位置、地球物理和地形条件；开竣工日期；实际完成的工作量等。

2）技术措施：各工序作业的标准依据；坐标和高程的起算依据；采用的仪器和技术方法。

3）应说明的问题及处理措施。

4）质量评定：各工序质量检验与评定结果。

5）结论与建议。

6）提交的成果。

7）附图与附表。

（3）地下管线信息管理系统报告书内容应包括下列内容：

1）立项背景。

2）项目目标与任务。

3）系统的总体结构、系统开发与关键技术。

4）数据来源与质量评定。

5）项目管理。

6）项目评估。

7）项目成果。

8）存在的问题与建议。

三、成果验收

1. 探测成果提交

提交的探测成果应包括下列内容：

（1）工作依据文件：任务书或合同书、技术设计书。

（2）工程凭证资料：所利用的已有成果资料、坐标和高程的起算数据文件以及仪器的检验、校准记录。

（3）探测原始记录：探查草图、管线点探查记录表、控制点和管线点的观测记录和计算资料、各种检查和开挖验证记录及权属单位审图记录等。

（4）作业单位质量检查报告及精度统计表、质量评价表；监理单位监理报告、监理记录、精度统计表、质量评价表。

（5）成果资料：综合管线图、各种专业管线图、管线断面图、控制点成果、管线点成果表及管线图形和属性数据文件。

（6）地下管线信息系统软件。

（7）地下管线探测报告书和地下管线信息管理系统报告书。

2. 探测成果验收

验收合格的探测成果应符合下列要求：

（1）探测单位提交的成果资料应齐全。

（2）探测的技术措施应符合本规程和经批准的技术设计书的要求，重要技术方案变动应提供充分的论证说明材料，并经任务委托单位批准。

（3）所利用的已有成果资料应有资料提供单位出具的证明材料和监理机构的确认。

（4）各项探测的原始记录、计算资料和起算数据的引用均应履行过检查审核程序，有抄录或记录、检查、审核者签名。

（5）各种仪器检验和校准记录、各项质量检查记录齐全，发现的问题已做出处理和改正。

（6）各种专业管线图、综合管线图、断面图均应有作业人员和专业人员进行室内图面检查、实地对照检查和仪器检查、开挖验证，并符合质量要求。

（7）由计算机介入和产生的探测成果，其数据格式应符合地下管线信息管理系统的要求，图形和属性数据文件的数据应与提交的相应成果一致。

（8）地下管线探测报告书内容齐全，能反映工程的全貌，结论正确，建议合理可行。

（9）成果资料组卷装订应符合城建档案管理的要求。

（10）地下管线信息管理系统应达到预期的设计要求。

3．验收报告书

验收后应提出验收报告书。验收报告书应包括下列内容：

（1）验收目的。

（2）验收组织：组织验收部门、参加单位、验收组成员。

（3）验收时间及地点。

（4）成果验收概况。

（5）发现的问题及处理意见。

（6）验收结论。

（7）验收组成员签名表。

四、成果提交

（1）成果提交应分为向用户提交和归档提交。向用户提交应按任务书或合同书的规定提交成果。归档提交应包括探测成果中除地下管线信息系统软件外的全部内容和验收报告书。

（2）成果移交应列出清单或目录，逐项清点，并办理交接手续。

地下金属管线探测技术

第一节 地下金属管线电磁法探测技术

电磁法是探测地下管线的主要方法，是以地下管线与周围介质的导电性及导磁性差异为主要物性基础，根据电磁感应原理观测和研究电磁场空间与时间分布规律，从而达到寻找地下金属管线或解决其他地质问题的目的。

电磁法可分为频率域电磁法和时间域电磁法，前者是利用多种频率的谐变电磁场，后者是利用不同形式的周期性脉冲电磁场，由于这两种方法产生异常的原理均遵循电磁感应规律，故基础理论和工作方法基本相同。在目前地下管线探测中主要以频率域电磁法为主，以下主要介绍频率域电磁法。

一、电磁法探测技术工作原理

各种金属管道或电缆与其周围的介质在电导率、磁导率、介电常数有较明显的差异，这为用电磁法探测地下管线提供了有利的地球物理前提。由电磁学知识可知，无限长载流导体在其周围空间存在磁场，而且这磁场在一定空间范围内可被探测到，因此如果能使地下管线载有电流，并且把它理想化为一无限长载流导线，便可以间接地测定地下管线的空间状态。在探查工作中，通过发射装置对金属管道或电缆施加一次交变场源，对其激发而产生感应电流，能在其周围产生二次磁场。通过接收装置在地面测定二次磁场及其空间分布，即可根据这种磁场的分布特征来判断地下管线所在的位置（水平、垂直）。

二、电磁法探测仪器设备

1. 基本原理

由电磁法探查地下管线的工作原理可知，只要探测到地下管线在地面产生的电磁异常，便可得知地下管线的存在。要做好这一工作，探查人员除了要掌握一整套探查技术外，还必须要有合适的工具——管线探测仪。目前市场上销售的各种型号管线仪，其结构设计、性能、操作、外形等虽各不相同，但工作原理相同，均是以电磁场理论为依据，电磁感应定律为理论基础设计而成，它们都是由发射机与接收机组成的发收系统。

（1）发射机。发射机是由发射线圈及一套电子线路组成，其作用是向管线加某种频率的信号电流。电流施加可采用感应、直接、夹钳等方式，其中感应方式应用最广泛。

根据电磁感应原理，在一个交变电磁场周围空间存在交变磁场，在交变磁场内如有一导体穿过，就会在导体内部产生感应电动势。如果导体能够形成回路，导体内便有电流产生（图2-1），这一交变电流的大小与发射机内磁偶极子所产生的交变磁场（一次场）的强度、导体周围介质的电性、导体的电阻率、导体与一次场源的距离有关。一次场越强，导体电阻率越小，导体与一次场源间距越近，则导体中的电流就越大，反之则越小。对一台具有某一功率的仪器来说，其一次场的强度是相对不变的，管线中产生的感应电流的大小主要取决于管线的导电性及场源（发射线圈）至管线的距离，其次还决定于周围介质的阻抗和管线仪的工作频率。

根据发射线圈面与地面之间所呈的状态，发射方式可分为水平发射和垂直发射两种：

1）水平发射。发射机直立，发射线圈面与地面呈垂直状态进行水平发射。当发射线圈位于管线正上方时，它与地下管线耦合最强，有极大值，管线被感应产生一系列圆柱状交变磁场（图2-2）。

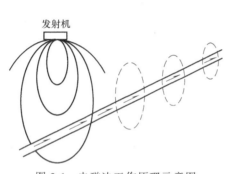

图 2-1　电磁法工作原理示意图

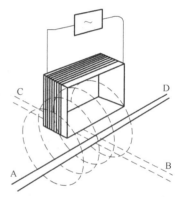

图 2-2　水平发射示意图

2）垂直发射。发射机平卧（图2-3），发射线圈面与地面呈水平状态进行垂直发射。当发射线圈位于管线正上方时，它与地下管线不耦合，即不激发。当发射线圈位于离管线正上方 h（埋深）距离时，它与地下管线耦合好，出现极值（图2-4）。

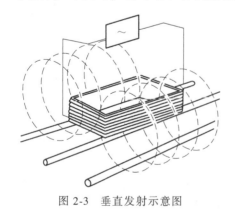

图 2-3　垂直发射示意图

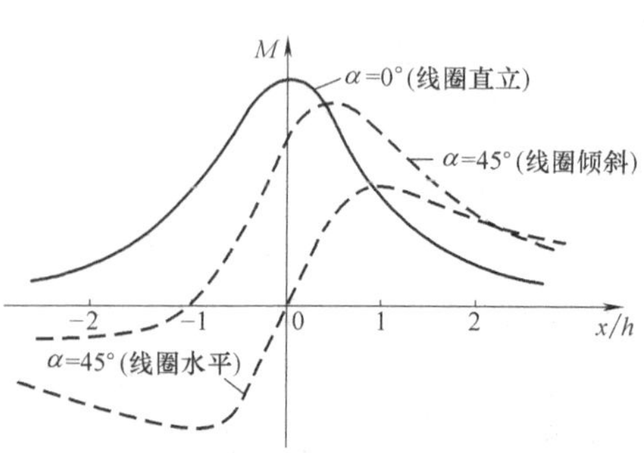

图 2-4　不同发射状态耦合系数 M 曲线示意图

（2）接收机。接收机是由接收线圈及一套相应的电子线路和信号指示器组成（图2-5）。其作用是在管线上方探测发射机施加到管线上的特定频率的电流信号——电磁异常。

管线仪接收机从结构上可分为单线圈结构、双线圈结构及多线圈组合结构（图2-6）。单线圈结构又可分为单水平线圈及单垂直线圈。

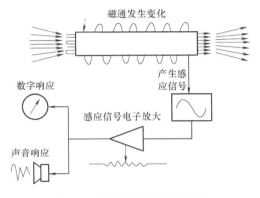

图 2-5　接收机测量原理框图

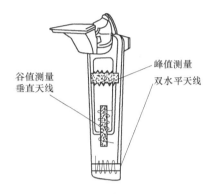

图 2-6　接收机线圈组合示意图

1）单垂直线圈接收机。该接收机线圈主要接收管线所产生的磁场水平分量（图2-7）。当线圈面与管线垂直并位于管线正上方时，仪器的响应信号最大，这不仅是因为线圈离管线近，线圈所在位置磁场强，还因为此时磁场方向与线圈平面垂直，通过线圈的磁通量最大（图2-7中2号线圈）。当线圈位于管线正上方两侧时，仪器的响应信号会随着线圈远离管线而逐渐变小，这不仅是因为离管线远，线圈所在位置磁场变弱，还因为此时磁场方向与线圈平面不再垂直，使通过线圈的磁通量变小（图2-7中1、3号线圈）。

2）单水平线圈接收机。该接收机线圈主要接收管线所产生的磁场垂直分量（图2-8）。当线圈面与管线平行并位于管线正上方时，仪器的响应信号最小，这主要是因为磁场方向与线圈平面平行，通过线圈的磁通量最小（图2-8中2号线圈）。当线圈位于管线正上方两侧位置时，仪器的响应信号会随着远离管线而逐渐增大，这是因为随着线圈远离管线，磁场方向与线圈平面不再平行，而成一定的角度，磁场垂直线圈平面的分量逐渐增大，从而使通过线圈的磁通量逐渐变大；同时随线圈远离磁场强度又逐渐变弱，当这一因素成为影响通过线圈磁通量的主要因素时，仪器的响应信号就又会逐渐变小（图2-8中1、3号线圈）。

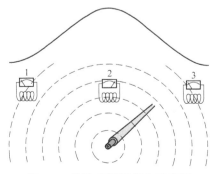

图 2-7　单垂直线圈接收示意图

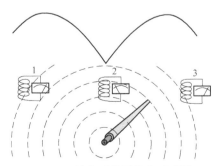

图 2-8　单水平线圈接收示意图

3) 双线圈结构接收机。该接收机内有上下两个互相平行的垂直线圈，在单根载流地下管线正上方，通过测定上下两线圈的感应电动势 ε_1、ε_2（图2-9），再运用深度计算公式

$$h = \frac{\varepsilon_2}{\varepsilon_1 - \varepsilon_2} D \tag{2-1}$$

完成计算，获得深度值，通过显示器用数字或表头指示出来。

2. 管线仪应具备的性能

（1）对被探测的地下管线，能获得明显的异常信号。

（2）有较强的抗干扰能力，能区分管线产生的信号或干扰信号。

（3）满足地下管线探测精度要求，并对相邻管线有较强的分辨能力。

（4）有足够大的发射功率（或磁矩），能满足探查深度的要求。

（5）有多种发射频率可供选择，以满足不同探查条件的要求。

（6）能观测多个异常参数。

（7）性能稳定，重复性好。

（8）结构坚固，密封良好，能在 $-10 \sim 45{}^\circ\!C$ 的气温条件下和潮湿的环境中正常工作。

（9）仪器轻便，有良好的显示功能，操作简便。

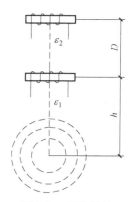

图2-9 双线圈结构示意图

3. 管线仪性能检查方法

（1）接收机自检。具有自检功能的接收机：打开接收机，启动自检功能，若仪器通过自检，说明仪器电路无故障，功能正常。

（2）最小、最大、最佳收发距检测。管线仪的最小、最大、最佳收发距常可影响探测工作的效率和效果，每台管线仪的使用者必须对其有所了解。具体检测方法如下：

1）最小收发距。在无地下管线及其他电磁干扰区域内，固定发射机位置，并将其功率调至最小工作状态，接收机沿发射机一定走向（由近至远）观测发射机一次场的影响范围。当接收机移至某一距离后开始不受发射场源影响时，该发射机与接收机之间的距离作为最小收发距。

2）最大收发距。将发射机置于无干扰的已知单根管线上，并将功率调至最大，接收机沿管线走向向远处追踪管线异常，当管线异常减小至无法分辨时，发射机与接收机之间的距离即为最大收发距。

3）最佳收发距。将发射机置于无干扰的已知单根管线上，接收机沿管线走向不同距离进行剖面观测，以管线异常幅度最大、宽度最窄的剖面至发射机之间的距离即为最佳收发距，不同发射功率及不同工作频率的最佳收发距亦不相同，需分别进行测试。

（3）重复性及精度检查。

1）重复性。在不同时间内用同一台仪器对同一管线点的位置及深度值进行重复观测，视其各次观测值差异来判定该仪器的重复性。

2）精度。在已知管线区对某条管线采用不同的方法进行定位、测深，将现场观测值与已知值进行比较，其差值越小，精度就越高。在未知区，可通过开挖确定探查精度。

（4）稳定性检查。在无管线区将发射机分别置于不同的功率档，固定频率，用接收机在同一测点反复观测每一功率档的一次场变化，以确定信号的稳定性。改变频率，用同样的

方法确定接收机各频率的稳定性。

三、探查方法

电磁法可细分为许多方法，根据场源性质可分成主动源法和被动源法。主动源法又可分为直接法、夹钳法、感应法、示踪法和探地雷达法。

1. 交流电法探测

交流电法探测的原理是：利用天然或人工产生的场源，产生的交变的电磁场对地下金属管线具有感应作用，从而激发二次电磁场，通过检测分析二次电磁场的分布特点，探测定位待测物体的位置和走向，根据其场源的不同可分为主动源法和被动源法。

（1）主动源法。主动源是指探测工作人员通过人工控制的场源——发射机，向待探测的金属管线发射足够强的某一频率信号，该信号在空间形成交变的电磁场，地下金属管线受交变电磁场激发产生感应电流，而感应电流在金属管线周围又产生二次电磁场，通过探测仪接收二次电磁场信号，就可以探测地下金属管线。根据给待测金属管线施加某一频率信号的方式不同，又可分为感应法、夹钳法、直接法和地质雷达法。

1）感应法。感应法是利用发射机在地面上建立一个交变电磁场，如果地下存在金属管线，金属管线里的自由电荷受交变电磁场的激发，产生感应电流，感应电流沿着金属管线流动，产生二次磁场，在地面上用接收机检测二次电磁场的分布强度，就可以对地下金属管线进行定位和测深，如图 2-10 所示。

图 2-10　感应法

2）夹钳法。夹钳法是利用发射机自带的配件——夹钳，也就是一个环形磁芯，探测时用夹钳把管线夹在中间，发射机选择耦合模式，环形磁芯的初级绕组就有电流信号流过，电流使磁环产生磁场，这个磁场耦合到金属管线上，就在金属管线方向上产生感应电动势，从而在金属管线中就产生感生电流，如图 2-11 所示。此法探测时必须有管线出露点，且被测管线的直径受夹钳大小的限制，但感应信号强，定位、定深精度高。这种方法适用于小直径管线或电信类电缆管线探测，在对多条电缆进行逐条分辨时，这种方法探测效果最佳，有着明显的优点。

3）直接法。日常生活中常见一些金属管线裸露在地表，如水龙头、电力变电箱、消火栓等。直接法就是利用发射机专有输出电缆的一端与待测金属管线相连，另一端接金属管线的一端或者接地。这时金属管线上就有电流通过，电流在其周围将产生交变电磁场，利用接收机搜索被探测金属管线产生的电磁信号，对管线进行追踪定位。

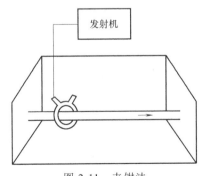

图 2-11　夹钳法

直接法能使接收机收到较强的电磁信号，对金属管线定位、定深精度比较高，但金属管线必须有露点。

4）探地雷达法。探地雷达法是利用雷达系统连续向地下发射高频电磁波，当高频电磁波在地下遇到金属管线时，会产生一个反射信号，接收天线连续接收反射信号，接收到的反射信号经过处理，在显示器上显示出来。根据显示器上有无反射信号就可以判断有无金属管线；在测量深度时，根据反射信号到达接收机的时间和反射波速，就可以计算出金属管线的深度。

此方法探测精度高，但要求操作人员必须具备专业的知识。目前由于地质雷达设备过于昂贵，要求操作人员的素质较高，一般是专业探测队伍装备的设备，所以极少用于地下管线探测工作中。

（2）被动源法。被动源法是利用工频信号50Hz信号及空间存在的电磁信号，对物体进行探测，并不需要人工建立场源。对地下金属管线探测来说是一种比较简便的方法，它只需操作接收机便可接收到有用信号。被动源法除了对载流50Hz电缆探测定位外，对于其他金属管线不能精确定位，这是因为被动源极易受外界干扰，不稳定。根据信号来源不同，被动源法可以分为工频法和甚低频法两种：

1）工频法。利用日常生活中50Hz交流电信号，对地下金属管线产生感应电流，通过接收机探测感应电流产生的二次场强度分布，对金属管线进行定位。

对于探测动力电缆和搜索金属管线，此方法简便，成本低，但分辨率不高，干扰性极大，是一种快速定位的初查方法。

2）甚低频法。甚低频法是甚低频电磁法的简称，它是利用无线电信号，在金属管线中产生感应电流，这些感应电流又在金属管线周围形成电磁场，探测仪通过金属管线周围的磁场强度检测，来对金属管线进行定位。

甚低频法是将电台发射的电磁波作为发射源，利用电磁波一次场在传播过程中遇到导体或磁性感应体时，将在导体上产生感应电动势，进而产生感应电流，从而引起感应二次场。能否在金属管线周围产生二次场，取决于电磁波前进方向和地下金属管线走向是否一致。若一致金属管线将产生感应电流和相应的二次场；若不一致，则不能激发金属管线形成二次场。

该法感应二次场的强度不仅与电台的远近有关，还和管线的方位有关，因此对于长距离地下金属管线可以采用此方法进行探测定位。使用此方法简便，无须发射源，成本低，但精度不高，干扰较大。

2. 直流探测法

顾名思义，直流探测法就是用直流电源给待测的地下金属管线加直流电，使直流电源与地下金属管线构成回路，这样地下金属管线上就有电流流过，在地下形成一个电流密度分布空间，对于具有良好导电性的金属管线来说，电流密度分布会产生异常，通过在地面上观察电流密度分布的特点，就能发现金属管线的位置。直流探测法是利用了金属管线与其周围介质存在导电性差异，进而判断出金属管线的位置。常用的直流电测法有充电法、电阻率法、自然电场法三种。

（1）充电法。充电法是通过测量金属管线上产生的电场分布，来追踪定位管线，确定其分布状况。利用直流电源一端接金属管线的一端，另一端接地，这样在金属管线上有电流流过，电流在其周围产生电场，测量电场分布，就可以定位管线的位置。

此法测量要求金属管线必须有出露点，并且地面具备接收条件，使用电法探测仪器探测，具有较好的探测精度，探测深度大，效果比较好。

（2）电阻率法。电阻率法是利用目标体与围岩电阻率的差异来探测目标体的分布状况。对于探测较大规模的金属管线，此法具有明显的优势，探测精度较高，只是在使用电法仪器探测时，供电极和测量极都需要接地。

（3）自然电场法。自然电场法是利用周围介质与金属管线之间发生氧化还原作用产生的自然电场，通过使用电法仪器，检测这种自然电场，进而判别金属管线。这种测量法对于防腐性能较好的管线，探测效果极差，不利于探测，唯一的好处就是工作时，不需向地下供电，比较经济。

3. 接收探测

无论是直接法、感应法或者是其他电磁感应法，其目的是对地下管线进行精确的平面定位和深度定位，常用的平面定位方法有极大值法和极小值法，深度定位的方法有直读法、45°法和特征点法，下面一并述之。

（1）地下管线的平面定位方法。用管线仪定位时、可采用极大值法或极小值法。极大值法，即用管线仪两垂直线圈测定水平分量之差 ΔH_x 的极大值位置定位；当管线仪不能观测 ΔH_x 时，宜采用水平分量 H_x 极大值位置定位。极小值法，即采用水平线圈测定垂直分量 H_z 的极小值位置定位。两种方法宜综合应用，对比分析，确定管线平面位置。

1）极大值法。当接收机的接收线圈平面与地面呈垂直状态时，线圈在管线上方沿垂直管线方向平行移动，接收机表头会发生偏转，当线圈处于管线正上方时，接收机测得电磁场水平分量（H_x）或接收机上、下两垂直线圈水平分量之差（ΔH_x）最大，如图2-12a、b所示。

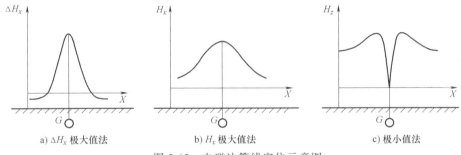

a) ΔH_x 极大值法　　b) H_x 极大值法　　c) 极小值法

图 2-12　电磁法管线定位示意图

2）极小值法。当接收机的接收线圈平面与地面呈平行状态时，线圈在管线上方沿垂直管线方向平行移动时，接收机电表同样会发生偏转。当线圈位于管线正上方时，电表指针偏转最小（理想值为零），如图2-12c所示，因此可根据接收机中 H_z 最小读数点位来确定被探查的地下管线在地面的投影位置。H_z 异常易受来自地面或附近管线电磁场干扰，故用极小值法定位时应与其他方法配合使用，当被探管线附近没有旁侧管线及主动源导线的干扰时，用此法定位还是比较准的。

（2）地下管线的深度定位方法。用管线仪定深的方法较多，主要有特征点法（ΔH_x 百分比法，H_x 特征点法）、直读法及45°法，如图2-13所示。探查过程中宜多方法综合应用，同时针对不同情况先进行方法试验，选择合适的定深方法。

1）特征点法。利用垂直管线走向的剖面，测得的管线异常曲线峰值两侧某一百分比值处两点之间的距离与管线埋深之间的关系，来确定地下管线埋深的方法称其为特征点法。不同型号的仪器，不同的地区，可选用不同的特征点法。

① ΔH_x 70%法。ΔH_x 百分比与管线埋深具有一定的对应关系，利用管线 ΔH_x 异常曲线上某一百分比处两点之间的距离与管线埋深之间的关系即可得出管线的埋深。有的仪器由于

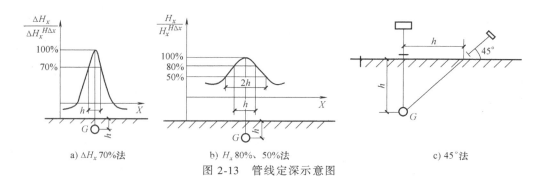

图 2-13 管线定深示意图

电路处理，使之实测异常曲线与理论异常曲线有一定差别，可采用固定 ΔH_x 百分比法定深，如图 2-13a 所示。

② H_x 特征点法

a. 80%法：管线 H_x 异常曲线在峰值两侧 80%极大值处两点之间的距离即为管线的埋深，如图 2-13b 所示。

b. 50%法（半极值法）：管线 H_x 异常曲线在峰值 50%极大值处两点之间的距离，为管线埋深的两倍，如图 2-13b 所示。

2）直读法。有些管线仪利用上下两个线圈测量电磁场的梯度，而电磁场梯度与埋深有关，所以可以在接收机中设置按钮，用指针表头或数字式表头直接读出地下管线的埋深。这种方法简便，但由于管线周围介质的电性不同，可能影响直读埋深的数据。因此应在不同地段、不同已知管线上方，通过方法试验，确定定深修正系数，进行深度校正。定深时应保持接收天线垂直，提高定深的精确度。

3）45°法。先用极小值法精确定位，然后将接收机线圈与地面成 45°状态沿垂直管线方向移动，寻找"零值"点，该点与定位点之间的距离等于地下管线的中心埋深，如图 2-13c 所示。使用此法定深时，接收机中必须具备能使接收线圈与地面呈 45°的扭动结构，若无此装置，不宜采用。线圈与地面是否呈 45°及距离量测精度会直接影响埋深精度。

除了上述定深方法外，还有许多方法。方法的选用可根据仪器类型及方法试验结果确定。为保证定深精度，定深点的平面位置必须精确；在定深点前后各 3~4 倍管线中心埋深范围内应是单一的直管线，中间不应有分支或弯曲，且相邻平行管线之间不要太近。

第二节 RD8000 探测仪使用方法

RD8000 探测仪是英国雷迪公司研发的一款新产品（图 2-14），将取代作为行业标准的 RD4000PDL 和 PXL 地下管线探测仪。RD8000 系列产品响应速度更快，准确性更高，可靠性更强。RD8000 采用最新的专利数字固件设计，为全球用户提供了一种可控性极强、可靠性极高的管线仪解决方案。RD8000PXL 是行业标准的高性能管道和电缆定位仪。

一、RD8000 探测系统概述

1. RD8000 接收器

RD8000 探测仪的接收器如图 2-15 所示，接收器的蓝牙天线如图 2-16 所示，接收器键

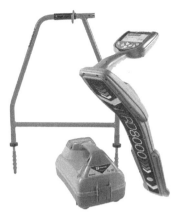

图 2-14　英国雷迪 RD8000 管线探测仪

盘如图 2-17 所示，接收器 LCD 如图 2-18 所示。

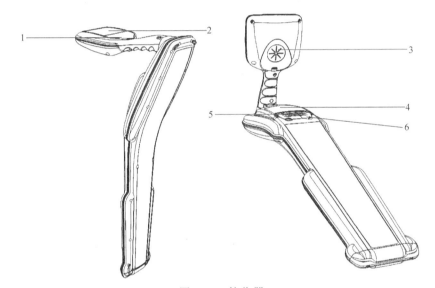

图 2-15　接收器

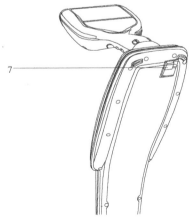

图 2-16　接收器蓝牙天线

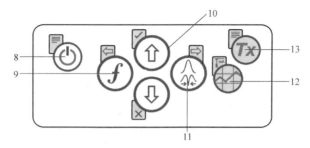

图 2-17 接收器键盘

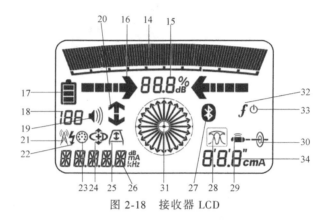

图 2-18 接收器 LCD

（1）接收器。图 2-15 和图 2-16 所示接收器各部件如下：

1—键盘。

2—自动背光液晶显示器（简称 LCD）。

3—音讯发生器。

4—电池舱。

5—附件插槽。

6—耳机插孔。

7—蓝牙硬件模块。

（2）接收键盘。图 2-17 所示接收器键盘各部位如下：

8—电源键：打开和关闭设备；开启接收机菜单。

9—频率键：选择频率；命令确认键。

10—向上和向下箭头：调整信号增益；滚动菜单选项进行切换。

11—模式键：切换天线模式和峰值谷值模式；打开子菜单；切换深度或电流在 LCD 上显示。

12—图表键：保存 SurveyCERT™ 测量。

13—发送键：在已经启动的接收器发送命令到已启动的发射机上。

（3）接收器屏幕图标。图 2-18 所示接收器 LCD 各部位如下：

14—指示信号强度和峰值。

15—信号强度：数值指示信号，故障查找模式微伏读数。

16—谷值箭头：指示相对于接收器的管线位置。

17—电池图示：指示电池电量。

18—灵敏度和日志数量：日志保存后，显示内存中的日志数字。

19—音量图标：显示音量等级。

20—电流方向箭头。

21—无线电模式：无线电模式时指示的图标。

22—电力模式：电力模式时的图标。

23—附件指示：指示当前连接附件。

24—CD 模式：电流模式的图标。

25—A 型架图示：指示 A 型架连接。

26—操作模式指示器。

27—蓝牙图示：表示蓝牙状态。闪烁图标表示在配对进行，固定图示表示处于连接状态。

28—天线模式图标：指示天线模式选择，包括峰值、谷值、单天线、合成峰谷值。

29—探头模式：表示接收器处于接收探头信号模式。

30—管线模式：表示接收信号源来于管线的模式。

31—方向罗盘：显示位电缆相对于接收器的方向。

32—发射机状态：显示发射机连接状态。

33—发射机待机：表示该发射器是在待机模式。

34—显示当前深度或电流。

2. RD8000（Tx1/Tx3/Tx10）发射机

RD8000 发射机如图 2-19 所示，充电电池如图 2-20 所示，发射机键盘如图 2-21 所示，发射机 LCD 屏如图 2-22 所示。

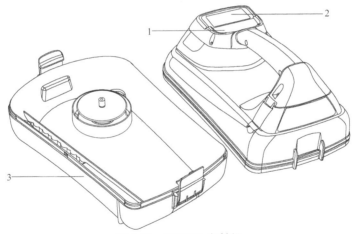

图 2-19　RD8000 发射机

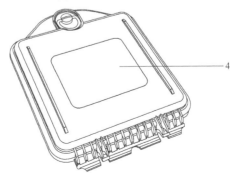

图 2-20　充电电池

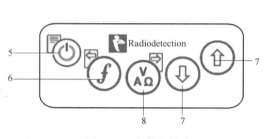

图 2-21 发射机键盘

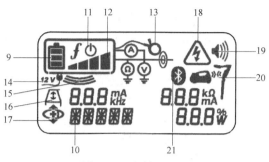

图 2-22 发射机 LCD

（1）发射机特性。图 2-19、图 2-20 所示 RD8000 发射机各部件如下：

1—防水键盘。

2—自动背光液晶显示器。

3—附件舱。

4—电池舱。

（2）发射机键盘。图 2-21 所示发射机键盘各部位如下：

5—电源键：打开和关闭发射机，打开发射机菜单。

6—频率键：选择频率；命令确认键。

7—向上和向下箭头：调整输出信号；滚动菜单选项。

8—AV 键：切换测量输出回路电压、电流和回路阻抗显示；夹钳法中切换发射功率；打开子菜单。（注：显示的测量是基于当前选择的模式或附件。）

（3）发射机屏幕图标。图 2-22 所示发射机 LCD 各部位如下：

9—电池图示：指示电池当前电量。

10—字母数字描述选定的操作模式。

11—待机图示：发射机处于待机模式。

12—输出功率：显示发射机输出功率。

13—夹钳图示：表示发射机处于夹钳模式。

14—直流图示：表示发射机采用外接直流电源。

15—感应指标：发射机处于感应模式。

16—A 型架（只 Tx3 和 Tx10 型机上有）：表示发射机处于故障查找模式。

17—CD 模式指针（只 Tx10 型机上有）：表示发射机是电流方向模式。

18—电压预警指针：表示发射机处在输出增压状态中。

19—音量图标：显示音量大小。

20—配对图示（只 Tx3B 和 Tx10B 型机上有）：表示发射器和接收器进行无线连接。

21—蓝牙图示（只 Tx3B 和 Tx10B 型机上有）：表示发射机处于蓝牙连接状态，闪烁的图示表示配对正在进行中。

二、定位电缆和管道

以下重点说明使用 RD8000 定位地下电缆和管道技术。

1. 天线模式

RD8000 系统支持 4 种天线模式,以适应特定应用程序或当地环境。这些模式是:Peak mode、Single antenna mode、Null mode、Peak/Null mode。

注意:某些频率不支持多种天线模式。

(1) Peak mode(峰值模式)。Peak(峰值)模式提供最准确位置和深度测量。Peak 模式不能被禁用。

Peak 模式下液晶显示:深度或电流;信号强度;方向罗盘。

要选择 Peak 模式:

1)打开接收器。

2)单击频率键选择首选频率。

3)按模式键,直到 Peak 模式图标在 LCD 显示。

(2) Single antenna mode(单天线模式)。单天线模式探测的灵敏度最高,但管线上方的峰值响应范围也最宽,用于快速定位。一旦找到一个单一的目标,应该使用 Null mode 或 Peak/Null mode 来确定更精确的定位。

Single antenna 模式下液晶显示:深度或电流;信号强度;方向罗盘。

要选择 Singleantenna 模式:

1)打开接收器。

2)单击频率键选择首选频率。

3)单击模式键,直到单天线模式图标在 LCD 上显示。

(3) Null mode(谷值模式)。Null(谷值)模式是用来验证电磁无失真环境中定位的信号。

Null 模式下液晶显示:深度或电流;信号强度;方向罗盘;左右箭头。

要选择 Null 模式:

1)打开接收器。

2)单击频率键选择首选频率。

3)单击模式键,直到 Null 图标在液晶显示器上显示。

Null(谷值)模式是在管线上方给出一个谷值响应。谷值响应比峰值响应更容易使用,但谷值响应容易受到干扰的影响,不能用来精确定位,除非在无干扰信号的区域。在谷值模式下接收机只能指示管线的位置,而不能准确指示管线的方向。

(4) Peak/null mode(混合模式)。Peak/null(混合)模式的优势是这些模式同时进行。

Peak/null 模式下液晶显示:左右箭头;信号强度;方向罗盘;当前深度。

要选择 Peak/null 模式:

1)打开接收器。

2)单击频率键选择首选频率。

3)单击模式键,直到 Peak/null 模式图标在 LCD 上显示。

2. 方向罗盘

液晶的方向罗盘提供了目标电缆,管道方向视觉指示。

仅无源模式下可以使用方向罗盘。接收器被设置为电力和无线电信号模式时,方向罗盘不可用。

3. 追踪

将接收机调到谷值模式可以提高追踪的速度。

如图 2-23 所示，沿着管线的路由向前走动，并左右摆动接收机，观察管线上方的谷值回应和管线两侧的峰值回应。每隔一段时间，将接收机调到峰值模式，对管线进行探测并验证管线的准确位置。

4. 精确定位

用峰值模式对管线进行精确定位。对管线进行了追踪并知道目标管线的大致位置之后确定管线的准确位置。

开始时，发射机使用中等的输出功率，接收机和发射机使用中等的频率，接收机使用峰值模式，将接收机的灵敏度调到刻度的一半。然后按下列步骤操作：

（1）保持接收机天线与管线的方向垂直，横过管线移动接收机，确定回应最大的点，如图 2-24a 所示。

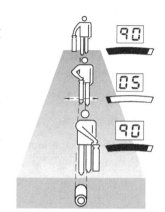

图 2-23 追踪

（2）不要移动接收机，原地转动接收机，当响应最大时停下来，如图 2-24b 所示。

（3）保持接收机垂直地面，在管线上方左右移动接收机，在响应最大的地方停下来，如图 2-24c 所示。

（4）把天线贴近地面，重复步骤（2）。

（5）重复步骤（3）

（6）标记管线的位置和方向。

重复所有的步骤以提高精确定位的精度。

注意：精确定位的过程中需要调节灵敏度，使表头读数保持适中的大小。

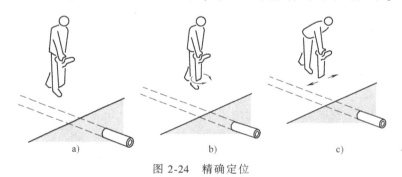

图 2-24 精确定位

把接收机调到谷值模式，移动接收机，找出响应最小的谷值点。如果峰值模式的峰值位置与谷值模式的谷值位置一致，可以认为精确定位是准确的。如果两个位置不一致，精确定位是不准确的，但两个位置都偏向管线的同一侧，管线的真实位置更接近峰值模式的峰值位置。管线位于峰值位置的另一边，距峰值位置的距离为峰值位置与谷值位置之间的距离的一半。定位验证如图 2-25 所示。

5. 扫描和搜索

在区域内有很多探测未知管线的方法，在开挖之前使用这些技术是非常重要，以免在开挖过程中损毁地下管线。

(1) 被动扫描（无源扫描）。被动扫描将找到电力、信号电缆、光纤和可能埋地敷设的导体。

要执行被动的扫描：

1) 打开接收机。

2) 单击频率键选择需要的被动频率，同时检测电源和在目前的无线电信号。

3) 将灵敏度调到最高，当遇到信号响应时调低灵敏度，并使响应保持在表头刻度范围之内。

4) 沿网格状的路线走动（图2-26），走动时应保持平稳，接收机的天线的方向保持与走动的方向一致，并且尽可能和被横过的管线成直角。当接收机的响应增大深度出现时指示有管线存在停下来对管线进行精确定位，并标记管线的位置。追踪该管线直到离开要搜索的区域，然后继续在区域内进行网格式的搜索。

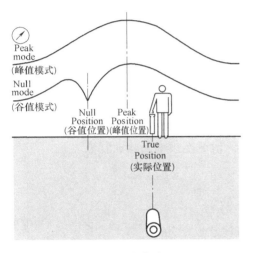

图2-25 定位验证

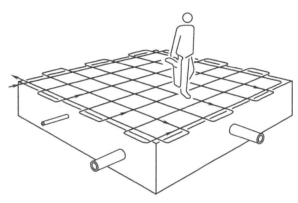

图2-26 无源扫描

在有些区域内，可能存在50/60Hz电力信号的干扰，把接收机提高至离开地面10cm并继续进行搜索。

在大多数区域（不是所有区域），无线电（Radio）模式可能探测到不辐射电力信号的管线，必须同时使用无线电（Radio）和电力（Power）两种模式对一个区域进行网格搜索。

(2) 感应扫描（有源扫描）。感应扫描是探测未知管线的可行方法。这种搜索方法需要手执发射机的手执接收机的两个操作员。

这种搜索方法被称为"两人搜索"。在开始搜索之前，确定要搜索的区域和管线通过该区域可能的方向，并把发射机设定于感应模式，建议使用33kHz发射感应信号。

1) 第一个人操作发射机，第二个人操作接收机，如图2-27所示。当发射机经过管线时将信号施加到管线，然后在发射机上游或下游30m远的接收机探测该信号。

注意：接收器离发射器过近会造成读数不准确或接收器无法识别信号。

2) 发射机的方向与估计的管线方向保持一致。第二个人提着接收机在要搜索的区域的起始位置，接收机天线的方向保持与可能存在的地下管线方向垂直。

注意：感应扫描中发射器离管道位置一般在1.5m内，超过1.5m有可能造成接收器读数不准确或信号不能感应到管线。

3）将接收机调到不会接收到直接从空中传播过来的发射机信号的最高灵敏度。

4）当发射机与接收机的方向保持正确之后，两个操作人员平行向前移动。

5）提着接收机的操作人员在向前走动的过程中，前后移动接收机。

6）发射机将信号施加到下方向的管线，再由接收机探测到该信号。

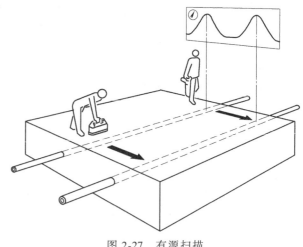

图 2-27　有源扫描

7）在接收机探测到的峰值位置的地面上做好标志。在其他可能有管线穿过的方向重复搜索。

8）将发射机依次放在每一条管线的上方，用接收机追踪每一根管线直至离开要搜索的区域。

注意：当所有管线的位置都做好标志后，交换发射机和接收机的位置重新测定是否有其他管道；感应扫描可能探测不到部分管道；如果有必要，请更换频率来验证管道。

三、深度和电流读数

1. 深度读数

图2-28所示为管线深度探测示意图，实地测量时需注意以下几点：

1）当管线带有发射机信号时，RD8000接收器测量管线的有效深达6m（20in）。

2）管线的无源信号不适合用来进行深度测量。

3）测量的深度是指管线的中心埋深。管线顶部的深度是小于接收机深度读数的，大口径管道更加明显。

4）确认RD8000接收机在管线的正上方，接收机天线与管线方向垂直。

5）调节灵敏度，使表头读数在中等范围内。

6）为确保接收器方向正确，使用液晶方向罗盘。

7）定位方向正确时，罗盘线显示在6点位置，LCD将显示目标管线深度。

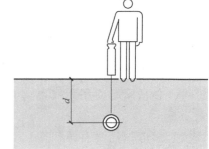

图 2-28　深度探测示意图

8）按住右键将切换深度显示或电流显示。

9）尽量避免使用感应法。如果别无选择，发射机的位置应离开深度测量点25~30m。

10）用谷值法验证峰值法定位的准确性，以确定该位置是否适合进行深度测量。

11）当有较大的干扰或发射机感应到附近管线的信号时，进行深度测量是不准确的。

12）如果发现地面辐射很强的电磁场（可能是在无线电发射站附近），在进行深度测量时提高接收机使其离开地面20cm，在测得的读数中减去该距离作为管线的深度。

2. 深度测量的验证

（1）把接收机从地面提高20~50cm重复进行深度测量检查可疑的测量深度。如果测量到的深度增加的值与接收机提高的高度相同，深度测量一般是正确的。

如果条件合适，深度测量的精度为深度的±5%。然而，有时可能不知道现场条件是否适合深度测量，所以应该采用以下的技术检查可疑的读数：

1）检查深度测量点两边管线的走向至少有5m是直的。

2）检查10m范围内信号是否相对稳定，并且在初始深度测量点的两边进行深度测量。

3）检查目标管线附近3~4m范围之内是否有携带信号的干扰管线。这是造成深度测量误差最常见的原因，邻近管线感应了很强的信号可能会造成±50%的深度测量误差。

4）稍微偏离管线的位置进行几次深度测量，深度最小的读数是最准确的，而且该处指示的位置也是最准确的。

（2）粗糙深度校准检查。

这是一种快速而简单的验证方法，以检定接收机的深度读数准确度是否在可接受的范围内。此方法在已知管线的深度但探测的深度结果却不准确的情况下使用。

不准确的读数可能是接收机接收到了其他强信号所引起的（如：另一条靠近目标管线而且与目标管线平行的管道或电缆）。

在野外有两种检查接收机深度校正的方法，两种方法都需要使用发射机。

方法1：

1）将发射机放在地上的一个非金属物体上（如纸箱），并且远离任何地下管线。打开发射机电源，确保发射机未连接任何附件并且在感应法工作模式下，当放在纸箱上时，发射机至少离开地面0.5m。

2）拿着接收机，机身保持水平并且指向发射机的前部，离发射机前部的距离大概5m。

3）打开接收机电源。

4）选择与发射机选择的频率相同的感应频率。

5）在接收机上选择发射探头模式。

6）左右移动接收机，当接收机获得最大的信号响应时，将接收机放在地面上的一个非金属物体上（如纸箱），确认机身保持水平并指向发射机。接收机放在纸箱上时，至少离开地面0.5m。

7）接收机上显示深度/电流测量。

8）用卷尺测量接收机底部与发射机中心之间的距离。

9）对比用卷尺测得的距离与接收机的深度读数。如果接收机上的深度读数与卷尺测量的距离之间的差异小于总距离的10%，该深度读数可以认为是准确的。

方法2：

1）给一条已知深度的管线施加发射机信号。

2）对管线进行精确定位。

3）对比接收机的深度读数和管线的真实深度。

3. 电流读数

（1）关于电流测量。在管线密集的区域，接收机可能会在旁边的干扰管在线探测到比目标管线更强的信号,因为它的深度比目标管线浅。电流测量数据最大的(而不是信号响应最强的)管线才是施加了发射机信号的目标管线,如图2-29所示。

测量电流提供了关于三通和弯头的有用的资料。在三通后面进行电流测量表明主管线由于长度大而比分支管线吸引了更多的电流,如图2-30所示。

发射机给目标管线施加一个电流信号。随着离发射机距离的增加,电流的强度会逐渐减

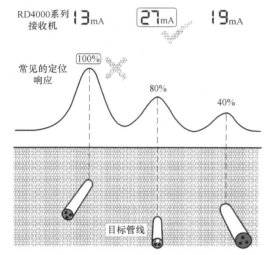

图2-29 电流测量数据最大的管线才是目标管线

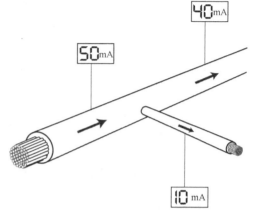

图2-30 电流测量可区分主管线与分支管线

小,衰减程度会因管线种类及土质而定。但不论任何类型的管线,电流的衰减速度都应保持稳定,而没有突然的下降或变化。

电流的突然变化都指示管线或其状况发生了变化,信号的反应会随着深度的增加较少,如图2-31、图2-32所示。

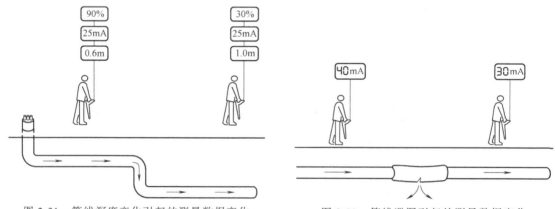

图2-31 管线深度变化引起的测量数据变化　　图2-32 管线泄漏引起的测量数据变化

(2) 施加发射机信号。发射机信号可以用直接连接感应的方式施加到目标管在线。与管线追踪信号的施加方式相同。

(3) 信号电流测量(图2-33)。

1) 对管线进行精确定位,并用谷值定位,确认峰值定位的准确性。

2) 确认接收机是在管线的正上方,天线与管线的方向垂直,机身与地面保持垂直。

3）方向罗盘对正后，屏幕将显示以毫安（mA）为单位的电流值。
4）信号感应到邻近的管线将降低测量的精度。
5）如果测量的读数可疑，搜索附近的区域，检查附近是否有其他辐射信号的管线。
6）如果其他信号造成了干扰，应该到该管线的其他点进行深度测量。
7）测量电流需要两个天线，所以不能使用接收机的附件天线（如夹钳或听诊器）。

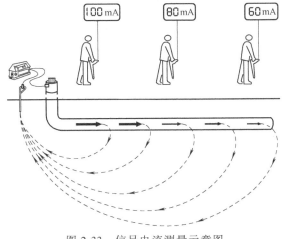

图 2-33　信号电流测量示意图

第三章

地下非金属管线探测技术

第一节　地下非金属管线探查及标识方法

随着科学技术的快速发展，城市地下管网的材质也在不断发生着变化。供水、消防、排水、绿化等各种管网中，塑料、水泥等非金属管线的应用日益普及。由于非金管线具有抗污染性强、不易腐蚀、造价低、易于埋设和维修等优点，越来越多的城市新建小区的地下管网采用了非金属管线。但是，随着时间的推移，一个难题逐渐显露出来，即非金属管线难于查找和确定埋设位置及深度。由于非金属管线既不导电也不导磁，常用的金属管线寻管仪对其无能为力，这对管网的管理和维护造成了极大的困难。如何快速、准确、方便地测定非金属管线的位置，成为亟待解决的问题。

由于非金属管线的特殊性质，其一旦埋入地下，日后将很难查找到其准确位置。因此，在对非金属管线探查方法的研究中，既应重视研究其探查方法，也应重视研究其标识方法，在管线敷设之初就做好标识工作，为日后的查找打下良好的基础。在日本等国家，在对非金属管线的管理中采用了非金属管线定位器、记标定位器、示踪线三者结合的方法，收到较好的效果。

一、非金属管线探测方法

1. 非金属管线测位器探测

非金属管线测位器主要是为探查非金属管线而设计的，可有效探查塑料管、水泥管或带有绝缘连接头的金属管等管线。

日本富士非金属管线测位器的最新型号为 NPL-100 型。它主要由发射机（振荡器）、振动器、接收机、探头、耳机等部分构成。其基本工作原理是：发射机发出一定频率的声波信号，该信号由与管线相连接的振动器传输到管道上并沿埋于地下的压力水管内部向远端传递，同时该声波信号也能传至地面。NPL-100 的探头在地面上捕捉该声波信号并通过接收机将信号放大后输出到显示仪表和耳机，从而确定管线位置，如图 3-1、图 3-2 所示。

富士公司对该型号的测位器做了多处技术改进，使仪器的性能有了较大的提高。

1）配备了多种管件配适器，使 NPL-100 的振动器可以很方便地与水表、消防栓、小管径水管、阀门等管件连接。

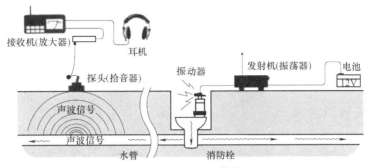

图 3-1　NPL-100 工作原理

2）增加了频率自动调谐功能。接收机可以根据接收到的信号质量，通过无线方式自动控制发射机调整发射频率，使之与管线的共振频率相同，以达到最佳探测效果。

3）加配了可选附件——锤击频率调节器，使仪器定位分支管线的性能大大提高。

4）增加了振动声波的发送方式。使用者可在连续声波发送方式和间歇式声波发送方式之间自主选择，使听到的声音更清晰，长时间工作也不会产生听力疲劳。

图 3-2　富士非金属管线测位器 NPL-100

众多实例表明，该仪器的使用均产生了良好的效果，该仪器在探查小区内绿化管线、供水入户管线和消防管线中发挥了良好的作用。

2. 探地雷达探测

探地雷达（Ground Penetrating Radar，GPR），是采用无线电波检测地下介质分布，以及对不可见目标体或地下界面进行扫描，以确定其内部结构形态或位置的电磁技术。其工作原理为：

高频电磁波以宽频带脉冲形式通过发射天线发射，经目标体反射或透射，被接收天线所接收。高频电磁波在介质中传播时，其路径、电磁场强度和波形将随所通过介质的电性质及集合形态而变化，由此通过对时域波形的采集、处理和分析，可确定地下界面或目标体的空间位置或结构状态。

探地雷达具有分辨率高、无损、操作简便、抗干扰能力强等特点，从数据采集到图像处理实现了一体化。使用雷达系统的好处是不但能够扫描管线的位置、埋深，还可以了解管线的管径及周边土质和埋设物的现状。但是现有探地雷达探测系统也存在着仪器操作复杂，探测及后期处理速度慢，对小口径管线探测效果不好，在地下水位较高的地区探测结果易受地下水干扰及仪器价格较高等问题，因此目前雷达系统主要应用于非开挖项目的前期地质探测或城市部分街区的管线辅助探测，而不适用于大面积的城市管网普查或单一目标管线的快速定位。

3. 探测方法经济性、实用性对比

非金属管线测位器探测与探地雷达探测的经济性和实用性对比见表 3-1。

表 3-1　非金属管线测位器探测与探地雷达探测的经济性和实用性对比

方法	投入费用	便携性	操作简便性	测量结果直观性	备注
非金属管线测位器探测	较低	好	较简单	好	
探地雷达探测	较高	不好	程序较复杂	较差	数据处理后可给出较直观结果

二、非金属管线标识方法

1. 记标标识法

记标是富士公司制造的另一种管线标识设备。它由记标和记标探知器两部分组成。其工作原理是：记标在外界特定频率磁场的激发下可产生同频二次磁场，而记标探知器既可发射特定频率的磁场，也可接收由记标产生的同频磁场。

记标探知的原理和动作：富士公司生产的记标共有四种型号，每种型号只响应一种特定频率的磁场，它们分别适用于自来水管线、煤气管线、排水管线和通信电缆线，用蓝、绿、红、褐四种颜色表示。每种型号的记标都配有相应的记标探知器。因此使用一种记标探知器只能正确地测定相同频率的一种记标的位置。这样记标探知器就可将敷设复杂、拥挤的管线区分成单一用途的管线，如供水管、煤气管、排水管等。

记标的使用方法是：在敷设管线的同时，将记标埋设于管道的关键部位，如末端、分支点、连接点、修复的部件以及今后需要查找的部件等部位的上方，在将来查找管线时使用记标探知器查找到记标，即确定了管线的敷设位置。

记标法的优点是：记标的使用寿命几乎是永久性的，不会因埋设时间长而发生锈蚀或物理特性发生改变；记标的埋设非常简单，既可随新管线埋放，也可以在已敷设的管线需设置标记处使用钻洞工具挖一个小孔将记标埋入地下；使用记标探知器查找管线不易受外界环境的干扰，可将目标管线与其他管线区分开来。

2. 示踪线标识法

示踪线的全称是非金属管线示踪线。它是富士公司专为查找和定位地下非金属管线而设计的产品，可有效地解决非金属管线不能用金属管线寻管仪探查的问题。

探测非金属管线是一项世界难题，主要原因是非金属管线既不导电也不导磁，无法用现有的金属管线探管仪查找。而示踪线实际是一种特制的导线，可以在敷设非金属管线的同时，将其布设在管线上同时敷设，以后在查找管线时就可用日本富士金属管线及电缆测位器探测出其位置、方向和埋设深度，从而使探测非金属管线与探测金属管线一样容易。

富士非金属管线示踪线采用了特殊的材质，导体部为防锈软铜线，外部被覆层为导电橡胶。所以即使线心折断，其外部的导电橡胶仍可以导电，不会影响探测能力，从而大大提高了使用的耐久性，使其使用时间可长达 20 年以上。

示踪线可与新管线敷设同时进行。富士示踪线的价格低，几乎不增加敷设管线的成本，却为日后的管线维护提供了极大的方便，因此采用示踪线法标识非金属管线是一种投资少、简单实用的好方法。如果采用示踪线+记标的方法，在管线的关键部位再辅以记标标识，就可以达到非常好的管线标识与三维定位效果。

3. GPS 方法标识地下管线

GPS 全球定位系统是近年来快速发展起来的一种目标导航、定位系统。它采用卫星定位的方法，可供全球范围内的任意多个用户提供高精度、全天候、连续的测速及三维定位、对时服务。目前用于测量系统的 GPS 在加装基准站，采用差分技术后，定位精度可达厘米级，因此也可用 GPS 系统来标识非金属管线位置。GPS 系统具有设备小巧，便于携带，定位精确、快速，结果直观，基本不受气候、地形及地面物体影响的优点。但是使用 GPS 系统标识管线也还有一些不尽人意之处：一是目前 GPS 系统的价位偏高，一套两个接收机的系统，市场售价在几十万元；二是前期建网数据采集的工作量较大，技术要求高，为了能够准确定位管线任一点的位置，必须增加定位点的数量，这就势必会加大数据采集的工作量，这是一项浩繁的工作；三是应有一套相应的 GIS 系统（计算机地理信息系统）来管理管线定位点数据。这样才能达到快速检索、快速定位的目的。因此，虽然采用 GPS 系统标识管线是未来很有发展前景的方法，但应用此系统必须具备资金实力雄厚和管线管理相对较为规范两个条件。当前只有极少数大城市的相关部门可以具备上述条件。而对于绝大多数中小城市而言，采用 GPS 法标识管理管线系统还存在不少困难，而且与大城市相比，中小城市管线总长度短、管网复杂程度低，使用 GPS 法也不够经济。

4. 各标识方法的经济性、实用性对比（表 3-2）

表 3-2　各标识方法的经济性和实用性对比

方法	投入费用	便携性	操作简便性	测量结果的直观性
记标	低	好	简便	好
示踪线	低	好	简便	好
GPS	较高	好	较简便	好

第二节　探地雷达探测技术

探地雷达既可以探测地下金属管线，又可以探测地下非金属管线。由于近年来地下非金属管线的大量应用，使用传统的金属管线仪已无法完全满足现有的管线探测需要，所以近年来国内引入了探地雷达这项新技术。只要地下管线目标与周围介质之间存在足够的物性差异，就能被探地雷达发现。探地雷达的管线探测能力，弥补了管线探测仪的探测缺陷，因此在城市地下管线的探测中得到普遍应用。利用雷达探测管线不仅能准确地提供管线的平面位置和埋设深度等情况，为施工或管理提供可靠参数，更重要的是对非金属管线的探测提供了有力的技术支持。

一、探测方法及原理

探地雷达是基于不同介质的电性差异，利用高频电磁波，探测隐蔽介质分布和目标体的一种高新地球物理方法。当发射天线 T 以宽频带、短脉冲方式向地下发射电磁波时，遇到具有不同介电特性的介质（如管线、空洞、分界面），就会有部分电磁波能量反射（回波），使接收天线接收到反射回波并记录反射时间。探地雷达工作原理如图 3-3 所示。

对于反射波，可以用下面的反射波往返行程时间计算公式进行计算

$$t = \frac{\sqrt{4z^2 + x^2}}{v} \tag{3-1}$$

式中　　z——探测目标体埋深；

　　　　x——发射、接收天线的距离（在线阵雷达公式中，z 一般比 x 大很多，故 x 可忽略）；

　　　　v——电磁波在介质中的传播速度。

地下介质中的波速为已知时，可根据测到的精确值 t（ns），由上式求出反射体的埋深 z（m）。工作中同一剖面 x 值是固定不变的，称之为天线距。

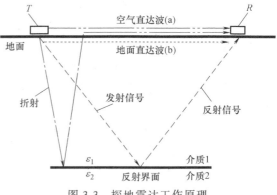

图 3-3　探地雷达工作原理

探地雷达以数字化形式采样记录，图像以波形或灰阶表示。雷达探测是通过数据处理和图像识别来确定目的体的位置和埋深。从理论上讲，管线异常在雷达图像上反映的是一条平滑的双曲线，可根据这一异常特征来判定管线位置、深度。

探地雷达的优越性表现为：

1）它是一种非破坏性技术，实用范围广，效率高。

2）采用微机控制与成图，图像清晰直观。就管线探测而言，又有其不足之处，如受回填土的杂乱回波干扰较大，临近目标管线的非目标管线反射波干扰，另一方面还受管线管径大小、探测场地管限制和干扰。

二、RAMAC 探地雷达设备简介

如图 3-4 所示，RAMAC X3M 是瑞典 MALA 公司推出的产品。RAMAC X3M 是完备的雷达控制单元系统，它直接固定在屏蔽天线上，由外接电源供电。它与 100MB、250MB、500MB 及 800MB RAMAC/GPR 天线兼容。它的体积更小，重量更轻，运输和使用更方便。RAMAC X3M 工程探测型探地雷达工作时，只需一人拖动天线或推动专用小推车即可。探测的图像直接显示在笔记本计算机中，其雷达图像直接显示在屏幕上。它可以非常简单地对地下异常体进行定位：当发现地下异常体时，只需反方向拉小推车，计算机屏幕的图像中会有一根光标线显示水平移动位置，当光标线与屏幕上要确定的异常体重合时，天线正下方即为异常体所在位置，因此现场定位极为方便。也可以回到办公室后对探测的图像进行处理、分析及打印。由于电路部分都做在一起，因此不需要光纤。RAMAC X3M 可以采用 Ground Vision 采集软件。它的内置自动叠加功能可在最大探测速度的基础上获得最高质量的数据。它的功耗极低，可以连续工作 10h 以上。

与其他探地雷达不同，瑞典 MALA 公司的 RAMAC X3M 属于工程专用探测雷达，其最大优点是探测速度快。其配备了四种不同频率的天线，交换使用可以用来探测

图 3-4　RAMAC X3M 探地雷达

不同深度、不同管径的被探物体。因为天线频率不同,所适合探测的范围也会变化。交替使用天线更具有针对性,结果更为准确。

RAMAC 监视器及天线简介见表 3-3,技术指标见表 3-4。

表 3-3 RAMAC 监视器及天线简介

仪器名称	特　点	外观
RAMAC 监视器	1. 结构紧凑、坚固、防潮、防尘 2. 符合 IP67 环境保护标准 3. 在 -20~50℃下工作 4. 显示屏为 640×480 像素点 5. 显示屏在强光下都能完全看清 6. 只用一个按钮(旋转和按压)操作,不需要键盘 7. 系统可以戴手套操作 8. 可用背景光来照明	
100MHz 天线	尺寸(长×宽×高):1.25m×0.78m×0.20m 质量:25.5kg 它主要用于中、高分辨率下的中深层探测,探测深度可达 7~15m 主要用于地质分层及基岩探测、深层电缆束、大型管道及岩溶空洞探测,坝体检测和铁路公路路基勘察等	
250MHz 天线	尺寸(长×宽×高):0.78m×0.44m×0.16m 质量:8kg 它为最常用的天线之一,探测深度可达 2~5m 主要用于中深部的管线探测、不明物体及空洞探测,坝体质量和铁路公路路基和挡土墙检测等	
500MHz 天线	尺寸(长×宽×高):0.5m×0.33m×0.16m 质量:5kg 它是隧道检测常用天线之一,主要用于中浅层、高分辨率探测,典型测深为 2~3m 它主要用于隧道衬砌分层及衬砌厚度检测,隧道衬砌内部脱空与空洞的探测,隧道衬砌一衬和二衬间的脱空与空洞的探测,初衬与背后围岩之间的脱空与空洞的探测,浅层围岩内部的病理缺陷和路面病害缺陷的检测等	
800MHz 天线	尺寸(长×宽×高):0.38m×0.20m×0.12m 质量:5kg 它也是隧道检测常用天线之一,主要用于浅层高分辨率探测,典型测深为 1m 左右 它主要用于隧道衬砌分层及衬砌厚度检测,隧道衬砌内不密实、脱空及空洞的探测,路面分层及混凝土检测	

表 3-4 技术指标

脉冲重复频率	10~200kHz(国际标准 100kHz)	A/D 转换	16 位
采样样点数	128~8192(用户自选)	叠加次数	1~32768(自动或用户选择)
采样频率	0.4~700GHz	信号稳定性	<100ps
通信方式	ECP 并口	通信速度	24Mbit/s
天线与主机连接	直接	传输速度	100Mbit/s
触发方式	距离、时间、手动	分辨率	5ps
时窗范围	0~45700ns	扫描速率	1000 扫/s
工作温度	-20~50℃	环境标准	IP67
供电	8V RAMAC/GPR 标准锂电池或 12V 适配器	天线兼容性	兼容 100~800MHz 天线

三、探地雷达探测地下管线工程实例

如图 3-5 所示,以使用 RAMAC 探地雷达探测人行天桥的城市地下管线工程为例,其目的在于:查明在天桥各桩位点处地下 1~6m 深度范围内,是否存在各种城市地下管线,为人行天桥的桩位开挖施工服务。

由于每个桩位的开挖直径大小约为 1.5m,为了更好地控制地下的探测范围,在条件允许的情况下,在每个桩位处都布置二条长 3m 以上的垂直雷达测线。城市地下管线的埋深范围,一般都在 1~6m 以内,因此选择 250MHz 的天线就可满足探测要求。

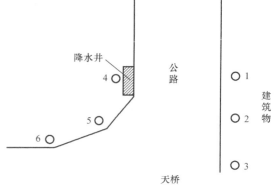

图 3-5 天桥大致桩位编号

从图 3-6 所示的雷达扫描图上看,1 号、3 号桩位与桩身擦边处 0.5m 埋深的地方,存在明显的拱形异常,推断为管线。另外,在 3 号桩右侧 2.5m 处,埋深 1.2m 的地方也存在明显拱形异常,推断为给水管。

2 号桩的一条雷达测线上有明显的异常发射面,另一条垂直的雷达测线上存在明显的拱形异常,推断为金属管线。

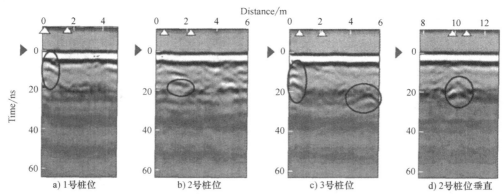

图 3-6 1 号、2 号、3 号桩位的一条测线和 2 号桩的另一条垂直测线

从图 3-7 所示的雷达扫描图上看:4 号桩位无明显的异常反应;5 号桩与桩身擦边处有一处较明显异常,推断是路边的干扰引起;6 号桩与桩身擦边处有一处拱形异常,推断为管线。

对图 3-5 中降水井的位置布置三条测线,其探测结果如图 3-8 所示。三条测线放在一个文件中,从图 3-8 中可以看出,前两条测线在 1.0~1.3m 范围内都存在明显反射层,但不是管线。第三条测线从雷达扫描图上看,存在一个明显的拱形异常,推断为管线,所以建议将打井位置选在图 3-5 中降水井设想位置的上方。

应用 RAMAC 系列探地雷达进行地下管线探测的实践表明,该系列雷达能够成功用于城市地下管线的探测,具有探测准确、适用于各种类型管线探测的优点,对后期工程钻孔定位有指导意义。

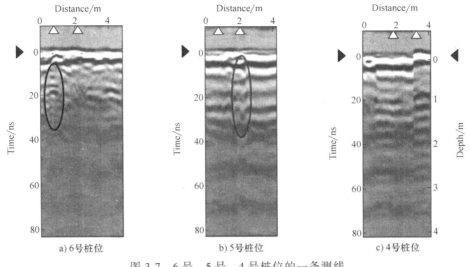

图 3-7 6号、5号、4号桩位的一条测线

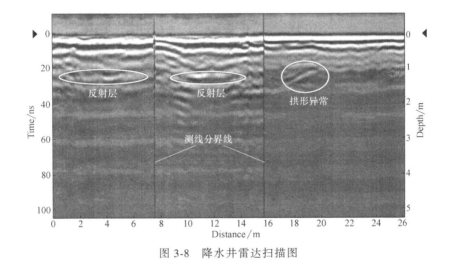

图 3-8 降水井雷达扫描图

第三节 RD1000 探地雷达使用方法

RD1000 是英国雷迪公司研发的一款探地雷达系统，用户可以用它观测地下几乎所有的管线和异常体。与传统定位仪不同，RD1000 利用雷达技术（特别是在 UHF/VHF 频率）产生锥形可视图像。RD1000 的主要优点是它可以探测非金属管道，包括塑料管道。RD1000 便携式探地雷达实物图如图 3-9 所示。

一、基本操作

RD1000 探地雷达基本操作方法如下：

（1）系统开启后首次出现的是系统设置屏幕。具有开始扫描，设置语言，测量单位，日期和时间等选项。

（2）如果要开始扫描，按 SCAN（扫描）键显示扫描界面。当屏幕右侧出现标尺时，推动小推车。数据图像从右到左滚过屏幕。

（3）回推小推车，系统自动返回查看定位屏幕，在地面标记目标管线的准确位置，进入菜单预估深度。

（4）当再次推动小推车，到达最初到达并标记的地点，系统会自动开始再扫描一次。或者按清除键进行更新。

（5）在任何时候都可以按下暂停按键，这时即可使用图像设置键改变深度、颜色、增益等，以便使显示的图像清晰明了，然后按下扫描键（或再次按暂停键）继续扫描探测。

图 3-9 RD1000 便携式探地雷达

（6）如果显示单元内已安装了闪存卡，则随时可按下照相机按钮保存当前的屏幕图像。探测完毕后，可将闪存卡内存储的图像传输至计算机进行重新绘图或打印。

二、显示单元操作

如图 3-10 所示，显示单元有标记为"1"~"8"的八个小按键，以及较大的暂停键和标记为照相机的屏幕图像保存键，另外还有两组分别用来提高和降低屏幕对比度和亮度的调节键。

按压显示单元上的任何按键便可以启动系统。两侧红灯将亮起，几秒钟后，就会出现开机屏幕和操作菜单。屏幕下方的操作菜单与面板上标记为"1"~"8"的八个小按键一一对应，菜单上的选项表明对应按键的功能。

三、系统设置屏幕

系统设置屏幕界面如图 3-11 所示，系统设置菜单图标见表 3-5。

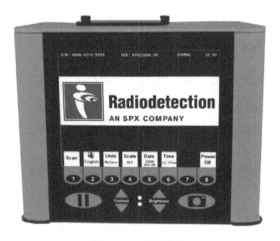

图 3-10 显示单元

图 3-11 系统设置屏幕界面

表 3-5　系统设置菜单图标

系统设置菜单名	图　标
扫描	
语言	
单位	
标尺	
日期	
时间	
关闭电源	

1. 扫描

按扫描键（Scan）开始扫描。

2. 语言

选择菜单语言。当前选项为英语或图标显示。本菜单一般使用英语菜单。

3. 单位

位置轴、深度轴和深度指示的单位可以是米（m）或英尺（ft），如图 3-12 所示。

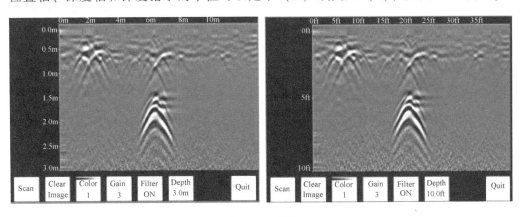

图 3-12　单位

4. 标尺

标尺按键可以进行四种不同风格的标尺切换。

（1）风格 1：标线模式（图 3-13），在数据图像上显示深度标线以协助确定目标物体的深度。

（2）风格 2：文本模式（图 3-14），每 8m 或 26ft 在数据图像的中间显示深度值。

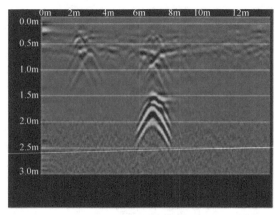

图 3-13 深度标线

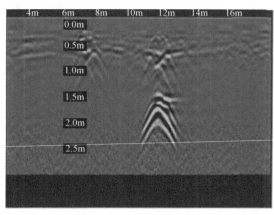

图 3-14 文本深度标记

（3）风格 3：混合模式（图 3-15），在数据图像上同时显示深度标线和深度值。

（4）风格 4：关闭模式，在数据图像上既不显示深度标线也不显示深度值。

5. 日期

打开日期屏幕改变当前日期，图像将按此日期保存。

6. 时间

打开时间屏幕改变当前时间，图像将按此时间保存。

7. 关闭电源

打开一个子菜单，以确认关闭电源系统。此外还有一个恢复系统的出厂默认设置的选项。

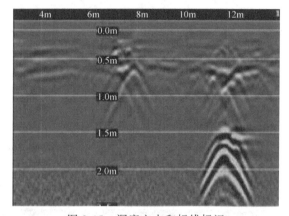

图 3-15 深度文本和标线标记

8. 系统信息

在系统设置屏幕的顶部将显示探地雷达的序列号，软件版本号，以及探地雷达的传感器的频率（MHz）和当前的电池电压。

四、屏幕扫描

按下扫描键后，等待几秒钟，在屏幕右侧出现一个垂直的深度标尺，向前推动小推车。

地下剖面图从右向左显示在屏幕上。水平位置显示于横轴上方，而深度显示于纵轴。依据系统设置中设置的不同，水平位置和深度的单位可以是米（m）或英尺（ft）。

如果不是选择无标尺模式，则图像上将显示横向深度标线，以协助确定目标物体的深度。

整个屏幕显示水平约 16m（50ft）宽的剖面图像，如图 3-16 所示。

按下显示单元上的照相机按键，可以保存当前的屏幕图像。图像记数值将出现在屏幕底部，按下任何按键以继续操作。

如果显示单元内安装了闪存卡，在屏幕上将出现相关信息。只有安装了闪存卡后，屏幕剖面图像才能被随时保存下来。

扫描过程中，按"1"~"8"的任何数字按键，将在剖面图上当前位置增加一个编号标记，如图 3-17 所示。

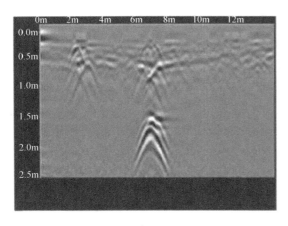

图 3-16 扫描屏幕界面

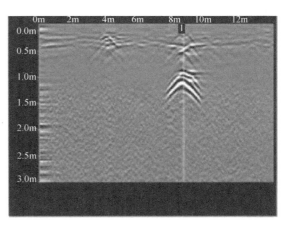

图 3-17 标记数字界面

按下暂停按键，打开图像设置屏幕，以改变当前色度、深度、过滤器和增益。停止并沿同样的路径向后拉动小推车，会自动打开定位屏幕用来确定目标物体的位置和深度。

五、定位屏幕

在扫描时停止或向后推动小推车可以进入定位屏幕。光标位于图像上方，同时在屏幕的底部出现菜单选项。

1. 定位光标

定位光标包含三部分，如图 3-18 所示：

（1）位置指示。垂直标尺绑定到里程表，和探地雷达传感器中间位置相对应。当小推车拉动时，位置指示图标随着移动，在图像上显示当前小推车的位置。

（2）深度指示。深度指示图标是一个开口向下的黄色拱形图标，黄色拱形峰值处的数值表示深度。使用拱形的向上和向下按键可以上下移动深度指示图标。

（3）拱形指示。在 GPR 图像上可以观察到典型管线响应的理想化显示图像。

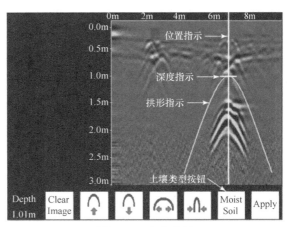

图 3-18 定位光标

地下点状异常体，其反映在雷达反射波剖面图上不是一个点，而是一个开口向下的拱形，拱形的开口宽度与土壤类型也即土壤的电磁波传播速度紧密相关。雷达反射波剖面图实质上是一个电磁波旅行时间图。实际操作中，应该首先使黄色拱形指示图标的开口宽度与雷达反射波剖面图中的拱形反射图像相一致，当两者一致时，计算深度所用的速度值才与实际值一致。使用拱形按键可以改变土壤类型设置。增加土壤类型使拱形变宽，减少土壤类型使拱形变窄。

2. 土壤类型

为了在 GPR 图像上获取目标物体准确的深度值，必须进行土壤类型校准。可以使用三种方法进行土壤类型校准：匹配目标物体拱形形状；使用已知深度的目标物体；使用土壤的湿度水平。

（1）匹配目标物体拱形。在 GPR 图像上，目标物体例如管道、电缆、埋地物体、树木根系和岩石将产生拱形状的响应。图像上产生拱形的原因，是因为 GPR 探地雷达信号并不是像光线一样直线射入地下，GPR 探地雷达的发射信号更像一个 3D 锥形。即使物体并非位于探地雷达传感器的正下方，在记录里也会出现反射。因此，GPR 传感器在"看到"管线之前和之后，会在图像上形成一个拱形响应，如图 3-19 所示。

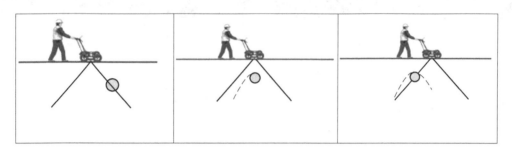

图 3-19　与目标管线匹配

以 90°追踪长而直类似管道或电缆的目标物体，可以为土壤类型校准产生一个合适的拱形。测线应该与待测目标管线垂直，只有这样，通过对其反射拱形进行匹配后才能得到目标物的真实深度，如果进行土壤类型的校准的目标拱形是由非垂直测线获得，那么，目标物体的深度估计将产生错误。目标物体深度估计示意图如图 3-20 所示。

使用目标拱形确定土壤类型：

1）当图像上出现目标物体可见拱形时，向后推动小推车直到位置指示图标位于探地雷达图像目标物体拱形中心；最好有长的拖尾，因为目标拱形延

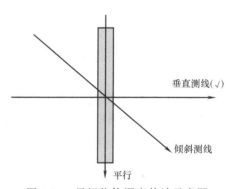

图 3-20　目标物体深度估计示意图

伸尺寸越大，匹配就会越准确，就能提供最准确的土壤类型校准。位置指示图标界面如图 3-21 所示。

2）在探地雷达图像上分别使用向上和向下箭头移动拱形指示图标，直到它的顶点位置与目标拱形的顶点位置重合，如图 3-22 所示。

3）按土壤类型按键切换五个不同土壤类型，找到一个大致适合的目标物体拱形图标的形状，如图 3-23 所示。

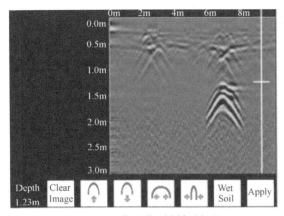
图 3-21　位置指示图标界面

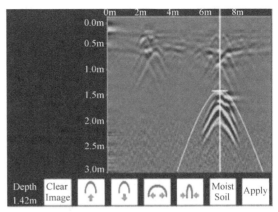
图 3-22　拱形指示图标示例一

4）使用宽和窄的拱形按键改变拱形指示图标的形状使之与 GPR 图像上的目标物体拱形相匹配。目标物体的深度显示在左下角，如图 3-24 所示。

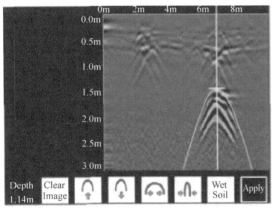
图 3-23　拱形指示图标示例二

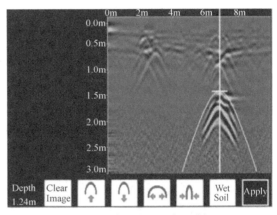
图 3-24　拱形指示图标示例三

5）按"Apply"键刷新土壤类型，深度轴也同时被刷新。从现在开始，就可以用深度轴来量测目标物体的真实深度。

（2）使用已知深度的目标物体。如果图像上没有出现与目标物体拱形相匹配的合适拱形，那么，可以先在扫描区域内寻找深度值已知的目标物体，从而确定土壤类型。

使用已知深度目标物体的拱形确定土壤类型的方法如下：

1）对于图像上可见的目标物体响应，使用向上和向下箭头移动深度指示图标（即拱形指示图标），直到它位于已知目标物体 GPR 响应的上方。

2）用宽和窄的拱形按键来改变拱形指示图标形状，直到以红色显示的深度值与目标物体的实际深度值一致。

3）按保存键保存土壤类型值。

（3）土壤湿度。如果没有一个很好的目标物体拱形，或已知深度的目标物，操作者将不得不估计土壤类型。土壤类型受水的影响非常严重，因此土壤类型与土壤的含水量有密切关系。

按土壤湿度按键改变土壤类型，直到选择该区域的最佳土壤描述选项。土壤类型有如下选项：

1）非常干燥。

2）干燥。

3）潮湿。

4）湿。

5）很湿。

3. 识别空气波反射

图像中的一些拱形可能由一些地下物体所产生，如邮箱、栅栏、架空电线，甚至树木。另外，还有一些拱形是由地下空气腔体的空气波反射而形成。

识别空气反射的一个方法是使用上述的目标物体拱形方法。但是地面以上物体产生的拱形比地面上物体更宽而且超出最高土壤类型。因此，如果最宽的拱形图标仍不足以与目标拱形匹配，那么目标拱形来自于空气而不是地面，如图 3-25 所示。

六、图像设置屏幕

在扫描屏幕上或定位屏幕时，按下暂停 ⏸ 按键进入图像设置屏幕。屏幕下方出现菜单选择，如图 3-26 所示。

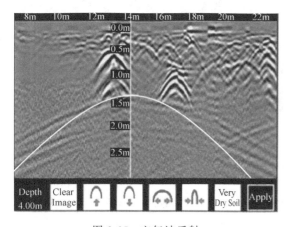

图 3-25 空气波反射

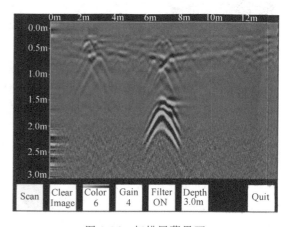

图 3-26 扫描屏幕界面

1. 扫描

要退出图像设置屏幕并恢复扫描时，再次按下扫描键或暂停 ⏸ 键即可恢复到图像扫描模式。

如果在图像设定屏幕暂停时，小推车已经移动超过数厘米，重新扫描时，一个被称为位置破坏的差值将会出现在图像上。位置破坏还可通过屏幕底部和沿位置轴线上方的数据图像重置为零显示出来。

2. 清除图像

在显示器上删除当前数据图像。

3. 颜色

根据预先设置的调色板，GPR 把不同强度的反射波以不同色彩显示出来。一般来说，强大的 GPR 信号用强烈的色彩来显示。可以选择各种不同的调色板来显示图像，使用适当的调色板可以使目标物体显示更加清晰，如图 3-27 所示。

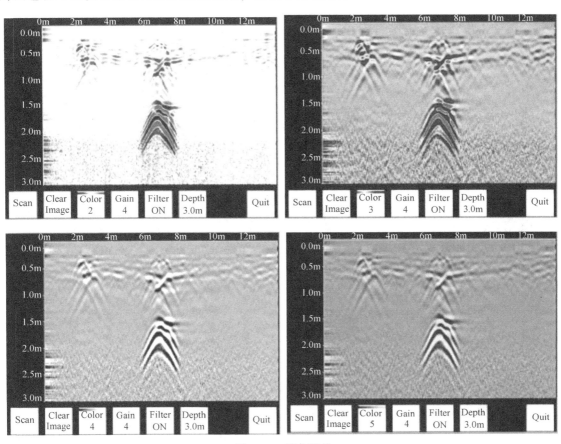

图 3-27 颜色调节

4. 增益

由于扫描物体对探地雷达信号有吸收作用，因而深部的目标信号较弱。调节增益就像调节一个收音机的音量旋钮一样，大的增益可以使更深的目标物体在图像上看起来信号更强一些。增益可在"1"～"9"之间调节，从"1"没有增益到"9"最大增益，如图 3-28 所示。

如果增益发生变化，系统仅仅对显示器上的图像根据新的增益大小进行刷新显示，所以没有必要在不同的增益设置下重新收集图像。实际操作中，应尽量避免过增益，因为过大的增益可能导致读图更困难。通常使用能够清晰显示目标物体的最低的增益设置。

5. 滤波器

该滤波器具有去除图像水平反射，增强由目标物体引起的挖掘反射和拱形的功能，滤波器也可以过滤掉较强的其他信号，使浅层目标物体在图像上更清晰的显示出来，更便于浅层目标识别。

滤波器默认设置为打开状态，因此如果您正在寻找层状或其他水平目标物体，应首先把

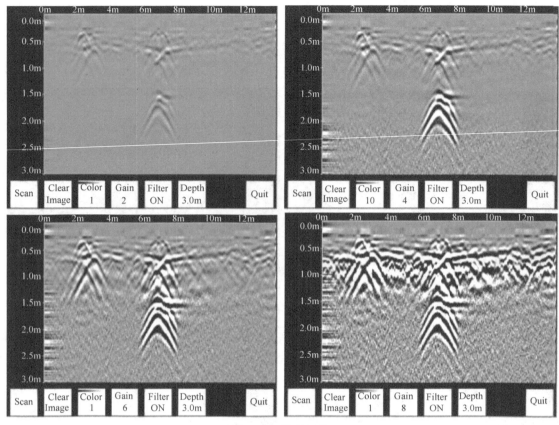

图 3-28 增益调节

滤波器关闭。

图 3-29 是滤波器关闭和打开时,进行同样扫描后所显示的不同的图像。

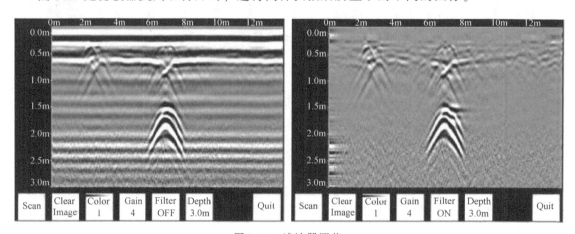

图 3-29 滤波器调节

6. 深度

深度设置范围为 1~8m,显示效果如图 3-30 所示。

该系统可以收集最大深度达 8m 的数据,但屏幕上可以显示多少数据由菜单中深度设置

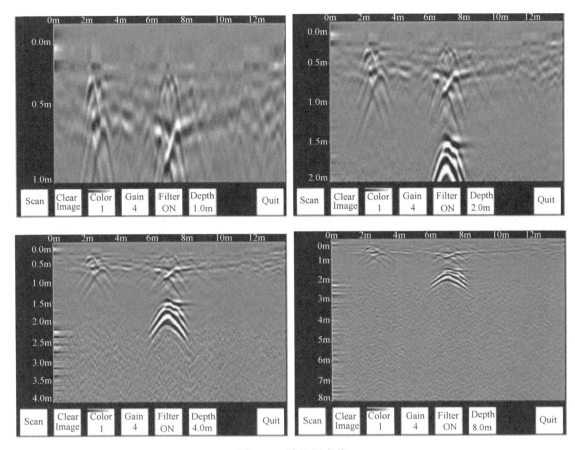

图 3-30 读取深度值

决定。可以先用一个深度设置扫描,例如 2m,扫描一段后暂停扫描,然后增加深度设置,重新显示图像以寻找更深的目标物体。

7. 退出

退出扫描和图像设置屏幕返回系统设置屏幕。

七、地下管线探测方法及注意事项

使用探地雷达探测地下管线最常见的方法是相交和标记,此种方法适合在条件良好的土壤和规整的土地中使用。相交和标记方法与当前传统的管线探测仪追踪管线的方法类似。GPR 小推车沿着与预测管线走向垂直的方向移动测量,如图 3-31 所示。当 GPR 传感器经过管线上方时,图像上会显示出一个拱形。拱形顶部是管线的位置。拱形顶部的深度就是预估的管线埋深。

来回移动探地雷达,观察到拱形后在地面做标记,地下管线的走向可

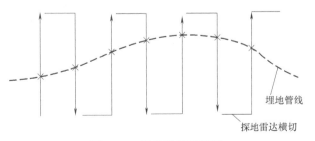

图 3-31 相交和标记探测

以通过地面所做标记追踪出来。

例如，一个道路下的雨水管道路径如图 3-31 所示，测量数据形成如图 3-32 所示的三张图像。从每次扫描中可见目标物体拱形图，可以清楚地分析出管线路径。

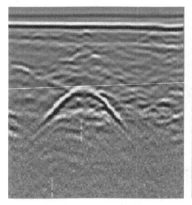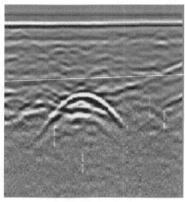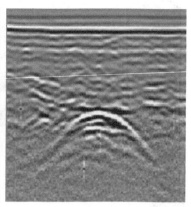

图 3-32　雨水管道探测扫描图像

需注意的是，管道变深，目标拱形的信号强度就变弱。这是因为土壤对探地雷达信号有衰减作用，并且衰减大小随传播距离增加而加大，最终探地雷达信号将完全被吸收，探地雷达传感器只能探测到背景无线电噪声，噪声在图像中是一个模糊的信号。此外，探地雷达的无线电信号被地表土壤吸收，大大限制了探测深度。探地雷达的效果因地点的不同而有所变化。探地雷达还对土壤类型、密度、含水量以及其他各类埋地物体的变化有所反应。因此，要通过 GPR 探测地下深处可能存在的目标物体，离不开干扰较少的探测环境和高灵敏度的探测系统。

第四节　塑料管线示踪法探测技术

塑料管道与常用的金属管材相比因其具有柔韧性、卷绕性、管线较长、接头较少、可蛇形敷设、耐腐蚀、使用寿命长、重量轻、施工快捷、方便维修、运输成本低等优点，深得用户欢迎。随着石油化学工业的飞速发展，塑料燃气管道也得到迅猛发展，目前西方发达国家塑料燃气管道的应用已达 90% 以上。我国已制定了塑料管道的生产施工规范，地下塑料管道探测检漏也应跟上形势发展的需要。

一、塑料管线标志与示踪方法

1. 地表标志法

地表标志法是指使用玻璃钢、水泥预制、铸铁浇铸等坚固耐压的材料，在一定的温度下，使之模具成形。设计模具时必须兼顾使用材料的经济性和承受压力的等级。在人行道上使用，宜与水泥预制块同等厚度，以方便敷设；在车行道上使用，应适当增加厚度，确保车轮重压时不被压破，长度和宽度以方便观察为准。标志预制块上要标明介质流动的方向和三通、四通、拐弯，其符号分别是 →　┬　┼　┐。安装管道时，以阀门、二通、窨井或某些固定构筑物为起始点埋设，单根管道以 20~50m 埋设一块为宜，管网复杂时可以加密。三通、四通、拐弯处必须埋设，埋设高度以标志上面与人行道、车行道在一个平面上，以不影响交通为准。

采用地表标志在管道检测时，可以省去探测管道的设计，有些标志可以由燃气公司自己制作，检漏时只需要地面检测仪沿管道地表巡查，手推和车式便携仪器均可。各类粘贴式地下管线标志牌如图3-33所示。

图3-33　各类粘贴式地下管线标志牌

2. 测漏孔标志法

管道在埋入地下以后，承重部位主要集中在上部和下部，在管道4~5点钟或7~8点钟部位回填土时，将会形成空隙。燃气管道泄漏以后，泄漏的气体将会沿着管道附近的裂缝、孔洞、土壤虚松部位到处乱窜，尤其是液化石油气泄漏，必然会沿着管道周围4~5点钟或7~8点钟的部位窜流。如果安装管道时，每隔一定距离（30~50m）安装一处测漏孔，检测时沿测漏孔检漏，这也是一种标志塑料管道的方法。测漏孔材料来源非常简单，只要砂子、塑料管和一块带有盖子的方形测口即可。砂子敷设在管道周围便于窜气，测漏孔的塑料管埋设于燃气塑料管道上方，竖直安装，中空、下部与砂子相连，上部与方形测口相连，检漏时，打开盖子将探头伸到塑料管中，调节仪器灵敏度至报警临界点，仪器报警说明管道有泄漏。不报警则说明无泄漏。当检测到有漏点时再加密测点，寻找浓度最大点，精确定位泄漏点。

3. 警示带示踪法

现在大口径塑料燃气管道的安装，一般都在其上放置一条印有"下有燃气管道"的塑料警示带。该带使用寿命与塑料管道同步，其作用主要在于人工或机械开挖施工时，防止挖坏下面的燃气管道，造成泄漏，引起介质损失，环境污染，甚至爆炸，危及人民生命财产的安全。该警示带已有多家企业生产，市场使用也比较普遍，品种规格也不统一。建议厂家在生产时，内置一根比较柔软的金属线，一般纯铜线即可，安装时将此金属线实现电性连接，每隔一定距离引到地表与大地实现回路。检测时，只要将信号发到地表的线上，就可与金属管道一样方便地探查。该法所查位置是警示带的位置，所以安放警示带时一定要埋于塑料燃气管道的正上方，这样才便于以后的检漏，测量深度也是以警示带为准，塑料燃气管道的实际深度要加上警示带到塑料管中心的距离。

4. 电缆示踪法

电缆示踪法是探测塑料管道示踪法中效果最好的一种方法，该法材料易得，普通的电缆或单根导线均可以。安装塑料管道时将电缆或导线两端头剥去一块，一端引入到地表，也可浇筑到水泥预制桩中再埋入地下，使电缆头暴露在外。检测时将发射机信号施加其电缆或导线端头上，另一端剥去10~20cm，埋入地下与大地构成回路。如果塑料管道太长，中间每隔1km左右需引用一根导线电性相连到地表，同样应该做好记号，留作以后检测时发射检测信号用，还可加接临时性地线供检测用。临时性或长久性地线不可与其他电缆铅包线共用地线，否则检测信号发于其上，通过共线地极电性相连，难以区分是示踪线还是电缆线。塑料管道与示踪线最好上下埋设，紧贴塑料管道，探测时埋设位置与塑料管上下一致，走向也就一致，管位也就无须修正，测深时，只需要修正塑料管道半径值。

目前，不少施工单位安装时没有将电缆剥去端头，探测时即使加了发射信号，由于构不成回路，使得信号很弱，起不到示踪线的作用。这是应该引起重视的问题。

5. 温度示踪法

该法对于口径较小、埋土较浅的塑料管道比较适用，煤气管道的分支管、城郊村镇的自来水管一般适合于该情况，检测时在埋地塑料管道上安装临时性的气门嘴和控制阀，从此处注入蒸汽或热水，适当延长一定的时间等待塑料管中的温度传导到地表泥土，形成管道上方泥土与管道垂直方向泥土有明显的温度差别时，再用数字式红外测温仪在地表沿管道上方垂直方向左右探测，通过数字显示的不同即可知道塑料管道的走向。此法在油田管网中已经成功使用，且能测到塑料管道泄漏点。

长输管线经过庄稼地时，由于高温输油冬季管道上方麦子提前发芽，生长茂盛，夏季提前成熟，使管道上方形成一条作物生长的异常带，管道工一看就会知道管位。这就是管道温度不同引起管道周围土壤温度变化异常的一种现象。

二、燃气 PE 管道示踪线方法及其探测技术

我国从 20 世纪 80 年代初期开始着手聚乙烯（PE）燃气管的研究及应用工作。PE 管道具有耐低温、韧性好、刚柔相济、施工方便、造价低（直径小于 DN300）、不易腐蚀泄漏、污染小等优点，被广泛应用于燃气和自来水行业，大有取代小口径钢管的趋势。PE 管道虽然有很多优点，但其缺点是管道本身不导电、不导磁，至今仍没有一种十分有效的方法可在地面直接探测其在地下的空间位置。在过去的市政建设施工中，由于此类管道的确切位置不易查明，经常发生施工机械挖漏、挖断燃气管道的情况，而由此造成的燃气泄漏和爆炸事故也时有发生。因此，实现地下 PE 管道的位置探测标定是十分必要的。为解决此问题，比较有效的办法是在敷设过程中将一条或两条导线（简称示踪线）与 PE 管道一起埋入，为间接探测 PE 管道位置提供物理前提。示踪线法在国内外是比较普遍的做法，但为了使示踪线在施工中得到正确、完整的敷设，使其以后能够很好地起到示踪作用，示踪线的施工方法和探测方法就显得十分重要了。

1. 示踪线的选择和敷设

为保证示踪线的导电性、强度、耐腐蚀和耐久性，一般宜选择截面积大于 $2.5mm^2$ 的多股（或单股）铜质电线。敷设时尽量让示踪线保持在管道的顶部位置，在三通等分支处应将导线接头的绝缘层剥掉，把铜芯绞在一起数圈，然后用绝缘胶布裹好接头，以保持良好的导电性。在示踪线的出露点（如窨井、出地点）应留有一定的线头余量，并避免导线头被泥土或杂物覆盖。为减少无法出地的示踪线末端的接地电阻，需采取剥掉绝缘层裸露芯线 30cm 的良好接地措施。对于采取定向钻方式敷设的 PE 管道，应选用强度更大的导线，以避免在施工中被拉断，导致无法探测定位。

2. 示踪线探测方法原理

目前探测 PE 管道示踪线虽然有各种不同型号的仪器（即管线探测仪），但从探测方法原理上分析，其原理都是建立在电磁场理论基础上的。即通电导体有电流存在的情况下，导

体周围会形成一个以导体为中心的电磁场（按一条无限长的导线通电流后产生的磁场强度计算），其磁场强度和分布规律符合下面公式

$$B = \mu_0 I / (2\pi r) \tag{3-2}$$

式中　B——磁场强度（T）；

　　　μ_0——导体材料真空磁导率（N/A^2）；

　　　I——流经导体的电流（A）；

　　　r——远离电磁场中心的距离（m）。

探测 PE 管道的原理是给示踪线加上一定强度的电流信号，通过探测示踪线电流产生的电磁场中心位置来确定示踪线的空间位置，从而达到确定埋在地下 PE 管道位置的目的。实际工作中探测 PE 管道给示踪线施加电信号的方法有两种，一种是直接把探测电流信号施加在示踪线上，称为主动源法，如图 3-34 所示。其原理是信号电流在示踪线上产生一个电磁场（称一次电磁场），通过探测一次电磁场的中心位置来确定示踪线的位置和埋深。主动信号源法的优点是信号强，干扰少，探测结果比较准确；缺点是探测时需要示踪线有裸露出的地点施加信号。另一种探测示踪线的方法，是发射一个交流信号电磁场，通过感应在示踪线上产生电流。感应电流再以示踪线为中心形成另一个电磁场（称二次感应电磁场）。通过探测二次场的中心位置，确定出示踪线的空间位置称为被动源法，如图 3-35 所示。用这种方法探测是把信号发射机放在被测埋地示踪线（或金属管道）附近的地面上，发射机发出一个电磁场信号，电磁场在示踪线上即产生感应电流。这种方法操作简单，不需要有示踪线裸露点加信号，缺点是感应信号弱、干扰多，示踪线附近有金属水管或电力线时探测结果不准确。

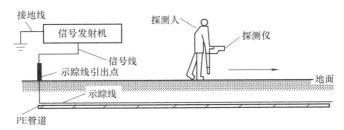

图 3-34　直接加信号（主动源法）探测 PE 管示踪线接线示意图

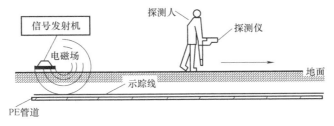

图 3-35　电磁感应信号（被动源法）探测 PE 管示踪线感应信号源示意图

3. 探测误差影响因素分析

从上面的理论计算公式分析可以看出，示踪线产生磁场强度大小，与应用示踪线材料有关，与流经示踪线的信号电流强度成正比，与远离示踪线中心位置的距离成反比。当选用的示踪线材料确定之后，影响探测信号强度的因素就是信号电流大小和探测点到示踪线的距离。当选用的探测方法确定之后，示踪线和大地之间构成回路电阻，回路电阻越大信号越

弱，反之就越强。回路电阻大小和示踪线施工方法密切相关，一条示踪线施工方法不同时回路电阻有很大的差别，因此示踪线施工方法会直接影响探测结果的准确度。另外探测示踪线时选用的探测方法不同（主动源施加信号法和被动源施加信号法），对探测结果的准确度也会有不同的影响。

（1）示踪线敷设方法影响　在探测示踪线实际工作中发现，有几种敷设示踪线方法影响探测获得准确结果。一是当主管道比较长而分支管比较短（小于10m的支管）时，分支管示踪线末端没有采取良好接地措施，而是直接把示踪线剪断掩埋（没去掉一段绝缘层使芯线裸露），这样将使分支管示踪线和大地之间的回路电阻过大，远大于主管示踪线的回路电阻，探测支管示踪线时由于回路电阻大信号就非常弱，往往就探测不到。二是示踪线的加信号端接地良好（如示踪线焊接在阀门上、入户管等），而末端没有采取良好接地措施，接地电阻很大（如管道盲端），这样施加探测信号时，绝大部分信号电流没经过示踪线就直接流向了大地，造成探测距离短、管道的末端无法探测的结果。三是示踪线虽然完整，但没有预留出露端点（用于直接加信号端点），只能够用被动源施加信号法探测，这样被测PE管道附近有水管或其他金属管线时，被动源法就不能够把探测信号感应到示踪线上，造成无法实施探测的结果。

（2）探测方法影响　一般情况下，采用直连法探测可获得比较好的探测效果，但是当工作频率较高（大于65kHz）且示踪线的末端接地不好时，发射机的电磁信号极易感应到邻近的其他金属管线上，造成非目标管线的电磁场信号大于示踪线的信号，导致错误的探测结果。在示踪线周围有其他金属管线存在又选用感应法探测示踪线时，非目标金属管线的位置不同，将对探测结果产生不同的影响。常见的几种情况有：

1）其他管线与示踪线平行敷设。假设两条管线的间距和埋深均为1m，而非目标管道的截面积大且裸露埋地，其接地电阻要比示踪线小很多，因此它上面的感应电流要比示踪线上的大很多。它的二次感应电磁场会掩盖示踪线的电磁场，使探测时找不到示踪线的电磁场峰值点。

2）其他金属管线埋深比示踪线浅。由于非目标管线距离发射机近，自然感应电流大，产生的二次电磁场比示踪线强很多，基本掩盖了示踪线的二次电磁场信号，导致无法探测到示踪线的异常峰值点。

3）示踪线的正上方有金属管线。它对示踪线会起到屏蔽作用，使发射机信号不能够感应到示踪线上，导致无法正常探测。

对于1）、2）两种情况，若改用直连法探测，则基本可以避开其他管线的干扰，获得准确的探测结果。对于3）这种情况下，使用直连法进行探测时，工作频率不能太高，否则易在其上方的金属管线中产生与示踪线供电电流相位反向的二次场，当该电流达到一定强度时，可能导致接收信号的峰值曲线畸变。

4. 示踪线施工与探测经验总结

（1）示踪线材料的选择。从探测理论上分析示踪线只要能够导电即可，但实际工程中选示踪线时要考虑到需要有一定的抗拉强度。因强度低时在管道回填土或地面有下沉过程中往往容易被拉断而失去示踪作用。通过几年来的工程实践发现，截面面积为 $1.5\sim2.5mm^2$ 的多股铜芯塑料绝缘层导线比较好（单芯线也可以），探测信号比较强，施工方便，工程中也比较少出现扯断现象。虽然通过电流能够达到300mA就能满足探测需要，但实践经验证明截面面积太小的示踪线因易拉断，不宜选用；有些带有警示标志的塑料薄膜示踪带也不能够使用,因为这种示踪带有些里面夹带的是非常细小的导线(有些是导电涂料层),在施工中这种示踪带遇到衔接位置时,很难把两端连接在一起形成电导通,因此会使整个管网的示踪带断断续续无法构成一个完整的导电网络。即使在没有连接点时这种示踪带末端接地电阻也非常大,用直接信号源法探测时信号也比较弱,用被动源信号法一般情况下不能够探测,所以不能应用。

(2) 示踪线施工方面

1) 为了使探测示踪线信号强和分布均匀,施工时示踪线末端应尽量减小接地电阻,埋地端头采取比较良好的接地措施,特别是较短的分支末端一定要接地良好(建议去掉绝缘层裸露芯线30cm以上),否则分支上信号将非常弱而探测不到。

2) 示踪线连接点一定要连接牢固,并用绝缘胶布包好,以免渗水后时间长造成腐蚀断线,使今后探测信号中断。

3) 示踪线敷设时应紧贴PE管道呈直线状,并位于管道的正上方为好;计算深度时可以以管外顶埋深计算而不必修正。不要螺旋缠绕在PE管道上敷设,使今后探测管道位置不准确。

4) 在阀门井处示踪线应该预留出一定长度的留头(至少要1m以上),以备今后探测施加信号所用。埋地管道长度超过1km时,若中间没有阀门井等设施供接检测信号所用,建议每千米设一个测试桩,并预留示踪线留头供检测时用。管道的钢塑转换接头处示踪线可以焊接在法兰上,焊接点处做好防腐处理,防止时间久后腐蚀断线。

5) PE管道在非开挖工程施工中,管道外面的示踪线在拖管过程中容易被扯断,可在管道内部另穿一条示踪线,探测时效果同在外面一样;但内部的示踪线应根据管道具体情况采用合理的方法引出与外面示踪线连接口。

6) 特殊情况下,PE管道不能够应用示踪线,这种情况可以用预埋信息球的方法(也称示踪球)弥补,以用于今后探测。方法是埋PE管道时把信息球放在管道上同时埋下,探测时不用加信号,可长期有效供探测位置使用。

(3) 探测方面

1) 探测PE管道示踪线最好采用直接施加信号法(主动源法),这样信号强,干扰少,探测结果比较准确可靠。

2) 市区内的PE管道示踪线不宜选用电磁感应法(被动源法)探测。城市区域内的管线密集,而示踪线相对细小,其接地回路电阻一般情况下比其他管线大很多,因此产生的感应电流信号往往要比非目标管线弱很多,示踪线信号容易被掩盖而造成误测。

3) 在探测短分支管道示踪线时,施加信号点宜选择分支示踪线的末端(或出地端),这样分支示踪线上的信号强,不会漏测分支点。

4) 用直连法探测示踪线时,尽量选择较低的工作频率,发射机的接地线也尽量不要跨接其他管线,以减少信号感应或串扰到其他管线。

5) 感应法的工作频率不宜太高或过低,一般选择33~100kHz之间,发射功率控制在50%~75%。

6) 探测时应根据实际情况,改变供电点位置后再重复探测,检查两次探测结果的吻合情况,以提高探测的准确性和精度。

7) 对于定向钻方式敷设的PE管道,由于示踪线的埋深较大(可能大于10m),除选择较低的工作频率以减少电磁场感应到其他管线上,还应尽量设法改善接地条件,增加示踪线上的供电电流,提高信噪比,这样可获得较好的探测效果。

第四章

复杂条件地下管线探测技术

第一节 非开挖施工管线惯性陀螺仪定位技术

随着城市建设的飞速发展,燃气、排水、电力、化工、通信等行业常常需要穿越铁路、公路、河流等障碍物敷设管道;基于对城市市容环境的考虑,在城市建成区利用非开挖施工技术敷设管线的情况也越来越多。由于此类管线埋藏深,而管线探测仪等由于自身的局限性(探测深度浅、易受电磁干扰、场地地形可通达的条件差等)难以测定其准确位置,增加了后期交叉管线施工的安全风险。同时在城市规划管理过程中,地下管线位置信息的不准确也造成地下空间资源的极大浪费。

传统的地下管线探测技术,如电磁感应探测法、探地雷达法和磁探测法等技术,在探测非开挖施工管线时,存在以下几个方面的问题:①各方法只适用于某一部分材质类型的管道,基于感应原理探测深度受到限制;②均利用电、磁方面原理,易受到施工场所地面上或地下的电磁或铁磁干扰;③可用性和探测精度受施工地地质条件制约,如土壤和岩石成分、湿度等影响;④均需要在管线经过上方的地面上进行人工作业,当待测管道经过建筑物、高速公路和大片水面时,探测工作将无法进行。

而惯性陀螺仪定位技术具有不受地下管线埋深及探测距离的影响、不受地下管线材料材质及口径的影响、不受地下管线所处地质环境外界磁场的影响等诸多技术优势,特别适用于准确探测现有与竣工非开挖施工管线的三维位置。

一、惯性陀螺定位仪简介

1. 工作原理

一个旋转物体的旋转轴所指的方向在不受外力影响时是不会改变的,人们根据这个道理,用它来保持方向,制造出来的传感器就叫陀螺仪(Gyroscope)。陀螺仪在工作时需要一个力使它快速旋转起来,一般能达到每分钟几十万转,可以工作很长时间。陀螺仪用多种方法读取轴所指示的方向,并自动将数据信号传给控制系统。陀螺仪定位原理如图4-1所示。

陀螺仪和加速度计分别测量定位仪的相对惯性空间的3个转角速度和3个线加速度沿定位仪坐标系的分量,经过坐标变换,把加速度信息转化为沿导航坐标系的加速度,并运算出定位仪的位置、速度、航向和水平姿态。如将北向加速度计和东向加速度计测得的运动加速

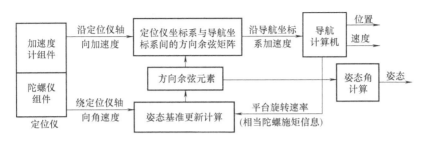

图 4-1 陀螺仪定位原理

度 a_N、a_E 进行一次积分,再加上北、东向初始速度 V_{N0}、V_{E0},即得到定位仪的速度分量

$$V_N = \int a_N dt + V_{N0} \tag{4-1}$$

$$V_E = \int a_E dt + V_{E0} \tag{4-2}$$

将速度 V_N 和 V_E 进行变换并再次积分即得到定位仪的位置变化量,再与初始经纬坐标相加,便得到定位仪的地理位置经纬坐标。

2. 仪器构件

系统由硬件与软件两大部分构成。

(1) 硬件构成。惯性陀螺定位仪实物图如图 4-2 所示。

惯性陀螺定位仪硬件部分主要由两部分组成,即惯性测量单元与里程仪。

惯性测量单元(Inertial Measurement Unit,IMU)是用来测量所组合载体的 3 个轴向上的姿态角(或姿态角速率)和加速度信息的组合测量装置。通常,惯性测量单元包含 3 个相互正交摆放的加速度计和 3 个正交垂直的单轴陀螺仪。加速度计用来测量载体 3 个轴向上的加速度,陀螺仪用来测量载体在机体坐标系下的 3 个轴线上的角速度信息。惯性测量单元可以实现对其载体的三维空间中的角速度和加速度的测量,并以一定的调理信号向外输出。惯性测量单元实物图如图 4-3 所示。

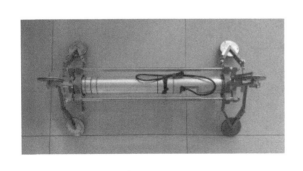

图 4-2 惯性陀螺定位仪实物图

图 4-3 惯性测量单元实物图

里程仪主要由里程轮和里程脉冲采集系统组成。里程轮固定在载体上,并且随着载体相对于直接接触面的运动而滚动。在不考虑打滑的情况下,里程轮所滚动的距离和里程轮前进

方向载体运动的距离一致。随着里程轮的滚动，和里程轮同轴的传感器可以对里程的转动进行处理，一般情况下，是对里程轮滚动所产生的脉冲信号进行采样。轮子转过固定角度，就会发生一个脉冲信号，通过记录脉冲数，结合里程仪刻度因子，就可以计算出载体的实际行驶距离。里程仪实物图如图4-4所示。

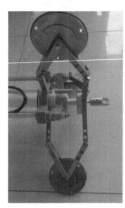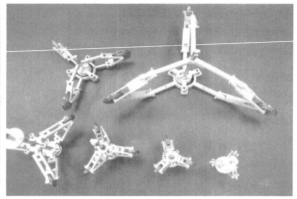

图 4-4 里程仪实物图

（2）软件构成。系统配套软件包括控制—通信、计算、显示和数据管理四个功能模块：

1）控制—通信模块用于实时采集各传感器数据并对各硬件模块进行控制。

2）计算模块负责用获得的数据计算出当前的管道位置信息。计算时充分考虑到不同环境下各传感器数据的有效程度，对其进行数据融合，确保系统的测量精度抗干扰能力。

3）显示模块包括数据显示和图形显示两种方式。数据显示部分包括了传感器姿态、里程和通信状态等必要信息；图形显示分为平面和三维立体两种方式。其中三维显示方式能直观形象地反映管道形状，支持用键盘进行视角旋转；平面显示方式包括主视图、俯视图和侧视图三种角度。在平面视图中操作人员可以用鼠标方便地捕捉各个测量点的三维坐标。三种平面视图和立体视图之间可以自由切换。

4）数据管理模块包括数据的打开、存储和实测数据与标准数据的对比功能。特定的数据存储格式确保了各种有用信息都得以保留，便于存档和后续研究。

惯性陀螺仪定位技术数据处理流程如图4-5所示。

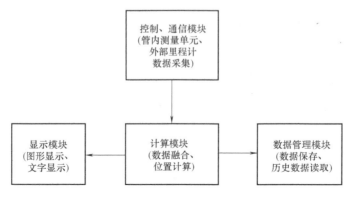

图 4-5 惯性陀螺仪定位技术数据处理流程

3. 惯性陀螺定位仪技术特点

由上述原理可知，惯性陀螺定位仪三维精确定位技术作为新的地下管线定位方法，具有以下技术特点：

（1）仪器必须置入管道内部。
（2）定位精度高且数据连续。
（3）测量不受地形限制，不受深度限制，不受电磁干扰。
（4）适合于任何材质的地下管道。
（5）自动生成三维空间曲线图，并与 GIS 无缝兼容。
（6）陀螺仪三维精确定位技术可作为管线定位仪、GPR 探地雷达、CCTV 摄像系统等检测方法的有力补充手段，对解决精确定位大埋深地下管线有重要作用。

4. 惯性陀螺定位仪应用范围

运用惯性陀螺定位仪三维精确定位技术探测管线时必须具备以下条件：该工法为管内探测法，需满足该设备在管道内部行进的条件。如煤气管、油管、水管等密闭运行的管线，其必须在单管敷设完成后、分段敷设的管线连接前实施探测；在电力、通信等群管敷设具有空管情况下或竣工完成时均可实施。

二、惯性陀螺定位仪工程应用

1. 惯性陀螺定位仪操作流程

（1）先用全站仪测出管口位置坐标。
（2）接通仪器内置电源并在待测管线内穿行一趟，完成测量工作。
（3）使用专用软件将仪器内数据读取出来。

2. 管线探测过程与结果

惯性陀螺定位仪内搭载惯导里程组合导航元器件，会随时将设备在地下管线内部的运行数据传输给内部处理模块，解算出设备的空间运行轨迹。最后通过系统管理软件输出管道测量数据和报告。惯性陀螺定位仪管线探测过程示意图如图 4-6 所示，探测结果示意图如图 4-7 所示。

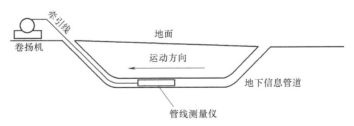

图 4-6 惯性陀螺定位仪管线探测过程示意图

惯性陀螺定位技术作为一种高精度、抗干扰强的探测方法，伴随着非开挖施工技术的发展，其应用将会越来越广泛。特别是自来水、煤气、油管及长远距离的大型穿越工程，均可利用该方法进行新敷设管线的竣工测量、工程验收，以及老管线的修复、定位。毋庸置疑，此技术在以后的管线运营管理和维护中将会起到十分重要的作用。

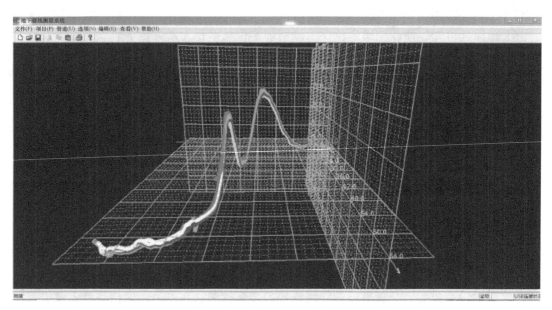

图 4-7 惯性陀螺定位仪管线探测结果示意图

第二节 超深管线地震映像法探测技术

一、地震映像法工作原理

地震映像法，又称地震共偏移距法，是以地层的物性差异为基础，用相同的小偏移距逐步移动测点接收地震信号，基于反射波法中的最佳偏移距技术发展起来的一种浅地层勘探方法。地震映像法中每个记录道都采用相同的偏移距，且在该偏移距接收的反射波应具有良好的信噪比和分辨率。地震映像法工作模式如图 4-8 所示，数学模型如图 4-9 所示。

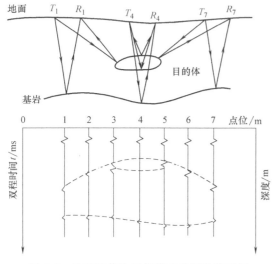

图 4-8 地震映像法工作模式及简化波形图

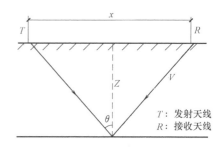

图 4-9 地震映像法数学模型

$$t=\frac{\sqrt{4Z^2+x^2}}{V} \qquad(4-3)$$

式中 t——弹性波的双程走时（ms）；

Z——反射点距离地面的埋深（m）；

x——地震仪的收发距（m）；

V——介质中弹性波的波速（m/ms）。

波形的正负峰分别以黑白色表示，或者以灰阶或彩色表示，这样同相轴或等灰线、等色线即可形象地表征出地下反射面或异常体。

地震映像法工作原理同探地雷达一致，探地雷达利用高频电磁波，其特点是衰减快，但分辨率高；地震映像法利用弹性波，其特点是穿透力强，但分辨率低。两种方法各有所长，可互为补充。

二、地震映像法应用条件与技术优势

1. 地震映像法应用的基本条件

地震映像法是探测超深地下管线重要的补充手段，采用地震映像法探测的目标管道需要满足以下两个基本条件：

（1）管顶埋深>3m，埋深太浅，其反射波容易被直达波和面波所覆盖，导致无法分辨反射波形态。

（2）管径>1m，原则上管径越大，越容易从地震波中识别出来。因为地震波波长相对较长，太小的目标体无法形成完整的曲线异常，容易造成遗漏。

2. 地震映像法探测地下管线的技术优势

（1）相比高频电磁法（探地雷达）的优势：地震波的反射性能受介质的电性影响较小，穿透能力与土壤的含水量大小也关系不大，故该方法在地面、水面均可适用。

（2）相比低频电磁法（管线探测仪）的优势：地震映像法可以探测深埋在地下的非金属管道，同时可以"忽略"浅部管线干扰。低频电磁法对非金属管道无能为力，且易受地表其他管线干扰，地震映像法正好弥补了这一缺陷。

三、工程应用

1. 深埋排水管线探测

（1）管线埋设的基本情况。探测地点位于上海某地，目标管线为排水管线，共布置四条测线。其中，测线1和测线2目标管线为管径为 $\phi1350$ 的排水管线，管线埋深为5.65m，有一条管径为 $\phi450$ 的不明管线与之并行；测线3和测线4目标管道为 $\phi2000$ 的排水管线，管线埋深为5.97m，也有一条管径为 $\phi450$ 的不明管线与之并行，测线布置示意图如图4-10所示。探测方法采用地震映像法，探测参数详见表4-1。

（2）探测结果。图4-11和图4-12为测线1和测线2地震映像剖面图，从图4-11可以看出，在0.1~0.2s范围内以N28道为中心出现绕射波形，左支形态比较完整，右支与DN450管道产生绕射波产生干涉，波形不完整。图4-12表明在0.1~0.2s范围内以N8道为中心出现绕射波形，该测线区域由于距DN450管道较远，因此左右支发育均较完整，探测效果较明显。

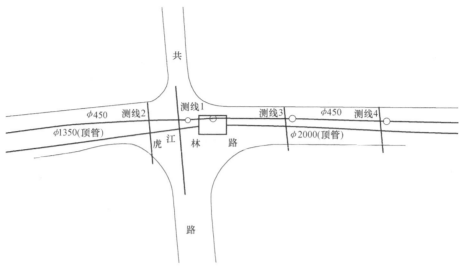

图 4-10 地震映像法测线布置示意图（一）

表 4-1 地震映像探测参数统计表（一）

测线号	检波器	偏移距/m	道间距/m
1	4.5Hz	5	0.5
2	4.5Hz	5	0.5
3	4.5Hz	5	0.5
4	4.5Hz	5	0.5

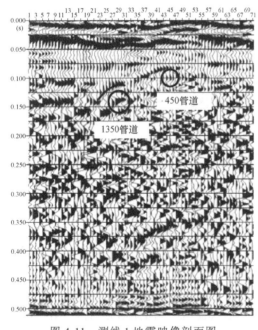

图 4-11 测线 1 地震映像剖面图

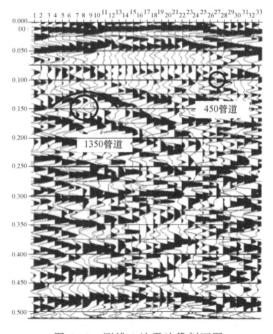

图 4-12 测线 2 地震映像剖面图

图 4-13 和图 4-14 为测线 3 和测线 4 地震映像剖面图，从图 4-13 可以看出，在 0.07～0.2s 范围内以 N18 道为中心存在绕射，左支发育相对完整，右支由于受到其他管道窨井绕射波的干涉，形态不规则。图 4-14 表明在 0.07～0.1s 范围内以 N21 道为中心存在绕射，左

支发育相对完整，右支由于受到其他管道窨井绕射波的干涉，形态不规则。

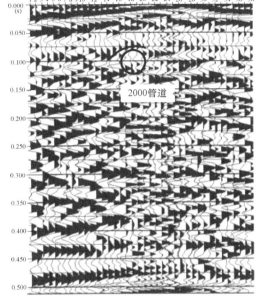
图 4-13 测线 3 地震映像剖面图

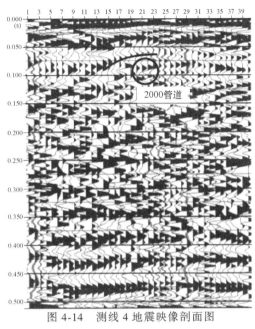
图 4-14 测线 4 地震映像剖面图

2. 深埋天然气管道探测

（1）管线埋设的基本情况。探测地点位于上海某地，目标管线为非开挖工艺敷设的天然气管道，共布设两条测线，测线布置图如图 4-15 所示。探测方法采用地震映像法，探测参数详见表 4-2。

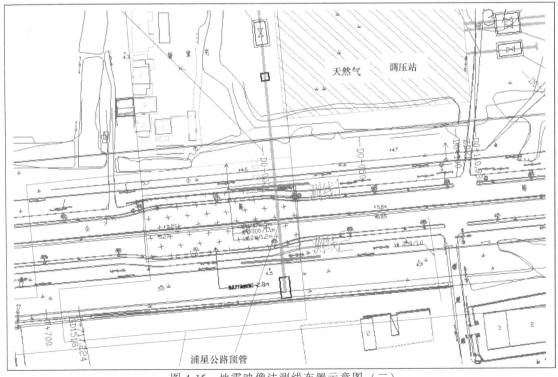
图 4-15 地震映像法测线布置示意图（二）

表 4-2 地震映像探测参数统计表（二）

测线号	检波器	偏移距/m	道间距/m
1	4.5Hz	6	0.5
2	4.5Hz	6	0.5

（2）探测结果。由图4-16可以看出，在0.12~0.2s范围内，以N57道为中心出现较强、左右两支对称的绕射波组，明确反映下部存在管道，探测效果明显。

图4-17表明剖面管道产生的绕射不强，这是由于上覆介质产生干涉所致，在0.06~0.15s范围内存在一组很强的面波，可见在61道开始至80道波形发生畸变，且下部有不连续强能量波组出现，推断该段区域下部就为管道所处区域，上部波组干涉了管道产生的绕射波组。

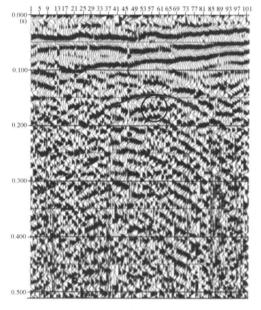 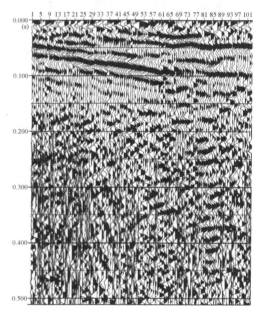

图4-16 测线1地震映像剖面图（基于图4-15）　　图4-17 测线2地震映像剖面图（基于图4-15）

3. 应用地震映像法在深埋管线探测中的结果分析

通过大量工程实践，可得出以下结果：

（1）采用地震映像法探测非开挖管道时，探测剖面出现较为明显的绕射波形，尤其是雨污水等大直径管道。当有间距较近多条管道时，绕射波的半支会受到其他管道产生的绕射波的干涉，导致波形出现异常。当多条管道间距较大时，探测剖面产生多条管道的绕射波形，从而能够较为清晰的判别各管道位置。

（2）当非开挖管道为非单纯的圆柱状，如束状目的体，各绕射波之间干涉会削弱绕射波形整体形态，反映能量不如圆柱体产生的绕射波强。

（3）采用地震映象法探测非开挖管道不可避免会受到激发条件以及地层条件的影响。当地表为厚混凝土层等，同时激发的能量不足时，会导致不能形成能量较强的波组，从而难以判别管道的反映。当地下介质分布不均匀，较为杂乱时，亦会对波形产生干扰，通常在道路等处探测时，会由于地基处理时局部处理方法不同，使得即使在相距不远的地方探测结果亦会有较大的差异。

（4）城区水上地震映象法探测时会受到作业条件的限制，如河道较窄、水深较小，以及因上部架空线路影响无法用吊车将探测船吊装下水等条件限制。同时，会由于所测管线的管径较小，且水域地震本身条件的限制，如多次波干涉、激发能量不强以及水底强反射对下行波能量的削弱等原因，使得探测效果不明显。

第三节　超深管线高密度电法探测技术

高密度电法是在常规电法的基础上改进的一种方法，以岩土体的电性差异为基础，研究在施加电场的作用下，地下传导电流的变化分布规律。高密度电法可以实现一次布极，完成纵、横向二维勘探过程，既能反映地下某一深度沿水平方向岩土体的电性变化，同时又能提供地层岩性沿纵向的电性变化情况，具备电剖面法和电测深法两种方法的综合探测能力。

高密度电法和传统电法一样，需要采用一定的电极装置进行观测。而与直流电法不同的是它的装置是一种组合剖面装置。常用的装置包括：温纳装置（α装置AMNB）、偶极装置（β装置ABMN）、微分装置（γ装置AMBN）以及施伦贝谢尔装置（α2装置AMNB）。不同的装置组合具有不同的应用特点。

一、工作原理

高密度电法的基本工作原理与常规电阻率法大体相同，以岩土体的电性差异为基础，在施加电场的作用下，以地下传导电流的变化分布规律，推断地下具有不同电性差异的地质体或构造的赋存情况。高密度电法的基本工作原理如图4-18所示。

高密度电阻率法现场工作是在预先选定的测线、测点上依次布置几十或上百个电极，然后用多芯电缆将他们连接到多路电极转换开关上，多路电极转换开关将它们组合成所选定的电极装置，进而测量主机快速完成所有测点的电性测量。

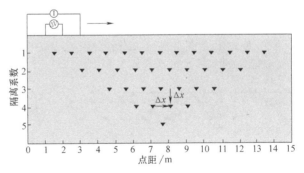

图4-18　高密度电法的基本工作原理示意图

二、电极装置

高密度电法所使用的电极数量多、密度大、电极间距可调等特点，进而决定高密度电法的电极装置种类比较多，其中常用的装置包括：温纳装置（α装置AMNB）、偶极装置（β装置ABMN）、微分装置（γ装置AMBN）以及施伦贝谢尔装置（α2装置AMNB）。

1. 温纳装置（α装置AMNB）

温纳装置其视电阻率表达式为

$$\rho_s^\alpha = K_\alpha \frac{\Delta U_{MN}}{I} \quad (K_\alpha = 2\pi a) \tag{4-4}$$

温纳装置示意图如图 4-19 所示。

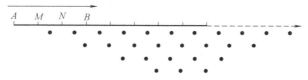

图 4-19 温纳装置示意图

测量时采用 $AM=MN=NB=a$ 为一个电极间距，A、B、M、N 逐点同时向右移动测量，得到第一个测量剖面；接着 AM、MN、NB 增大一个电极间距，A、B、M、N 逐点同时向右移动，得到另一个剖面，这样不断扫面测量下去，得到倒梯形断面。

2. 偶极装置（β 装置 ABMN）

偶极装置其视电阻率表达式为

$$\rho_s^\beta = K_\beta \frac{\Delta U_{MN}}{I} \quad (K_\beta = 6\pi a) \tag{4-5}$$

偶极装置示意图如图 4-20 所示。

测量时 $AB=BM=MN=a$ 为一个电极间距，A、B、M、N 逐点同时向右测量，得到第一个测量剖面；接着 AB、BM、MN 增大一个电极间距，A、B、M、N 逐点同时向右移动，得到另一个剖面，这样不断扫面测量下去，得到倒梯形断面。

3. 微分装置（γ 装置 AMBN）

微分装置其视电阻率表达式为

$$\rho_s^\gamma = K_\gamma \frac{\Delta U_{MN}}{I} \quad (K_\gamma = 3\pi a) \tag{4-6}$$

微分装置示意图如图 4-21 所示。

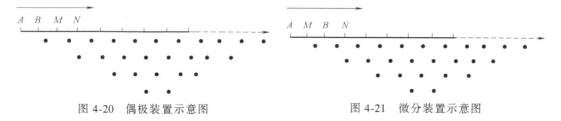

图 4-20 偶极装置示意图　　　　图 4-21 微分装置示意图

测量时 $AM=MB=BN=a$ 为一个电极间距，A、B、M、N 逐点同时向右测量，得到第一个测量剖面；接着 AM、MB、BN 增大一个电极间距，A、B、M、N 逐点同时向右移动，得到另一个剖面，这样不断扫面测量下去，得到倒梯形断面。

4. 施伦贝谢尔装置（$\alpha 2$ 装置 AMNB）

施伦贝谢尔装置其视电阻率表达式为

$$\rho_s^{\alpha 2} = K_{\alpha 2} \frac{\Delta U_{MN}}{I} \quad \left(K_{\alpha 2} = \frac{\pi(a^2-b^2)}{2b}, \text{其中}: a=\frac{AB}{2}, b=\frac{MN}{2}\right) \tag{4-7}$$

施伦贝谢尔装置示意图如图 4-22 所示。

测量时采用 $AM=MN=NB$ 为一个电极间距，A、B、M、N 逐点同时向右移动测量，得到

第一条测量剖面；接着 AM、NB 增大一个电极间距，MN 始终为一个电极间距，A、B、M、N 逐点同时向右移动，得到另一条剖面，这样不断扫面测量下去，得到倒梯形断面。

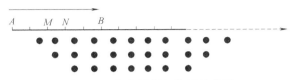

图 4-22 施伦贝谢尔装置示意图

三、工程应用

高密度电法以目标体与周围介质的电性差异为基础，利用电极布置优势，高效率获取大量的观测信息，通过适当的反演分析解释，在常规直流电法难以分辨的地段，比较清楚地区分出目标体（地下管道）的位置、走向和大致范围。目前，高密度电法在探测深埋管线时得到了广泛的应用。

1. 深埋煤气管线探测

（1）管线埋设的基本情况。目标管线为非开挖工艺敷设的燃气管线，采用高密度电法进行探测，共布置 2 条测线，如图 4-23 所示。本次探测电极数为 60 个，电极距 1m，剖面数 16 个，探测采用温纳装置。根据资料显示，测线 1 处煤气管线埋深不大，大致位置在测线 14m 处；测线 2 处煤气管线埋深较深，大约在测线 17.4m 处。

（2）探测结果。图 4-24 为测线 1 高密度电法探测断面图，从图中可见在测线 15m 以下中心深度 1.5m 处有一明显异常与探测对象对应。由于电法探测具有体积效应，图像不能反映实际对象的大小，只能大概的确定管线所在的位置。

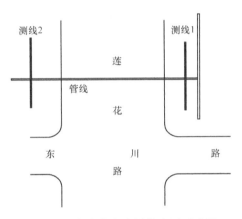

图 4-23 高密度电法测线布置示意图

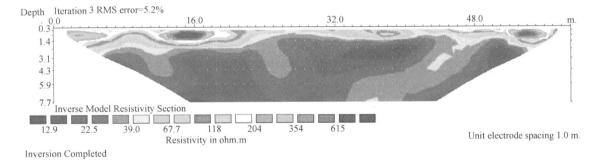

图 4-24 测线 1 高密度电法探测断面图

如图 4-25 所示，在测线水平位置 18.4m、中心深度 6.0m 处有一个低阻异常。考虑到探测对象（煤气管）为钢质，其导电性良好，应为低阻体，这一点和图像吻合，故判断该异常为煤气管的图上反映。经开挖验证探测结果与实际情况基本一致。

2. 深埋天然气管道探测

（1）管线埋设的基本情况。探测地点位于上海某地，目标管线为非开挖工艺敷设的天

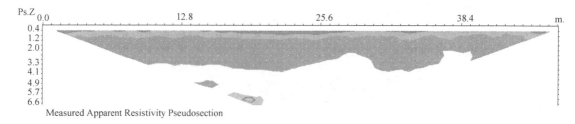

图 4-25　测线 2 高密度电法探测断面图

然气管道，探测采用高密度电法进行，共布设两条测线，测线布置图如图 4-15 所示。本次试验电极数为 60 个，电极距 1m，剖面数 16 个，试验采用温纳装置。根据资料显示，煤气管线埋深较深，测线 1 处，煤气管线位置大致在测线 31m 处；测线 2 处，信息管线位置大约在测线 30m 处。

（2）探测结果。图 4-26 为测线 1 高密度电法测试断面图，考虑到探测对象（燃气管）为铸铁，其导电性良好，应为低阻体，故在水平位置 30m，埋深 6.0m 位置的低阻异常应为煤气管的图上反映。

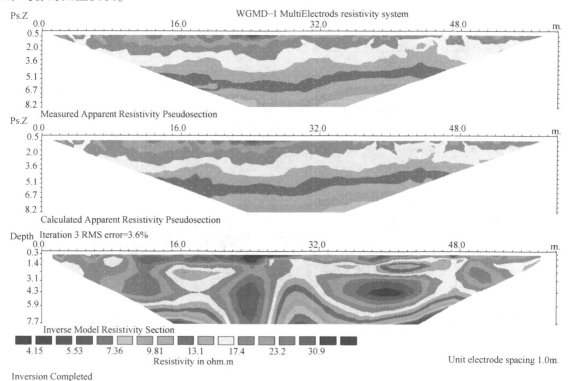

图 4-26　测线 1 高密度电法测试断面图

图 4-27 为测线 2 高密度电法测试断面图，根据资料信息管大约在测线 30m 处，埋深较深。由于该处电极与地面耦合情况不佳，图上未出现该管线的有效反映。

3. 应用高密度电法在深埋管线探测中的结果分析

通过大量工程实践，可以得知：高密度电法能够较为准确的测出地下非开挖管线的平面

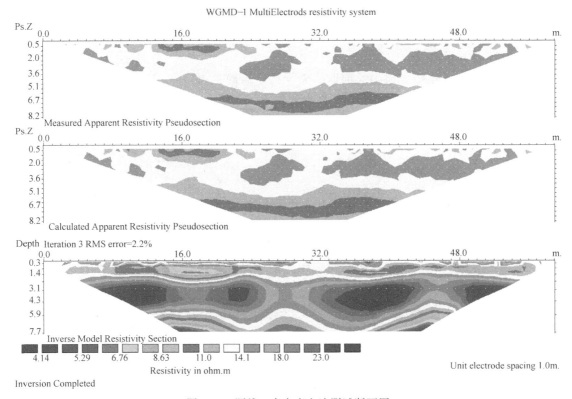

图 4-27 测线 2 高密度电法测试断面图

位置及埋深,但是对于中心城区管线而言,高密度电法测线布置受到很大限制,尤其是对埋深较大的非开挖管道,测线长度需更大,往往因为现场作业条件的限制而得不出理想得结果,同时对于中心城区,电极与地面尤其是道路的耦合效果是影响测试效果的重要因素。

第四节 近间距并行管线电磁法探测技术

由于常用的管线探测仪是针对理想条件(自由空间中的单条载流无限长导体)设计的,当探测对象是单条管线或虽有多条管线但间距较大时,观测参数无论是磁场水平分量 H_x,还是磁场水平分量垂直梯度 ΔH_x,它们的异常形态都较为规则,1 条管线只对应 1 个单峰对称的异常,此时探测精度较高。但实际作业中,往往遇到的是沿道路两边多条管线并行且间距较小的情况,由于磁场的叠加,致使异常形态畸变,多条管线可能只对应 1 个单峰异常,峰值也可能偏离管线中心位置,造成探测误差较大,甚至会带来错误的结果。因此,只有掌握复杂条件下的管线探测方法,才能达到提高探测精度的目的。

一、近间距并行管线的异常特征

地下多条近间距并行管线异常主要特征为:

(1) H_x 和 ΔH_x 异常往往不是多峰而是单峰,因此不能简单地利用多少个峰来判断是否存在多少条管线。

(2) 除特殊情况外,H_x 和 ΔH_x 一般具有不对称性,这也是判断是否单一管线的主要依据。

(3) 当管线的电流为同向时，受干扰影响的半边异常相对变宽变缓，异常峰值向干扰一侧位移，干扰异常愈强，位移愈大。

(4) 当各管线的电流方向为反向时，受干扰影响的半边异常相对变窄变陡，峰值往受干扰的反方向位移，干扰异常愈强，位移也愈大。

(5) 相邻管线电磁异常的相互影响，H_x 相对 ΔH_x 要大些，如峰值偏离管线中心位置要大些，次级异常弱些，异常的分异性也差些。

二、探测方法

对于近间距并行管线，常用的探测方法有选择激发法、压线法、直接法、夹钳法等。

(1) 选择激发法就是利用发射线圈面与干扰管线正交不激发、发射线圈面与干扰管线斜交弱激发、发射线圈远离干扰管线而无激发等特点，达到只选择目标管线激发的目的。

(2) 压线法是通过改变发射线圈与管线的相对位置，达到既能抑制干扰信号，又能增强目标信号的目的，包括水平压线法、倾斜压线法和垂直压线法。水平压线法：发射线圈水平位于干扰管线的正上方，此时干扰管线不激发或激发最弱，可起到抑制干扰信号，探出目标管线的目的。倾斜压线法：选择在靠近目标管线的上方，通过倾斜发射线圈并使其与干扰管线不激发或激发最弱，就可以达到既抑制干扰信号，又增强目标信号的目的。垂直压线法：发射线圈垂直放在干扰管线的水平方向，此时干扰管线不激发或激发最弱，可起到抑制干扰信号的目的。

(3) 直接法即充电法，就是利用管线出露部分，直接向管线充电，并通过改变接地或充电方式，尽量让电流沿目标管线流动，包括单端充电、双端充电等。此方法的探测深度较大。

(4) 夹钳法就是利用专门的感应钳，使被钳管线产生感应磁场。

三、探测要点

探测前，要认真收集和分析探测地段的地下管线现况资料。即使是盲测，也要先对将要探测地区分段进行踏勘、粗扫，以求对地下管线分布有所了解，便于灵活选择有效方法。同时，还需掌握各种方法的应用条件。

(1) 选择激发法需要有分叉、拐弯、三通等可供选择激发之处，示意图如图 4-28 所示。如采用远距离激发，则要求发射线圈的有效磁矩要足够大，工作频率要低。

(2) 水平压线法适用于间距稍大的并行管线，如果间距较小，水平压线虽可压制干扰信号，但目标信号往往亦较弱，此方法的探测深度较小。水平压线法示意图如图 4-29 所示。

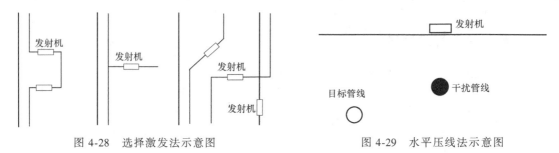

图 4-28　选择激发法示意图　　　　图 4-29　水平压线法示意图

（3）倾斜压线法适用于近间距的并行管线，往往在水平压线法效果不好时使用，但在探测近于上下并行的管线时不宜使用。倾斜压线法示意图如图4-30所示。

操作步骤如下：首先，发射机直立激发，接收机在干扰管线上方测得极大值；然后，接收机不动，发射机往目标管线移动（不用确切位置，大致在干扰管线和目标管线之间，稍靠近目标管线效果好些），倾斜摆动发射机，直至观测干扰管线上方的接收机出现极小值，用小方木条或砖块撑住发射机；最后，发射机不动，接收机往目标管线移动，就可测得目标管线的位置和埋深。

（4）垂直压线法适用于近于上下并行的管线，但必须要有可供垂直压线的条件。垂直压线法示意图如图4-31所示。

（5）直接法需要有管线的露点或其他可直接充电的条件，注意电力、电信管线禁用，易燃易爆的管线禁用。影响其探测效果的因素还有充电电流的大小（包括电极接地电阻的大小）、充电位置的选择及无穷远极的布置。

（6）夹钳法一般多用于电力、电信电缆的探测，使用时要有可供夹钳之处。

图4-30　倾斜压线法示意图　　　　　图4-31　垂直压线法示意图

四、电流方向的影响

在电磁场激发下，各条近间距并行管线都产生感应电流，但各条管线中的电流有时是同向，有时是反向。压线法和直接法比较容易产生反向电流。因为压线法是采用磁偶极子感应方法激发，当并行管线分别受到不同方向的磁场激发时，就会产生反向电流；直接法由于充电位置、方法或接地位置等原因，使并行管线构成电流回路，也会产生反向电流；夹钳法有时也会遇到反向电流问题。

反向电流形成的异常一般有如下特征：峰值往受干扰反方向位移（同向电流的峰值往干扰方向位移），异常曲线形态在受干扰的一侧变窄变陡（同向电流的异常形态是在受干扰的一侧变宽变缓）；如果按异常的峰值或宽度直接判定目的物的位置和埋深，结果相对于实际偏浅（同向电流则偏深）。因此，无论是同向电流还是反向电流形成的异常，在对地下多条并行管线进行定深时，只能采用没有受到干扰或干扰较小的半边异常为依据，否则难以满足精度要求。

五、工程应用

1. 直接法与夹钳法工程应用实例

探测区位于广州市某地，电信管道和给水管斜交并行（图4-32）。电信管道是8孔400mm×200mm的5条电缆，埋深85cm；给水管直径200mm，埋深108cm。

使用 RD432-PDL 电磁探管仪两种方式的探测结果为：

1）夹钳法测电信管道，夹钳于窨井内激发，经开挖验证：定位误差 2cm；定深 75cm，误差 10cm。

2）直接法测给水管，利用消防栓充电，受电信的干扰较少，经开挖验证：定位误差为 0；定深为 120cm，误差 12cm。

2. 选择激发法和倾斜压线法工程应用实例

（1）探测区位于广州市某村，煤气管线与给水管并行（图 4-33），间距约 40cm。煤气管直径 59mm，埋深 57cm；给水管直径 150mm，埋深 46cm。

使用 RD400-PL 电磁探管仪三种方式的探测结果为：

1）采用选择激发法测给水管线，在旁侧无煤气管干扰之处激发，经开挖点 1 验证：定位误差 5cm；定深 48cm，误差 2cm。

2）采用选择激发法测煤气管线，在旁侧无给水管干扰之处激发，经开挖点 2 验证：定位误差 5cm；定深 47cm，误差 1cm。

3）采用倾斜压线法再测煤气管线，给水管干扰完全消除，经开挖点 3 验证：定位误差为 0；定深 52cm，误差为 6cm。倾斜压线法的精度同样较高。

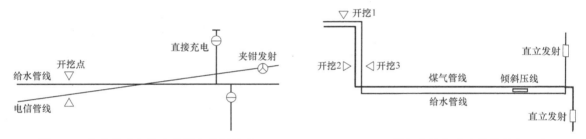

图 4-32　电信管道和给水管斜交并行示意　　图 4-33　煤气管线与给水管线并行示意

（2）广州市某区有 3 条电信管道（D1～D3）与 1 条给水管并行（图 4-34），其中：D1 为 4 孔 200mm×200mm 的 2 条电缆，埋深 70cm；D2 为 600mm×600mm 的 11 条电缆，埋深 80cm；D3 为 600mm×400mm 的 4 条电缆，埋深 90cm。D1 与给水管间距只有 15～40cm，D1 与 D2 的间距为 95cm，而且 D1 手孔井被埋，因此探测 D1 的难度较大。

使用 RD400-PL 电磁探管仪用两种激发方式探测并经开挖验证，结果为：

1）在 D1 上方直立激发，由于受到旁侧给水管和电信管道的影响，定位误差 15cm，定深 58cm，误差 12cm。

2）倾斜压线测 D1，定位误差 4cm，定深 61cm，误差 9cm。

可见定位与定深精度都有所提高。

（3）图 4-35 所示为广州市某区，煤气、电信和给水管线并行。煤气管中直径 89mm，埋深 43cm；电信管道 18 孔 600mm×300mm 共 11 条电缆，埋深 102cm；给水管直径 400mm，埋深 68cm。煤气管与电信管道的间距为 55cm，与给水管的间距为 90cm。探测的难点是煤气和电信管线。

根据管线分布情况，首先利用煤气管的分支，采用 RD400-PL 电磁探管仪选择激发进行煤气管探测，再应用倾斜压线探测电信管道，效果良好：

1）选择激发测煤气管，经开挖验证：定位误差为 2cm；定深 44cm，误差为 1cm。

2）倾斜压线测电信管道，经开挖验证：定位误差为 5cm；定深 90cm，误差为 12cm。

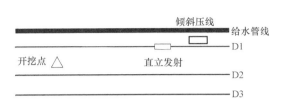

图 4-34 3 条电信管道与 1 条给水管并行示意

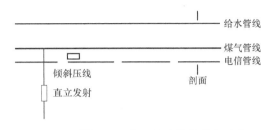

图 4-35 煤气、电信和给水管线并行示意

3. 选择激发法和垂直压线法工程应用实例

图 4-36 所示为广州市某区电信与煤气管线并行。电信管道为 9 孔 300mm×300mm 的 2 条电缆，埋深 190cm；煤气管直径 57mm，埋深 61cm。两管的水平间距只有 30cm，几乎是上下并行。

根据管线分布情况，对于煤气管道，采用选择激发进行探测；对于电信管道，则利用电信窨井，采用垂直压线法。使用 RD400-PL 电磁探管仪的探测结果如下：

1）选择激发测煤气管，经开挖验证：定位误差 0；定深 61cm，误差 0。

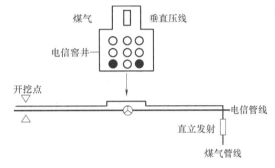

图 4-36 广州淘金路工区示意

2）垂直压线测电信管道，经开挖验证：定位误差 8cm；定深 197cm，误差 7cm。

在实际工程应用中，遇到近于上下垂直的并行管线，要充分利用现场的窨井、陡坎等条件，采用垂直压线技术进行探测。

六、探测注意事项

近间距并行管线探测只要方法恰当，注意以下探测要点，探测精度可满足要求。

（1）对于近间距并行的管线，可以通过改变激发方式或解释方式来进行探测，不同的方法各有所长，亦有局限之处，在操作时应结合现场条件和仪器情况灵活运用。相比之下，倾斜压线法受条件限制最少，效果也比较好，非常简便实用。而选择激发法也是很实用有效的技术。

（2）近间距并行管线的 H_x 和 ΔH_x 异常形态，往往不太复杂，但对应的管线组合是很复杂的，不能简单地用异常有多少个峰来判断有多少条管线。

（3）盲测时，在峰值的 65%~85% 段，要多测几个等值点，检查是否对称，以此判断是否为单一管线或受干扰的程度。

（4）探测时，除了利用现场管线条件外，还要考虑应用仪器的类型，同时必须注意，无论哪种方法，都不宜采用直读定深。定深宜采用百分比定深法、70%定深法、80%或 50%定深法等。注意不同类型的仪器有与其相适应的定深方法。

（5）近间距并行管线的条件下，用旁侧感应激发精度不易保证，应慎用。

（6）使用直立感应激发，并行管线的水平间距相对于较深的管线埋深应大于 1.5 倍（测 ΔH_x）或 2 倍（测 H_x）。

模块二 地下管网检测

第五章

地下管网检测技术概述

第一节 地下管道检测的必要性

用管道传输能量被认为是最为安全经济的方法。截至 2016 年底，我国油气长输管道总里程累计约为 12.6 万 km，其中天然气管道约 7.43 万 km（已扣减退役封存管道），原油管道约 2.62 万 km，成品油管道约 2.55 万 km；我国供水、排水、燃气和供热 4 类市政基础设施地下管线长度已超 180 万 km，目前仍以每年 10 万 km 的速度递增。以上这些管道是我国油气运输的"主动脉"、是保障城市运行的"生命线"。然而，像所有的工程设备一样，管道也可能发生故障。

伴随着国家石油天然气管道工业的不断发展，管道安全维护管理成为国家安全管理部门日益重视的专题。近年来，国内管道因腐蚀、磨损、第三方破坏等原因造成的各类管道事故时有发生，造成了巨大人员伤亡和环境污染，因漏气、跑油、停输、污染、抢修等造成的损失，每年都以亿元计算。因此，已建管道和在建管道的安全检测迫在眉睫。为保证管道运输安全，国家颁布了《压力管道定期检验规则》TSG D7003 和 TSG D7004，并于 2010 年 11 月 1 日起正式执行，规定主干线油气输送管道 3 到 5 年必须进行检测。科学开展管道检测，可及时了解管道状况，对严重缺陷进行及时修复能够有效避免事故发生，同时也能大大延长管道寿命，其经济效益是十分可观的。

一、管道检测技术简介

为了达到对管道状况有全面准确的了解，防止管道事故的发生，长期以来人们为此研究开发了许多方法和技术，使管道检测水平不断提高。管道检测可分为管道外检测和管道内检测两大类。所谓外检测是将检测设备放在管道外部来了解有关管道的情况，例如对管道的防腐层和地下埋深状况的检测。而内检测是指将检测器放在管道内，通过管道中的介质在检测器上的皮碗前后形成的压差使之在管道中随介质运动，检测器将管道情况信息采集并存储起来，然后，利用计算机对记录到的管道信息进行分析。从而了解管道的状况。该方法可用于检测管道的变形、腐蚀和缺陷等。

早期人们采用水压试验方法对管道进行检测，该方法只能证明水压试验时管道哪些部分不能承受试验压力，它不能提供管道的详细信息，并且水压试验需要停输进行，检测成本较大。而利用智能检测器进行检测，是在不停输的情况下检测管道状况，不仅成本低而且可靠性高。目前常用的内检测器主要有基于超声波原理的检测器和基于漏磁原理的检测器两种。前者是用超声波直接测量管道壁厚，从而发现管道由于腐蚀等原因导致的壁厚变化；而后者是通过检测器上的磁铁将经过的那段管道磁化，磁力线在管壁中通过，但当管道上有缺陷时，该缺陷所在之处的磁通量发生泄漏。检测器根据这一原理将管道上各处磁通量泄漏情况记录下来，经分析后可确定管道状况。前者的优点是准确性高，但要求在检测前彻底清除管壁的蜡；后者对管道清洁状况要求相对较低，比较适合我国原油含蜡较高的特点；但检测精度和超声波检测器比较相对低一些，且对检测管道上的轴向裂缝有一定困难。但就我国管道状况而言，漏磁检测器完全满足管道检测和维修的精度要求，在我国具有广泛的应用前景。

二、管道检测经济效益分析

管道检测不仅对保证管道安全是十分重要的，而且从长远来看，其经济效益也是可观的。根据管道维护的策略不同，可以将管道维护分为主动维护和被动维护两种。主动维护是指在智能检测器对管道实施内检测，全面掌握管道状况的基础上，专家根据管道安全整体策略，全面考虑各方面因素对检测结果进行综合评判，确定管道维修计划和方案，最后由管道业主依此方案对管道进行维修。

对管道进行主动维护的费用主要包括：管道检测的费用；用于专家评估的费用；管道维修的费用。

而被动维护是指当管道因腐蚀等原因发生泄漏事故之后，不得不进行的抢修。

管道事故发生后被动维护付出的主要代价和损失包括如下几个方面：

1）管道泄漏导致输送介质损失。
2）管道事故发生后，导致管道停输造成的损失。
3）管道事故造成的环境污染及人身安全伤害损失。
4）管道事故发生后，对管道进行抢修付出的代价。而管道抢修工程比主动维护时进行的有计划的维修难度要大得多，付出的代价也大得多。其中环境污染造成的损失和危害最为严重，其经济价值是难以估量的。

国外有关资料介绍了更换管道、被动维护和主动维护三种管道不同安全策略的投资情况，见表5-1。

表5-1 三种管道安全策略成本比较

采取的措施	投资成本/(美元/km)
更换管道	1000000
被动维护	500000
主动维护	12600

周期性管道检测和用于专家评估的投资可以从减少管道事故的损失中得以补偿。图5-1给出了进行管道检测与不进行管道检测时管道维护经济效益比较情况。

三、国内外管道检测现状

1. 国外管道检测现状

由于管道安全具有特殊的重要性，管道发达的西方国家早在 20 世纪 50 年代就开始了管道检测技术研究。1965 年国际著名的管道检测公司之一美国 TUBOSCOPE 公司首次采用漏磁检测器对管道实施了内检测；1973 年英国天然气公

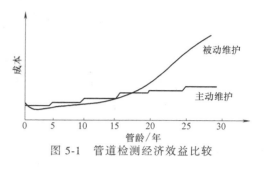

图 5-1　管道检测经济效益比较

司（British Gas，BG）第一次采用漏磁检测器对其管辖的一条直径为 600mm 管道成功地进行了内检测。此后，采用各种先进技术的新型检测器不断问世，特别是 20 世纪 80 年代末 90 年代初以来，计算机技术的飞速发展为研制高效新型检测设备提供了强有力的技术保证，检测器体积不断缩小，技术含量越来越高，检测器的效率和可靠性也有明显改进，它们为保证管道的安全运行、减少管道事故造成的危害和损失发挥了重大作用。

基于对安全、经济、环境等各方面因素考虑，各国政府对管道内检测越来越重视，许多国家都制定了相应的管道检测法规。例如，1988 年 10 月美国国会通过了管道安全再审定条例，要求运输部研究与专业计划管理处（RSPA）制定联邦最低安全标准，以使所有新建及更新管道都能适应智能内检测器检测的要求；加拿大标准协会已制定出管道内检测器用于危险性液体和气体管道的标准，加拿大国家能源委员会 1995 年采用这些标准，作为法规条例，强制实施管道内检测。

不仅如此，他们还根据管道所处的不同特殊状况，定期对管道实施再检测，及时准确把握管道状况，从中找出管道腐蚀的特殊规律，从而对管道未来状况做出科学分析预测，并根据管道完整体系规范对一些严重缺陷及时修复，真正做到防患于未然。

2. 国内管道检测现状

我国石油天然气管道工业自 20 世纪 70 年代以来有很大发展，管道安全问题也越来越引起有关部门的重视。20 世纪 80 年代以来，开始进行管道检测器的研制开发工作，取得了一些成果。同时，也陆续从国外引进了一些先进的检测设备，对几条原油管道成功地实施了内检测，取得了令人满意的检测结果。

尽管如此，我国和世界先进水平相比还有较大差距，管道检测工作尚属起步阶段，已检测的管道数量不足管道总量的 1/10，而且尚未对任何管道进行再检测。由于各方面原因，某些管道经营管理者对管道检测的重要性认识不足，没有充分认识到管道事故危害性。我们要加强管道检测重要性的宣传，政府有关部门应尽快制定管道安全检测有关法规，根据优选方案制订全国管道检测计划，力争尽快对全部管道实施内检测，并且定期进行管道再检测，建立管道检测信息数据库，从中找出各条管道的腐蚀规律，从而对管道现状及未来安全状况做出科学预测，采取有效措施，避免管道事故的发生。同时，还要加快智能检测器的国产化步伐，尽快赶上国际管道检测先进水平。

第二节　地下管网检测内容

地下管网检测，不仅需要先进可靠的检测设备，还需要熟练掌握使用检测设备的技术人

员和相关的理论知识及一定的检测实践经验，才可确保可靠的检测质量。如果检测人员能够掌握多种检测方法技术，并在实际工作中熟练运用，将会提高检测工程的质量。

一、介质泄漏点的检测

1. 输水管道泄漏点检测

主要检测方法有：漏水原因分析法、电子仪器听音法、相关仪器分析法、流量差分析法、压力下降分析法、区域装表法、直接观察法、环境观察法、升压检漏法、直接听音法、听音杆法、示踪剂法、氢气示踪法、温度示踪法、充电测试法。

2. 输气管道泄漏点检测

主要检测方法有：防腐层相关法、半导体气敏法、接触燃烧法、火焰电离检测法、光学甲烷检测法、气体成分比重法、分子量大小法、地面钻孔法、卤素示踪法、氢气示踪法、加臭示踪法、氦气示踪法、加压检漏法、大水漫灌法、肥皂泡法、环境观察法、训练动物闻味法、手推车检漏法、多探头检漏车检漏法、风向分析法、直接听音法、仪器放大听音法。

3. 输油管道泄漏点探测

主要检测方法有：负压采样法、检测电缆法、流量分析法、碘131示踪法、无线数据监测法、超声波定位法、声波检测法、光纤检漏法、压力差分析法、实时模型检漏法、泄漏噪声检测法、系缆式漏磁检测器法、SCADA系统法、互相关分析法、特性阻抗检测法。

二、钢质管道外防腐层状况检测

1. 埋土前检测

（1）外观检查。

（2）高压电火花检查：涂敷厂在线检测、便携式火花手工检测。

（3）涂层厚度检测：涂层测厚仪的使用。

（4）涂层黏结力检测。

2. 埋土后检测

（1）防腐层破损点检测。方法有多频管中电流法、皮尔逊检测法、直流电位梯度法、密间隔电位测试法、标准管地电位法。

（2）接收信号。方法有电流方向法、人体电容法、接地探针法、金属拐杖法、铁鞋法、磁场信号衰减法。

（3）破损点精确定位。方法有移动参比法、固定电位比较法、等距回零法、平行于管道移动法、电流方向法、A字架法、垂直于管道移动法。

（4）破损点大小的检测。方法有数字直读法、统计图表法、辐射距离法、公式修正法、DCVG+GIPS组合判断法、磁场下降法。

（5）破损点位置的标定。方法有绝对距离法、相对坐标法、GPS定位法、喷漆法、打土包法、木桩定位法、彩色布条法。

（6）破损点的开挖验证。方法有扩坑法、直接观察法、镜面反照法、高压电火花检测法、湿布涂抹法、泥土再测电位法、涂层测厚法。

（7）外防腐层绝缘电阻检测。方法有电流—电位法、拭布法、变频选频法、多频管中电流法、磁场信号衰减法、静态信号下降法、一次性总距离法。

三、阴极保护运行参数检测

1. 管地电位测试

常用方法有：地表参比法、近参比法、远参比法、断电法、辅助电极法。

2. 牺牲阳极输出电流测试

常用方法有：标准电阻法、直测法。

3. 管内电流测试

常用方法有：电压降法、补偿法。

4. 绝缘法兰（接头）绝缘性能测试

常用方法有：兆欧表法、电位法、漏电电阻测试法。

5. 接地电阻测试

常用方法有：辅助阳极接地电阻测试、牺牲阳极接地电阻测试。

6. 土壤电阻率测试

常用方法有：等距法、不等距法、ZC-8 土壤电阻仪的使用法。

四、管体腐蚀状况测试

1. 管外测试

常用方法有：磁场下降四级衰耗分析法、探坑验证法、破损处超声波剩余壁厚测试法、涂层测厚法、非腐蚀点开挖检查法、涂层老化程度检测法、土壤腐蚀速率推断法、多项缺陷积分法、综合参数异常评价法、金属挂片失重法、管道金属蚀失量检测法、管体腐蚀损伤尺寸评定法、最大安全工作压力评定法。

2. 管道内部检测

常用方法有：漏磁检测法、超声波检测法、扫描成像法、涡流检测法、闭路电视检测法。

第六章

地下管网泄漏检测技术

第一节 供水管道泄漏检测技术概述

地球上的淡水资源非常有限,真正可为人类直接利用的只占水资源总量的 0.007%,主要分布在湖泊、河流、水库和浅层地下水源。我国水资源总量为 28124 亿 m^3,位居世界第六位,然而由于人口众多,我国人均占有水资源量仅 $2340m^3$,约为世界人均占有量的 27%。根据 149 个国家按 1990 年人口统计的人均占有水量由多到少排列,我国位居第 110 位,被列入世界 12 个贫水国家名单。此外,我国水资源还面临着供需矛盾突出、水资源分布不均衡、水污染日趋严重、水环境破坏、水资源过度开发等一系列问题。

然而,我国的城市供水漏损水量高达每年 70 亿 m^3,这是一个惊人的天文数字。60 亿 m^3 的水量可以把北京市区变成一个深达 5m 的游泳池,或者使严重缺水的甘肃全省地表积水 1.5cm,或者相当于江苏、福建、江西、海南四省一年城市供水量的总和。表 6-1 列举了我国 2015 年供水及漏损情况统计数据(数据来源:《中国城乡建设统计年鉴(2015)》)。

表 6-1 我国 2015 年供水及漏损情况统计

地区名称	供水管道长度 /km	供水总量 /$10^4 m^3$	漏损水量 /$10^4 m^3$	漏损率
全国	661409.29	4849741.43	737797.94	15.21%
北京	15421.30	124407.44	19871.16	15.97%
天津	16481.30	76480.49	10408.34	13.61%
河北	14308.00	108803.80	17495.75	16.08%
山西	8564.46	59344.17	5556.07	9.36%
内蒙古	8507.29	58659.03	10303.76	17.57%
辽宁	31866.49	188795.44	39949.04	21.16%
吉林	9975.02	88004.13	27115.78	30.81%
黑龙江	13238.94	111744.13	25281.98	22.62%
上海	36383.22	312224.42	49461.98	15.84%
江苏	76745.00	419686.02	52159.68	12.43%

（续）

地区名称	供水管道长度/km	供水总量/$10^4 m^3$	漏损水量/$10^4 m^3$	漏损率
浙江	55430.92	310261.33	35707.62	11.51%
安徽	22170.57	146952.08	25711.94	17.50%
福建	15798.19	157401.81	34387.99	21.85%
江西	15465.42	108804.75	17595.61	16.17%
山东	44051.03	263652.68	33210.75	12.60%
河南	19754.86	149192.74	26392.56	17.69%
湖北	29091.72	253378.34	40630.63	16.04%
湖南	20659.94	178994.81	31991.91	17.87%
广东	99128.03	845888.62	112392.40	13.29%
广西	15711.24	135419.67	18283.57	13.50%
海南	4146.93	43592.92	7956.18	18.25%
重庆	13803.80	110559.72	14122.53	12.77%
四川	28611.34	200084.66	30857.54	15.42%
贵州	9527.84	57724.80	8177.12	14.17%
云南	10148.06	75214.89	10463.66	13.91%
西藏	1378.74	15553.68	2668.05	17.15%
陕西	7306.53	78465.68	9915.86	12.64%
甘肃	4909.45	47088.90	3877.11	8.23%
青海	2153.94	16941.05	2755.08	16.26%
宁夏	1796.29	21429.57	2416.20	11.28%
新疆	8873.43	84989.66	10680.09	12.57%

供水管网严重的漏水在给我国的水资源带来威胁的同时，也带来了巨大的经济损失。因此，我国漏水调查技术的研究及发展已迫在眉睫。要解决我国严重的供水管网漏损问题，首先必须研究和发展适应我国国情的供水管网检测技术。

一、漏水调查工作方法

1. 漏水调查工作流程

漏水调查工作流程如图6-1所示。

图6-1 漏水调查工作流程图

2. 漏水调查技术分析

漏水调查包含以下三项主要技术：

1) 流量及压力测量技术。
2) 噪声水平监测及分析技术。
3) 漏水声波探测技术。

由于城市供水管网绝大部分为环状网，形成封闭供水区域。阀门难以关闭，实施流量及水压测量就非常困难，且效率较低，费用却较高。因此，无法大面积开展这项技术。

漏水声波检测和探测技术是漏水调查的核心技术。从区域检测评价到漏水确认和漏点定位，都广泛使用这项技术。国外在漏水声波检测、探测及分析方法上已比较成熟。在广泛使用漏水调查技术中，就我国的管网和漏水状况而言，也较适用这项技术。通过近年来我国的漏水调查实践证明，采用声波检测和探测技术，效果较好。

二、供水管道泄漏检测与定位技术概述

好的检漏技术应该具有不破坏现状条件，不影响管网正常运行，并对现有材料、条件具有良好的适应性。为达到这一目的，各国科学工作者不遗余力地研究新方法，研制新仪器，以适应工业现场发展的需要。

目前，国内外常用的泄漏检测方法分为被动检漏法和主动检漏法。被动检漏法是一种最原始的检漏方法，通常在漏水冒出地面后，供水管理部门才组织专门人员进行检修，并接受用户的义务报漏。被动检漏法设备投资少、管理费少，具有广泛的社会性和群众性，但该方法以发现明漏为主，对暗漏一般无能为力，往往造成大量漏水后才能发现。在地下管道漏水冒出地面之前，使用仪器检查出管道漏水的方法为主动检漏法，主动检测方法有：简单评估技术、专用定位技术和基于管道模型或统计方法三类。

供水管道泄漏检测方法如图6-2所示。

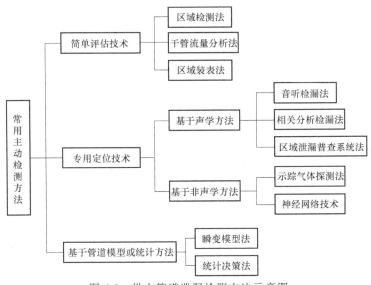

图 6-2　供水管道泄漏检测方法示意图

各种供水管道泄漏检测方法的基本原理及特点见表6-2。

表 6-2　供水管道泄漏检测方法综述

序号	检测方法	检测方法原理	检测方法特点
1	区域检漏法	是在一定条件下,用流量监测记录器记录某一小区某一时间段内最低流量值,以判断小区管网漏水量,并通过关闭区域内阀门以确定漏水管段的方法	该方法对流量的测定较高,既要求测流范围大,又要求其精度较高。在实际中较常用,准确性较高,但操作起来较复杂而烦琐
2	干管流量分析法	管网停止运行时,干管阀门需全封闭,仅留安装水表的旁通管,如果干管有漏点,外高压水会通过旁通管流入干管,水表可精确读出漏水量。管网不停止运行时,在干管两端安装电磁流量计,运用电磁流量计测速,并根据测量值定时调换流量计位置,采用流量分析法判定是否有漏点	此方法能检测的漏损范围很大,甚至在 1~1.5km 内的泄漏也能检测到,而且准确率较高
3	区域装表法	它是通过安装流量计检测进、出水总量以判断漏水处的方法	
4	音听检漏法	该方法在阀门或水表处安装音听仪器,运用具有听音功能的仪器寻找漏水点。可分为直接音听法和间接音听法两种,前者又称为栓阀听音,常用于查找漏水的范围,即漏点预定位,后者又称为地面听音,用于漏点精确定位	优点是:使用的工具简单,携带方便,一次性投资和管理费用低。不但能巡检明漏,还能发现暗漏,确定漏点。能充分利用管网中的附属设施进行检漏,能对供水管道做定期循环检查 缺点是:为防止白天噪声干扰,检漏必须在夜间进行,且对工人技术要求高
5	相关分析检漏法	该方法将两个传感器安装在管道的不同位置,当流体通过漏点产生流动噪声时,测漏仪器通过测量产生的流动噪声到达传感器时间差,再根据声波在该管道的传播速度和传感器之间的距离就可以确定漏点的具体位置	相关检漏法是当前最先进、最有效的一种检漏方法,特别适用于环境干扰噪声大、管道埋设太深或不适宜用地面听漏法的区域,用相关仪可快速准确地测出地下管道漏水点的精确位置
6	区域泄漏普查系统法	它应用了目前声学、电子、软件、通信、信号处理、数字化处理等综合技术,是目前最新型、经过实践证明是实用有效的一种方法。区域泄漏普查系统是目前世界上独一无二的集漏水预定位和精定位于一体,仅一次检测即可完成一定区域内的漏点预定位和漏点精定位的仪器,而且对管道属性要求不高,可以在不清楚管材管径的情况下进行漏水定位。从而实现从发现漏水点到漏水点精确定位,从一段管道到大面积的检漏普查,仅用一套仪器就可完成	
7	示踪气体检漏法	该方法是在被检漏管道的上游注入一定浓度的氢气等示踪剂,何处示踪剂浓度最高,该处就为漏点。在周围环境噪音很大,或管道埋深较深,如果条件允许,可用示踪气体法确定漏点的位置	其适应一切管道、槽缸,对于供水管道、输气管道、充气电缆等直埋设施的漏点定位特别有效

(续)

序号	检测方法	检测方法原理	检测方法特点
8	神经网络技术	从人工智能神经网络的模型结构上看,运用该方法建立管道检测模型,进行漏水分析,提高检漏仪器及方法的准确性是完全可行的	
9	瞬变模型法	该方法是在一定边界条件下,对管内流场进行数学建模,并以实测值与计算值的偏差作为判定泄漏的标准。漏点定位是稳态过程,漏点位置根据管内压力梯度变化来判定	
10	统计决策法	它采用SPRT法分析实时测量的压力和流量,连续计算泄漏发生的概率,并利用RLS对泄漏点进行最终定位。利用统计决策法来建立管道测漏模型,回避管道模型的复杂性,使模型计算变得简单化,并解决了误报警问题	

三、漏水声波探测技术简介

1. 漏水声波的产生和传播

众所周知,当供水管道发生漏水时,由于喷出管道时与空气、泥沙等的撞击和摩擦,以及附壁现象、卡尔曼涡流、边缘效应等,产生不同频率的振动,由此产生漏水声波。频率范围一般在16~20000Hz之间。中国供水压力一般在0.2~0.4MPa之间,因此漏水声波的振幅也就比较大,特别是音频范围内的振幅更大。但由于漏水点情况不一致,其强度和频率也各不相同。

漏水声波主要由两个途径传播:一是通过周围介质向四周传播;二是通过管壁及其两侧传播。由于传播介质的不同,噪声声波的传播速度差异较大,特别是由漏水点向地面传播时更为复杂,因此一般只能做定性分析。相比较,漏水声波沿管道的传播速度就简单一些。

2. 漏水声波异常

在目前技术条件下,能够探测并可区分其他噪声的声波,被称为漏水声波异常。根据漏水声波传播特性,将异常分为地面异常和管道异常。漏水声波异常具有连续和稳定两大特性。

地面异常的大小,主要影响因素有管道埋深、周围介质和地面条件。采用一般检漏技术,在南方地区,一般管道埋深在0.5~1.5m之间,50%~70%的漏水声波异常能够发现;在北方地区,由于管道埋深较大,一般在1.5~3m之间,有的甚至达到5m,漏水异常难以发现,仅有30%~40%能够发现。

管道异常主要从各种阀门、水表及消火栓发现,其影响因素主要有管材、管径及阀门、水表、消火栓密度。采用一般检漏技术,在居民区和生产厂区,阀栓密度较大、管径较小,材质多为金属,平均可发现50%~60%的异常,在城市道路能发现30%~50%的异常,在市郊发现管道漏水异常的可能性更小。

3. 漏水声波异常主要干扰因素及排除方法

（1）用水声。在管道上大量用水时，其声音与漏水声相似，难以区分，对管道异常探测的干扰较大，但绝大多数用水是间断或不稳定的，采用长时间的监测，利用漏水声波连续和稳定的特性，绝大部分用水干扰能够区分。

（2）城市噪声，主要包括汽车、行人等多种噪声源。城市噪声对地面异常探测的影响较大，因此在进行地面异常探测时，应选择噪声较小的夜间工作。

（3）排水、电缆、电器等噪声，主要对地面异常探测有干扰，一般可通过强度、频率、形态等特征与漏水声加以区别。

4. 漏水声波异常探测技术概述

（1）管道声波检测。利用声波探测仪器，对阀门、消防栓、水表进行夜间长时间的测量，然后分析其强度、频率、连续性和稳定性、相关性等以推断漏水发生的重点区域、漏水管段。这是漏水区域评价和漏水点推断的有效方法，其结果可对下一步漏水声波异常探测有正确的指导作用，同时能够对漏水调查结果进行有效的控制。

（2）地面听音检测。利用地面听音设备，探测地面漏水声波异常。目前主要依靠人们的听觉，依据音强、音频及异常的特征，对漏水点进行探测。在管道埋深1m范围内，漏水声波异常查明率可达60%以上。埋深在1~1.5m的管道可达50%左右，埋深在1.5~2m的管道可达30%左右，2m以下的管道为20%。探测准确率可达70%，是漏水声波探测的主要手段。

（3）阀栓听音检测。利用各类阀栓听音设备，探测管道异常。该方法主要依靠人的听觉和判断、推断能力，用在阀门、水表、消防栓等管道暴露点比较多的区域比较有效。该方法发现漏水声波异常可达30%~50%，探测准确率可达60%，是目前漏水调查，特别是城区范围漏水调查的有效方法。该法既可直接发现漏水点，同时也可以推断漏水管段，指导地面异常的探测。

（4）漏水管道声波相关检测。使用漏水声波相关测量的设备，利用声波相关特性和传播特性进行漏水点定位检测，是漏水确认和定位的重要方法。可确认的异常为50%~70%，检测准确率达80%，定位误差小于±1m。

（5）漏水点确认检测。使用钻探设备，将声波检测传感器，送入距漏水点3m范围内的管道，在0.5~1m的空间范围，利用漏水点在近距离内其噪声声波高频及高强度的特性，进行漏水确认和定位检测，确认率可达80%，确认准确率大于90%，漏水点定位误差小于±1m，是目前漏水确认和定位的主要方法。

5. 检漏的效果分析

1）管道平均埋深1~1.5m的城市（主要为东南部城市），探测效果较好，可查明的漏水点达80%以上；管道平均埋深1.5~2m的城市（主要为中部城市），可查明的漏水点达60%~80%；管道平均埋深2~2.5m的城市（主要为西北部城市），可查明的漏水点达40%~50%。

2）在管道暴露较多的城市区域，探测效果较好；在暴露较少的城郊效果较差，其漏水点查明率约为2∶1。

3）金属管道漏水点查明率较高，塑胶管道次之，水泥、陶瓷管道最差，其效果为3∶2∶1。

4）地面条件为水泥、沥青等硬性地面区域，探测效果较好；黏土等软性地面探测效果差。

5）小管径（$d<300mm$）管道探测效果好；大管径（$d>300mm$）管道探测的效果差。

6）水压大于 0.3MPa 的区域探测效果好；水压小于 0.3MPa 的区域探测效果较差。

6．漏水检测的经济效益分析

（1）漏水声波检测优点

1）效果好。按照中国目前的检测技术水平和供水系统状况，声波检测可平均查明 60%的漏水点。

2）效率高。平均每年每人检测管道可达 250km，查明漏水量约 $250m^3/(h·km)$。

3）技术简单，易于操作。各类专业漏水调查人员经 3 个月培训后，可开展工作，在工作 1 年后，可独立进行工作，且对人员的素质要求不很高。

4）投入较小。一个大型专业漏水调查队伍投入为 200 万～300 万元，中型队伍为 100 万～200 万元，小型队伍为 50 万～100 万元。

5）可大规模开展。根据以上优势，漏水声波探测可大规模开展工作。

（2）经济效益分析。按一个中型漏水调查队伍计算：

1）人员投入：20 人。

2）设备投入：150 万元。

3）探测管道：3000km/年。

4）查明漏水量：$3000m^3/h$。

5）单位成本：1000 元/km、1000 元（$h·m^3$）。

6）收益：漏水调查成本按 1000 元/km 计；查明漏水收益时间按 365 天计；供水成本按 0.5 元/m^3 计。

漏水调查成本支出 =（1000×3000）万元 = 300 万元

查明年漏水量 =（3000×24×365）万 m^3 = 2628 万 m^3

查明漏水量的收益 =（2628×0.5）万元 = 1314 万元

漏水调查效益 = 收益 − 支出 =（1314−300）万元 = 1014 万元

从以上分析可知道：

1）漏水给水资源和经济两方面带来了巨大的损失，漏水调查工作的开展势在必行。

2）根据我国目前漏水状况和技术经济水平，漏水声波探测将是我国近 10 年内的主要漏水探测技术。

3）我国要尽快推广、普及漏水声波调查技术，广泛用于供水事业中，同时应提高、完善和发展这项技术。

4）漏水调查事业的开展，必将节约中国水资源，使供水事业获得巨大的收益。

第二节　自来水管道检漏技术与仪器分类

一、升压检漏法

1．操作步骤

（1）任意选择一段管道（或一个小区），根据现场情况安装 3～5 块水压表。在午夜，按该地段管网的管材及使用年限，结合平时水压情况，逐步升高该地段的水压。

（2）安排6~8名有经验的调度员（或闸阀控制员）分散守候在进水闸门和管网沿线以及设置水压表的地方，手持对讲机，及时互通水压情况（防止水压过高将管网压爆）。时间持续4~6h。同时，慢慢提高该地区水压至承压极限60%~90%。

（3）开着汽车，亮着汽车大灯（车灯亮度要足够），沿管线慢慢行驶。观察人员在汽车左（或右）前方步行，并仔细查看灯光通道（最好选择阴天或无月光，无风的夏、秋季的日子），有暗漏点的附近地面会出现尘埃"布朗运动"现象。管网中巨大水压会使漏水点产生更强烈的振动，从而使地面尘土随之振动飞扬。现象非常明显，易观察。水压越高，漏孔越大，则"布朗运动"现象越明显，视力较好的一般人均能观察到。

（4）随着升压时间的持续，暗漏点附近的地面上会出现湿痕或塌陷，做好标记后即可恢复正常水压供水。

（5）将查出的漏点及时修复后重复实验数次，且水压一次比一次高，时间一次比一次长，直到查到最后一个漏点。

2. 技术特点

这种方法采用的原理类似给水工程中的"打压试验"，其目的是将地下暗漏点变为地面上明漏，开挖准确率100%。该方法与国内外已有的同类先进技术对比的最大特点是：

（1）不需要很多的、昂贵的精密设备和仪器。

（2）不需要专业知识和专业技能很强的人，普通的、比较熟悉管网走向的工人，实践几次后，均能胜任此项工作。

（3）该技术操作简单，易学习，易掌握。

（4）暗漏点定位准确（一般可以接近1m）。

（5）成功率高，只要升压适度，90%以上的暗漏点均被查出。

（6）工作量小，工作周期短。一个小区只要4~6个工作日（不包括修复时间）即可完成普查工作。

该方法的缺点是当供水管网埋得太深或者水压无法升至足够高时，就难以奏效。

二、区域流量测定检漏法

近年来，从国外引进了系统的漏水调查工作方法及仪器，基本上改变了漏水调查中的盲目状态。漏水调查工作的方法和步骤是：

（1）事先区域流量测定。采取阀栓听音调查、路面听音调查、漏水确认、修复及事后区域流量测定等措施。这样，通过前后两次流量测定和分析，就可事先预测所测区域的漏量，对具体测漏工作起到一定指导作用。

（2）事后评价工作结果。可估计该区域是否仍然存在较多的漏水。

区域流量的测定是这样进行的：首先，将漏水调查区域根据管网状况及需要，划分为几个小区域，然后，把划分出来的小区域内的管网除留出进水管外，与外部管网截断，然后在进水管上安装流量计，即可测量出流入该区域的水量。一般测定其最小流量。根据城市一般用水规律，凌晨0：00~4：00内出现当天最小流量，故除特殊要求外，区域流量测定只进行该时间段内的流量测定。

划分小区域的管网长度，以一个工程队2~3天的工作量为宜。例如，一个工程队有4

支普查小组，一个小组一天的工作量为 2~4km。这样区域大小应以包含 12~30km 为宜，这是由于流量测定一般因开挖安装流量计的用坑等原因，一般测定一个点需要 2~3 天时间。此外，区域划分应在 2~50km 范围内为宜。如区域划分太小（除特殊原因外），会落后于具体漏水调查工作而造成工程延期；区域划分过大，又会导致对漏水调查工作的指导变得模糊而失去其实际意义。

在区域最小流量的测定中，一般只需要进行抄表工作（即抄出其中较大用户在夜间 0：00~4：00 内的用量）。这给工作带来极大不便，需占用大量人力，而且极易漏抄表，从而对数据的正确性产生影响。可用以下办法：首先找出过去几个月的用水资料，计算出用户的平均用水量，然后找几个用户（小用户）实测出其夜间用水量，加上其区域内大户（不超过 10 户）的实际夜间用水量即可。

流量测定在漏水调查中是非常重要的一环，必须认真做好流量测定工作，使整个漏水调查工作明确且系统。

三、声波测漏方法与技术

声波检测技术在国外发展很快，是目前管道检漏技术的重要组成部分，对管道检漏具有重要的意义。一是可以节约能源，二是可以减少污染，确保社会安定和人民的生命财产安全。但这一工作很复杂，因为管道的类型、输送的介质、管道所处的位置和管道周边的边界条件各不相同，千差万别。声波检漏就是被输送的液质由管道裂缝、孔洞外溢（或喷射）时所发出的声音作为声源，用灵敏的声学换能器，即接收传感器，将漏泄声音转换成电信号，再经信号处理确定漏点位置。由于上述种种复杂的情况，漏泄所产生的声波能量不同，中心频率不同，传播速度和衰减不同。因而为远距离探测带来难度。

1. 声波检漏的基本原理

（1）管道泄漏时伴随有声音产生（也称为声发射）。输送介质（水、油、气）的管道，有泄漏现象时，一定有裂缝或孔洞。在管内压力的作用下，管内物质沿着裂缝、孔洞外喷，在不同的边界条件下产生与管壁的摩擦；管内外存在压力差，管内物质在流出管外的同时有压力的释放，进入管外介质（如空气或土壤）时产生新的冲击摩擦，在外喷的整个过程中产生涡流等现象，随着便有不同频率的声音产生。声音的中心频率和声音的强弱取决于多种因素。

（2）管道有传播声音的能力，管道大多由金属、水泥或塑料构成，声音能在所有的管道中传播。以钢管为例，它的密度大，衰减系数低，因此，声音可沿着管道传播很远的距离。声在钢管中传播的声速约为 5000m/s，在水中的声速为 1500m/s，在空气中的声道约为 350m/s。供水管道都由一根根管道相接而成，存在许多接头。另外，管道大多有很多不同角度的拐弯，因而当声波传播时遇到不同材料的界面和拐角时，要发生吸收、反射、折射和散射等物理效应，声音将被衰减。这就影响了传播距离。

（3）接收器为压电换能器，能将声音转换成电信号。在管道传播的声音，相当于管道受声源的激励而产生微弱振动的机械能。当它传到接收器的敏感元件时，相当于施加了一个力，通过压电效应，可相应地把它转换为交变的电振荡波形，由电缆传到主机进行放大和数字化处理，可用肉眼识别。

总之，声波检漏的原理有上述三部分：一是漏水的同时要产生声音；二是供水管道能远距离传播声音;三是压电换能器能将声能转换成电能。

2. 声波检漏的方法

一般说来,管道破裂的时间长、裂缝或空隙面积大时,声音传播的距离要缩短。当管道完全断裂并错位,周围充满水时,因水流出后阻碍相当小,在地面可能无法听到声音。因此漏水声音的传播因其泄漏方式、管道情况、周围土质、道路情况等不同,接收到的漏水声波会有很大差异。

(1) 目前,应用的声波检漏方法有三种:

1) 地面听漏(间接方式)。目前应用的漏水探知机,通过间歇触地来提取漏水声音。一般传感器触地停留时间为几秒钟。实验证明,使用效果很好。

2) 接触听漏(直接方式)。以直接接触供水管道的方式提取材水声波。现在主要应用的是相关式漏水检测仪,适用于寻找疑难点、处理时间接方式难以解决的问题。实践证明,虽然该方法有一定的局限性,但使用效果很好。其有效检漏距离:铸铁管约为 $L \leqslant 100m$,钢管约为 $L \leqslant 200m$,非金属管较短。

3) 打针式或开挖式听漏(确认工作)。它是通过钻机或插钎直接用听音器提取漏点的声音来判断漏点的一种简单、直观的方法。目前这种方法是我们检漏工作的一个重要环节,可以对前面的各部分工作作出结论。因为这种方式声音传播的距离最短,所以准确率最高。实践证明,确认准确率达90%以上。

(2) 声音的传播距离会随外界条件的变化有很大的差异。例如有:

1) 路面情况的影响。

2) 外界电器的干扰,如电动机、变压器、冷冻机等。

3) 电话、电缆、煤气等地下设施的漏损。

4) 管道特征点的差异。

5) 管材的差异。

6) 地层冰冻的影响。

3. 声波检漏的仪器和设备

(1) 听诊器(Stethoscope)。听诊器在"音响侦测方式"中用来侦测不可见的泄漏,是最具代表性且简单有效的工具。听诊器目前依然是找出不可见泄漏点的最便利的工具,它主要设置在管道暴露在外的部分,如阀门、消防栓、止水阀、水表等,电子听诊器也普遍被应用,它是传统听诊器的改良型,包括内建式拾音器、放大器和耳机。

(2) 音响探知器(Audiometer)。音响探知器为听音辅助设备,由麦克风、放大器及耳机所组成。它具有良好的信噪比以及滤波特性。

目前研制的改良式音响探知器,它应用大容量放大器以获得较高的信噪比(S/N),麦克风也尽可能小型化以避免风吹所造成的影响。

音响探知器将会是最有效的地下泄漏探测工具之一。另外,对于它的性能改良也在继续进行,目前所考虑的方向是扩大它对声波分析的能力。在发挥音响探知器的效能上,更重要的是要靠使用者的技术能力及工作经验。

(3) 泄漏检测器(Leak Zone Tester)。泄漏检测器或者水听器(Hydrophone)是计算机听诊器的更进一步发展,它包括防水内建式麦克风。它可以很容易地附着在消防栓上,同时也具备噪声位阶显示表,并可以有效地探测出水管主干管上所发生的大量漏水情况,依据获得的资料可以确认出管道，然后利用音响探知器做更准确的调查。

(4) 相关仪（Leak Noise Correlator）。在20世纪70年代中期，音响科技的发展有了大幅度进步，除了前述的电子泄漏音响探知器，还有相关仪的研究和应用。

相关仪的原理是通过装设在泄漏管道上某段两端的传感器所接收到的交互相关音响峰值，来标定出泄漏的位置。

1) 相关仪的运用有以下优点：

① 相关仪在困难环境中的作业能力已经得到证明，如在大口径的主干管内探测，在白天噪声充斥的城市内探测，以及对埋深较大的管道、横越铁路或其他建（构）筑物的管道进行探测。

② 较一般的音响探测器有更高的灵敏度。

③ 容易操作，不需过于依赖操作技巧。

④ 在单次探测中可发现数个泄漏点。

2) 相关仪运用的限制：

① 交互相关的峰值并不是永远能辨识。

② 持续且明显的噪声，如大量的供水流动的声音会干扰相关仪的信号。

③ 测量即离限制在200m内（最佳距离为50m内）。

相关仪最新发展到可以精确定位出3个以上的漏水点，且都在1m的误差范围内，在大口径供水主管探测上也同样有效。它使用防水音响探知器，并附有强力磁铁，可以很容易地附加在消防栓及管道暴露在外的部分。如果能进行钻孔，则可将传感器直接附加在管道上。

(5) 噪声监测器。这是应用的另一种探测方式，并被期望用于给水管道上检测泄漏量较小的漏点。

它的运用原理是避开间歇性的噪声，并将漏水噪声及其信噪比予以提升。而间歇性的噪声通常是用户打开水龙头的声音，但漏水噪声是持续性的，音阶较低，故可以通过其音响源持续的时间长短来区别、辨识。

这项设备可以被组装在很小的盒子内，并配有记忆电路，并且很容易安装在水表箱内，这种装置很有可能连接上电话线，并成为"自动水表遥测读数系统"的一部分。

4. 其他辅助性漏水检测技术

(1) 钻探法。在可疑的漏水点上，会经常地进行钻探工作，以便确认漏水情况，如有必要，则要对水样进行检验，运用听诊器或感知器来做进一步的确认。为了这一目的，一种特殊的钻孔机已经被研制出来，它能避免钻孔时伤害管道。

(2) 水质检验。从事泄漏控制的人员经常带着一组水质检验设备，对被怀疑的水样进行水质检验。一般常用的方式是对水温、电导性、酸碱度、余氯测定。

最近一项非传统的但极具有效益的工具已经被实际运用——"三卤甲盐检测法（THMs）"。三卤甲盐能存在于水中一段较长的时间，甚至可延续到水中的余氯都完全消失，只要是经氯处理过的水，它就能显现。

水质检验就是将可疑水样被送到"水质管理中心"做最后的判别及分析，而其所用的就是"卤化甲烷"。

(3) 利用氮氧气体进行追踪。这一方法在技术上是可行的，但到目前为止无法证实这种气体对人体是无害的。

（4）管内调查法。将可用于水中的麦克风、摄像机，送入管线内进行聆听视察，看是否有反常现象，而这反常现象可能就是泄漏。但目前的困难是追踪电缆的配置，有效解决此问题的方法为自我推进系统的配置。

（5）大地湿度检测器。大地的导电性在潮湿地会有所增加，而潮湿原因可能是因为漏水。曾经对仪器进行过一连串测试，并将其所发现的状况用图形绘制出来，发现这一规律在某些土质上有较高的灵敏度。

（6）红外线照相法。在冬天漏水现象会造成其邻近地区温度的上升，但在夏天则会降低邻近地区的温度。因此这也能成为另外一种侦测地下漏水的方法。至少半年的时间内，在对地表温度分布状况了解后，用此种特定功能的红外线摄像机及监视系统就有可能被加以运用。

（7）探地雷达系统及其功能。探地雷达系统的原理是将发射入地下的电磁波的反射收集后，在阴极射线管（CRT）的银幕上以八色图形显示。此仪器将被装卸于交通工具上，包括中央主机（Central Flame）、天线（Antenna）的内装式（Built-in）发射器（Transmitter）及接收器（Receiver），它们能与中央主机以几十米的电缆连线。目前所使用的频率介于100~1000MHz之间。

探地雷达所能收集的资料是非常丰富的。除了可探测出地下水管、瓦斯管、下水道以及电缆线等位置外，亦可探测出地下之凹洞（Cavities）或积水（Waterholes）孔的位置。若利用其上述特征，就可以检测到目前难以发现的管道泄漏，并且能收集管道的不均匀下沉等现象的资料，以应用于预防性的管道测量。此外，这一系列的地下资料亦可以配合原有的资料库，用以保养维修管道，甚至有助于建立管网的数据图形系统。

目前，探地雷达系统已达到实用的阶段，并引起各产业界的注意及期待。另一方面。探地雷达系统也存在某些程度的困难，即其所呈现于银幕的图形信息必须由接受过特殊训练并有实际经验的工程人员来加以解析，这一问题目前已在积极研究中，预计将在不久之后能得以解决。

第三节　供水管网的系统检漏

供水管网的漏点不仅造成宝贵资源的浪费，而且由于供水量的损失，管网的设计容量也必须加大（水泵、管径、存储容器等），这样就造成了成本增加。实践表明，若干个较大的漏点就能够引起很大的经济损失，所以供水管网中的漏点或破损处必须尽快检测出来以便修复。

一、供水管网系统检漏原理

检测供水管网中的漏点一般是通过测听漏水点处产生的漏水噪声。当液体从漏点泄出时，由于摩擦会产生声波。这一声波将以正弦波的形式在水柱中向两个方向传播。在声波与管道接触处会使管道材料振动，产生固体振动波，即在管道中传播的漏水噪声如图6-3所示。离漏点越远，从漏点处传来的声波则越弱。在距离漏点的某一处，水柱中传播的声波已不能引起管材的振动，这时也就探测不到漏水噪声了。漏水噪声在管道中传播的距离与土壤的类型和密实度、管道材料、供水压力、管道直径及其他一些因素有关。

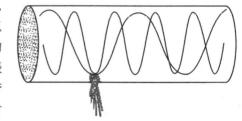

图6-3　漏水噪声在管道中的传播

二、噪声种类

在漏点检测时，使用检漏仪器探测到的噪声可分为以下三种：

1）管道中传播的漏水噪声。这一噪声可以使用高灵敏度的拾音器在管道附件上探测，也就是拾音器对管材振动直接取样，相应的噪声振动频率在500~3000Hz之间。

2）土壤中传播的漏水噪声。漏点处泄出的压力水会冲击与其接触土壤颗粒，并使之振动，从而产生振动波（声波）。这一声波将在漏点附近很小范围内探测到。通过拾音器可以检测到这一声波，其相应的频率范围在100~700Hz之间。由于土壤的低通滤波效应，波长小于管道埋深的频率部分会受到严重衰减，到达地面的漏水噪声主要是其低频部分。

3）流体噪声。流体噪声出现在管道变截面处，如部分关闭的阀门或者结垢严重的管道处，这时也形成了紊流。流体噪声在漏点检测时是一种干扰噪声。

三、检漏方法

检漏方法通常分三种：分区检漏、漏点预定位和漏点精确定位。

1）分区检漏可以进行漏点的泄漏量分析。通过流量计测量管道中的流量，从而确定大漏点的范围。为了确定漏水管段，还必须进行漏点预定位。

2）漏点预定位可以确定漏水管段。其方法是通过使用灵敏的放大器和拾音器或者相关仪在可触及的管道附件上探测。

3）漏点精确定位可以保证修复漏点时开挖工作的精度要求。此时，使用高灵敏的地面放大器和地面拾音器，在预先定出的漏水管段上精确定出漏水点的位置。

四、影响漏点检测的因素

1. 管道材料

漏点检测一个重要的前提条件是管道材料能够振动。一般情况下，刚性的金属管道是没有问题的，而非金属或软材料管道传递声音信号的能力较差。管材刚性越大，漏点噪声信号传递得越远。

在金属管材中形成的漏水噪声的频率在500~3000Hz之间，而在非金属管材中形成的漏水噪声的频率较低，为100~700Hz之间。表6-3中列出了不同频率的漏水噪声在不同管材、管径中传播的距离。

表6-3 不同管材漏水噪声的传播速度

管材	内径/mm	壁厚/mm	传播速度/(m/ms)
钢管	100	10	1.31
铸铁管	100	10	1.28
钢管	100	20	0.99
铸铁管	100	20	0.99
铅管	100	10	0.74
PVC 管	100	10	0.36

2. 管道直径

在检漏过程中管径也是一个重要因素。管道壁厚随着管径的增大而增加，管道质量尺寸变大而难以振动起来,因此漏点噪声的传播距离受到限制。400mm 直径的钢管与 100mm 直径的 PVC 管道传递漏水噪声的性能相类似。

3. 土壤特性

在不同特性的土壤中,漏水噪声传播的距离不同,一般来说,干燥密实的土质传音更好。

4. 漏点大小和管道压力

漏点大小和管道压力对漏水量的影响很大。在压力大的状态下,泄漏出的液体会使周围的土壤强烈振动,形成易于听到的声音。

五、分区检漏对漏点漏失量的分析

1. 分区检漏的原因

破损度小的漏水点所产生的漏水噪声大于破损度大的漏水处所产生的漏水噪声。因此,不能认为听到的漏水噪声大,其漏失量就大。漏水音大并不等于漏失量大,实际情况正好相反。分区检漏能将漏点按漏失量大小分类。图 6-4 中的曲线反映了漏水噪声的响度与漏失量的关系。

每个管网中都存在着多处小的漏水点和若干个大的漏水点。工程经验表明,漏失总量的 80% 是由 20% 的大漏水点造成的。因此,尽可能地迅速检测出大的漏水点具有较大的经济意义。分区检漏可大大提高检漏速度,因为听漏(精确定位)只需要在发现有大漏点的管段上进行。

2. 用流量计分区检漏

用流量计分区检漏时,关闭与该区相连的阀门,使该区与其他区分离,然后用一软管接在消火栓上向该区供水(图 6-5)。测量该区的流量,可得到在某一压力下的漏失量。

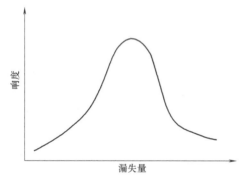

图 6-4 漏失量与漏水噪声响度的关系

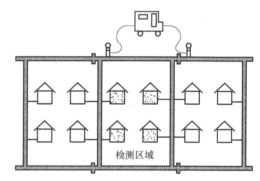

图 6-5 用流量计进行分区检漏

每个管网在夜间都有一个最小流量,这个流量的大小取决于居民人数的多少。夜间最小流量是从 24:00~04:00 时段内流量的平均值。表 6-4 中列出了夜间最小流量有关的经验数据。观察流量值,凭经验即可判断该区内是否存在着大的漏水处。

表 6-4 夜间最小流量

居民人数	最小流量/(L/min·人)
<10000	0.010
50000~150000	0.020~0.025
>500000	0.050~0.100

3. 分区检漏的优点

1) 能迅速排除大的漏水点。
2) 通过系统地检测，可以对管网状况进行分析。
3) 周期性的检测结果与正常流量相比较，可以在早期发现漏水点。

六、供水管网漏点定位

预定位或者漏水范围的确定，是在直接可触及的管件，如消火栓、闸阀上检测而实现的。仅凭预定位结果就开挖检修是不够充分的，漏点预定位之后，还必须接着进行漏点精确定位。

1. 用泄漏噪声自动记录仪检漏

在用水量小的深夜里，用泄漏噪声自动记录仪可以简便迅速查出漏水处，这是因为它能自动地在预定时间范围内对泄漏噪声进行记录。

（1）仪器说明。噪声记录是通过噪声传感器完成。噪声传感器由压电陶瓷传感器、前置放大器、数模转换器、储存器和蓄电池组成。声音信号接收后首先数字化，然后存进储存器内。噪声传感器可持续使用 14 天而无须充电。它被设计成能装在管道、消火栓、闸阀或其他可触及的地方。如果传感器装在闸阀或地下消火栓上，则可以盖上盖子，使仪器不受干扰地检测。每个噪声传感器都对应于检测位置给予编码。

（2）应用方法。有效地应用该系统，至少需要 6 个噪声传感器。对于大型管网，可以使用到 30 个传感器。根据总体规划来实施检漏计划，处于十字路口消火栓是有利位置，应优先选用。每一测点都对应编上该记录仪的号码。对于金属管道，可选择 200~400m 的间距放置噪声传感器，对于非金属管道，其间距小于 100m。检测时间应选择夜里（凌晨）2：00~4：00 干扰相对少的时间段。另外，夜间管网压力一般较高，容易探测记录到漏水噪声。

（3）记录数据的处理。将噪声传感器与计算机连接后，可通过软件将已记录的数据读出。判别漏水噪声的依据是：每个漏水点会产生一个持续的漏水噪声，漏水噪声的强度和频度以及与管网噪声谱的显著区别，反映了在噪声传感器附近有漏水点的存在。

处理后的检测结果可在计算机上通过 Windows 软件图像化和数字化地表示。

（4）使用泄漏噪声的自动记录仪的优点

1) 通过周期性地检漏可以早期发现漏点。
2) 仪器操作简单。
3) 人力花费少。
4) 由于能自动在夜间定时记录，无须夜班，从而降低了费用。
5) 可用计算机进行文件的汇编。

2. 用电子听漏仪进行漏点预定位

（1）原理。通过灵敏的拾音器接收漏水噪声信号，经放大器放大处理后，由耳机送入操作者的耳朵里。图 6-6 为最新一代的电子听漏仪 HL5000 及附件。

（2）应用。听漏通过拾音器的听测完成，

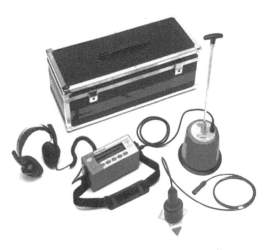

图 6-6 电子听漏仪 HL5000 及附件

拾音器可直接放在可触及的管道附件上，如消火栓或闸门等。越是靠近漏水点位置，漏水音就越大。越过了漏水位置后，漏水音就又开始变小了。漏水处就在漏水声音最大的地方，如前所述，金属管道漏水声音的频率范围在500~3000Hz之间。

（3）听测结果分析。人耳只能分辨差别较大的声音强度。由于这个原因要求检漏仪能客观地通过指示仪表来反映声音强度。应用先进的放大器还可将所接收到的漏水噪声水平曲线储存起来并以柱形图显示，从而使听漏更真实和准确。为了避免探测错误，漏水噪声应准确地判断。与仅带有放大器的简单听漏仪相比，高级听漏仪附带有滤波器和噪声频谱分析功能，可滤去漏水音以外的噪音，这样就弥补了人耳判别的不足。

（4）使用电子听漏仪的优点

1）能迅速地确定漏水范围。

2）利用了储存技术、频率分析、方块图显示、滤波技术和噪声水平曲线，能客观准确地判断漏点。

3）简单的菜单方式操作。

3. 用漏水噪声相关仪检漏

用漏水噪声相关仪检漏是当今最客观、准确的一种检漏方法。如果干扰声很大，或者不适宜用听漏法检漏时，用漏水噪声相关仪可精确地检测出漏水点的位置。

（1）漏水噪声相关仪组成。相关仪是由无线电接收器及微型数据处理器（即相关仪主机），两个高灵敏度的压电陶瓷传感器和两个无线电发射机所组成。

（2）相关探测原理。为了确定漏水处，把两个带有放大器的传感器放在管道两个点 A 和 B 上，如图 6-7 所示。漏水处所形成漏水噪声会向管道两边传播，在 A 和 B 点被传感器接收。这时，传感器接收到的是在管道中传播的漏水噪声。漏水噪声也可以通过高灵敏度的水听器接收。这些被放大的信号由无线电发射机送至相关仪。两测点的最大间距与管道材料关系很

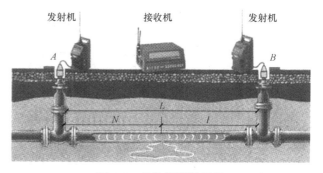

图 6-7 相关仪测漏原理

大。用水听器比用压电陶瓷传感器的最大测量距离大 2~3 倍。如果在测量范围内有漏水点，输入被测管段长度、管径和管道材料等参数，通过仪器的自动计算即可给出漏水位置。

供水管道存在漏水时，漏水声音会沿管道传播，在两端放置的传感器会收到漏水信号。如果漏水点正好在中间，漏水信号同时到达。如果不是在中间会有先后而得到时间差 t_d。设总距离是 L、声音传播速度是 v，则可以求得漏水点到 A 传感器的距离 N 为

$$N = (L - vt_d)/2 \tag{6-1}$$

出现在一个测点的干扰，不会影响测漏结果，因为另一个传感器不会接收到同样的干扰信号，相关仪在分析计算时会剔除这一干扰信号（相关分析）。相关仪进行相关计算的时间约为 30s。

如果是塑料管，则其探测计算时间稍长些。短时间的干扰噪声如从一个振动的声源发出的干扰（比如汽车），对检测结果影响甚微。

（3）注意事项。如果管道内有空气存在，就接收不到声音信号。对阀门关闭的管道，如在测漏前才开启会因为空气的存在而使相关测漏结果不准确。所以，在测漏前为了排除管中的气体，管道至少应运行若干小时。

（4）相关仪测漏的优点

1）不受环境噪音的影响。

2）能真实、准确地确定漏水点。

3）管道无须停止使用。

4）通过计算机和打印机来完成测漏结果的文件汇编和储存。

第四节　自来水管道检漏设备的使用

一、漏水噪声相关仪的使用说明

漏水噪声相关仪也是一种基于声学原理的检漏仪器，如图 6-8 所示。

自来水管道发生破裂漏水时发出噪音传向四方，过去的检漏仪是由传感器和放大器组成，一般以漏水声最大处的地上为漏点。这种方法是依据漏水声波的幅度衰减大小来确定漏水的，由于传播媒质（土壤和路面）的声学性质各异，经常难以确定漏点位置，现代城市的各种强烈干扰噪声更使这类仪器无法工作。

漏水噪声相关仪则是根据漏水声沿管道传播到达分置的传感器的时间差来确定漏点的。

1. 漏水噪声相关仪的工作原理

如图 6-9 所示，供水管道存在漏水时，漏水声音会沿管道传播，在两端放置的传感器会收到漏水信号。如果漏水点正好在中间，漏水信号同时到达。如果不是在中间会有先后而得到时间差 t_d。设总距离是 L、声音传播速度是 v，则可以求得漏水点到 A 传感器的距离 N，见式（6-1）。

图 6-8　MC7-A 漏水噪声相关仪

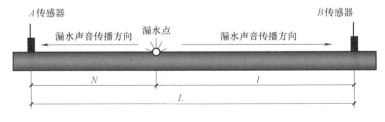

图 6-9　漏水噪声相关仪工作原理

由于漏水声音是连续波，没有明确的起点和终点，一般的手段无法判定时间差，因此使用了相关分析技术进行处理。

一个原始信号经过各种途径分别传播后，总会发生极大的变化，甚至彼此完全面目全非。但是，或多或少存在来自原始信号的部分信息，这些信息就是相关的，相关处理就是将两个信息进行比较，判别相关程度，同时得到两个信号的时间差。

原始信号如果是周期信号，相关处理结果也是周期的，就没有什么价值；原始信号如果是随机性的，相关处理结果是单脉冲，即是一根细线，是最理想的结果。漏水声音信号基本是随机性的，因此相关技术可以用于检漏漏水。

从漏水噪声相关仪工作原理可知，漏水噪声相关仪可以对穿越河底、铁道下或其他建筑物下的管道漏水进行检测。对于传感器分别收到的环境声音干扰，如果是不相关的，就不影响漏水噪声相关仪的工作，因此通常可以在白天使用漏水噪声相关仪检漏。

大口径管道特别是非金属管道的管壁传声效果差，有的漏水噪声相关仪可以选用水声传感器（水听器），一般安装在消火栓出水口上，让水声传感器浸在水中接受漏水声音信号，检漏效果大大提高。

新型号的漏水噪声相关仪都采用了两次相关处理技术，即先在频率域对漏水信号做相关处理，得到频谱分析结果，有助于手动或自动准确设置滤波器，提高稍后在时间域进行的相关处理效果，以得到漏水点位置。

2. 漏水噪声相关仪的操作使用要求

1）首先要搞清地下管道的资料，必要时需用管线仪开展探测。

2）要找到适合的放置传感器的地方，如被测管道的管壁、阀门、消火栓等。清除污泥，让传感器的磁钢部分可靠地吸住。传感器通常连接发射机，让漏水信号通过无线电传输给漏水噪声相关仪主机。

3）启动主机，输入管道材质、口径、长度等数据，进入相关处理程序，随后便就能看到处理结果。如果有漏水，显示器将显示出漏水位置。

4）为了提高相关检漏效果，需要调整滤波器的频率和频带。对于采用两次相关技术的漏水噪声相关仪，一般可以选择自动调置滤波器。

5）如果安装使用水声传感器，一定要放尽空气，让传感器部分完全浸在管道的水中。

6）相关处理的结果可以打印或保存在主机里，也可以通过电缆传输到电脑中。

7）管道的材质、接口形式、管道水压、破口形状、破口周边土壤、地下水位等都会影响相关检漏的效果。

8）金属管道比非金属管道效果好，连接焊接钢管效果最好，水泥接口铸铁管较差。

9）水压高时效果好，$5kg/cm^2$ 以上效果极好，很小的漏水都能查出。

10）破口是小孔或细缝效果好，断管时检测效果很好。

11）破口周边是碎石或冲成空穴效果好。

12）漏水区排水快时效果好，地下水位高有时会影响检测。

3. 经常遇到的问题

1）找不到漏水。

2）管道资料错误，传感器不在同一根管道上。

3）水压过低，形不成漏水声音。

4）管道材质使传播声音效果差，传感器距离过大。

5）同源噪声特别是周期噪声干扰。

6）干扰声音过大，使有用信号被压掉。

7）滤波器设置错误。

8）误差大。

9）管道长度测量误差。

10）波速不正确。

11）漏水点位置离某一传感器太近。

12）显示不存在的漏水点。

13）T管的流水声音所致。

14）管道内障碍物产生的声音，或关得很小的阀门产生的声音所致。

15）管道外的振动声或冲击声所致。

16）共振声音所致。

漏水噪声相关仪是一种很有效的检漏仪器，在发达国家早已普遍装备使用，是一种很重要的检漏设备。在我国由于管网条件的原因，使用的效果受到一些影响，但是在一些传统方法难以奏效的漏水场合，漏水噪声相关仪却发挥了很好的作用，显示了它特有的优越性。相关仪和其他手段、仪器的综合使用，能大大提高检漏的水平，产生极大的经济效益和社会效益。

二、智能数字式漏水检测仪使用说明

1. 仪器的组成和名称

仪器的组成和名称如图 6-10 所示。

仪器主机如图 6-11 所示。

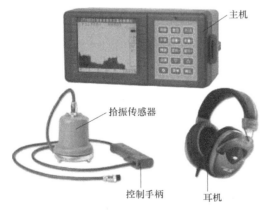

图 6-10　仪器的组成和名称

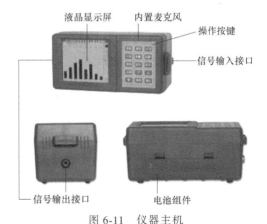

图 6-11　仪器主机

2. 控制手柄

控制手柄如图 6-12 所示。手柄前端安装了照明灯，既作为仪器的电源指示，又方便仪器的夜间照明，手柄静音开关采用无触点光电式开关，杜绝了机械触点接触不良而引起的"咔嚓"声。手柄前端下方设计有扣绳位置可供操作人员用软绳连接拾振传感器。操作人员在探测时按住静音开关接通耳机信号通道，在移动拾振传感器的过程中松开静音开关阻断耳机信号，防止过强的冲击噪声对操作人员的听觉造成损害。手柄的静音开关操作不影响屏幕光条的显示。

3. 拾振传感器

拾振传感器（图 6-13）内置了信号放大电路，结构上采用拾振传导部件与外壳的缓冲连接，可将电缆晃动和环境风引起的干扰噪声有效降低。如果配装专用防风罩，防风效果更佳。

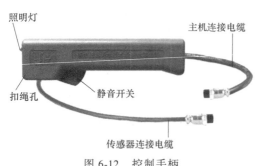

图 6-12　控制手柄

图 6-13　拾振传感器

4. 按键功能

仪器按键示意图如图 6-14 所示，各功能如下：

1) 开/关：电源开关，开启或关闭仪器电源。

2) 菜单：进入主菜单选项（频谱分析、滤波类型、录音）。

3) △和▽：前后或上下移动光标位置。

4) 确认：确认光标指示的选项。

5) 显示+和显示-：增大或减小屏幕光条显示级数（共有 0~99 级调节范围），同时也增大或减小耳机音量。

6) 音量+和音量-：增大或减小耳机音量（共有 0~99 级调节范围），不调节屏幕上的光条显示。

图 6-14　仪器按键示意图

7) 精测：选定探测频率或地面及管材类型后，按精测键，进入精测模式，该探测法可在嘈杂的环境中排除外界噪声干扰，灵敏地捕捉到地下漏水噪声信号。

8) 点测：选定探测频率或地面及管材类型后，按点测键，进入点测模式，点测模式可自动记录漏水疑点处的时间——噪声信号最小值曲线。

9) 放音：播放录制的声音信号，在频谱分析模式或精测模式的屏幕界面上重现图像和声音，仪器可存储最新录制的 8 段录音（每段 1min，共 8min），重复按放音键将循环播放这 8 段的录音。

10) 外录：在录音时按住外录键不松开，则切换为从仪器的麦克风录音（可将操作人员的语音录制进去，方便记录当时的地点和时间以作为备忘）。

11) 复位：在仪器使用中如因操作不当出现死机等异常时，按复位键可将仪器恢复正常。

12) 照明：开启液晶显示屏和按键的背光照明，开启后如果长时间内操作人员未按任何按键，背光照明将自动关闭。

5. 仪器的使用

（1）使用前的各部件连接。在检测工作进行前，应将仪器各部件按如下要求连接可靠，才能正常工作。

1）手柄的主机连接器插入主机的信号输入接口。不连接该处将不能开启仪器电源，这是为了防止操作人员在长时间不用仪器时忘记关闭电源而专门设置的功能。

2）手柄的传感器连接器插入拾振传感器对应的接口。

3）将耳机插头插入主机的音频输出接口。

（2）仪器的功能使用。操作人员可根据上述的智能数字式漏水检测仪的操作流程图（图6-15）进行操作。下面详细介绍该仪器的操作方法。

1）按面板上的 开/关 键开启仪器电源，手柄前端的白色照明灯点亮，表示电源已接通；仪器屏幕将显示开机问候语，然后进入频谱分析模式（图6-16），屏幕同时显示8个常用频率的瞬时噪声信号，光条上方对应的是该光条数值。音量+ 和 音量- 键控制声音增减的级数，显示+ 和 显示- 键控制光条增减的级数。

2）进一步使用仪器的各项功能需按 菜单 键进入主菜单，主菜单中有3个选项（图6-17）：

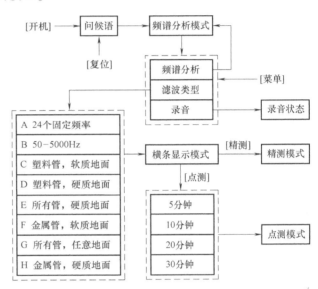

图 6-15 智能数字式漏水检测仪操作流程图

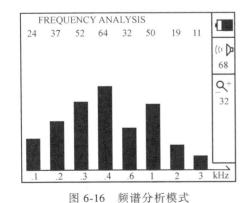

图 6-16 频谱分析模式

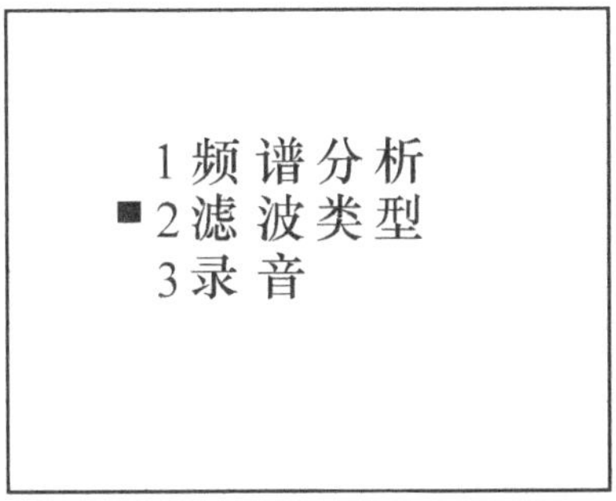

图 6-17 主菜单选项界面

3）频谱分析。按 △ 或 ▽ 键移动光标选定，按 确认 键可返回到开机后出现的频谱分析模式。

4）滤波类型。选定滤波类型后按 确认 键进入下一级子菜单，共有8个选项（图6-18），这些选项是根据实测条件进行相应频率配置的。在这 8 个选项中按△或▽键移动光标选定某一项后，再按确认键进入横条显示模式（图 6-19），屏幕上是横光条表示瞬时信号的大小，并在光条的右侧上方显示其数值；按△或▽键移动光标可选择带通滤波器中心频率；在此工作模式下，按精测或点测键可进行其相对应的模式操作。

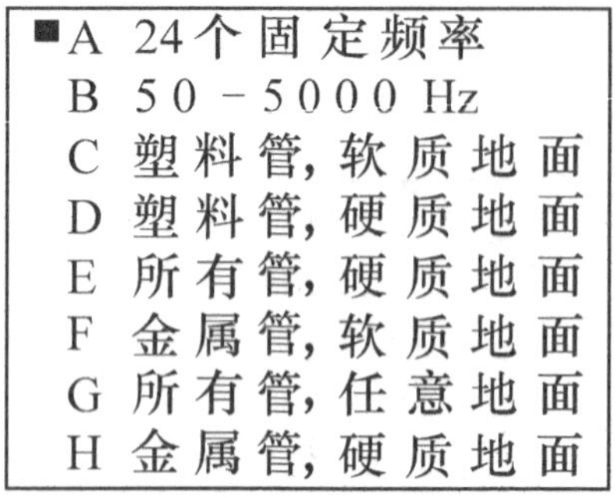

■A 24个固定频率
B 50－5000 Hz
C 塑料管，软质地面
D 塑料管，硬质地面
E 所有管，硬质地面
F 金属管，软质地面
G 所有管，任意地面
H 金属管，硬质地面

图 6-18　滤波类型子菜单

A固定频率
50 80 100
150 200 300
350 400 500
600 700 ■800
900 1000 1200
1500 1800 2000
2500 3000 3500
4000 4500 5000
Hz 094
68
32

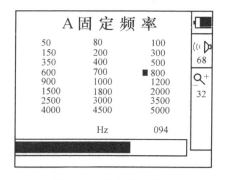

图 6-19　横条显示模式

5）录音。选定后按确认键，进行一段 1min 的现场录音（图 6-20）。

注 1：录音时音量和光条显示的级数是不可调节的，必须在录音前根据现场具体情况预先将光条级数调整合适，这是因为拾振传感器从地面采集的信号电平过大或过小均会影响录音的效果。

注 2：在录音期间除可以按外录键以外不要按其他按键。

注 3：屏幕右侧显示有录音存储单元段号，在放音时调出该号则播放该段录音，录音结束后程序自动退出，并返回到频谱分析模式。

6）放音。在频谱分析模式或精测模式下，按放音键可进行放音操作，放音状态时，屏幕上出现光条图案、放音状态图标和正在播放的录音储存单元段号。

图 6-21 所示是频谱分析模式下的放音界面。

图 6-22 所示是精测模式下的放音界面。

注 1：放音时必须按住手柄静音开关，耳机才能有声。

正在录音……
68
32
07

图 6-20　现场录音界面

FREQUENCY ANALYSIS
24 37 52 64 32 50 19 11
68
32
07
.1 .2 .3 .4 .6 1 2 3 kHz

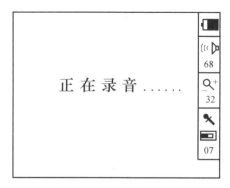

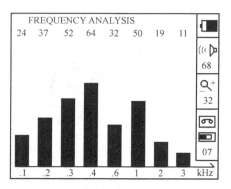

图 6-21　频谱分析模式下的放音界面

注2：音量和光条显示的级数在放音期间是不能调整的，应在放音前将其调整合适。

注3：在精测模式下放音时，按 精测 键可显示不同时段的信号瞬时值和最小值情况。

注4：重复按 放音 键则循环选择放音段并播放其内容。

注5：播放结束后，按 菜单 键结束放音操作并返回到放音前的状态。

6. 精测模式操作举例

选择带通中心频率为800Hz的滤波器进行精测模式操作：

按 开/关 键，接通仪器电源，进入图6-23所示的频谱分析模式，屏幕上显示有与8个常用频率对应的动态竖光条，上方显示光条对应的数值，为瞬时噪声信号。

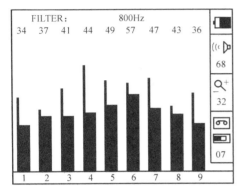

图6-22 精测模式下的放音界面

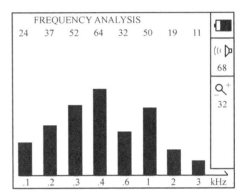

图6-23 精测模式操作界面（一）

按 菜单 键，进入主菜单，按 △ 或 ▽ 键，使光标指示在"2 滤波类型"处（图6-24），再按 确认 键，确认该项操作，进入下一级子菜单（图6-25）。

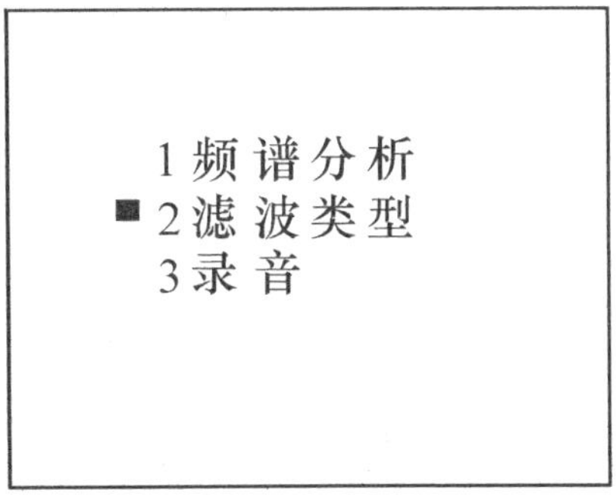

图6-24 精测模式操作界面（二）

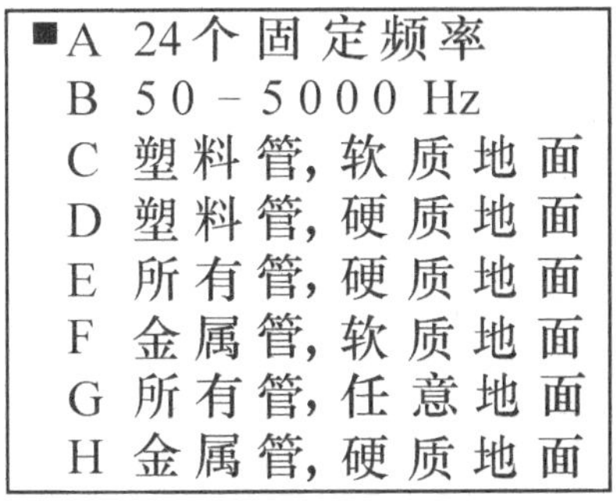

图6-25 精测模式操作界面（三）

子菜单有8项选择，按 △ 或 ▽ 键使光标指示在"A 24个固定频率"上，按 确认 键，确认该项操作，进入该项操作的横条显示模式界面。

图6-26为"A 24个固定频率"的横条显示模式界面，按 △ 或 ▽ 键，移动光标选定800Hz，横光条为其动态瞬时信号，光条右上方的数字为其数值。

按 精测 键，进入带通中心频率为800Hz选通滤波的精测模式的显示界面（图6-27~图6-29）。

图 6-27 所示为第 1 次检测结果的图形,细光条为信号瞬时值(环境噪声信号),粗光条为信号最小值(漏水噪声信号),上方数字为最小值的数值。

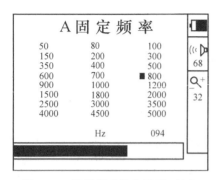

图 6-26　精测模式操作界面（四）

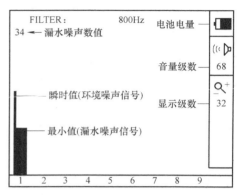

图 6-27　精测模式操作界面（五）

再按一次 精测 键,则停止本次检测并保存该次检测结果,此时可移动拾振传感器准备在下一个探测位置上的检测;再次按 精测 键,进行精测,光条将出现在 2 号位置上。图 6-28 所示为第 2 次检测结果的图形。

图 6-29 所显示的是已确认检测 9 次以上的图形界面,超过 9 次的检测,光条将依次左移,屏幕始终保留 9 次最近的检测结果,最右侧为最后一次的检测结果。如果压力管道周围的地质结构相似,根据屏幕上的漏水噪声信号记忆结果分析,漏水疑点应在当前第 6 个光条位置,最小值信号为 57 的检测位置上（因该处的最小值信号大于左右两侧的最小值信号,故该处离漏水噪声源最近）。

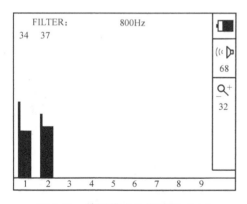

图 6-28　精测模式操作界面（六）

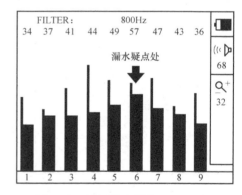

图 6-29　精测模式操作界面（七）

精测模式的使用通常是为了在一段可能有漏点的路面上逐点比较各探测点的信号大小而进行的操作。

7. 点测模式操作举例

选择带通中心频率为 800Hz 的滤波器进行点测模式操作:

与精测模式操作相同,进入"A 24 个固定频率"的横条显示模式界面,按 △ 或 ▽ 键,移动光标选定 800Hz,横光条为其动态瞬时信号,光条右上方的数字为其数值,按 点测 键,进入点测模式的时间设置界面（图 6-30）。

时间设置界面上共有"5 分钟""10 分钟""20 分钟""30 分钟"的选择，按△或▽键，移动光标选定"20 分钟"，按确认键，确认该项操作，进入点测模式界面（图 6-31）。

图 6-30　点测模式操作界面（一）

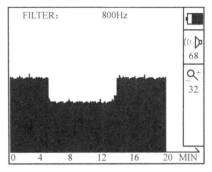

图 6-31　点测模式操作界面（二）

第五节　燃气输配管道泄漏检测技术概述

经济的快速增长使我国城市化迅速扩张，城市对清洁能源天然气的需求量有急剧增加的趋势。近年来，在城市中燃气管道越来越多，相对的建设、运行和管理要求应适当提高。目前全国许多家燃气公司，特别是一些经营历史较长的公司，燃气供不应求的矛盾日渐突出，而且管道泄漏量在整个供应总量中占有相当大的比例，对城市燃气管道泄漏的检测，保证城市燃气管网的安全运行是非常重要的。随着管道的建设，泄漏检测技术也得到不断发展，各种燃气管道泄漏检测技术都有其优势与缺陷，单纯应用一种方法对泄漏进行监测很难达到令人满意的程度。所以，管道泄漏检测应综合运用多种检测方法，组成可靠性和经济性均得到优化的检漏系统，提高城市管道的使用寿命，增加企业的效益。

一、燃气管道泄漏的原因

燃气管道的敷设形式分为地上架空和地下埋设。地上架空管道主要有用户室内燃气管道、储配站、调压站内所有出地面后架设的燃气管道等。这一类管道的泄漏，除了阀门填料、压兰、法兰、用户表后旋塞阀泄漏外，主要是管道螺纹连接处受到外力作用而泄漏，而由管道本体缺陷所致的泄漏并不多见。地下输配管道的泄漏大多由接口松动或管道腐蚀、开裂、折断而引起。常出现泄漏的情况是接口松动，但其泄漏量较小。而泄漏量最大、最易发生事故的则是管道折断。经统计分析，埋地燃气管道泄漏原因有以下 6 个方面。

1. 管道材质差

有的管材和接口材料在管道敷设前缺乏仔细的质量检查，未及时发现管子裂缝、砂眼、孔洞及夹层等缺陷。铸铁管承插口接头用的水泥或橡胶圈，在储存期间易出现受潮变质或橡胶老化现象，从而失去密封作用。如果使用质量不合要求的接口材料，势必影响管道的气密性而出现泄漏。

2. 施工质量不符合标准

施工质量对管道气密性影响很大。新工人技术不熟练或老工人不遵守技术操作规程而造成的接口草率、管道连接不合理、沟底原土扰动、回填土不打夯等都会造成接口松脱和管道折断而泄漏。对于钢管，焊接质量差，焊缝没有焊透，焊缝存在夹渣、气孔，焊机电流过大熔伤母材，焊缝厚薄不匀等现象，容易引起管道焊缝泄漏。如果管道施工时已经留下了泄漏隐患，应该在管道试压中发现并予以消除，倘若在试压时也敷衍塞责，那就必然后患无穷。由于施工质量问题造成的燃气泄漏程度，因管道压力不同而异，中压管道要比低压管道更为显著。

3. 管道腐蚀

燃气管道受外部酸性或碱性物质的腐蚀作用而穿孔泄漏的现象多见于钢管，但铸铁管也经受不住含有强酸污水的日久侵蚀。

燃气中含有的腐蚀性成分如硫化氢、氰酸铵、二氧化硫等与水分和溶解氧共同作用时，从管道内部产生的腐蚀也不可小觑。液化石油气混空气和天然气混空气作气源时，被输送的介质中掺入了大量的氧分子，大大加速了管道内壁的腐蚀。人们常常忽视管道的内腐蚀，实际上，燃气中含有的腐蚀性成分长久过量超标，管道内腐蚀速度也较大，并且会造成相当严重的后果。

4. 燃气管道折断

受施工条件的限制，敷设在车行道上的管道有的平行于道路，有的横穿道路。按工程设计规范要求，燃气管道在车行道下敷设时，管顶距地面不得小于 0.9m。但局部地段管道受地形、坡度及其他地下构筑物影响，也有不足 0.9m 的情况。因此，管道就有可能频繁地受到地面动荷载的扰动而折断。燃气管道被折断的现象多数出现在铸铁管道上，钢质管道极少被折断，但被强力拉裂拉开焊口的现象也时有发生。

5. 第三方施工的影响

城市给水排水管道、热力管道、电缆、房屋等工程施工时，经常发生折断燃气管道和损坏管道接口等事故。因此，管道巡检人员应当与各在建市政工程现场的施工单位相互沟通，加强联系，在燃气管道附近有其他工程施工时，要到现场给予必要的配合，对可能会受到损坏的管段加以安全防护。

6. 温度的影响

燃气管道因大气温度、土壤温度、燃气温度的变化而有伸缩现象，而地下燃气管道很少设置补偿器。因此，管道接头容易发生松动、产生间隙而导致泄漏，伸缩严重时管道会在温度应力作用下遭到破坏。由于温度变化而引起的伸缩量和温度应力，地上架空管道比地下管道更为显著，但架空燃气管道一般都要设置补偿器。

二、对燃气查漏定位应考虑的相关因素

任何事物的发生、发展都具有其规律可循，对燃气泄漏的查找、定点也不例外，其规律与下面因素有关。

1. 输送燃气的成分

这一因素涉及选用何种气敏探头的仪器检测。目前检测燃气的探头可分为两种类型，一类为广谱探头，即可燃性气体气敏探头，这类探头报警范围比较宽，接触多种气体均能报警，如腐烂动植物的尸体产生的沼气会产生误报警；另一类为专用探头，这类探头选择性比

较强,但气源转换需更换设备。建议城市燃气公司选用专用探头,干扰源少时用广谱探头。

2. 输送燃气密度

这一因素涉及探测最佳方位。密度小于空气的燃气泄漏后会向上冒、跑,须用漏斗状收集器检测;反之,泄漏后会下沉滞留,则要用带吸气泵探头收集检测。如液化石油气,可挖坑检测,亦可用专用探管伸到相邻泵、阀或窨井底部吸入式检漏。

3. 燃气分子的体积大小与引力

输送气体泄漏以后,有的向上飘,有的往下沉。如果是人工煤气,其主要成分为氢,氢的游离、穿透能力都很强,能透过水泥沥青路面、冰冻的地表等地面物质;如果气体分子大就不能有这样的穿透力,或分子虽小但分子间引力大,有黏滞性,同样不能穿透上述物质。如液化石油气泄漏后会滞留在土壤或孔洞、裂缝中,很大的范围内都有燃气存在。

4. 漏点周围的环境

（1）土壤含水量、孔隙度,这关系到泄漏后燃气能否顺利穿透。

（2）地表风向,这关系到气敏仪探头的收集方向。

（3）管道周围的腐蚀因素,如有无输变电接地装置、电气化铁路、水旱交接、应力腐蚀等存在,如有应做重点检查。

（4）植物生长形态。一般在较大泄漏点周围,植物生长会受不同程度的影响。

5. 管内压力

连续运行的高、中压管线的查漏要比间断运行的低压管线容易得多,后者由于间断运行往往探头探到气体报警是以前的滞留气体,一旦挖开,让出通道,气体扩散,就不会再报警。这些情况,在城市入户管段以前的低压管网查漏尤其突出。

6. 延时性

燃气泄漏渗透到地面有一定延时性,经验表明,正常情况下,燃气一般从 1m 深度充分达到地表约需 5h,如加压检漏,就需选择最佳检测时段。

7. 防腐层腐蚀状况及管道运行时间

（1）钢质防腐管道的穿孔泄漏处大多存在于防腐层腐蚀严重处,用仪器可在地表测到该处的泄漏电流。

（2）从时间上分析,管道运行前期事故多;运行中期稳定、事故少;运行后期事故多,大多是因为防腐层严重腐蚀穿孔引起泄漏,造成事故。事故概率呈浴盆型曲线,如图 6-32 所示。

8. 管道的定位、定深

燃气的泄漏一般是沿着管道周围回填的疏松土壤窜流,若是漏点周围土壤介质分布均匀,会以漏点为圆心向周围扩散,在地表分布呈平面圆形,漏点中心的浓度会比周围大。结合探管,能把检漏范围由"面"缩小为"线"。结合管线定深有助于决定加压后确定较好的延时探测时间。

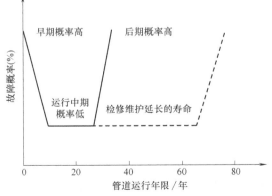

图 6-32 浴盆形事故概率曲线（延长管道寿命）

三、燃气管道泄漏检测技术和方法

管道输送是燃气输配的主要方式。管道的生产制造、安装施工、使用、安全管理等多方面的原因，都有可能使管道燃气发生泄漏，进而影响了人民的生命财产安全。而我国燃气管道大多埋于水泥路面、沥青路面、田野、丘陵等多种地表下，管网压力范围大，管材规格多，这就决定了检漏方法的复杂性和检漏手段的多样性。

根据泄漏检测原理，现有的泄漏检测方法可以分为直接检测燃气泄漏的直接检测法和以检测因泄漏而引起的流量、压力、声音等物理参数发生变化的间接检测法。

1. 直接检测方法

根据检测方式的不同，目前常见的直接检测方法可以分为如下几类。

（1）人工巡检法。人工巡检法是目前国内各城市燃气公司常用的一种泄漏检测方法。由巡线工人手持燃气检漏仪或检漏车定期沿管道敷设路径巡视，通过看、闻、听等多种方式来判断是否有燃气泄漏（图6-33）。对于泥土地面，用可调节浓度大小的气敏检测仪直接在地面检测，浓度最大点与管线定位一致点即为泄漏点。对于城市街道常见的水泥沥青地面，气体泄漏后会沿着管道周围的裂缝、空隙、疏松土壤窜流，不能穿透漏点上方的地表，在地面探测不到，

图6-33 燃气泄漏人工巡检

而在远离泄漏点的地面裂缝中才能探到，此种情况需钻孔探漏。对于公共管沟，包括专业管道沟、电缆沟和与裂缝相通的排水沟，泄漏气体会沿着这些通道窜到很远的地方，此种泄漏需用风机从管沟的泄漏点的一边吹风，另一边放风，保证管沟内的泄漏气体向另一边冒跑，用示踪探头从风机一端伸进管沟，示踪探头与泄漏气体接触处即为泄漏点；或用钻孔法配以气敏探测仪在地面检测，在泄漏点的下风向气敏仪会报警，在上风向不报警，泄漏点位置就在报警与不报警两孔之间，在此进一步加密测点，即可精确定点。

（2）管内智能爬机检测法。爬机在管道工业中使用广泛，如果配置各种传感器，就能组成智能爬机检测系统。目前利用爬机可以检测管内的压力、流量、温度以及管壁的完好程度。爬机可以分为两类：超声波检测器和漏磁通检测器，应用较多的是漏磁通检测器（图6-34）。将爬机放入管内，它就会在流体的推动下运动到下游，同时收集有关管内流动和管壁完好程度的信息，对记录在爬机内的数据进行处理后，可以得到很多信息，同时也可以判断管道是否泄漏。国外此项技术已经比较成熟，并用于各种管道当中，它不仅用于泄漏检测，而且能作为综合型的管道检测系统，但是爬机只适用于那些没有太多的弯头和连接处的管道，它的操作需要有丰富的经验。

（3）红外线成像法。当管道发生泄漏时，泄漏点周围土壤的温度场会发生变化。通过红外线遥感摄像装置可以记录输气管道周围的地热辐射效应，再利用光谱分析就可以检测出泄漏位置（图6-35）。这种方法可以较精确地定位泄漏点，灵敏度也较高，但不适用埋设较深的管道检漏。

 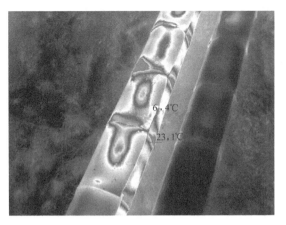

图 6-34　管内漏磁通智能检测器　　　　图 6-35　红外热成像技术应用于管道泄漏检测

（4）分布式光纤检漏法。在管道附近沿管道并排敷设一条光缆，也可以利用与管道同沟敷设的通信光缆，根据光纤的干涉原理，当管道发生泄漏时，引起管道泄漏点附近的测试光纤产生应力应变，从而造成该处光波相位调制，产生相位调制的光波沿光纤分别向传感器的两端传播。用两个光电检测传感器检测两端干涉信号发生变化的时间差，即可精确地计算出泄漏发生的位置。分布式光纤传感器法是在国外研究较多的一种方法。分布式光纤温度传感系统结构及原理如图 6-36 所示，分布式光纤传感器实物图如图 6-37 所示。

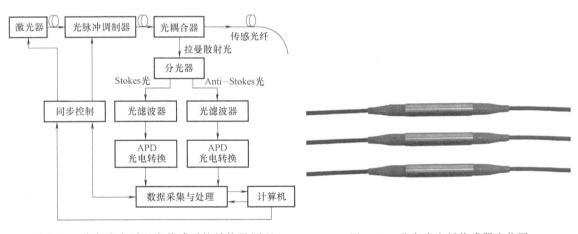

图 6-36　分布式光纤温度传感系统结构及原理　　　　图 6-37　分布式光纤传感器实物图

2. 间接检测方法

间接检测法主要根据管道泄漏造成的流量、压力、声音等物理参数变化来检测管道泄漏与否，并通过计算来定位泄漏位置。具体分为以下几种。

（1）基于信号处理的方法。此类方法主要通过对现场传回的压力、流量信号去除干扰后，采用特殊的分析手段提取信号突变位置及突变时间而实现泄漏检测及定位。此法不需要建立管道的数学模型，主要包括压力梯度法、负压波法、流量平衡法和声波法等。

1）压力梯度法。在稳定流动的条件下，管道泄漏点将导致管道沿线的压力梯度分布呈折线变化，通过在泄漏点上游和下游分别设置两个压力传感器测出它们的压力梯度，就能算出实际泄漏位置。该方法原理简单,计算量小,只要在管道两端安装压力表即可。但是该方法没有考虑温度对管道中流体的黏度、摩阻及密度等参数的影响,而实际情况下管道沿线压力分布是非线性的,因此该法定位精度较低。

2) 负压波法。负压波法是在国内研究较多的一种方法,当管道某处突然发生泄漏时,泄漏处将出现瞬态压力突降,形成一个负压波,该负压波以一定的速度向管道两端传播,根据负压波传播到上下游端压力传感器的时间差和负压波的传播速度就可以确定泄漏点的具体位置。目前研究的焦点问题是如何精确确定时间差和对传播速度公式的修正,主要研究方法有相关分析法、小波变换法、时间序列法、模式识别法和基于图像处理的方法等。但负压波法的缺点是只能检测到大的突发性的泄漏,而对缓慢发生的小泄漏则不适用。

3) 流量平衡法。该方法也称为质量分析法,是一种最基本的检测方法。它根据进出口管道流体的流量差来判断管道是否发生泄漏。这种方法简单直观,易于实现,但由于流量测量受流体成分、温度以及压力等参数变化的影响较大,因此测量的准确度比较低,同时该方法需要在管线两端安装高精度的流量计,成本较高,也不能实现泄漏位置的定位。

4) 声波法。管道发生泄漏时会产生噪声,泄漏产生的噪声强度及清晰度受到管内压力、泄漏点的孔尺寸及形状、管道直径、壁厚以及材质等因素的影响。通过安装在管道外壁的声波传感器可监测到泄漏声信号的大小和位置。无泄漏时,声波传感器获得的是背景噪声信号,有泄漏时,可探测到低频泄漏声信号。如采用两个以上的传感器,通过相关分析即可对泄漏源进行定位。其优点是检测速度快,成本低,环境适应性强,缺点是检测距离短。

(2) 基于模型的方法。建立管道的实时动态模型,利用模型对管道系统的参数进行在线估算,将估算结果按照特定的算法处理来进行泄漏故障诊断,这就是基于模型的方法的基本思想。这类方法首先需要建立管道的模型,根据建立模型的方法,可分为状态估计法、系统辨识法、实时模型法等。

1) 状态估计法。这种方法首先对管道内的气体流动状态进行机理建模,得到一个非线性的分布式参数系统模型,通常可以使用差分法或特征线法将其线性化;然后设计状态估计器对系统进行状态估计,估计器可以是观测器或 Kalman 滤波器。根据建立的模型的特征,又可分为不包含故障的模型法和包含故障的模型法。不包含故障的模型法首先建立管道模型并设计估计器,模型中不含有泄漏的信息;当泄漏发生时模型估计值会和实际测量值产生偏差,用偏差信号来进行检测定位。包含故障的模型法建立的管道模型预先假定管道有几处指定的位置发生了泄漏,通过状态估计得到这几个预先假定的泄漏点的泄漏量估计值,运用适当的算法便可进行泄漏检测与定位。

2) 系统辨识法。其基本原理是描述系统工作过程的数学模型反映了决定系统运行规律的物理定理,系统的数学模型中的各种方程的系数实际上就是许多物理参数的函数,当系统发生故障时,描述系统工作过程的物理规律就会发生变化。在通常情况下,这些变化表现在物理参数的变化上,物理参数的变化引起数学模型方程中的系数的改变,从而影响系统的输出。因此,由系统输入输出数据对模型方程系数进行实时辨识,再由辨识得到的方程系数求解出各物理参数的真实值,通过对物理参数的异常状况的检验,则可以实现对故障状况的检测与诊断。该法需在管道上施加激励信号，并假设两端的压力不受泄漏量的影响，也仅适于小泄漏量情形。

3）实时模型法。即利用流体的质量、动量、能量守恒方程等建立管内流体动态模型，此模型与实际管道同步执行，定时采集管道上的一组实际值，如管道首末端的压力和流量，运用这些测量值，由模型观测管道中流体的压力和流量值，然后将这些观测值与实测值做比较来检漏，若二者不一致，则说明管道发生泄漏。泄漏检测和定位分三步：首先根据管道入口端的压力传感器数据计算管道各处压力；然后根据管道出口端的压力传感器数据计算管道各处压力；再将计算出的两条管道压力曲线进行比较，其交点即为漏点位置。

（3）基于知识的方法。此类方法主要有模式识别法、神经网络法、统计决策法等。

1）模式识别法。结构模式识别是依据一定的句法规则剖析模式的结构，确定模式的性质。可以通过试验为管道运行的各种状态（包括稳态、调泵、调阀、泄漏等）建立模式库，通过对输入的模式进行匹配，就可以判断管道运行状态。为了简化模式识别的过程，必须消除信号模式中的冗余信息和干扰信息，目前采用较多的方法有小波算法、微分算法、分段积分算法等。

2）神经网络法。能够运用自适应能力学习管道的各种工况，对管道运行状况进行分类识别，采用基于LABVIEW等虚拟仪器技术对信号进行处理，是一种基于经验的类似人类的认知过程的方法，但此方法需要大量的实际历史数据。

3）统计决策法。该法是壳牌公司开发的一种具有图形识别功能的新型管道检漏方法。根据实测的管道进出口的流量和压力，使用序贯概率比检测（SPRT）的方法分析测量值，连续计算发生泄漏的概率，并利用最小二乘法进行泄漏点定位。该方法不需建立复杂的数学模型，计算量较小，能较好地解决实时模型法的误报。另外，还具有在线学习能力，可以适应管道参数的变化。但该方法要求检测仪器精确或能够修正测量数据。

泄漏是燃气管道安全输送的主要隐患，如何预防泄漏事故的发生，保证全线安全稳定运行是一个综合性课题。管道泄漏检测是多领域、跨学科的课题，涉及流体力学、传感技术、微弱信号检测、信号处理等多个学科，世界上对管道泄漏监测技术的研究已经有几十年的历史，但由于管道运行过程的复杂因素，使得至今没有一种权威通用并且简单可靠的泄漏监测办法。当泄漏过程缓慢时，无论是泄漏信号的提取还是泄漏点的定位，都是人们致力于研究解决的问题。同时，要保证燃气管道的安全运行不仅需要选择经济合适的泄漏检测方法，还需要从管道设计、工程施工和日常运行管理等多方面加以重视，以最大限度地减小泄漏事故的发生。

四、对燃气探漏仪器的一般要求

（1）用手持式可伸缩探杆，多角度旋转探头，可方便地对地上、地下的可燃性气体检测。

（2）检漏仪要能根据外界环境变化，通过调整增益，设定报警临界点，从而能提高查漏精度。

(3) 仪器最好要配吸气泵，吸入式检漏，这样灵敏度有保证，而且反应速度快。

(4) 仪器配置应具有良好的循环、通风过滤系统，尽可能避免探头产生惰性（俗称"探头中毒"），以延长仪器的使用寿命，增强可靠性。

(5) 要能适合各种场合检漏，如配耐磨橡胶吸盘，有一定抗风能力；配软吸管，可在特定场合检漏；配专用耳机，能在噪声环境下检漏；还应能过滤防尘等。

(6) 仪器要进行三防设计且重量轻，体积小，操作简便，便于携带，能适合野外使用。

(7) 提供仪器的厂家要跟踪服务，提供技术支持，保修仪器，维持仪器的可靠性。

五、燃气泄漏、冒跑的一般规律及探漏方法

燃气从地下管道泄漏以后，会因燃气的种类不同、密度不同、周围环境不同而向不同的方向冒跑。

1. 泥土地面

泥土地面一般指天然气、煤气管道埋设在地下且泄漏点周围土壤介质分布均匀，地表层无太密实的路面，地下管道腐蚀穿孔处泄漏的气体能够扩散到地表，在地表面分布范围成圆形，其中间的浓度将会最大。

该泄漏用可调节浓度大小的气敏检测仪直接在地面检测，浓度最大点与管线定位一致点为泄漏点。

2. 水泥沥青路面

气体泄漏后会沿着管道周围的裂缝、空隙、疏松土壤窜流，不能穿透漏点上方的地表，在地面探测不到，而在远离泄漏点的地面裂缝中才能探到。此种情况需钻孔探漏。

3. 公共管沟

公共管沟包括专业管道沟、电缆沟和与裂缝相通的排水沟，泄漏气体会沿着这些通道窜到很远的地方。此种泄漏需用风机从管沟的泄漏点的一边吹风，另一边放风，保证管沟内的泄漏气体向另一边冒跑。用示踪探头从风机一端伸进管沟，示踪探头与泄漏气体接触处即为泄漏点。或用钻孔法配以气敏探测仪在地面检测，在泄漏点的下风向气敏仪会报警，在上风向不报警，泄漏点位置就在报警与不报警两孔之间，在此进一步加密测点，即可精确定点。

以上第一、第二条适用于煤气、天然气，第三条适用于液化石油气。

六、燃气管道泄漏维修方法

处理泄漏一般分两步：第一步是紧急处理，泄漏部位一经发现，在工具和材料暂未备齐的情况下，必须立即采取紧急措施，使用破布、棉纱和泥巴等随手可得之物抢先堵住泄漏点；第二步是彻底消除泄漏，修复泄漏点应根据管道损坏的具体情况，采取相应的操作方法保证堵漏的可靠性、永久性。

1. 承插式接口泄漏的修复

修理铸铁管承插式接口泄漏时，一般情况下应停气进行修复操作。首先要确定接口填料的类别，然后才能开展修复的准备工作。对于青铅接口，修复前先把接口处泥土清理干净，然后使用铅凿、手锤捻紧铅口，铅口凹陷时，可加入一些铅线、铅条继续捻入接口内，直到接口完全不漏为止。对于水泥接口（包括纯水泥接口、膨胀水泥接口、石棉水泥接口、三合一水泥接

口），应将接口内水泥部分或全部剔出，在打紧麻丝后重新配好水泥填料捻入接口，并覆盖湿破布养护。当泄漏接口位于车行道时，应将原水泥接口改为青铅接口，以改善接口性能。

2. 焊缝泄漏的修理

钢管焊缝开裂泄漏进行正式施焊修理时，应将燃气截断，管内用惰性气体或空气将燃气充分置换，或者保持正压带气操作。要绝对避免管道内燃气与空气混合浓度在爆炸极限范围内，必须充分保障施焊修理时安全操作条件。

3. 管子泄漏的修理

无论是铸铁管，还是钢管，当管子出现腐蚀、裂口、折断而发生泄漏时，可使用夹子套筒修理。夹子套筒由两个半圆形的管件构成，当套住管子后，用螺栓连接起来，夹子套筒与管子外壁之间用密封填料像承插式接口一样进行处理。

4. 砂眼、孔洞的修理

铸铁管上出现砂眼、孔洞等缺陷，可在缺陷上钻孔攻丝，然后用涂好铅油缠好麻丝的外螺纹堵头拧紧在管道上新钻制的带有内螺纹的孔内，封堵泄漏点。

5. 承插式机械接口泄漏的修理

燃气铸铁管承插式机械接口主要靠接口填料和橡胶圈来保障接口的密封性。此类接口发生泄漏多因接口填料松动，漏出的燃气直接接触到橡胶圈，时间长后橡胶会吸收燃气中的苯而发生变质，逐渐丧失密封作用。修理时，应拆下已损坏的橡胶圈，捻紧铅或水泥填料，更换新的橡胶圈后，用压兰将压力环压紧。

6. 其他

地下管道的使用年限因管材、土质、地基状况等的不同而有差异。按照铸铁管、钢管等不同材质和不同地段，对于经过一定运行年限或发生过多次泄漏的管道，应有计划地进行疏密有致的排查。对于腐蚀特别严重、泄漏部位较多、泄漏频繁的管道，应当果断予以更换。

第六节　埋地燃气管道泄漏检测的一般方法

一、泄漏检测的可能性

由于燃气质量较轻，从破损处喷出后，会自然而然地向上升起，并窜出地面。但由于回填物密实度不均等原因，燃气窜出地面时自然不会直接垂直上升，而是往土质疏松的地方"乱窜"。尤其是在混凝土路面下的泄漏点，燃气要向上垂直升起就更加困难，而是从混凝土接缝处、破裂处和其他诸如绿化带的地方窜出地面。然而，无论回填物有多么密实，泄出的燃气终究会窜出地面，这就为捉住它提供了前提。燃气窜出地面后会立即扩散，使浓度骤然下降。如果泄漏量本就不大，再加之回填土较为密实，从管道上方窜出地面的燃气就会少之又少，用传统的方法非常难以捕捉，这就造成了没有漏气的假象。

二、泄漏检测的一般方法

1. 查清管道位置

采用管道探测仪查清管网的确切位置，这是泄漏检测的前提。由于天然气"乱窜"的特点，往往会在根本没有管道的地方发现它的踪影。如果据此来确定漏点位置，就会出现很大误差。因而，搞清管道的位置，并引导技术人员在地面沿着管道路径进行泄漏检测，就可避免因燃气"乱窜"而造成漏点的错误判断。

通常情况下，城市地下埋设的管网都较为密集，管道之间不可避免地会发生信号传递和干扰，这显然就增加了将目标管道和非目标管道区别开来的难度，同时，对目标管道的深度测量也难以做到精确、可靠。这就会大大增加对漏点准确定位时的危险性。因而，对管道探测仪的选择，仅仅要求较高的灵敏度是远远不够的，它优良的抗干扰性也必须受到足够的重视。日本富士公司生产的 PL-960 金属管线探测仪因其内部的双水平天线的差动式结构，使其在探测实践中管道信号感应面相对狭窄，形成信号波峰瘦峻、高耸的特征，可有效地在管网密集地段准确地捕捉到目标管道的信号。

2. 发现异常点

采用手推式埋地管道泄漏检测仪，在地面沿管路推行，仪器的采样吸气口与地面始终保持接触状态。这样的方式，既可避免在没有管道的地方去进行无意义的检测，同时，因为吸气口紧贴地面，燃气一旦窜出地面还未及扩散就已被吸入，即使是微小的泄漏也会被检出。在实验中检查出的漏点有很多是用肉眼看不出来的，只有当泡沫水浇上去，慢慢地才会冒出一个小泡。

在泄漏检测仪的选择上要注意三点：

（1）高灵敏度。一般推荐多个量程中包含 100ppm$^{\ominus}$ 挡的检测仪。许多燃气公司就将已有的报警仪（量程为 0~100%LEL$^{\ominus}$，如果检测对象是天然气，量程即为 50000ppm 或 0~5%VOL$^{\ominus}$）当成检测仪来用。例如，在某次查漏演示中，使用日本新宇宙公司生产的 XP-707 手推式检测仪查出一个异常点，浓度显示为 150ppm。甲单位很快拿来一台也是日本新宇宙公司生产的检测仪，型号是 XP-311A（量程为 0~100%LEL），进行测试，结果指针纹丝不动，并据此认为没有泄漏。但后来的开挖结果是一个微漏。殊不知，100ppm 和 50000ppm 在灵敏度上相差 500 倍。

（2）采气孔必须是贴地的。

（3）采用内置泵吸式。

3. 漏点

发现异常点后就要在异常点上方的地面打出探孔，目的是导引泄漏出的燃气向地面自由、垂直上升，为确认漏点的准确位置提供客观依据。打孔前必需再次对管道进行精确定位，以保证管道的安全。探孔的数量至少在三个以上，探孔的深度应尽可能接近或超过管道的埋深（考虑到漏点有可能是在管道的下方）。根据不同的地面情况，采用多种地面钻孔设备：一种是对水泥、沥青等坚硬密实地面进行穿透性钻孔的较大功率电锤（建议燃气公司在有管道的混凝土路面钻出永久性探孔，定期在探孔口侦测可能出现的泄漏）；另一种是对土壤、砾石层地面进行深部钻孔的钻洞棒。钻洞棒的长度会影响钻孔的深度，一般情况下，北方城市可采用能钻 1.5m 深的钻洞棒；南方城市则选择能钻 1m 深的钻洞棒即可。钻洞棒

$\ominus$ ppm：百万分率，本书延用仪器显示形式。（1ppm = 1×10^{-6}）

$\ominus$ LEL：可燃性气体爆炸下限。

$\ominus$ VOL：气体体积百分比，本书延用仪器显示形式。

的选择既要有相当的刚性，以针对干燥密实的老土层；同时，为对付土层中较大的砾石和片石，钻洞棒还要有能够自动转向绕过砾石或片石的柔性。探孔打好后，就要逐个测量各探孔的气体浓度。这时的探孔因深及管道，泄出的气体会顺着探孔窜出地面，因而，通过对各探孔所测浓度大小的比较，即可判断漏点的准确位置。对于较大漏点的浓度测量（测试浓度超过5%VOL），有必要采用量程为0~100%VOL的高浓度的可燃气体检测仪。根据经验，80%以上漏点的上方探孔所测浓度都超过了5%VOL。日本新宇宙公司有一款XP-3140的检测仪（如图6-38所示，测量范围：0~100%VOL），其原来的设计目的是对新安装或维修后的管道进行空气置换时监测可燃气的浓度，以此来判断置换工作是否完成，但国内的众多燃气公司又利用其高浓度的检测特性，将XP-3140用于上述的漏点定位判断上，取得了非常好的效果。

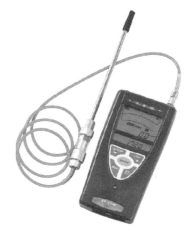

图6-38　日本新宇宙 XP-3140检测仪

三、查漏常见情况及其判断方法

1. 地上可燃气的干扰

机动车的尾气排放有可能造成仪器的误报警，当机动车离开后，报警会自动停止。如报警持续不断，还应观察周围是否有挥发性可燃物的存在。如没有，方可考虑是地下燃气泄漏后的上窜。

2. 下水道等地沟沼气的干扰

这是最常见的一种误报警。解决的办法首先是询问最近的住户，请他们指明下水道的准确位置，以了解管道同下水道的距离关系，从而设计出若干钻孔点。最后通过对气体的浓度和稳定情况来判断是漏点还是干扰。

3. 相邻管道漏点的干扰

在确定漏点并开挖后发现目标管道完好无损，在其他可能的干扰都排除后，就要考虑相邻管道泄漏的可能。

燃气泄漏所呈现出的状态，可谓千奇百怪，以上所述不过是对燃气泄漏状态的简单归纳而已。在实际检测中，在具备了客观检测手段的前提下，基于丰富查漏经验的现场判断就显得至关重要了。

第七节　埋地燃气管道氢气示踪检测法

近几年，我国各城市新敷设了大量的燃气管网。新敷设的管网多为中压天然气管道，而新敷设的压力管道在投入使用前必须经过严格的验收证明其无泄漏，以确保管网运行安全。随着城市的扩建、人口密度的增加以及不断涌现出的县级城市，人们的供气管网在这种特殊条件下新建、改建、扩建。因为目前国内普遍采用"打压试验法"来进行气密性检验，然而，用此方法虽然能判断管网中是否有漏，但却不能确定漏点的准确位置，也不能在施工过程及时回填土方,给城市的交通和人们的生活、施工队伍施工带来不便,采用一种新的查漏技术——氢气示踪法,可以解决这个难题。新的查漏技术埋地管道定期检验中也可以采用,这种新的查漏技术施行起来并不困难、复杂,只比打压试验法多一种检测示踪气体的设备——氢气检测仪。

一、新建管道泄漏检测技术现状

目前,燃气管道按现行国家标准《城镇燃气设计规范》GB 50028 以气体进行气压试验和严密性试验。其方法是向管道中注入压缩空气,压力一般应高于工作压力,经过一段温度、压力的平衡时间后,对压力及温度进行监测。若管道压力没有衰减或压力衰减是在允许的范围内,则系统中没有漏气,否则就有漏气。在发现管道有漏气时,一般采用"抹肥皂水"的方法来查找漏气点。这种陈旧的传统方法,只能适用于管道在未回填土之前,且很难发现管道底部以及微小的漏气,查找范围也是有限的,一般只在管接头处查找,对整条管道很难施行。若漏气不是在管接头处,而是发生在管身,"抹肥皂水"的方法将花费很大的气力或许才能找到。"抹肥皂水"法在管道回填土之后无能为力。

二、氢气示踪法检测新建管道泄漏技术

通过上述打压试验法的介绍不难看出,打压试验法虽能知道管道有漏,但无法确定漏点的准确位置。在实际工作中,有些新建管道建成后,不是立刻投入使用,而是预埋的或备用的。在运行使用时,还必须再次进行"打压试验",如果管道有漏,此时管道上已经盖土,若管道埋在路面上,其管道上面已经铺上了沥青、水泥等。"抹肥皂水"和"目视"的方法均已失效。因此,必须找到一种新的查漏方法才能解决管道泄漏问题,氢气示踪法便是要讨论的新的查漏方法。

1. 氢气示踪法技术

氢气示踪法是将5%氢气和95%氮气混合气,即所谓的"示踪气体",代换或溶入试压介质(压缩空气)。氢气的可燃极限为5.7%,因此,5%氢气和95%氮气混合气是绝对安全的气体。这种示踪气体无毒、无味、无腐蚀性、不可燃,是工业焊接作业中用来保护不锈钢避免氧化的常用气体。而且,这种气体非常便宜,容易获得。这种气体的成本不会比氮气高很多,一般在制气厂就能得到。如果条件允许,这种气体还可以作为打压试验的试压介质,一次就能完成"试验—查漏—维修"整个过程,从而减少整体成本。当然氢气示踪检漏法也可以单独使用,当用其他试压介质完成并确认管道有泄漏时,才采用氢气示踪技术进行泄漏部位的查找。

新建压力管道泄漏分两种情况:一是管道在未回填土之前的泄漏,这种情况用氢气示踪法技术查起来非常容易,只是用氢气检漏仪的手持探头沿管道移动,便能找到全部泄漏点;二是管道在回填土之后的泄漏。因为"抹肥皂水"和"目视"的方法均已失效,在用氢气检漏仪查找管道泄漏之前,必须探明管道的准确走向。如果是新施工的管道,走向当然很清楚,不需要管线探测仪帮助定位;如果是旧管路系统,走向可能不清楚或地面未标记管道的埋设走向,这时必须用管线探测仪探明管道的走向。因为示踪气体在升至地面过程中横向扩散很小,如果管道走向不准确,很可能检测不到示踪气体而误认为管道无泄漏。

管道上面的掩埋介质直接影响着示踪气体升至地面的时间。一般新竣工的管道，其管道上面的掩埋物较松散且干燥，这种情况下只要注入气体1h后就可以开始检测示踪气体。旧管网定期检验需要等待较长时间，因为管路上掩埋层经过长时间的沉积和外力挤压，变得密实坚硬。

2. 埋地压力管道氢气示踪法查漏技术

氢气是一种理想的示踪气体，是所有气体中比重最轻（比空气轻14倍）和黏度最小的，能够快速由泄漏处渗透到地面而被仪器检测到。氢气在地表面的横向扩散很小，埋深1m的管道，其扩散直径范围仅为1.5m，这时用高灵敏度氢气检漏仪确定泄漏部位的误差也仅在半米之内，即使是埋深3.4m的管道，其定位精度事实上是很高的，一般在1m之内。

氢气示踪法的基本原理是将5%氢气和95%氮气混合气注入管道中，然后用氢气检漏仪在管道上方搜索，检测示踪气体。通过检测泄漏处冒出到地面的示踪气体，便可准确查到泄漏部位。

埋设层上层为混凝土时，等待时间因混凝土形态而异，机械强度越高的混凝土需要等待时间越长。新铺设的混凝土和铺设很久的混凝土等待的时间相差很大，因为新铺设的混凝土透气性很好，气体很容易透过它而被检测到；而铺设很久的混凝土结构中充满了泥土，透气性很差，需要等待的时间长得多，一般需要等待24h以上才能有足够量的气体渗透到地面。地面的干湿程度也影响着透气性。因此，在检测时不妨现场钻几个孔，透过混凝土层或沥青层先取得经验，这样有助于提高检测泄漏的效率和取得满意的结果。

三、氢气示踪法检测步骤

1. 注入示踪气体

在打压试验完成并确认有泄漏的管段，将5%氢气和95%氮气注入管道，气压按有关规定，一般应达到工作压力以上。这点很重要，因为管道泄漏与压力有关，一定压力下可能不漏，而超出该压力后就有漏。

在向管道系统中注入示踪气体时，用氢气检测仪手持探头先检查注入设备本身有无漏气，如法兰、阀门、压力表等的周围。这些部位的泄漏通常很小，但加起来也会成为相当量的泄漏。如果条件允许，打开系统远端的阀门让空气排出，用仪器检查示踪气体是否到达端部，确定示踪气体到达后再关闭阀门。

2. 标记出管路走向

示踪气体不会有很大的横向扩散，因此，准确知道管道的走向是非常重要的。如果管路走向不清楚，则使用管线探测仪标记出管路走向。

3. 等待示踪气体到达地表面

根据不同埋深层/掩埋介质确定等待时间，具体参见表6-5。

表6-5 不同土质检漏等待时间表

埋深层/掩埋介质	干沙	干沙/湿土	湿土/干黏土	湿黏土	沥青5cm	沥青20cm
大约等待时间	15min	1h	4h	12h	加1~2h	加12h以上

4. 用氢气检测仪沿管路走向检测示踪气体

（1）用手推车探头检测。手推车探头下面有穹形胶垫，与地面接触时拢集气体，仪器的真空泵把气体抽至内置传感器。手推车可推位移动，在管道上方以步行速度前进，最快速度可达 3km/h，如图 6-39 所示。

（2）用地面探头（或钟形探头）检测。在障碍物较多或潮湿地面上，手推车不适用于这种环境，这时可用地面探头检测示踪气体。先打开仪器吸泵，地面探头的喇叭口处与地面之间形成的小真空区能够将地面下的气体吸出来，每隔 1m 抽一个气样，每次抽样时间约 3~5s，如图 6-40 所示。

图 6-39　用手推车探头检测

图 6-40　使用钟型探头检测

5. 开挖泄漏部位，维修处理

氢气检测仪查到泄漏点后，进行现场开挖。在开挖暴露出的管道上用手持探头准确找到泄漏点，维修处理。

四、仪器设备的选择

管道的泄漏情况非常复杂，形式多种多样，从微漏到大漏，管道的掩埋介质及现场环境也千变万化，这对氢气检测仪的选择具有较高的要求，只有适用于各种情况下检测仪器才能当此重任。

德国竖威公司的 TV8 氢气型检测仪具有以下技术特点：仪器响应迅速灵敏；对极微量的氢气泄漏也能做出分析判断；仪器采样方便，具备吸泵功能以及装卸方便的手持探头、地面探头（钟形吸盘式探头）、手推车式探头；传感器稳定性好，使用寿命要长；检测灵敏度高，达 1ppm；量程大，典型测试范围 0~1000ppm，最大量程 0~100%VOL，即使检测高浓度的泄漏点也不会发生传感器中毒现象；量程转换方便，具自动转换功能；可读性好，具备声、光、数字、模拟报警功能；便于携带到现场使用；仪器操作简单，使用方便。

第八节 气体报警仪的使用

一、气体报警仪相关知识简介

1. 常见术语

（1）可燃气体和有毒气体。可燃气体的涉及面比较广泛，指和空气的均匀混合物在遇到火源能发生燃烧爆炸并释放大量能量的气体，如煤气、异丁烷、CH_4、HCHO、煤油等。气体爆炸燃烧有很大危害。有毒气体对人体有害并能引起慢性或急性中毒。有毒气体一般常用不是法定单位的 ppm 表示。

（2）爆炸三要素。气体发生爆炸的三个必要条件是可燃气体、助燃剂和点火源。

（3）爆炸浓度极限。可燃气体的爆炸极限是指可燃气体和氧化剂遇火源发生爆炸的可燃气体浓度范围。爆炸下限是指在空气中的可燃气体能使火焰蔓延或者发生爆炸的最低浓度，通俗地讲是指某种可燃气体在空气中遇到明火，火花引起爆炸的最小值，用"%LEL"表示。爆炸上限是指在空气中的某种可燃气体能使火焰蔓延或爆炸的最高浓度，通俗地讲是指这种可燃气体在空气中遇到火花、明火等能引起爆炸的最大值，用"%UEL"表示。可燃气体检测报警仪测量的是可燃气体的爆炸下限，为了防止一些碳氢化合物在一定场合的泄漏量达到这种可燃气体的爆炸下限而遇到明火，火花或高温引起燃烧爆炸，在有可燃性气体可能存在或泄漏隐患的场所必须配备气体泄漏检测报警仪来监测现场情况保证相关人员及财产的安全。

（4）报警设定值。报警设定值是报警仪出厂前预先设置的报警浓度值。探测报警器在出厂时预置，期望当环境中气体浓度大于此设定值时能够报警。

大多数情况下，便携式气体检测报警仪只设一个报警点，可燃常用 20%LEL 为报警点。毒性气体报警点的设置根据不同气体的规范往往不同。像氯气毒性强，氯气报警器可能设 1ppm 报警，而一氧化碳报警仪可能设定其报警点为 50ppm。氢气的爆炸下限为 4%，当检测报警仪的数值到达 20%LEL 报警点时，相当于这时氢气的含量为 0.8%，所以气体报警仪可以在环境中气体浓度达到爆炸下限前提醒我们采取措施，此时气体浓度离真正有可能出现危险的爆炸下限还有不少的一段差距。我们可以看到气体检测报警仪有气体泄漏爆炸提前预警的作用，对保护生命财产安全有重要意义。

（5）其他

1) F.S 指的是全量程。如 "<5% F.S" 指的是全量程最大显示误差为满量程的 5%。

2) 报警动作值是指报警仪器发出报警动作时对应的最小气体浓度值。

3) 监视状态是指气体报警仪器发出报警前的工作状态，报警状态是指报警仪器发出报警时的工作状态，故障状态是报警仪器发生故障不能正常工作的状态。

4) 量程指报警仪可以测量被测气体的范围，常见的气体量程为：0~100%LEL（挥发性有机气体或可燃气体）；0~1000ppm（一氧化碳）；0~100ppm（H_2S）。有毒气体报警仪的量程选择，最新的一种确认标准引入了 TLV 概念。TLV（阈限值）指美国政府工业卫生学家会议推荐的接触限值，表示的是当某种气体在空气中的含量小于这一阈值时，充分且持续于该浓度气体中的工人的健康不会受到损害。建议有毒气体报警仪的量程为 TLV 数值的

10倍，如 CO 的 TLV 为 30ppm，所以 CO 探测器建议（30×10）ppm＝300ppm。又分为以下几种：

① 时间加权平均阈限值（TLV-TWA）是指正常 8h 工作日或 40h 工作周的时间加权平均浓度。

② 短时间接触阈限值（TLV-STEL）是指在此浓度下工人能够短时间连续接触而不至于引起组织病变或刺激作用的数值。

③ 上限值（TLV-C）瞬间也不得超过的最高浓度。

2. 管道燃气的主要成分

城市管道燃气是现代化城市不可缺少的组成部分，对优化城市能源结构、节能减排、促进经济可持续发展、改善城市居民生活质量水平等具有重要意义。目前我国的管道燃气有三种，即煤气、液化石油气和天然气。各种燃气虽然来源和成分不同，但它们都是以可燃成分为主体，还掺杂少量不可燃成分混合而成的。

天然气是地球上的短期内非可再生能源，是很久以前的动植物在被掩埋后隔绝空气的情况下历经很久的地质变化后，由于压力、温度、埋藏深度等因素的作用发生了一系列复杂的化学变化演变而成的。天然气主要是碳氢化合物，以 CH_4 为主。

煤气主要以煤为主要原料制取的，少数通过其他方式制取，易燃易爆，含有的主要气体有：H_2、CH_4、CO、碳氢化合物、CO_2、O_2、N_2 等。爆炸极限为 4.5%～40%，燃烧热值为 3000～6000kcal/m³，煤气相对密度 0.4～0.6（空气=1）。城市管道供的煤气一般 CO 含量比较高，CO 比较容易与人体内的血红蛋白结合使人体缺氧，有潜在的危险。

液化气是在石油开采、炼制过程中得到副产品，是碳氢化合物的混合物。液化石油气在常温常压下是气体，主要成分是丙烷（C_3H_8）、丙烯（C_3H_6）、丁烷（C_4H_{10}）和丁烯（C_4H_8）。液化石油气爆炸极限一般约为 1.5%～10%。

3. 气体报警仪分类

气体报警仪可适用于生产现场、气体储存及输配管道等的检测，是保证安全生产生活的理想监测仪器。

现行国家标准《作业环境气体检测报警仪通用技术要求》GB 12358 对气体检测报警仪的分类如下：

(1) 按检测对象分类

1) 可燃气体检测报警仪。

2) 有毒气体检测报警仪。

3) 氧气检测报警仪。

(2) 按检测原理分类

1) 可燃气体检测有：半导体型、红外线吸收型、催化燃烧型、热导型等。

2) 有毒气体检测有：半导体型、电化学型等。

3) 氧气检测有：电化学型等。

(3) 按使用方式分类

1) 便携式。

2) 固定式。

(4) 按功能分类

1）气体检测仪。
2）气体检测报警仪。
（5）按采样方式分类
1）扩散式。
2）泵吸式。

固定式气体报警仪区别于手持式的便携式报警仪，大部分可以同其他设备连接。固定式气体报警仪大都由两部分组成：控制器和探测器。控制器安装于控制室内可对各监测点进行监测控制，探测器安装于气体最易泄漏的地方，实时监测环境中气体的浓度。探测器可将检测到的气体浓度转换成方便测量的信号，输出信号可通过有线或无线两种方式传输给控制器，目前以有线方式为主。在有警情时探测器能及时检测到并上传给控制器，控制器接收到报警信息能点亮报警灯，发出一定分贝的声响提醒值班人员。

便携式气体报警仪轻便、易于携带。它集合了报警控制和气体探测的功能。便携式气体报警仪可随身携带，检测不同地点的气体浓度，可用于生产现场的检测，也适用于气体储存和输配管道的检测，是相关行业保证安全的必备仪器。适用于管理安全生产的人员和设备检修人员。按照相关规范，一般要求便携式气体报警仪可以连续工作 8h 以上。对长工作时间来说，采用电化学传感器具有很大优势。电化学传感器几乎没有功耗，即使使用碱性电池供电也可长时间工作达几年。便携式气体报警仪具有使用灵活的优点，被越来越广泛的使用。便携式气体检测报警仪是巡检、查漏的一种有效仪器。

在可能产生或存在有毒有害气体的开放式的工厂车间等环境，如果采用便携式气体报警仪器用作安全报警设备，安全管理人员可随身佩戴被动式报警仪。这类仪器大都数字显示浓度值、可对现场进行连续实时监测，并用声光报警防止有毒气体对现场人员的危害。为了避免在不良环境中听不到报警声音，有的还配有振动报警器件。当用于狭小空间、应急事故时，推荐使用泵吸式报警仪，其响应速度快，有利于保护工作人员的安全。

现在，已有不少型号便携式报警仪集合了扩散和泵吸两种功能，可通过公司配件对采样装置进行局部更换，并且可以智能地开启关闭微型真空泵，方便灵活。也有不少复合式便携式报警仪，可以测量多种气体，因为经常有些场合可能有多种气体，也有些场合要求同时测量氧气的浓度。便携式气体报警仪的设计越来越人性化，功能越来越丰富，我们的选择越来越多。

4. 气体报警仪检测原理

气体传感器是一种气敏元件。气体传感器可以把某种气体的浓度转换为测量信号，它也可以将气体的浓度、成分这些信息转化为仪器仪表、计算机或者是人员可以测量和利用的信息。

（1）气敏传感器的主要特性
1）灵敏度：灵敏度主要与气敏元件的原理、结构和工艺有关，指被测量与输出量之比。在使用过程中，采用半导体、电化学还是催化燃烧等工作原理的气敏元件的灵敏度有很大差别。另外，一些国际知名品牌的传感器结构工艺更合理，灵敏度也会相对提高。
2）稳定性：稳定性决定于零点和量程漂移。零点漂移是指在长时间运行条件下气敏元件的输出响应情况。具体指使用一段时间或应用到新的环境后气敏元件在洁净的空气或氮气里探测器的示值大于或者小于零的现象。量程漂移是指气敏元件在持续工作后的输出响应情况。

3）选择性：选择性主要指的交叉灵敏度。像催化传感器可以对大部分可燃气体反应，气体传感器如果选择性低，很可能因为传感器对杂质气体的反应而造成误检误报。为了提高传感器的选择性，很多半导体传感器生产商采用气体过滤膜、催化剂、特殊表面等方式对传感器进行处理。

以上几个方面是气体传感器的基本特征。传感器厂家通过选用新的原理、新的催化剂、新的材料、优化工艺等，不断改进，不断创新，传感器的各方面性能都在不断优化，选择性、稳定性等都得到了提高。

（2）传感器分类。按传感器划分有催化燃烧式传感器、热传导式传感器、电化学传感器、半导体传感器、红外传感器和PID光离子传感器等。

1）催化燃烧式传感器。在某种化学物质的作用下，气体可以在更低的温度下被引燃或燃烧，就是催化燃烧。催化传感器由测量单元和补偿单元组成平衡电桥。其中铂金线圈测量电桥上面涂有可以促进燃烧反应发生的催化剂。铂金属在机械性、耐腐性和温度传导性方面有良好的表现。催化传感器利用铂金线圈用来加热催化剂到工作温度（约500℃），并用来检测气体燃烧时的温度变化。气体在检测元件表面的燃烧反应释放热量使铂金线圈升温，线圈的阻值就会上升，阻值变化的大小与气体浓度有关。

2）热传导式传感器。不同气体有不同热传导性，热传导式传感器是基于气体热传导原理和热电阻效应。检测器的热电阻是采用铼钨丝材料制成的，在电路上也是通过电桥电路来测量变化。当气体成分和流量稳定时，热导室温度恒定，流经热电阻的电流恒定，热能平衡，电桥电路就处于平衡状态。当有其他气体时，热导系数不同，温度变化，电流变化，电桥失衡。热传导式传感器产品质量全世界大同小异。热传导式传感器和半导体原理接近，有些时候也被划到半导体传感器一类。

3）电化学传感器。电化学传感器实际上是一个电流发生器，其原理是基于气体的氧化还原反应所产生的电流。气体的浓度与电流变化成比例。旧式电化学传感器基于两个电极配置，使用受到一定限制。为了达到优良的电化学稳定性，目前使用的是三电极系统，即加入了一个参考电极以稳定感应电极电势。三电极电化学气敏传感器有更广的测量范围。

4）半导体传感器。半导体气敏传感器有多种分类，实现方式略有不同。基本原理都是基于测量气体在催化剂作用下反应使得半导体材质的敏感元件阻值和电导变化，我们可以通过电导和阻值的变化得知气体的种类和浓度信息。典型的SnO_2材料的传感器，其原理是在加上一定电压后，半导体温度升高，空气中的氧气被还原，当与气体接触时半导体电导和阻值与气体浓度成比例变化。不过，半导体传感器输出多为对数输出，线性不良。

5）红外传感器。红外气体传感器是红外测量技术与数字处理技术相结合来进行气体检测的装置，内部集成了完整的相关控制电路和温度补偿电路。目前市场上使用比较多，技术比较成熟的红外传感器大都基于光谱吸收原理，因为各种气体对红外光线的吸收峰值不同，所以可以以此来区分不同气体。同时，根据朗伯-比尔定律，气体对红外光线特征吸收强度是和气体浓度成正比的，我们可以据此准确地测量气体浓度。红外传感器几乎没有尘埃、老化干扰等问题。

6）PID光离子传感器。PID光离子传感器是基于电离反应。在传感器加上电压后，待测气体在紫外光的作用下发生电离，气体正负离子在电压作用下移动，形成电流，可反映气体情况实现检测。

随着各行业对传感器要求越来越高,随着科技的进步,人们不断探索新的材料、工艺和技术,气体传感技术得到了快速发展。

(3) 几种气体传感器的优缺点。催化气敏传感器优点是结构简单、成本低;对可燃气体的响应有广谱性,在空气中对可燃气体爆炸下限浓度(%LEL)以下的含量,气体报警器输出信号接近线性(60%LEL以下线性度更好);不受水蒸气影响,对环境的温湿度的影响不敏感,可用于室外等环境变化较大的场所使用。缺点是工作温度高,一般元件表面温度200~300℃,内部可达700~800℃,气体传感器不能做成本安型结构,只能做成隔爆型可燃气体检测仪;元件易受硫化物、卤素化合物等影响中毒,降低使用寿命;工作电流较大,国内产品100mA,国外产品200~300mA,电流功耗大,不易做成总线连接;在缺氧环境下用可燃气体报警器检测时指示值误差较大。

半导体气敏元件的优点是灵敏度高,可以检测低浓度气体,适用于测漏的场所。缺点是容易受到环境影响,线性不好。随着国家标准要求的提高,半导体传感器越来越不能满足相关要求。

电化学气敏元件的优点是测量精度高,几乎不耗电,极低的功耗。缺点是价格昂贵,工作温度受限制,一般工作温度在-20~55℃,消防规定的室外型报警仪工作温度一般要求在-40~70℃。

(4) 如何选择气体传感器

1) 根据实际使用需求。明白实际的使用需求来明确传感器的类型。区分传感器用于工厂还是家庭,用于分析还是检测,选择合适的精确度和价格定位。综合考虑,明白所需使用环境可能存在的主要气体种类,选择适用的传感器。在用于产品设计时要考虑传感器的大小、形状等各方面因素。

2) 灵敏度的选择。灵敏度反映传感器对被测气体的敏感度指标。在气敏传感器测量敏感度范围之内,我们都希望选用的传感器灵敏度比较高,然而在实际使用的过程中传感器的灵敏度越高电路设计过程中硬件处理越重要,否则很容易引入噪声造成误差。另外选择传感器的时候还要仔细阅读说明书,对比测量环境中可能存在的气体种类,注意传感器的交叉灵敏度。所以,在选择的时候,应当了解待测环境气体的性质,考虑是否有其他物质对传感器输出造成干扰。

3) 响应时间。不同原理的气敏传感器响应时间不同。气体传感器往往用于重要的安全检测场所,相关规范对响应时间有明确规定,所以在选择传感器时要注意响应时间参数。

4) 线性特性。传感器的线性特性关系到测量精度。在量程范围宽的情况下保持好的线性,更能准确反映气体浓度情况。

传感器是电路的核心器件,在选择的时候要分析考虑各方面的因素,在稳定性、抗干扰和抗中毒能力、线性特性、寿命、性价比等方面做出一个权衡。

二、加拿大BW四合一气体检测仪GasAlertMicro使用说明

1. GasAlertMicro的组成

GasAlertMicro的外观组成如图6-41所示,各部件说明见表6-6。

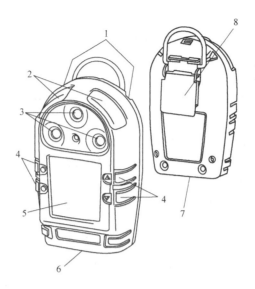

图 6-41　GasAlertMicro 的外观组成

表 6-6　各部件说明

序　号	说　明	序　号	说　明
1	声音警报	5	显示屏
2	报警光条	6	电池盒
3	传感器	7	数据记录器
4	按钮	8	鳄鱼夹

2. 显示项

屏幕显示项如图 6-42 所示，各显示项说明见表 6-7。

图 6-42　屏幕显示项

第六章 地下管网泄漏检测技术

表 6-7 各显示项说明

序 号	说 明	序 号	说 明
1	报警状态	8	气瓶
2	电池寿命指示器	9	传感器自动量程校准
3	按钮指示器	10	密码锁
4	时钟	11	实时日历
5	气体标识条	12	报警状态
6	数据记录卡指示器	13	以后使用
7	传感器自动零位校准		

3．按钮

各按钮说明见表 6-8。

表 6-8 各按钮说明

按 钮	说 明
①	1. 要打开检测仪，请按① 2. 要关闭检测仪，请按住①并持续 5s 3. 要启用或禁用提示音，请在启动时按住〇然后按①
▲	1. 要增大显示值，请按▲ 2. 要进入用户选项菜单，请同时按住▲和▼并持续 5s 3. 要清除 TWA、STEL 和最大气体浓度读数，请同时按〇和▲
▼	1. 要减小显示值，请按▼ 2. 要启动校准和设置报警点，请同时按〇和▼并持续 5s
〇	1. 要查看 TWA、STEL 和最大（MAX）浓度读数，请按〇 2. 要确认收到锁定的警报，请按〇

4．校准

校准操作程序见表 6-9。

表 6-9 校准操作程序

序 号	程 序	显示屏幕
1	在干净的环境中，同时按住〇和▼并持续 5s。检测仪将响四声。检测仪再响一声，表示已开始校准	CAL H₂S ppm / CO ppm O₂ % / LEL % Auto Zero / Auto Span

(续)

序 号	程 序	显示屏幕
2	检测仪将 H_2S、CO 和可燃气体传感器归零时,显示屏将闪烁 Auto Zero。自动归零过程结束时,检测仪将响两声	 0 0 20.9 0 Auto Zero
3	当显示屏闪烁时,连接校准气瓶并使用流速为 250~500mL/min 的气体进行校准。量程校准过程结束时,检测仪将响三声。移去校准气体	 25 100 50 Auto Span
4	按▼或▲更改报警点。按①跳至下一个报警点。按○进行保存。报警点设置过程结束时,检测仪将响四声	 ALARM TWA 10
5	按▼或▲更改下一次校准日期。按○进行保存。检测仪将响五声,表明校准过程已完成	 CAL duE 180 d

5. 警报

表 6-10 列出了检测仪的各种警报。

表 6-10 各类警报说明

警 报	显示屏	警 报	显示屏
低点警报 1. 慢速的音调和闪光 2. ALARM 和目标气体条闪烁 3. 激活振动警报器	 LOW ALARM 0 0 20.9 10	STEL 警报 1. 快速的音调和闪光 2. ALARM 和目标气体条闪烁 3. 激活振动警报器	 ALARM STEL 12 0 20.9 10
高点警报 1. 快速的音调和闪光 2. ALARM 和目标气体条闪烁 3. 激活振动警报器	 HIGH ALARM 0 200 20.9 0	传感器警报 1. 慢速的音调和闪光 2. ALARM 和气体条闪烁 3. 激活振动警报器	 ALARM - - 20.9 0

（续）

警　报	显示屏	警　报	显示屏
低电量警报 （提示音被禁用） 1. 每 10s 响 1 声并闪烁 1 次 2. ▆ LOW 闪烁		超量程警报 1. 快速的音调和闪光 2. ALARM 和目标 气体条闪烁 3. 激活振动警报器	
提示音 每 15s 快速响 2 声		自动关闭警报 1. 响 8 声并闪烁 2. ▆ 周期性显示 LOW 3. 暂时激活振动警报器	
多气体警报 1. 交替发出低警报音和高警报音并闪烁 2. ALARM 和目标气体条闪烁 3. 激活振动警报器		正常关闭 1. 响 4 声并闪烁 2. 暂时激活振动警报器	
TWA 警报 1. 慢速的音调和闪光 2. ALARM 和目标气体条闪烁 3. 激活振动警报器		注意： 可以将警报设置为锁定或非锁定。要确认此设置，请转至用户选项菜单的锁定警报选项	

6. 用户选项菜单

要访问用户选项菜单，请同时按▲和▼，并持续 5s。要选择所需选项，请按▼或▲。按○可选中选项。以下是可用的用户选项：

（1）Finish options（完成选择）：退出用户选项菜单。

（2）Latching alarms（锁定警报）：警报将一直持续，直至用户确认为止。

（3）Safe display（显示 Safe）：LCD 在没有测量气体时显示 SAFE。

（4）Combustible sensor measuring selection（可燃气体度量选择）：以 0~100% LEL 或 0~5.0% VOL 的形式进行测量和显示。

（5）Language selection（语言选择）：LCD 的显示语言有英语、法语、德语、西班牙语和葡萄牙语。

（6）Sensor option（传感器选项）：启用/禁用传感器。

（7）Pass code protection（密码保护）：防止他人访问用户选项菜单和校准菜单。

（8）Automatic oxygen calibration（自动氧气校准）：启动时自动进行氧气校准。

（9）Span concentration values（量程浓度值）：更改每个传感器的量程浓度值以进行校准。

（10） STEL period（STEL 周期）：将 STEL 计算周期设为 5~15min。
（11） Stealth mode（静默模式）：禁用声光报警功能。
（12） Automatic backlight（自动背景光）：不管光线情况如何，都禁用自动背景光。
（13） MicroBatt：确认检测仪使用的是 GA MicroBatt。
（14） Bump due（冲击到期）：如果检测仪在过去 24h 内没有进行冲击测试，则令显示屏在启动时显示通知。
（15） Adjust clock（调整时钟）：调整实时时钟和日历（仅限于数据记录器型号）。
（16） Logger rate（记录器速率）：在 1~127s 之间调整速率（仅限于数据记录器型号）。

三、便携式可燃性气体检测仪的使用说明

以日本新宇宙可燃性气体检测器 XP-311A 为例，介绍仪器使用操作方法。
（1） 检查检测仪是否有检验合格证，是否在有效期内，如图 6-43 所示。
（2） 检查检测仪吸气导管有无堵塞、损坏等，如图 6-44 所示。
（3） 将转换开关由 OFF 转至 BATT 档位置。

1） 检查电池电压，当指针在 BATT 刻度右侧时，说明电压正常，可以使用，如图 6-45 所示。

图 6-43　检查合格证

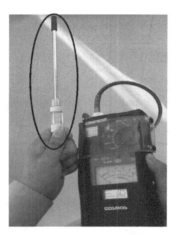
图 6-44　检查吸气导管

图 6-45　检查电池电压

2） 当指针在 BATT 刻度左端时，说明电压不足，应及时更换电池。
（4） 将转换开关由 BATT 档转至 L 档位置，检测仪显示屏指针在"0"位，如图 6-46 所示。

如指针偏差于"0"时，将"ZERO-ADJ"调节旋钮缓转，进行调节，调节至"0"为止，如图 6-47 所示。（零调节须在 L 档进行，必须在干净空气中进行）
（5） 先将转换开关转至 L 档（0~10%LEL）或 H 档（0~100%LEL）将吸入管靠近所要检测地点来测量。在检测气体时，如果开关在 H 档，如指针指示在 10%LEL 以下时，当即转换到 L 档，以便读到更精确的数值，如图 6-48、图 6-49 所示。

检测完成后，将吸入管离开检测点，在干净的空气里等指针回零后，关闭电源，如图 6-50、图 6-51 所示。

图 6-46　L 档归零

图 6-47　仪器调零

图 6-48　开关调至 H 档

图 6-49　开关调至 L 档

图 6-50　指针回零

图 6-51　关闭电源

第九节　城市燃气泄漏检测新方法及其应用

一、光学甲烷探测技术

城市燃气泄漏可能导致局部燃气管道停输，不仅给居民生活带来不便，如果采取措施不及时，甚至还会造成重大事故和经济损失。目前国内对燃气泄漏检测普遍采用便携式、袖珍式和固定式三类甲烷浓度监测仪，在检测过程中很容易受到 CO、CO_2 和 H_2O 等其他气体和现场实际条件（如潮湿度、覆盖物和风向等）的干扰影响，导致误检和判断失效。为了提高燃气泄漏检测的精度和效率，有必要选用合适的检测仪器来进行燃气泄漏检测和鉴别，同时积极探索各种探测仪的功能互补性。

1. 光学甲烷检测仪的工作原理

每种气体都有自己的特征红外吸收频率，不受其他气体吸收峰的干扰，吸收的能量与气体在红外光区内的浓度有关，大部分光学甲烷检测仪就是据此来进行设计的。甲烷（CH_4）分子的光谱吸收区为 $3.26\mu m$，在 $3.26\mu m$ 附近，CO、CO_2 和 H_2O 分子等没有明显吸收，对甲烷气体检测的影响几乎可以忽略。由 lambert-beer 定律可知，当一定频率强度为 I_0 的入射红外光穿过气体时，气体吸收自己特征频率红外光的能量后，而使出射光能量减弱为 I，即吸收度 $I = I_0 \exp(-\mu CL)$。其中，μ 为气体吸收系数，C 为待测气体浓度，L 为光程长度。

2. 光学检测仪的优点

对比常用的传统气体检测仪，利用红外吸收原理的气体检测仪表有以下五个优点：

（1）气体选择性好。每种气体都有自己的特征红外吸收频率，在对混合气体检测时，各种气体吸收各自对应的特征频率光谱，互不干扰，可以方便地测量出混合气体中某种特定气体。

（2）检测仪表不易受有害气体的影响而老化。光学检测仪采用非接触式方法测量气体，不会由于受有毒气体的影响而中毒和老化，致使载体催化类元件中毒失活，可防止测量结果发生很大的偏差。

（3）响应速度快，稳定性好。光学检测仪在开机相对较短的时间内就能正常工作，且当气体浓度发生变化时，也比其他检测方法更能及时做出响应。另外光学检测仪不会引起检测系统发热，使测量系统不至于因温度的变化而受到影响，系统工作稳定性好。

（4）防爆性好，信噪比高，使用寿命长，测量精度高。与传统检测方法采用的电信号不同，光学检测仪需要的电压低，在矿井、煤气站等有混合爆炸气体的场合，不会成为爆炸的点火因素，具有较好的防爆性。而且利用红外吸收原理检测气体，产生的干扰信号小，有用信号明显，系统的信噪比高。同时检测系统具有零点自动补偿与灵敏度自动补偿功能，因而不用定时校准，具有使用寿命长的优点。

（5）应用范围广。红外吸收原理除了应用于气体检测，它的应用范围也是很广泛的，尤其是在油气行业得到普遍应用，并取得了良好的效果。

因此，光学检测仪不仅满足目前城市燃气检测对检测仪器的要求（响应速度快、精度高、稳定高和防爆性好），而且以其寿命长和性价比好的特点而具有更为广阔的适用性。

3. 车载式和便携式泄漏检测仪器的配合使用

车载式 ODM™ 光学甲烷探测仪是专门为埋地天然气管网及集输管线设计的气体检漏装置，其照片如图 6-52 所示。红外灯柱探测器安装在检测车前，可在各种环境条件下运行，不会因光柱上的尘土雪水等而引起吸收频率的微小波动；检测仪响应速度快，可检测低于 1ppm（1ppm = 1mg/kg，下同）浓度的甲烷泄漏，速度高达 10000 次/s，且稳定性好，自身不会引起检测系统发热，系统工作稳定性好。另外，ODM™ 内部有刻度校准器，能够在任何时间检验探测仪和设备是否正常运行，检测数据和 GPS 数据通过端口与计算机连接，便于数据分析与存储。

图 6-52　车载式 ODM™ 光学甲烷探测仪照片

车载式 ODM™ 光学甲烷探测仪尤其适合于位于车行道上的管线设施的日常检测，不仅效率高，检测面大，还避免了因进行人工检测而带来的交通安全隐患，可以主要针对城市的干道管线、中压煤气管线、位于道路上的低压管线等进行检测。现场实际应用效果表明，虽然该仪器检测距离仅为 20m，且预热需要 15min，但是检测车的车速平均为 25km/h，一天可检测近 80km 长的管线，与国内现有的检测手段相比，提高效率近 50%。

RMLD™ 激光甲烷遥距检测仪作为便携式中的领先产品，采用了可调谐二极管激光吸收（TDLAS）技术，可以调频检测 CO 和 CO_2 气体的含量，并且能够巡检原来不能到达或不易到达的地方，不必将探头置于可燃气体的环境中，操作人员不用处于一些危险的环境中，提高了工作环境的安全性，降低了操作人员的劳动强度。同时检测仪预热时间短，只需 2~3min，且具有自检和标定的功能。RMLD™ 激光甲烷遥距检测仪工作图如图 6-53 所示。

RMLD™ 激光甲烷遥距检测仪具有穿透能力较强（可穿透玻璃）、密闭空间漏点寻找、反太阳光干扰、遥测距离长（遥测距

图 6-53　RMLD™ 激光甲烷遥距检测仪工作图

离 50m）及操作简单等优点，主要针对庭院小区、架空管线和不易到达的管线进行检测，重点对沉降庭院小区和长期不易到达的管线进行检测。在巡检过程中，若车载式 ODM™ 光学甲烷探测仪出现报警，则用 RMLD™ 在报警范围内进行遥测，确定泄漏源。

4. 现场应用

为了防止误检，在日常检测中 ODM™ 报警后，需要对报警处相邻管沟的甲烷值和可燃气体值进行检测。现以昆明市燃气检测情况为例，该市燃气管网目前的管输介质为人工煤气，2009 年以前使用的检测设备是 SST-9801A 可燃气体探测器，检测范围为 0~100%，探

测方式为扩散式，环境温度为-20~45℃，湿度为20%~90%，电源电压为220V。2010年引进车载式ODM™光学甲烷探测仪后，就开始探索如何防止误检与其他探测仪配合使用的问题，经过近一年的现场应用，形成了以下的燃气泄漏检测方法。

当车载式ODM™光学甲烷探测仪甲烷值超标报警后（设定为20ppm），可用RMLD™激光甲烷遥距检测仪检测在报警30m范围内的燃气设施和相邻管沟的CH_4值，确定泄漏源，调频后再检测CO值（无管沟不需检测），若CO值大于CH_4值的0.18倍，则可判定为煤气泄漏所致。表6-11是对该城市一条在役管线及支线用RMLD™检测仪进行的燃气泄漏情况再判定及与传统检测法新检测法检测结果的比较表。

表6-11 RMLD™激光甲烷遥距检测仪对燃气泄漏情况再判定及与传统检测法检测结果的比较表

泄漏点位	管输介质	燃气设施情况	相邻管沟情况	检测判定结果	新检测法响应时间/min	传统检测法（SST-9801A）相应时间/min
1	人工煤气	中压阀门井无甲烷值	污水井CH_4值为16ppm，可燃气体值为310ppm	未检测到CO，非燃气泄漏	8	13（误报警2次）
2	人工煤气	中压集水井CH_4值为62ppm	雨水井CH_4值为6ppm，可燃气体值为60ppm	CO值（1400ppm）大于CH_4值的0.18倍（11.16ppm），煤气泄漏	6	9（相邻管沟误报警1次）
3	人工煤气	某单元楼一层住户出地绝缘法兰堵头处CH_4值为80ppm	相邻污水井、排水沟CH_4平均值为40ppm，可燃气体平均值为300ppm	CO值（38ppm）大于CH_4值的0.18倍（14.4ppm），煤气微漏	11	25（误报警4次）

工作人员在2号泄漏源点进行了小范围的开挖，发现燃气泄漏是由于1条DN519的中压管线焊接点处破损而引起的，现场做了临时堵漏处理并进行了维修。经查3号泄漏是由于地基下沉、三通管变形、局部撕裂而造成的煤气微漏。3次的开挖检查结果与RMLD™泄漏判定结果相符，初步验证了此方法的正确性。另外，传统检测法（SST-9801A）在无燃气泄漏处误报警2次，在煤气泄漏较明显的相邻管沟处误报警1次，尤其在邻近地下市政系统管沟处误报警达4次，且响应时间明显较长。

2012年中缅管线将进入云南，昆明市将改用天然气，根据区别人工煤气和沼气的方法及原理，车载式OMD™光学甲烷探测仪与RMLD™激光甲烷遥距检测仪能够延续使用。具体做法是车载式ODM™光学甲烷探测仪甲烷值超标报警后，首先用RMLD™激光甲烷遥距检测仪检测相邻管沟的CH_4值，再对检测仪进行标定调零后检测燃气设施中的CO_2值，若CO_2值大于CH_4值的0.25倍，则可判定为非天然气泄漏所致。

车载式OMD™光学甲烷探测仪与RMLD™激光甲烷遥距检测仪能够很好地互补使用，不仅降低了燃气泄漏检测过程中受到沼气等其他可燃气体的干扰影响，而且免受现场实际条件如潮湿度、覆盖物和风向等的干扰影响，能够很好地区分和检测出人工煤气和沼气，同时也可以借鉴到天然气与沼气的区分与检测中。现场实际应用效果表明，该方法检测准确率较高，误报率低，响应速度快，符合现代城市燃气泄漏检测发展的需要。

在城市燃气日常的巡检过程中，该方法不仅能够覆盖城市的整个燃气管网，提前发现泄漏源，而且在泄漏抢险工作中，检测车能够迅速到达现场参与漏点查找工作，有助于尽快处理泄漏事故，防止燃气泄漏量增大而引起燃气积聚，阻止燃气闪爆造成重大危害。

二、负压波检漏技术在输气管线中的应用

1. 负压波检漏技术的基本原理

如果管道的某个位置发生了气体的泄漏，便会在管道的内外形成一定的压差，管道内部流体会迅速流出，在泄漏点位置引起压力突降。泄漏点周围的气体在压差的作用下会向泄漏点流动，形成一个以泄漏点为中心的压力波动，即负压波。负压波以一定的速度向泄漏点的两端传播，利用安装在管道两端的压力传感器就可以检测到压力波动的信号，根据两端传感器接收到负压波的时间差就可以找到泄漏点的位置，其基本的原理如图 6-54 所示。

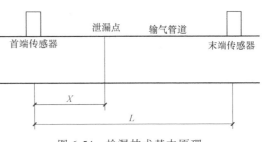

图 6-54 检漏技术基本原理

假定 t_a、t_b 为负压波传播到上下游传感器的时间，α 为负压波在气体中的传播速度，Δt 为首末端传感器接收到负压波的时间差，$\Delta t = t_a - t_b$，那么泄漏点的定位公式可表达为

$$X = \frac{L - \alpha \Delta t}{2} \tag{6-2}$$

由泄漏点位置计算式可以看出，要准确地找到泄漏点，关键在于确定负压波到达传感器两端的时间和对负压波传播时间的精确计算。

2. 负压波检漏技术存在的主要问题

负压波检漏技术通常将负压波在输气管道中的传播速度确定为一个常值，即认为负压波在输气管道中的传播速度一般为声波在输送气体介质中的传播速度，而实际运行的管线中该传播速度与气体介质的密度、压力、比热和管道的材质及传输介质的流速等因素均有关系，不是一个确定的值。因此，利用式（6-2）进行定位必然会带来较大的定位误差。

由于管线运行的环境不可避免地存在一些干扰，如电磁干扰、工况变化等因素，因此，由传感器采集到的压力信号附有大量的噪声，这使得精确识别压力突降点变得非常困难。而压力突降点的准确识别一方面决定了泄漏检测的灵敏度和可靠性；另一方面决定了 Δt 的精度，从而影响到定位的精度。因此，要做到对泄漏点的准确检测与定位，必须解决以上所存在的问题。

3. 负压波检漏技术的优化

（1）负压波在天然气管道中的传播速度传统上认为是声波在介质中的传播速度，为一定值。实际中由于系统状态、工况等情况随时在发生变化，使得负压波的传播速度并非一成不变，因此采用此值进行定位必然会带来较大的定位误差。根据能量守恒原理，负压波传播速度可表示为

$$v = \sqrt{\frac{1}{\alpha_P \rho \left(1 + \dfrac{D}{E \alpha_P e}\right)}} \tag{6-3}$$

式中　v——负压波波速（m/s）；

　　　α_P——气体压缩系数（Pa^{-1}）；

　　　ρ——气体密度（kg/m^3）；

　　　D——管道内径（m）；

　　　E——管道弹性模量（Pa）；

　　　e——管壁厚度（m）。

对于 E 很大或 e 很大的刚性管壁，$\dfrac{D}{E\alpha_P e}$ 一般为 10^{-3} 甚至更小的数量级，在实际应用中，天然气传输管道恰具有此特性，故在满足精度要求的情况下式（6-3）又可适当简化为

$$v=\sqrt{\dfrac{1}{\alpha_P \rho}} \quad (6-4)$$

由此可见，压力波的传播速度主要与流体密度和压缩系数相关。众所周知，气体的密度受其压力和温度影响很大，而气体的压缩系数也与这两个物理量有很大关系。随着输气工艺的发展，天然气的管道输送正朝着大口径、高压力的方向发展，加之传输管道距离长，温度的变化也不可忽略，因此对压力波速的研究必须考虑压力、温度对流体密度和压缩系数的影响。

（2）定位公式的修正。考虑管道内气体流速对压力波速的影响，上游实际接收到的压力波传播速度为 $v-u$，下游为 $v+u$，故：

$$t_1 = \dfrac{X}{v-u} \quad (6-5)$$

$$t_2 = \dfrac{L-X}{v+u} \quad (6-6)$$

式中　u——气体流速（m/s），计算时可采用气体的平均流速。

由式（6-2）得修正后的定位公式为

$$X = \dfrac{L(v-u)+(v^2-u^2)\Delta t}{2v} \quad (6-7)$$

由于系统的所有数据都由计算机进行采集和处理，故式（6-7）又可写为

$$X = \dfrac{L(v-u)+(v^2-u^2)\Delta d t_s}{2v} \quad (6-8)$$

式中　t_s——采样时间（s）；

　　　Δd——奇异点的位置差（m）。

4. 噪声消除及压力突降点的捕捉

（1）小波消噪。在实际的泄漏检测定位中，必须准确地获取到由于管道泄漏所引起的压力突降特征点，这样才能精确地确定泄漏点，得出负压波传播到首末端传感器的时间差，从而提高负压波检漏技术的可靠性、灵敏性和精确性。但是由于在管道运行的现场必然会存在电磁干扰等影响检测灵敏性的因素，这样传感器获得的声信号就含有大量的噪声，故而如何在繁复的声信号中准确地找到标识压力突降点的信号是负压波检漏技术的关键点。为了很好地解决这个问题，大多数检漏采用小波变换技术，该技术具有极其良好的消噪能力和时频局域特性，可以很好地对附加有其他噪声信号的负压波信号进行消噪处理和奇异点的识别。

在传感器获得的信号中,有用的负压波等信号通常表现为一些变化比较平稳的信号或者低频信号,而噪声信号则通常表现为高频信号。

小波变换技术的基本消噪原理是:可对传感器获取的复合信号进行逐层的小波分解,将高频区域的噪声信号逐渐消除,在以门限阀值等形式对小波系数进行处理,最后对所得到的信号记性重构,从而得到了去除了噪声的有用信号。小波变换技术至为关键的一环就是如何选取阀值和对阀值进行量化处理,得到显示压力突降的负压波信号,它直接关系到信号处理的质量。

从小波降噪处理的方法上说,一般有以下三种处理方法:强制降噪处理、默认阈值降噪处理及给定软(或硬)阈值降噪处理。

(2)压力突降点的捕捉。小波变换由于在时域和频域内同时具有良好的局部化性质,可聚焦到对象的任何细节,而被称为数学分析的"显微镜"。利用连续小波变换的时间尺度特性,可以有效地检测信号的奇异性。其原理是:引用数学上表征函数局部特征的李氏指数(Lipschitz 指数)作为一种度量。当信号在奇异点附近的 Lipschitz 指数 $\alpha>0$ 时,其连续小波变换的模极大值随尺度增大而增大;当 $\alpha<0$ 时,则随尺度的增大而减小。噪声对应的 Lipschitz 指数远小于 0,而信号边沿对应的 Lipschitz 指数大于或等于 0,因此利用小波变换可以区分噪声和信号边沿,能有效地检测出强噪声背景下的信号边沿。

5. 仿真验证

采用以上介绍的检漏优化算法对某输气管道的漏点进行了仿真计算,管道数据如下:管道全长 $L=170km$,管道直径为 650.0mm,壁厚 8.8mm,首端压力为 9.0MPa,温度为 50℃,末端压力为 5.6MPa,温度为 30℃,假定管道在 30.5km、100.7km、155.2km 处发生泄漏,具体的仿真结果见表 6-12。

由仿真结果可见,与原始算法相比,优化的算法明显地提高了漏点定位的精度。

表 6-12 仿真验证结果

泄漏点	实际距离首端距离/km	仿真所得 Δt/s	采用原始定位算法		采用优化算法	
			定位点 1(与首端距离)/km	相对误差(%)	定位点 2(与首端距离)/km	相对误差(%)
点 1	30.50	268.40	32.10	5.25	30.42	0.26
点 2	100.70	89.13	98.68	2.00	100.65	0.05
点 3	155.20	373.30	151.88	2.14	155.40	0.13

三、燃气泄漏检测信息系统在管网检漏的应用

传统的燃气管道泄漏检测采取人工巡检方式,该方式工作量大,操作烦琐,巡检效率较低,巡检信息化程度不高。燃气检漏车的应用把车载 FID 检测技术与汽车的机动性结合起来,检测灵敏度高,应急反应速度快,可以解决燃气管网安全管理工作量巨大的问题。当需要建立整个城市的燃气管网泄漏早期预警系统时,车载 FID 检测技术也只能作为整个系统中的一个关键信息节点。只有将车载 FID 检测技术与 GPS 定位系统及 GIS 地理信息系统结合起来,才能形成整个城市燃气管网泄漏早期预警系统。

1. 燃气检漏车巡检方式及工作要求

巡检时,配备火焰离子(FID)检测仪的燃气检漏车以 15~20km/h 的速度在敷设有燃

气管道的路面上行驶,通过车前端安装的 8 个泵吸采样探头,吸入被测气体,被测气体通过灰尘过滤器和水汽过滤器,进入氧化室,最后进入 FID 燃烧室进行对比检测,得出检测结果。该巡检方式不同于过去常用的打孔的人工巡检方式,后者费时费力且不利于人体健康,而检漏车的采用大大提高了巡检的效率,过去人工巡检需要几天才能完成的工作,现在只需要几小时就可以顺利完成。此外,打孔巡检时往往需要凭借人的嗅觉去判断是否有漏气,随机性较高,而车载巡检系统的检测灵敏度较高,可以检测出空气中体积分数为 1ppm 的可燃气体。

为了精确定位地下燃气管道的泄漏点,要求检漏车在以下条件下巡检:

(1) 泵吸采样探头安装高度距离地面 150mm。
(2) 燃料瓶、标准瓶出口压力为 0.095~0.110MPa。
(3) 巡检时车速必须保持在 15~20km/h。
(4) 检漏车车内温度必须控制在 (25±10)℃,以满足仪器正常运行。
(5) 检漏仪的燃气报警下限(体积分数)设定值:天然气区域为 10ppm,人工煤气区域为 5ppm。

2. 燃气泄漏检测信息系统的开发

检漏车的引进虽然变革了传统的人工巡检方式,在极大程度上提高了巡检的工作效率以及检漏的准确率,但是其巡检样板的制定、对泄漏点的定位以及各类报表的生成仍然需要工作人员手工完成,无法实现对车辆巡检情况的实时监控、泄漏点的实时定位,泄漏点在 GIS 地图上的自动标注等。因此,只有将车载 FID 检测技术与 GPS 及 GIS 结合起来,才能实现整个城市燃气管网泄漏检测系统的信息化。

利用数据和软件平台,将车载 FID、车载 GPS、GIS 信息系统三者相结合,构建起城市燃气管网泄漏的早期预警系统。其工作原理为 FID 检漏仪检测到管网泄漏点后,系统将完成两项任务:一方面自动读取车载检漏仪所采集到的数据,将其写入数据库;另一方面,安装在检漏车上的 GPS 定位仪自动记录泄漏点的空间坐标,并转换为城市坐标,供安装于车载笔记本计算机上的 GIS 系统使用。GIS 系统将 GPS 传送的空间坐标以及 FID 采集到的泄漏数据整合,进行专业分析、专题显示,形成相关的报告报表。图 6-55 表示了整个系统的功能结构。

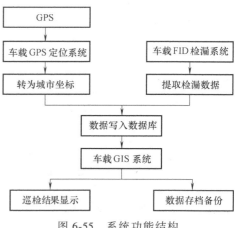

图 6-55 系统功能结构

该系统具有以下特点:

(1) 检漏车和燃气公司各管理站的数据库共享统一的数据系统、管道数据、GIS 平台数据。

(2) 可以实时读取 FID 检漏系统的检测结果,并将检测结果与 GPS 定位系统记录的检漏车空间位置进行合并,将漏点信息实时显示并存储在车载笔记本计算机上。

(3) 可以实时监测和显示检漏车的位置偏差,监控检漏车的速度、工作时间、检漏的管道路径等,与工作计划进行对比,当超出范围时予以报警。

(4) 现场记录的各种信息可以按燃气公司要求同时回传到多个评估、管理、数据库等系统，如燃气公司的风险评估系统，并与原有的各类系统兼容和连接。

3. 燃气泄漏检测信息系统的功能

(1) 地图浏览。系统采用燃气公司 GIS 平台数据，储存了输配管道及设备（包括调压器、阀门、凝水缸等）数据以及各类地形数据等，利用系统提供的放大、缩小、平移、定位、比例尺切换等浏览功能，可随意查看所有想了解的地图信息。

(2) 制定巡检任务。巡检前，管理人员选择要巡检的样板和巡检的日期，制定巡检任务。巡检人员只需根据当日巡检任务，选择要巡检的样板，即可了解当天所要巡检的地区范围及其所包含的管道。

(3) 管道巡检。巡检人员根据系统制定的巡检任务，进行管道巡检。巡检过程中，系统实时读取 FID 检测仪器所检测到的气体体积分数数据，体积分数一旦超过安全标准，系统自动报警，并在 GIS 地图上以图表的形式标示出检测到的泄漏点。若巡检人员确认泄漏，只需输入相关信息，即可对该泄漏信息进行永久记录，并上报至信息中心。若燃气管道上发生占压、施工等情况也可在巡检过程中进行记录，并以图表的形式在 GIS 地图上标示。

(4) 巡检结果查看。巡检完成后，管理人员可选择巡检人员与巡检日期，查看当天该人员所巡检的线路，以及巡检过程中所检测到的各类状况。根据需要，管理人员还可以对泄漏点打印泄漏点报告单。泄漏点报告单详细地记录了泄漏点的位置、燃气体积分数的报警值以及最高值、泄漏所发现的时间、泄漏现场的 GIS 地图等信息，抢修人员可根据该泄漏点报告单确认泄漏的具体位置，进而对管道进行维修。

(5) 统计报表。根据巡检结果，系统自动进行统计分析，生成各类报表，例如：巡检日报表、巡检周报表、巡检月报表、不能出车记录表等。

(6) 数据导入导出。巡检车与公司信息中心之间，可使用数据导入导出功能对地图数据、巡检任务、巡检结果等数据进行传递。

(7) 数据存档、备份。巡检完成后，巡检人员可手动或设置系统自动对巡检的数据进行备份，生成备份文件，拷贝至移动硬盘、U 盘等介质中进行保存。保存的数据包括：巡检人员、车辆运行速度、行驶里程、时间、检测结果等。其主要作用共有三点：

1) 防止因物理介质损坏而导致数据丢失。

2) 可将各巡检点的数据进行集中储存，以便于实现对数据进行统计、对比、分析等操作。

3) 备份文件中数据信息按固定格式进行储存，可将该数据格式输入公司原有的各软件系统（如风险评估系统），并将巡检结果在该系统中进行显示连接。

第十节　热力管道泄漏光纤光栅检测技术

管道泄漏是制约管道安全运行的一大难题，每年由于泄漏造成的经济损失十分巨大，拥有管道体系的石油石化、给水排水、供热和供气等企业急于解决管道安全问题。2000 年 12 月 1 日，大庆市某供热管网突然断裂，造成几十家企事业单位，约 34 万 m^2 面积被迫停止供热，经济损失达数千万元，并产生了严重的社会影响。

传统的管道泄漏检测方法存在着一定的问题和难点。管道内检漏法只能间断进行，易发生堵塞、停运的事故，而且造价较高，不符合我国基本国情。多数管道外检漏法都在泄漏后进行，不能满足及时准确发现泄漏的要求，经常只有发生大漏（已造成较大的经济损失）时才能发现。

光纤传感器本身不带电、抗射频和电磁干扰、防燃、防爆、抗腐蚀、耐高温和强电磁场，能在有害环境中安全运行；而且其结构简单，尺寸小，质量轻，频带宽，可进行多种参量的分布测量。光纤光栅传感器的应用范围非常广，在桥梁、建筑、海洋石油平台、油田、航空、大坝及管道等工程都可以进行实时安全的温度、应变及压力等监测。热力管道泄漏后，泄漏出的热水引起热力管道周围土壤温度场温度升高，光纤光栅温度传感器可感知温度变化，从而及时发现泄漏。在此主要介绍光纤光栅温度传感系统检测热力管道泄漏的原理和工程应用。

一、光纤光栅检测原理和泄漏判定

1. 光纤光栅原理

布拉格（Bragg）光栅是最常见的一种光纤光栅，属于反射型工作器件。当光源发出的连续宽带光通过传输光纤射入时，在满足 Bragg 条件的情况下，它与光场发生耦合作用，对该宽带光有选择地反射回相应的一个窄带光，并沿原传输光纤返回，而透射光谱中将缺少这一部分窄带光。其反射光谱在 Bragg 波长 λ 处出现峰值。光栅受到外部物理场（如温度、应变等）的作用时，其栅距随之发生变化，从而改变了后向反射光的波长 λ。反射回的窄带光的中心波长值随着作用于光纤光栅的温度和应变的改变而呈线性变化，从而使光纤光栅成为性能优异的温度、应变测量敏感元件。

布拉格光栅条件准则为

$$\lambda_B = 2n\Lambda \tag{6-9}$$

式中　λ_B——入射光经过布拉格反射后的自由区中心波长，即反射中心波长或特征波长；
　　　n——纤芯的有效折射率；
　　　Λ——折射率变化周期。

基于此原理的光纤光栅传感器具有测量灵敏度高的特点；只需要探测到光纤中光栅波长分布图中波峰的准确位置，与光强无关，比一般的光纤传感器具有更高的抗干扰能力，克服了传统光传感器依赖光强大小的缺点，实现了数字化检测，稳定性好，使用寿命长。

图 6-56 所示为工程应用中采用的光纤光栅温度传感器，其标准量程为 -30～120℃；精度为 0.5℃；灵敏度为 0.1℃；传感器尺寸为 $\phi 7 \times 82$。

光纤光栅传感器不同于其他光纤传感器的优点是精度高、可绝对测量、波长编码、可重复使用，可以广泛地测量温度、应力和应变等参量，还可以实现准分布式传感测量网络，传感信号可以传输到监控室进行遥测，实现在线监测。

图 6-56　光纤光栅温度传感器外形结构

2. 泄漏判定

热力管道正常运行时，沿线各点的温度场分布处于稳定趋势，其温度分布曲线如图 6-57

所示。当某一时刻管线发生泄漏时，管线的漏点附近温度场的温度突然升高，光纤光栅温度传感器能够及时感知其温度变化，其温度分布曲线如图6-58所示。利用光纤网络分析仪和计算机监测系统，即可判断管道泄漏及泄漏点的位置。随着泄漏量的增大，热力管道周围土壤温度场也随之变化，在实际的工程泄漏检测中，可以在管道正下方一定深度内布置光纤光栅温度传感器，进而能及时监测泄漏点附近局部土壤温度场的变化情况，判断出泄漏及泄漏点的位置。

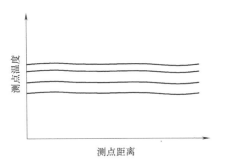

图6-57 未泄漏时测点温度分布曲线

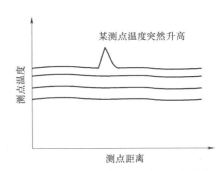

图6-58 某测点泄漏发生后测点温度分布曲线

二、工程应用

在某供热一级主管道（大部分埋地）采用光纤光栅温度传感系统监测热力管道泄漏，管道管径分别为0.8m，1.0m和1.2m，供水回水双线铺设，全长10km，共布置42只光纤光栅温度传感器，主要布置在易发生泄漏的补偿器井和拐弯处。计算机监控系统设在19号热力站。

1. 光纤光栅温度传感技术检测热力管道泄漏系统构成

根据国内外相关研究和试验、仿真计算结果，将埋地传感器布置在供水、回水两根热力管道下表面中心线正下方0.5m处，补偿器井内传感器放置在管道保温层外侧保护层的内侧。考虑长期监测，传感器与光缆现场熔接，然后现场检测温度传感器波长及光功率能量损失。随着管道施工，沿管道铺设通信用普通光缆（6芯单模），对管道的关键部位（补偿器、转弯处）进行温度监测。按照光纤光栅温度传感器波长从短到长，各通道0℃波长、温度系数见表6-13。光纤光栅温度传感器由北京某科技有限公司提供，FBG240型4通道光纤光栅网络分析仪。其中1~4通道各布置9、11、10、12个传感器，共42个光纤光栅温度传感器。

表6-13 各通道0℃波长和温度系数

编号	通道1(蓝芯)		通道2(白芯)		通道3(绿芯)		通道4(灰芯)	
	0℃波长/nm	温度系数	0℃波长/nm	温度系数	0℃波长/nm	温度系数	0℃波长/nm	温度系数
1	1531.40	10.00	1528.70	8.99	1531.80	8.97	1527.70	9.90
2	1533.00	10.00	1537.90	9.99	1533.90	9.93	1529.20	10.00
3	1534.80	9.00	1540.30	10.02	1535.80	9.97	1531.40	9.91
4	1540.70	9.00	1543.90	9.13	1537.70	9.05	1531.90	10.00
5	1546.40	10.00	1546.70	9.09	1548.00	10.04	1537.70	10.00

(续)

编号	通道1(蓝芯)		通道2(白芯)		通道3(绿芯)		通道4(灰芯)	
	0℃波长/nm	温度系数	0℃波长/nm	温度系数	0℃波长/nm	温度系数	0℃波长/nm	温度系数
6	1549.80	9.00	1548.20	10.06	1549.50	10.08	1538.60	10.00
7	1550.90	10.00	1551.10	10.06	1554.20	10.05	1540.90	10.00
8	1552.50	10.00	1552.10	10.06	1559.70	10.00	1547.70	10.00
9	1563.20	10.00	1555.70	9.09	1562.20	10.00	1550.00	10.00
10	—	—	1557.60	10.12	1562.70	10.16	1552.50	10.00
11	—	—	1595.50	10.18	—	—	1555.70	10.10
12	—	—	—	—	—	—	1559.60	10.20

图6-59为光纤光栅温度传感技术检测热力管道泄漏的系统构成图。通过一根单模的6芯光缆，将若干光纤光栅温度传感器连接起来，传给控制中心的光纤光栅网络分析仪，然后传给计算机处理，读出各个传感器的温度值，事先设定报警温度，一旦温度突变超过设定值，及时报警，从而发现热力管道泄漏。

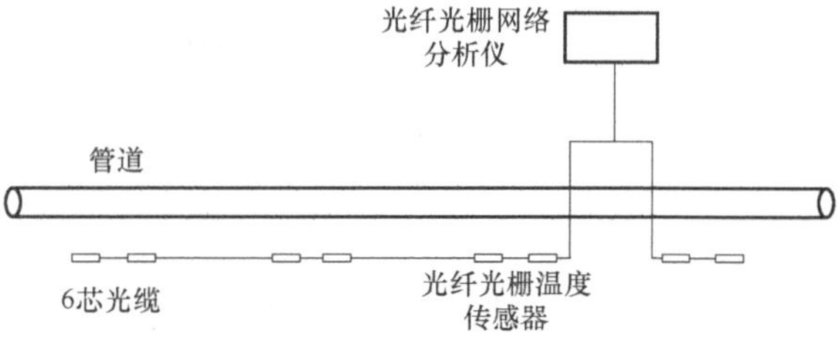

图6-59 监测系统构成图

2. 仪器设备安装和波长解调

光纤光栅网络分析仪设备不仅适用于现场测量，还具有光谱分析的功能，可以了解对不同物理条件下传感器反映出的光谱形状变化，而不仅仅是给出光纤光栅（FBG）中心波长的变化。该仪器适合开发大容量特定传感系统的前期应用和长期现场测量，广泛应用于各种恶劣条件下的长期温度监测。

FBG240型4通道光纤光栅网络分析仪主要性能是：智能化软件支持，功能强大，操作简单；波长-功率数据采用数字和图形化同时显示，多种监测形式；波长分辨率高达1pm，同时具有光谱分析的功能；动态范围高达50dB，可消除线路损耗过大引起的测量误差；波长范围宽，可达1525~1565nm，4个通道可扩展，可同时监测多达100个传感器。系统既提供高精度的波长分辨率，又满足长期运行稳定性的要求。主机采用波分复用（WDM）解调技术来解调FBG温度传感器阵列。波分复用是通过波长来辨别每个FBG温度传感器的，这样就要求每个FBG的中心波长不能相同，必须存在一定的差值，每个FBG温度传感器同时感知环境的温度，从而产生中心波长的改变。

其主机设计包括的基本配置有：光源模块、光纤耦合器、光探测器、光谱分析单元和信号输出等部分。图6-60是FBG240工作原理图。从光源模块发出的宽带光源通过耦合器后分成两束，一束经过分光器件进入各传感通道，通过光栅时反射某一特定波长的光，回到探测器，进入DSP信号处理模块；另一束通

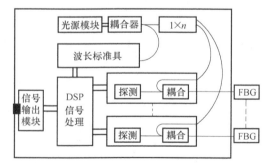

图6-60 FBG240工作原理图

过波长标准具,筛选出具有标准波长的光,也进入 DSP 信号处理模块。两方向来的光经过比较、计算、处理后输出应变或温度变化结果,显示在计算机上。图中 1×n 表示一分成 n 的光开关。

3. 检测热力管道泄漏系统运行数据

表 6-14 反映了二通道光纤光栅温度传感器不同时间温度数值。从表中可见,各光纤光栅温度传感器比较灵敏,性能稳定,温度波动不大,对关键点温度可实现每隔 8min(根据需要,可最快设为 2s 扫描一次)的实时在线检测。

表 6-14 二通道光纤光栅温度传感器在不同时间的温度 (单位:℃)

传感器序号	时间/min				
	0	8	16	24	32
1	38.83	38.86	38.95	38.79	38.78
2	30.98	31.03	31.21	31.21	31.20
3	36.20	36.13	36.18	36.31	36.17
4	33.13	33.21	33.13	33.10	33.09
5	37.80	37.76	37.94	37.80	37.77
6	45.73	45.83	45.88	45.73	45.85
7	39.95	39.93	39.96	39.82	39.80
8	33.96	33.93	33.98	33.96	33.81
9	46.74	46.74	46.75	46.75	46.73
10	45.23	45.37	45.38	45.23	45.23
11	44.26	44.42	44.56	44.42	44.40

图 6-61 所示为某时刻二通道的编号为 1~11 的光纤光栅温度传感器在温度分别为 39.28℃、31.62℃、36.44℃、33.25℃、38.19℃、46.11℃、40.06℃、34.2℃、46.77℃、45.46℃ 和 44.62℃时的能量损耗。由图可见,传感器的波峰值比较大,能够很好地反映某时刻测量点的温度。

为检验系统的可靠性,模拟一次泄漏状况(时刻为第 544min),在位于四通道的 4 号光纤温度传感器附近人为制造泄漏。由图 6-62 可见,4 通道 4 号传感器从 544min 温度开始上升,上升速度较快,达到预警温度 60℃后(预警温度根据需要和系统精度设定),系统开始自动报警,

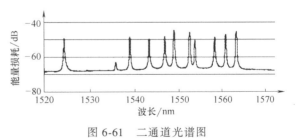

图 6-61 二通道光谱图

温度曲线变化明显,温度升高有突变。可见该套系统能够成功地检测管道泄漏。

光纤光栅温度传感系统温度数据传输迅速、稳定、系统运行平稳,真正实现了热力管道泄漏关键点的在线检测。该系统有力地保障了热力管道的安全运行,可用于油气管道的泄漏检测,为管道的泄漏在线检测提供了一种新方法。

三、工程经验

长距离管道的泄漏检测,光纤的敷设至关重要,须保证整个线路的损耗尽量小,原则上不要超过 50dB,否则很难保证温度数据的读取。施工时,应注意减少光纤接头数量,最好在需要设置传感器的位置断开。管道回填土要严格按照施工操作规程进行,应防止大的土体挤压光缆,造成局部损耗过大。光缆敷设过程最好与管道敷设同时进行,以减少开挖费用。

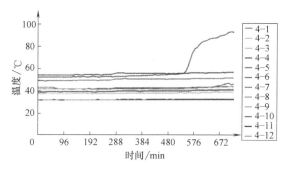

图 6-62　四通道 4-4 号传感器检测管道泄漏

每通道上各传感器波长间隔最好 >2nm,以便更好地区分波长。传感器带宽(即每个 FBG 反射峰所对应的带宽)最合理的值应该在 0.2~0.3nm 之间,通常取 0.25nm。光栅反射率应该 >90%,同时考虑边模抑制。反射率决定信号强度,边模抑制决定信噪比。采用切趾补偿光纤光栅,可以有效地降低伪峰的出现。

传感光栅的长度决定了测量点的精确程度,理论上光栅的长度越小,测量点越精确。对于 0.25nm 的带宽,传感器光栅的物理长度应为 10mm。

光纤光栅应用范围广泛,已经实现商品化,可用于温度监测。由于光纤光栅的温度敏感性,通过波长解调可测得测点的温度。将若干个光纤光栅温度传感器按照一定方式通过光纤连接起来,可以组成准分布式温度测量系统。光纤光栅温度传感系统成功实现了在线检测热力管道泄漏,为光纤光栅传感技术应用于管道泄漏监测提供了工程实践经验,对推进管道运行的现代化管理、减少故障判定时间、减小泄漏事故的经济损失及社会影响意义重大。该技术可以应用到石油石化等管道系统的建设和运行中,对管道的维护和安全运行提供有力保障,具有广阔的应用前景。

第七章 地下管道外防腐层检测技术

第一节 地下管道外防腐层状况检测技术

一、地下管道外防腐层状况检测设备

1. 地下管道外防腐层破损点检测的意义

腐蚀给国民经济造成的损失是骇人听闻的,全世界每年因腐蚀而损耗的金属达亿吨以上,我国每年腐蚀造成的直接经济损失也十分可观。有人统计,腐蚀造成的直接经济损失大约占国民经济净产值的3%~4%,腐蚀造成的间接经济损失较难统计,一般是直接损失的几倍。

为了确保管道的安全运营,延长管道的使用寿命,减少腐蚀事故的发生,埋地管道一般都由防腐层加阴极保护组成联合保护系统,防腐层和阴极保护起着一种互补作用,防腐层的完整性有利于阴极保护作用的充分发挥,而防腐层的破损失效,会使保护电流流失,保护距离缩短,保护效果降低,甚至失效。按照中 GB/T 21448—2017《埋地钢质管道阴极保护技术规范》第4.4.2条的规定,埋地钢管阴极保护电位应控制在-0.85~$-1.2V$之间,超出这个范围不是造成阳极溶解就是造成阳极剥离。

CJJ 95—2013《城镇燃气埋地钢质管道腐蚀控制技术规程》要求在役管道防腐层应定期检测,检测周期、检测方法和内容如下:

1)正常情况下高压、次高压管道每3年进行1次,中压管道每5年进行1次,低压管道每8年进行1次。

2)上述管道运行10年后,检测周期分别为2年、3年、5年。

3)已实施阴极保护的管道,当出现阴极保护电流大于正常保护电流范围、阴极保护电位超出正常保护电位范围、保护电位分布出现异常等情况时应检查管道防腐层。

4)可采用开挖探查或在检测孔处通过外观检测、黏结性检测及电火花检测评价管道防腐层状况。

5)管道防腐层发生损伤时,必须进行更换或修补,且应符合现行国家有关标准的相应规定。进行更换或修补的防腐层应与原防腐层有良好的相容性,且不应低于原防腐层性能。

6)运行中的钢制管道第一次发现腐蚀漏气点后,应对该管道选点检查其防腐涂层及腐

蚀情况，并应针对实测情况制定运行、维护方案；钢制管道埋设 20 年，应对其进行评估，确定继续使用年限，制定检测周期，并应加强巡视和泄漏检查。

7）应对沿聚乙烯塑料管道敷设的可探示踪线及信号源进行检测。

2. SL-2098 型埋地管道外防腐层状况检测仪

（1）仪器特点

1）仪器采用平面化设计，键盘操作，提高了野外使用的可靠性。

2）采用全新数字滤波技术，可设定漏点的范围，自动记录漏点的个数，并精确显示漏点距离。

3）仪器具有峰值和零值两种探测方式，可自动转换。发射机电池电压不足及关机前，自动向接收机发出提示信号，关机时的数值自动保存。

4）仪器自动测出管道的对地电阻，输出信号调制报警信号，使仪器抗干扰性进一步加强。发射机输出功率随着检测距离增加而自动调节，检测完毕发射机自动关机，节能效果显著。

（2）仪器介绍 SL-2098 型埋地管道外防腐层状况检测仪主要包括：发射机、探管仪、检测仪及其他附件，如图 7-1 所示。本仪器全部采用平面化设计方案，能够防潮和防尘，提高了野外使用的可靠性。

1）发射机功能：用于向地下管线发射一特定频率的电磁波信号，与接收机配合使用，方便而准确地对管线进行定位、测探、测防腐层破损点及破损点的大小。

2）探管仪功能：用于探测管线的位置、走向、深度，与计距仪配合使用测量管线的长度。

3）检测仪功能：用于检测地下管线外防腐层漏蚀点的位置、大小、数量。

图 7-1　SL-2098 型埋地管道外防腐层状况检测仪

（3）技术参数

1）发射机的技术参数。

① 输出功率：0.5～25W，自动调节。

② 发射信号方式：低频调制信号。

③ 输出阻抗匹配：5～500Ω 自动匹配。

④ 发射距离：0.03～5km，可逐渐向 5km 外移动。

⑤ 工作电源：12V 镍镉或镍氢电池组。

⑥ 工作温度：-10～50℃；

⑦ 重量：3.5kg。

⑧ 外形尺寸：245mm×236mm×105mm。

2）探管仪的技术参数

① 位置偏差：≤10cm。

② 测探范围：≤5m。

③ 计距精度：≤测试距离的 0.1%。

④ 工作电源：9.6V 充电电池组。

⑤ 工作温度：-10～50℃。

⑥ 外形尺寸：185mm×135mm×110mm。
3）检测仪的技术参数
① 检漏精度：≥0.25mm^2。
② 工作电源：9.6V 充电电池组。
③ 工作温度：-10~50℃。
④ 外形尺寸：185mm×135mm×110mm。

3. ZB-2008 型地下管道防腐层探测检漏仪

ZB-2008 型地下管道防腐层探测检漏仪对原国产仪器作了改进，具有如下特点：

1）采用平面化设计，键盘操作，一键多用。

2）无须另外接线，按测量键，即可自动测出发射功率、发射电压、发射电流、接地电阻等参数。

3）对检测全过程的信号强度，由内部线路进行归一化处理，使各测段的防腐层漏点大小和绝缘电阻值具有可比性。

4）采用压控振频技术，使管位和漏点的信号强度更清晰。

5）音响、示值、模拟条形光标，显示信号强度更直观。

6）操作方便，使用简单，易学易懂。

7）体积小，重量轻，便于携带，更适合野外检测。

8）仪器电压不足时自动关机，关机时自动切断内部电源，节能效果显著。

二、电磁波在载流管线上的传输特性

1. 电磁波的扩散

当一定形状的导体（管线）被加入电流以后，随着电流的传输，在其周围将会产生感应磁场，若在管线上加载的是交变电流信号，则磁场也将会是交变磁场，即变化的电场。激发感应磁场，变化磁场又激发感应电场，由此产生的磁场分为一次场、二次场。

（1）加载的方式

1）直接连接施加：即用一根导线直接连接在金属管道本体上，这对焊接连接的钢质防腐管道比较适用。

2）充电法施加：即将一信号源发射线接管道上方的土中，另一接地线在远离管道的大地上接地，这对未防腐的钢管、已防腐但防腐层已失去功能或连续破损的管道可以采用，但需频繁地移动发射机。

3）感应法施加：一种没有外部接线的发射机，内部由若干平行绕制的线圈组成，通电以后发射机直立线圈与地下管道平行时，对地下管线激发。接收机可收到来自管线的信号。发射机平卧对地下管线不激发，接收机收不到管线上的信号。此种发射接收方式可不受有无露出地面管道等条件的限制，检测时发射接收可像接力赛一样，同步向前移动，确保总是在最佳探侧距离之内，此为感应法施加信号。

4）夹钳法施加：在管线上使用专用地下管线仪配备的夹钳、夹套，通过夹钳上的感应线圈把信号直接加到管线上。此法用于直径较小且有出露点的金属管线。

（2）若管线上存在其他设施，柱形分布的等磁位梯度就会发生变化，通常扩散的方式有：

1）柱面扩散。这在正常管道电缆上可以测到，即为线电流。

2）球面扩散。这在管道沿线有弯头、球形体的部位或点状破损处周围可以测到。

3）平面扩散。这在管道沿线存在长方体的设施周围或多根平行管道的上方可以测到。

4）不规则扩散。这在阀门、支管、卡子、焊瘤等地方可以测到，按物体的形状不同呈不规则的扩散。

2. 方向与等磁位梯度

电流方向与磁场传播的方向成90°，并遵循右手定则，当人们用一磁棒线圈组成的探头及一定的电子线路组成的接收器，在单根载流管线上方转动探头方向，会观察到这一现象。

（1）电流方向与磁场方向垂直，如图7-2所示。

（2）探头在管线上方与管线走向垂直且与磁力线地平面平行时磁力线通过线圈，线圈磁化将产生感应电流，信号强，如图7-3所示。

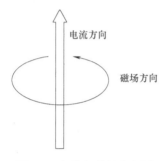

图7-2　电流与磁场方向图

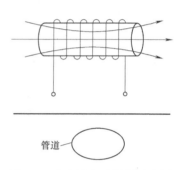

图7-3　磁力线穿过线圈示意图

（3）探头在管线上方且与磁力线地平面垂直，磁力线不能穿过线圈，不产生感应电流，信号弱，如图7-4所示。

（4）探头在地面上与管道走向平行，无论在管道正上方还是在远离管道的其他位置均不能产生感应电流，信号弱，如图7-5所示。

（5）当土壤介电常数分布均匀时，探头在载流管道周围接收管道上磁场信号的强度，在保持方向、角度不变的前提下，就管道走向方向离管道轴线中心线而言，遵循等半径等磁位。

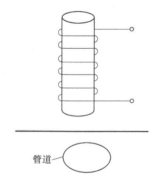

图7-4　磁力线不穿过线圈示意图

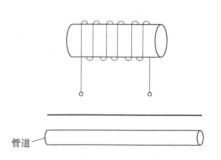

图7-5　探头平行于管道、磁力线不穿过线圈示意图

3. 电磁波的衰耗特性

当用一发射装置（发射机）向管线施加某一特定频率的交变电流信号时，信号沿管线传输，将以下列方式衰减：

（1）算术级数衰减。即按10、9、8、7、6、5、4、3、2、1速度示值缓慢下降，此种衰减速度在防腐层完好、土壤介电常数、管道埋深、管径壁厚等分布均匀且无分支管线时可以测到。

（2）几何级数衰减。即按16、8、4、2、1示值下降，此种衰减速度在管道三通处或处于中等状态的防腐层管道上可以测到。

（3）指数级数衰减。即按1000、100、10、1的速度下降，这种衰减速度很快，在防腐层已老化、失效、未防腐的钢管、铸铁管且又处于潮湿地段，无论发射机功率加多大，接收机增益提多高，一次性测试距离也只有数百米甚至只有几十米。

（4）其他数量级衰减。此种衰减是不规则的，如防腐层破损处（按破损大小不同而不同）、管道变深处、土壤介电常数变化处、水旱交接处、防腐层变薄老化处、盗油卡子处等。

4. 电磁波信号传输的影响因素及测量

（1）电磁波在管线中传输的影响因素主要有：管材的导电率、防腐层的状况、管道沿线土壤介电常数、管道埋深等。

（2）测量的前提条件与设备：

1）有信号源。信号可以通过直连法、感应法或夹钳法施加到管道。

2）信号源电流在管道中流动。若有信号源的施加，还不能满足测试条件，则必须与大地构成回路才能测试地下管道。对于高度绝缘的短接，城市燃气管道在发射信号末端的预留支管，探测信号都是非常微弱的。

3）测量的设备用两套接收装置分别接收磁场信号和漏电信号，由磁场信号来确定管道的位置、走向、深度；由漏电信号的强弱，用电位差方法来确定防腐层破损点的大小。这两套接收装置的名称分别叫探测仪和检测仪，又叫探管仪和检漏仪，整套仪器的名称为地下管道外防腐状况检测仪。

三、地下管道位置、走向、深度探测

1. 发射机的使用

发射机的作用主要是向地下管道发送某一特定的交变电流信号，建立起单线-大地回路的地下管线检测场，供两套接收机接收。通过探管仪接收磁场信号，来确定管道的位置、走向和深度；通过检测仪接收到的管道沿线地表的电位分布状况，用电位差的方法来确定破损的具体位置，比较出破损点的大小。

发射机面板上可以观察的电参数分别是功率（W）、电压（V）、电流（mA）和电阻（Ω），调节这些参数使之阻抗匹配。发射机的使用包括发射地点、方式、功率、信号及模式选择。

（1）发射机的连接

1）将12V蓄电池组电源线插头插入发射机后面板的插孔中。

2）发射线插头插座卡槽对齐，插入发射机后面输出插孔中。其中5m短线节管道，长线与大地接地棒电性相连,与管道走向呈90°,打入地下。

(2) 发射机发射接线地点的选择。尽量避开多支路中心点,如计量站、联合站、集输站,这地方管网四通八达,不仅信号衰减快,而且目标管线埋土很深,接收机在地面收到的信号很弱,增加了探测管线的难度。应尽可能选择单根管线处施加发射机的信号,这样信号处于单向传输或双向传输,电流比较集中,探管检漏效果均比较好。

(3) 发射机接地方式的选择。发射机的地线可有三种接线方式:

1) 单边接地:只在目标管线的一边接地。这种接地方式是在管道接线点与管道走向垂直方向10~20m处,将接地棒插入地下,干燥处需浇水湿润,如图7-6所示。此方式在发射机周围5~10m是盲区,盲区内目标管线磁场被推向与接地线相反的一方,管位要注意修正,一般在较长管线可采用此法。

2) 双边接地:发射机接地线引出两根,分别接入到管线两边的大地中,如图7-7所示。此种方法磁场分布对称,探管、测深都很准确,但要检查两边的接地效果是否一致。其方法是按测量键,观察一边的接地电阻时,将另一边接地线断开,观察另一端接地电阻时也是一样。两边接地电阻相等,效果才一样。接地电阻不等时,通过打深或拔浅接地棒,也可通过浇水的办法,使两边接地效果相等。

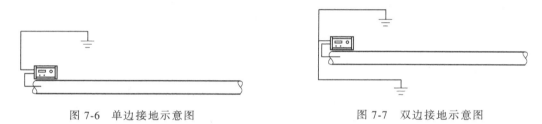

图7-6 单边接地示意图　　　　　　　图7-7 双边接地示意图

3) 远距离回路法接地:该方法是将发射线接管道一端,将接地线延长接到管道另一端,工作时,在管道上形成回路,如图7-8所示。这一方法很少采用,只有在解决特别复杂管网探测时才采用。回路法接线时是以管道与地线作为传输回路的,导线与管道的距离必须是管道埋深的10倍以上,否则会因距离太近,影响管位的探测,两端接触必须良好。远距离回路法接线时,管道上信号最强。

此外,当管道末端预留支管没能很好接地,探不到信号时可在末端加一接地线,称远接地回路法接线,如图7-9所示。

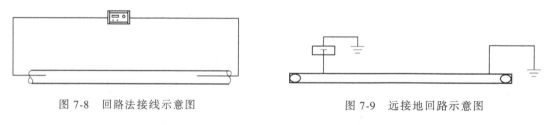

图7-8 回路法接线示意图　　　　　　图7-9 远接地回路示意图

注意事项:

① 接地线不能打在未防腐的自来水管线或其他金属管线上方,否则接地点下方的管线可能有很强的信号被误判成目标管线。

② 地极一般打在距检测管线的垂直方向10~20m以外地方,除非可以确定与目标管线

绝缘良好，且距离较远，一般不能将其他管道金属构架作为地极使用。如果在距检测管线的垂直方向现场附近有池塘、水沟、建筑物的接地线、避雷针接地极、电杆拉线等易导电的装置，利用它们是一个很方便的选择。

③ 检查接地回路电阻，回路电阻应在数十欧姆至数百欧姆之间，当回路电阻过大，此时无法在目标管线得到理想的信号，可采用给地极浇水、增加地极数量、打深接地棒等办法，以降低接地电阻。

对于如戈壁、沙漠、冻土、过干的土壤环境，可准备一根或几根 1~2m 的铁钎，尽可能深的扎入地下，浇上盐水，这样的地极效果较为理想。

（4）接地距离与方向的选择。接地点与发射点的距离会影响探管距离，尤其是对于防腐层大量破损的管道，距离太近，电流从发射点和接地点就近构成回路，不向远处传输。一般距离选择 10~20m 与管线走向呈 90°张开，即可满足测试要求。接地点与管道越远，检测效果越好。

（5）发射机功率选择。初始阶段，发射机功率达到 5~10W 即可满足测试要求，随着测试距离的延伸，逐步增加发射功率，这样既可节约电源，又能满足远端测试时电源电量的需要。

（6）发射信号的选择。发射信号有两种方式，可通过信号键选择。

1）连续信号。选择连续信号时，接收机信号显示的数值比较稳定，初次使用及电源电量供应充足的情况下为首选方式。

2）间歇信号。在测试现场附近，当空间存在有与发射源相同频率的信号影响测试或电池电量明显不足时，可以选间歇信号，在选择间歇信号发射方式时，接收机显示的数字跳变不定，初学者不宜使用此种方式。

（7）发射机射程与探测检漏的关系。发射机射程与管道防腐层破损面积、防腐层绝缘电阻、土壤介电常数、管道支路多少及大地回路状况、管道的直径、发射机功率等因素有关。探测检漏除以上因素外还与接收机增益、地面中小漏点电位是否能够辐射泄漏到地表有关，故远端测试时必须保证检漏仪有一定示值的静态信号，表头显示的示值才具有可比性。如果增益波段和↓↑键微调，调到最高，示值窗口静态信号仍显示 0，此种情况下先是小漏点漏检，然后检出大中漏点，最后检测到大漏点。当探管仪收到的信号很弱，检漏仪已无任何显示时，需移动发射机重新接线。

2. 探管仪的使用

探管仪的使用包括增益调节、管道位置、走向、深度探测及探测信号的影响因素。

（1）管道位置探测及增益调节。管线的定位法分为峰值法和零值法：峰值法是通过测量磁场水平分量，在目标管线正上方呈现极大值；零值法是通过测量磁场的垂直分量，在目标管线正上方呈现极小值。

探测人员将探头插头插入探管仪接收机插座，打开接收机，调节增益，通过↑↓键微调和波段高低的调节，使表头显示信号值在 0~1000 之间。↑↓键分粗调和细调，粗调 0~7，可以直接看到，细调 0 到每个数字之内，凭按键和音响可以听到。波段调节应一次到位。当发射机附近信号太强，增益已调到最低时，信号仍然很强，就需降低发射机功率，或通过拨浅接地棒解决传输信号过强的问题。

选择峰值法探测时，将探头平行于大地平面，模式指示应位于"Λ"位置，以发射机接线点为圆心，20~30m 为半径做环形探测。当接收机收到由小变大的信号时，放慢检测速度，示值达到 1000mV 时，在此调节增益，继续做环形探查。接收机有"小—大—小"的信号变化，最大点即为管线位置。峰值法探测示意图如图 7-10a 所示。

选择零值法探测时，将探头垂直于大地平面或按模式键，模式指示灯位于"M"位置，调节增益，围绕发射机接线点 20~30m 做环形探测时，接收机信号将有"大—小—大"的变化，小点即为管线位置。零值法探测示意图如图 7-10b 所示。

发射机接地线的磁场应视为一根管线，如果接地点太远，环形探测时围绕发射机的距离成 π 倍增大，应根据探测的需要选择接地点与管线的距离，接地线打得越远，探的距离越长。当发现有两根以上管线无法判断哪一根是目标管线时，有可能是接地棒打在另一根管线上，应重新选择发射机发射或接地地点。

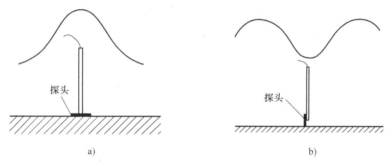

图 7-10　峰值法和零值法探测示意图

（2）管道走向的探测。管线走向的探测有如下几种方法：

1）两点一线法：管道位置探出以后，发射机接线点与管线信号定位点的连线即为管线的走向。这对单根直管道是适用的。

2）探头转向法：管道位置探出以后，探测人员以此位置为中心，将探头角度转到与探杆平行一致，然后以此点做环形探查，探头转到音响示值最小的角度就是管道走向。

3）一步一扫法：此法采用最小法探测，每探到一处最小点，向前进一步，站于其上，再探出一最小点，再向前一步，再站于其上，如此循环多次，最后将一个个最小点连线就是管线的走向，因此也称多点连线法。此法对管道拐弯处和管道蛇形敷设地段比较适用。

在管道位置探出以后，进行管线常规探查，可以采用两种方法：零值法和峰值法。选用零值法探测时，将模式指示按到"M"位置，一边探测前进，一边作 S 形摆动探头，以观察两边示值是否对称分布。不对称时，探测人员向音响示值小的一边移动，以保持始终在目标管线的正上方。

选用峰值法探测时，将模式键指示按到"Λ"的位置，同时探头与探杆垂直且平行于大地地平面并与管线走向呈 90°，此时在管线正上方收到的信号最强。

用峰值法探测时，接收机在增益调节的灵敏度宜在 1000mV 以内，便于在探测时观察沿线管道上的情况异常。各种现象均会通过数值的变化反映出来：防腐层完好的管道衰减缓慢；防腐层差劣的管道衰减速度很快，需频繁提高增益以补偿衰耗值；分支处突然衰减；拐弯处信号消失，需回走五步，做环形检查；破损处的前后也因破损的大小不同而有明显大小不同的变化；管道上的阀门、卡子、焊瘤等也均会有不同程度的变化。

（3）管道深度的探测。管道深度的探测有两种方法：45°测深法和 80% 测深法。

1) 45°测深法。采用45°测深法时,先将管位探到以后在其正上方做一记号 A,再将探头转到45°角的方位,沿垂直管线方向移动,当移到最小信号值时,再做一记号 B,如图7-11所示。由图所知,管道中心为 O,这样 △ABO 为一等腰直角三角形,所以 AB = AO,即为管道的埋土深度。

2) 80%测深法。管线测深的另一种方式是利用峰值法探测。在探测信号的末端,45°法测深在探头离开管道呈90°平移时已经收不到信号,无法确定哑点的具体位置,此时将探头再转动180°就可收到来自管中用最大法拾取的电磁感应信号,在此做下一标记点,管位与这一点之间的距离就是埋土深度。此外还有80%测深法(70%测深法),利用峰值法找出管线的位置 A,并记下探管仪接收的信号强度值,沿垂直管线方向分别向 A 两侧移动,注意显示窗口中信号强度的变化、找出信号强度为 A 处 80%的点 B 和点 C,则 |BC| 即为管线的深度。

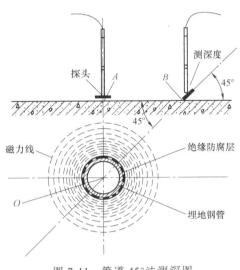

图 7-11 管道 45°法测深图

无论哪种测深方法,都必须保证探管测探时应选择单根管线直线段的中间,直线段的长度要求是管道埋深的5倍以上,地面不平时要修正不平高度。探头以45°角向管道两边做与管道垂直方向移动测探,管位与两边最小的点距离不等时,说明中间定位点有误差,用两边距离相加除以2作为平均深度。

发射机附近管道、三通、四通处、拐弯处、与其他管线搭接处、平行与交叉管线存在的位置一般不宜作为测深的选择地点。

四、地下管道外防腐层破损点定位技术

防腐层破损点又叫防腐层漏点、防腐层针孔、防腐层缺陷,在评估管道阴极保护效果的日常维护和确定管道腐蚀穿孔泄漏位置时都需要先检测防腐层破损点,并对破损点的大小进行分类。需要优先修补大中等级的防腐层破损点。

埋地钢管一般都有外防腐层加阴极保护的双重防腐蚀措施。防腐层的完整性有利于阴极保护作用的充分发挥,防腐层破损点的存在会使阴极保护电流流失、保护距离缩短、保护效果降低。由于受到析氢和最低保护电位的限制,阴极保护输出电流的电压只能在 -0.85 ~ -1.2V 之间调节,高于或低于这个范围,不是造成阳极溶解,就是造成阴极剥离。因此,找出防腐层破损点的具体位置,对防腐层破损点大小进行分级,将严重影响阴极保护效果的大中破损点的重新防腐措施安排,是每个管道业主最为关心的问题之一。

1. 破损点处的电位分布检测仪的使用

(1) 破损点处的电辐射分布。当地下管线被加入交变电流信号后,若在管道上存在防腐层破损,该信号电流就会在防腐层破损处泄漏入大地,在地底下的等电位分布是以破损点为中心呈立体球形分布(图7-12),用接地探针可以探到这一现象。当此信号到达地表以后,则以破损点正上方为中心呈平面圆形分布(图7-13),其周围电位分布呈等距离等电

位。若两名检测人员站在离中心点等距离位置，接收机示值为零，即称为等距回零法，这种电位用万用表也可以测到。这是点状破损处泄漏电位在地表的分布特征。

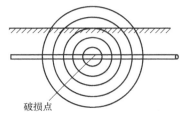

图 7-12　地下破损点电位梯度立体球形分布图　　图 7-13　地表等电位梯度平面圆形分布图

（2）检测仪的使用。将检漏线插头插入检测仪的插孔，两人戴好金属手表，并与检漏线电性相连，保持 5m 左右的距离，通过↑↓键、波段键、近远档可调节增益，使检测仪接收机数字表头有 0～50mV 左右的静态信号（特殊情况时，还可用耳机接听接收机有节奏的电流声），便可开始检测。

2. 防腐层破损点的定位

管道外防腐层破损点的定位主要有五种方法：移动参比定位法、等距回零定位法、固定电位比较定位法、平行于管道移动定位法、垂直于管道移动定位法。

（1）移动参比法定位。此法为纵向法检漏。采用纵向法检漏时，前面的检测人员持探管仪探管，后面的检测人持检测仪检漏，当前面的人走到漏点附近时，检测仪接收机示值由小变大，继续前进，示值又由大变小，后面的人走到这一点时，示值有同样的反应，就可初步确定示值最大点就是破损点。此法为粗定法。

（2）等距回零法定位。采用纵向法检测破损点，当检漏仪信号变大时，降低检测速度，注意观察信号由小变大，到等距回零的过程；在第一人所在的信号最大点与两人等距回零时的中间点就是破损点的位置。此法叫等距回零法定位。采用等距回零法进行验证时，方法是以破损点为中心，两检测人员位置与破损点位置距离相等时，检漏仪示值为零，说明破损点定位准确。这是点状破损具有的特征。如果两名检测人员距破损点中心等距离，示值不能回零，说明一边存在小漏点或者有连续大小不等的破损点。

（3）固定电位比较法定位。采用此法时，一名检测人员持接收机在管线一侧 4～5m 处原地不动，此人的人体感应电位是固定的；另一名检测人员沿管道正上方与管线走向做平行移动，示值有由小到大、再由大到小的变化，最大点就是防腐层破损点，即漏点。当向最大点两边移动，下降数值不对称时，中心点需向数值大的一遍调整，直到两边跨步电压下降数值相等为止。

（4）平行于管道移动法定位。两名检测人员中的一名在信号最大点位置，另一名检测人员在相距 5 m 左右的距离做与管道走向平行的方向移动，如果原信号逐步变小，就判断为破损点。如果原信号不变，就是干扰信号。此法主要用于排除十字交叉管道与目标管道相搭接或耦合所产生的虚假信号。

（5）垂直于管道移动法定位。该法在检测时，一人在管道上方站立不动，另一人在最大信号上方做与管道走向垂直方向移动比较，如果最大信号与管道直径在地表的投影一致就定为破损点，不一致就是管道周围泥土中存在金属导体所耦合的信号，或者是牺牲阳极泄漏信号。

采用上述方法还不能定位的，可能是连续大小不等的破损点，此时采用横向法定位。即一名检测人员在管道上方，另一名检测人员在管道旁边 4~5m 的位置，两人与管道走向呈 90°平行移动，信号最大点下方即为破损点位置。

破损点精确定位后，要做好标记。

3. 破损点的开挖验证

破损点精确定位以后必须经过反复验证方可进行开挖，当未挖到破损点时，必须将管道挖到 1m 以上长度，悬空 20cm，以便查找漏点位置。如果管道上面看不到漏点，有可能在管道底部，也有可能由于漏点太小，肉眼看不出来，就需进行扩坑将原来挖的钟形坑扩开成方形坑。管道已挖出处于悬空状态，地面上就检测不到泄漏电流，若地面还有电流测到，说明定位点与开挖点不一致，在开挖坑的两边电位会不相等，在电位高的那一边继续挖，便可挖到漏点。

如果不能直接看到漏点，可用下面方法再进行验证：

（1）高压电火花检测法。利用电火花检漏仪的毛刷探头，在已被挖掘的管道表面平刷，当高压探极经过微小的破损点时，就会发生电压击穿，产生电火花放电，并同时发出声光报警。此法很容易找出极小漏点。

（2）湿布手工触摸法。用一湿布或湿海绵，将挖出的管段湿润，然后检测人员将检漏线金属鱼夹与人体电性相连。再用手沿管线触摸，摸到破损处时，仪器示值、音响均会变大，由此确定破损点。

（3）镜片反照法。在破损点位于管道底部，人眼不能直接观察时，可用一面较大的镜子，再用放大镜放大，以便观察。

（4）地表电位再测法。采取了上述三种方法仍不能找到破损点时，则说明漏点定偏或开挖人员挖偏，在此种情况下地表仍有电位且不相等，破损点在电位高的一边土中。向电位高的一边挖，就可以挖到破损点。

（5）涂层厚度测试法。采用上述四种方法验证以后，如果仍未发现漏点，则有可能是防腐层厚度不达标，此类情况应采用涂层测厚仪进行检测，判断是否存在防腐层厚度小于设计规定最小厚度的情况。

采用上述 5 种方法验证以后，如果还未找到原因，那就是检测人员判断错误。产生误判的原因主要有以下几种：

1）交叉裸管在目标管线上方，且在胡同或围墙等狭小的巷道中无法横向验证，造成误判。

2）广告牌、接地线、电杆拉线等良导体深埋到管道附近，由泥土传导信号变为金属传导信号。

3）管道附近的土中存在有金属块，或地磁场在某处分布不均匀引起误判。

4）存在河坎、爬坡、沟槽、凹坑，取信号时两检测者在不同的位置如同管道埋深不一致。

5）两检测者纵横向检测时角度变化较大，距离不一致。这在 1.5m 以上深度的管道上检漏会产生这一现象。

6）牺牲阳极材料预埋不达标，离管道靠得太近，由阳极材料泄漏电流。

破损点开挖验证如图 7-14 所示。图中 1、5 为地表泥土，当破损点在 2 处时，仍未被挖出,地表 1 的电位要比地表 5 一边的电位大得多;破损点在 3、4 处时,管道已被挖出悬空,不能通过土壤传导电流,故 1、5 处地表无电位。破损点在 3 时,可以直接看出;破损点在 4 时,由于在管道中下部要用镜片反照才能看出,太小时还需使用放大镜才能看到。

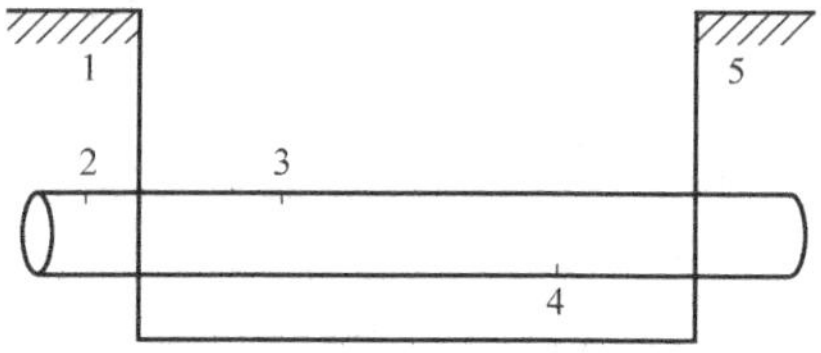

图 7-14 管道防腐层破损处开挖验证示意图

4. 提高检漏效果的辅助手段

以上介绍的是人体电容法检漏,在管道埋土较深、地表干旱、地下又是高温输油输水管道,管道周围土壤被烘干,多重作用的共同结果形成高阻层,从而影响检测信号的拾取。

可以采取如下措施提高检测效果:

(1) 接地探针法。亦称金属拐杖法。由两名检测人员检测时各持一根粗铁丝,边走边插入土中,以提高接收信号的强度。

(2) 湿布法。在管网复杂地段的水泥沥青路面或人不能到达地区,还可以用一块湿布或湿海绵与水泥地表接触,代替人体电容接收信号。

(3) 铁鞋法。检测人员穿带有钉底的鞋检测,再加上人体感应的共同作用也会提高检漏效果。

(4) 择时法。特干地区选择在下雨以后探测亦能改变接收效果。

(5) 加大发射功率、提高接收灵敏度。这也是提高检漏效果的有效手段,这在中、小漏点上尤其有效。

5. 影响检漏效果的因素

(1) 发射机的功率。功率大,则漏点处信号强,反之则弱。

(2) 接收机的增益。增益即灵敏度,增益高信号强,反之则弱。

(3) 检漏线长度。也就是两位检测人员的位置。越靠近,信号就越小。

(4) 探管精度。越靠近管道上方检漏信号越准确,反之,偏离管道会产生误差。

(5) 邻近管线。邻近管线平行或交叉,载流与否以及载流方向、电流大小,均会产生不同程度的影响。

(6) 地表及管道周围土壤介电常数。地表潮湿,导电性好,信号强;高温输油管道周围土壤被烘干,形成高阻层,其与干燥地面的共同作用,会影响漏点的检测。

(7) 检漏与发射点的距离。离发射机近,信号强,反之则弱,因此随测试距离增大必须提高发射机功率。

(8) 接收机信号的接收方式。人体电容法、金属拐杖法、铁鞋法、感应法信号弱,直接传导信号强。

(9) 管道埋土深度。埋土浅信号强,反之则弱。

(10) 发射电压与电流。功率相等时,发射电压与电流的变化也会影响检测信号的拾取。

应当注意的是另外一种倾向,就是接地太好。当电源电压不足时,接地太好,功率又打得很高,就会发生阻抗不匹配,电源能量通过接地管道、就近的防腐层破损处流入大地,在此情况下,提高波段功率反而下降。

上述多种因素,通过调节增益↑↓键,来消除这些因素对检测效果的影响,以漏点附近防腐层完好管段作为对比的静态信号值，检测示值均具有真实性和可比性。

6. 复杂情况下的若干检测问题

（1）大漏点包小漏点的问题。大漏点与小漏点相距很近，小漏点信号被大小漏点信号覆盖，必须将大漏点挖出，挖至悬空，再次将小漏点探出来，将大小漏点一并挖出，处理完毕后再进行回填土方。

（2）多根平行且搭接的管网探测、检漏。首先，应将发射机的信号施加在远离搭接点的某根管线上，这样突出目标管线的信号；其次，将检测到的漏点与探测管位结合起来，将漏点与目标管位一致点定为开挖点；再次，检漏方法采用纵向法，如果多根平行管道有均压线搭接且靠得很近，可将整体视为一根管道探测检漏。

（3）纵向检漏时有漏点，横向验证时却检测不到漏点，反之也有横向检测时有漏点，纵向检测时漏点却消失了的情况。产生上述现象的原因有三条：

1）漏点周围存在载流管线，两名检测人员位置变化时相对电位发生了变化。

2）漏点周围土壤的介电常数不一致或存在地磁场。

3）两名检测人员中的一人鞋底特别绝缘，与干燥土壤共同作用，形成高阻层，此时可将人体电容法改为接地探针法，即两名检测人员在检测时用接地棒或粗铁丝插入土中，原现象就会消失。

（4）城市煤气管道的支管进入居民楼呈立管状，很难进入各家各户探查。经调压入户后，一般均由未防腐的裸金属管或塑料管接入煤气灶、热水器等燃烧设施。某些家用电器也需接地，有些居民图方便省事，就将家用电器接地线接在煤气管道上。倒如：热水器的外壳是金属的，燃气管道和自来水管道均由金属软管保护，燃气管道和自来水管道就通过热水器的金属外壳实行了金属电性连能。

在底层楼房的立管处，将探头位置与燃气管道呈90°角，靠近管道时，如有明显信号变大，就可判断上层楼房的管道有与其他管道或电器接地形成的金属性的电性连接。此外，阴极保护电缆与管道的连接点、牺牲阳极保护的阳极地床处、未防腐管道阀门连接处、凝水缸等地方有可能也会泄漏电流，这些问题的存在会影响阴极保护的效果，也应查出，一并处理。

（5）在管道支线的末端，由于发射信号的分流以及管道已经悬空，发射信号不能与大地构成回路等情况，使得接收机的信号很弱或根本收不到信号，此类情况可将发射机移到庭院管网的末端，重新接线，目标管线的信号就非常强。

（6）在单井井架周围发射机盲区，人不能到达的构筑物和经过屏蔽区的管道等地方，探到有两根或两根以上管道时，应将信号强度与埋深结合起来，确定哪根是目标管线。以最大法探测为例，在干沙地中，磁场强度的衰耗，探头每提高1m，表头显示值相当于减少300~400mV左右的电位梯度。在空气中传播与干沙地中传播没有多大变化。同时在探测前进时还要边走边转动探头角度，防止探到某处时，探头正巧与管线走向平行，产生漏探问题。在上述地区探查时，发射机的功率和接收机的灵敏度也不能随便变动，否则显示的数值就没有可比性。

（7）管线拐弯处的探测。当用常规方法向前探测收不到信号时，回走五步做环形探测，即可找到拐弯管线。也可采用一步一扫法，即以最小法探测，每前进一步，探头在前面扫出一哑点，再前进一步，站立哑点之处，探头在左、前、右三面扫出一哑点，再站立其上，三面扫探，如此循环多次直到分辨出拐弯以后的走向，方可按常规方法探查。拐弯处探查示意图如图 7-15 所示。

（8）管线分支或三通四通处探测。在这些地方探测信号将有明显的衰减，将探管仪接收机增益提高，再回走 5m 做环形探测，就可找到分支管线或三通四通处。其示意图如图 7-16、图 7-17 所示。

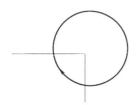
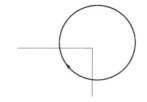
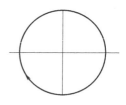

图 7-15　拐弯处探查示意图　　　图 7-16　三通处探查示意图　　　图 7-17　四通处探查示意图

（9）管线变深处的探测。在探测时采用最大法，若示值有明显减小衰减的现象，在此处将探头转动 90°与管线平行的方位，然后在管线上做左右平行移动，如果信号有大—小—大的变化，此处即为管线变深处。

（10）庭院管网的探查。小功率发射，减少目标管线与其他管线信号的偶合，低增益接收，探头尽量贴近地面接收信号，转动探头角度，提高探头高度，用最小法探测，再用最大法验证，以排除假象。如果效果仍不理想，则移动发射机重新接线，用回路法接线进行探测，即：将发射机发射线接管线一端，接地线延长接管线的另一端，这样就使目标管线信号最强。

（11）埋土太浅或暴露地表的管道的探测。人体直接与管道相碰检漏仪上显示的大信号是不能判断为漏点的，此类情况判断漏点一定要与管道埋土深度结合起来，如果整条管线都如此，可利用雨后在土壤未完全干燥的情况下，检测人员离开管道上方 1m 做平行移动检测，此 1m 的距离被视作管道的埋土深度。

（12）盲区解决办法。在探测管线过程中，发射机盲区、管线特别复杂的地段、发射信号的末端、地网、套管等特殊地段，均有可能分不清目标管线。可用如下方法解决此类问题：

1）避开法：离开一段距离，继续向前探查，前方没有信号时则打圈探查。

2）压制法：提高发射功率，压制其他干扰信号。

3）移动法：如发射信号的末端，管中电流所产生的等效电磁场已不能辐射地表，就需移动发射机，在管线末端的支管上接线。

（13）干扰现象的识别及解决方法。峰值法和零值法定位不一致，误差超过 20cm，可能由于多根平行管道的存在，将管线定在接近峰值一边，折中办法是零值让 2/3，峰值让 1/3，管道均能挖到；一边无峰值的情况，发射机发射点和接地点均在管道的某一边。管道位置信号探测不明显，可能原因：测点与发射机距离太近、属探测盲区、附近有强电场、地磁场、在管道发射机信号终端测量、停有发动机的车辆等，可以让开某一时间、地点进行探查。

（14）准备一根备用导线，可以解决如下问题：将发射线延长，移动发射机到远处可探查盲区；将接地线延长并接到管道的另一边，在管中形成回路，使探测信号加强，解决复杂管网的探查问题；将管道末端接地，使末端与大地构成回路，原来不能探查的管段也能探查；解决水泥地面不可接地的问题；延长接地线使探测距离更远；以线代管做模拟试验，取得线电流探测数据，避免开挖麻烦。

（15）贴地管道的探查。城市、道路、庭院、民宅有些管道原安装在地表，为防人行走路踢伤绊倒，在地表再加一层水泥，使管顶跟地面在同一平面，这种管道在测定深度时，探头转到45°向管道一侧移动，不会再遇到哑点，可以用一板凳置于管道上方，以凳面高度为正常管道的埋土深度。探管测深时原特征就会恢复正常。

（16）管道途经河、沟、湖、塘、沼泽地段时，检漏方法要做如下改变：可用一导线一端扣有接线鼻，另一端与人体电容法检漏线鱼夹电性相连，将线在水中沿管道上方拖动，当接线鼻到达漏点上方时，漏电信号会通过泥土和水的传导，到达检漏仪接收机，这样检漏效果比较理想。

（17）埋土深度在1.5m以上的管道，横向检漏时，两检测者与管线走向角度的过大变化会引起检漏仪示值的变化，造成这一现象的原因是：两检测者拾取信号与载流管线的距离以及回路形式发生了改变，仪器显示的示值会不一样。遇有以上情况时，两名工作人员要求保持与管线走向同一角度进行检测。

（18）在多根管线交会的单井油井周围、地下管道非常拥挤的十字路口、居民楼、围墙、水泥路面等构筑物附近接地位置受到限制，不能排除管线要向相反的方向探查的可能性，当探测人员采取常规方法不能有效区分目标管线时，可采取如下方法探查：

1）临时缩短接地线，以缩小探查盲区，将接地线打在发射点与发射机两者之间，形成与发射区共盲区。

2）调整原来的发射功率，再进行探测。

3）绕过原来的管段到更远的地方去探查。

（19）在钢筋水泥路面下面的管线探测。当接收机的信号明显消失以及信号扩展到更大的区域且在地面上会接收到混淆不清的信号时，可能是管线上方有钢筋网，它们会吸收并且再辐射信号，此时，可将接收机提起0.5m，将灵敏度调低，但应有一点静态信号，表头对来自目标管线的信号会有响应而且不受混凝土浅层中钢筋辐射信号的影响，然后继续追踪。

（20）过分干旱的沙漠地区会影响管道中泄漏电流对地表的分布电容，将接地棒处浇水减小接地电阻，检漏员用两根粗铁丝像用拐杖一样插入土中，可提高信号强度进行检漏。

（21）立体管网探测。人体在立体管线中的位置会产生影响，可用湿海绵法或湿布法进行检漏。

（22）在防腐层质量较差或防腐层已经失效的埋地钢管周围，由于发射电流在管道周围所形成的磁场与管道上泄漏电流的共同作用，沿管道地表会测到比其他地方高的电位，使得横向检测与纵向检测时，仪器接收机所显示的数据不一致。此种情况应与百米磁场下降法或一次性测试总距离法相结合，来判断管道外防腐层是否已经失效。

五、管道外防腐层破损点大小量化判断技术

1. 破损点在管道上位置及形状的确定

对于直径较长、埋地较浅的管道，可以通过在地表中心点漏电信号强度分布与管道中心位置分布来确定破损点在管道上位置；埋土较深的管道通过开挖部分泥土后管径与埋深之比

达到1:2，也可以非常容易确定破损点在管道上的位置。掌握这一技术既可以考察检测人员技术水平，又可为挖土人员减少土方挖掘量，减轻劳动强度。连续漏点没有特大的信号值，表头显示数字跳变不定，裸管或疑似裸管也像连续漏点读数一样，只能通过测试一段距离以后来判断。裸管总测试距离在一般地带只有0.5km左右，沿海潮湿地则距离更短，一次性测距长短与管径、深度、土壤介电常数等因素有关。

破损点的电磁场信号在地面的分布形态如图7-18所示。

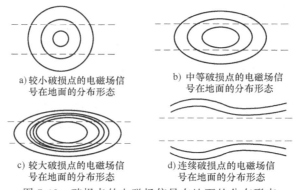

a) 较小破损点的电磁场信号在地面的分布形态
b) 中等破损点的电磁场信号在地面的分布形态
c) 较大破损点的电磁场信号在地面的分布形态
d) 连续破损点的电磁场信号在地面的分布形态

图7-18 破损点的电磁场信号在地面的分布形态

对于直径在400mm以上，直径与管道埋深之比在1:2之内，判断破损点在管道上下左右的位置是比较容易的，如图7-19所示。

2. 漏点大小的比较

漏点大小是根据泄漏点电位的大小来判断，有以下几种方法：

（1）数字直读法。该法在检测时，保持0~50mV的静态信号，这是相对于良好管段检测时在管道上方由人体感应的信号值，可以由接收机增益人为调节。若有较大示值显示，300mV以内不能判断为破损点，这是由于土壤干湿变化、管道防腐层过薄处，管道埋土深度变化处引起，一般认为：

1）防腐的微小缺陷，接收机表头显示300~600mV。
2）防腐层中等破损，接收机表头显示600~900mV。
3）应开挖修理的大破损，接收机表头显示900mV以上。

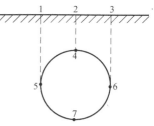

图7-19 破损在管体位置图
1—破损点在管道左边5处，地表电位最大地处位于1
2—破损点在管顶4处，地表电位最大处位于2与管位一致
3—破损点在管道右边6处，地表电位最大处位于3处
4—破损点在管道底部7处，地表电位1和3相等

（2）辐射距离比较法。此法是按漏点处辐射距离直径来划分的。

1）小漏点，辐射距离直径在3m之内。
2）中等漏点，辐射距离直径位于3~8m之间。
3）大漏点，辐射距离直径在8m以上。

（3）统计图表法。若以泄漏电位与辐射距离两因素作图，在漏点的上方会出现一个个三角形，三角形的大小近似地反映了漏点的大小，如图7-20所示。

（4）探测信号衰减法。此法是由探管仪来完成的。在探测管道时，选择最大法在漏点以前取一读数,在离开破损点以后再取一读数,两边数值之差的大小,代表了破损点处泄漏电流量的大小。

(5)公式修正法。发射机的功率、管道的大小、防腐层绝缘电阻、发射电流沿管线传输的衰减等因素均可通过接收机增益的提高或降低来补偿调节以抵消,检测人员以破损点附近完好管段的静态信号为对比点进行参考。

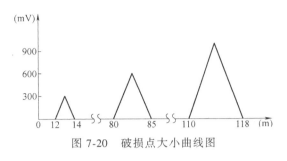

图 7-20 破损点大小曲线图

下列因素在检测时会影响信号的拾取:管道的埋深、破损点在管道上方的辐射距离、两检测者之间距离、管道破损处周围土壤介电常数,这些影响因素可用一公式进行修正。需要修正的因素及公式如下

$$\Delta mV = \frac{\Delta mV' DL}{L'F} \tag{7-1}$$

式中 ΔmV——修正后的泄漏电位差值(mV);
$\Delta mV'$——实测时仪器数字表头显示值(mV);
D——管道埋土深度(m);
L——检测时两极间取样距离(m);
L'——检测时漏点在地表辐射范围直径(m);
F——管道周围土壤介电常数修正系数,干旱取 0.5,一般土壤干取 1,湿润土壤取 2。

经公式修正后的破损点面积大小表述为:大漏点,漏蚀面积大于 $5cm^2$;中漏点,漏蚀面积大于 $1\sim5cm^2$;小漏点,漏蚀面积小于 $1cm^2$。

第二节 地下管道外防腐层绝缘电阻检测技术

一、防腐层绝缘电阻检测的目的、意义和基本要点

1. 防腐层绝缘电阻检测的目的和意义

国内输送石油、天然气的埋地钢质管道均有防腐层。众所周知,防腐层是金属管道免遭腐蚀破坏的第一道屏障,防腐层的技术状态不仅决定了其自身对管道的防腐保护能力,而且对管道阴极保护的效果或成败具有极其重要的影响。因此,通过检测技术手段测量和评价管道防腐层的技术状态,正越来越受到重视。

目前,我国现行的防腐层检测方法主要有地面防腐层缺陷检测法(即利用防腐层检漏仪进行漏点的检测)和防腐层绝缘电阻测试法。二者在功能和目的上截然不同。

地面防腐层缺陷检测法是我国于 20 世纪 70 年代开始开发使用的,由于定位准确、操作简便而很快普及起来,至今仍在管道防腐层漏点检测中具有重要地位。但是,该方法只解决了防腐层缺陷点的确定问题,难以或不能对防腐层总体技术状态做出评价。

通过测量防腐层的绝缘电阻判断防腐层的技术状态,是目前流行的管道防腐层检测方

法。该方法简便易行，准确度较高，可准确快速地实现一段、一条或整个管网管道防腐层总体技术状态的测量和评价。

管道防腐层绝缘电阻是指单位面积的防腐层电阻，其数值大小由防腐层漏敷的数目和大小所决定，因此它是衡量防腐层绝缘质量优劣的综合参数，其单位为 $\Omega \cdot m^2$。这里所说的防腐层漏敷的内容包括：破损、针孔、老化、开裂、剥离。防腐层绝缘电阻数值越高，则认为防腐层绝缘质量越好。国内外有关标准中规定：新建管道的防腐层绝缘电阻不应小于 $10000\Omega \cdot m^2$，防腐层绝缘电阻在 $10000\Omega \cdot m^2$ 以上质量为优，低于 $10000\Omega \cdot m^2$ 即认为已失去防腐保护机能，见表7-1。

不同技术等级的防腐层应采取的维护方式见表7-2。所以能够准确定量地检测防腐层绝缘电阻，就可以真实地反映埋地管道的防腐层绝缘技术状态，从而为防腐层管理和维护提供决策依据。

表7-1 管道防腐层技术等级划分标准

内容	绝缘电阻/($\Omega \cdot m^2$)				
	>10000	5000~10000	3000~5000	1000~3000	≤1000
等级	一级（优）	二级（良）	三级（可）	四级（差）	五级（劣）
损坏或老化程度	基本无损坏或老化	损坏或老化轻微	损坏或老化较轻	损坏较重或局部严重	损坏或老化严重

表7-2 不同等级防腐采取的维护措施

序号	防腐层面电阻/($\Omega \cdot m^2$)	技术等级	对防腐层采取措施
1	≤1000	5	大修
2	1000~3000	4	1. 加密测点进行小区段测试 2. 对加密测点测出的<$1000\Omega \cdot m^2$ 段进行维修
3	3000~5000	3	按规定进行检漏、修补
4	5000~10000	2	按规定进行检漏、修补
5	>10000	1	暂不维修

2. 防腐层绝缘电阻检测和评价的基本要点

管道防腐层绝缘电阻的检测和评价是一项系统性工程，检测是手段，用以收集需要的数据或资料，评价是结果，将检测收集到的数据进行比较、分析，做出结论。这一过程的要点是：

（1）保证测量数据或资料准确、精确、可靠。

（2）合理确定"测量间距"即"样本"的大小。

（3）在一个评价体系中保持"测量间距"即样本的一致。

上述三个要点，也是对防腐层绝缘电阻检测中使用的仪器和测量、评价方法的要求。

目前，管道防腐层绝缘电阻的检测有直流法、交变电流法、变频选频法等多种方法，其中我国自行开发的变频选频法测量管道防腐层绝缘电阻技术能够全面满足上述防腐层绝缘电阻检测和评价的要求和条件，结果准确可靠，可以为决策提供真实信息，是我国目前测量管道长度最长、数据最多，且经大量工程实践证明为可行、有效的检测方法，已列入我国行业标准。

二、变频选频法测量埋地管道绝缘电阻技术

1. 变频选频法的特点及应用

（1）变频选频法的主要特点

1）测量方法简便、快捷。变频选频法是专门针对埋地管道的特点开发的专用测量仪器，在操作上比较简便，只需进行频率调节和电平值的读取操作，测试速度也比较快，一般情况下，测量一段管道在接线完成后只需几分钟即可完成读数。

2）适用于不同管径、不同钢质材料、不同防腐绝缘材料、不同防腐层结构的埋地管道。变频选频法诞生十多年来现场实测的管径范围为159~2200mm，实测的管段长度范围为20~3000m，实测的管道防腐层材料为石油沥青、环氧煤沥青、聚乙烯等多种绝缘材料。

3）可以测量连续管道中的任意长管段，不受被测管段以外管道防腐层质量好坏及有无均压线、分支线的影响。变频选频测量结果与被测段始端点与末端点的电平差相关。变频信号由发端送入管道，信号会向两个方向传播，防腐质量好坏只会影响始端点的信号强度，但不影响被测段始端点与末端点的电平差。同样被测管段以外有无均压线、分支线也不影响被测段始端点与末端点的电平差。因此不影响测量的结果。

4）一般不必开挖管道，不影响管道正常工作，可以不关停阴极保护。

目前管道一般均有检测桩，变频选频法可利用这些检测桩发、收信号，只有在无检测桩的情况下才需开挖管道，设置临时接线点。变频选频信号是一种弱交流信号，对管道正常工作状态和阴极保护的运行无影响，因此测量中可以不关停阴极保护。

5）便于野外使用，频率连续可调，精度高。

变频选频仪器体积小，便于携带，不用交流电源，因此便于野外使用。测量频率用数码显示，可无级连续调频，精度高。

（2）变频选频法的应用。变频选频法测量管道防腐层绝缘电阻技术是根据我国实际，由我国自行开发，具有独立知识产权的专用技术，于1991年通过鉴定。

变频选频技术在我国已为数万千米输油（气）管道、城市煤气管道、油（气）田管网进行了检测及质量评估，为这些管道的防腐层检漏、维修、大修决策提供了可靠的依据，并通过现场开挖大修验证了变频选频法测试的准确性。以东北输油管网为例：东北输油管网管道总长约2600km，在使用20年后，发现个别管段防腐层存在老化、开裂、脱壳等现象，阴极保护效果逐年下降，为确保管道安全运行，需要对防腐层技术状态很差的管段进行大修，为此需进行防腐层大修选段。变频选频法完全满足防腐层大修选段的要求。近年来，在东北输油管网利用变频选频技术先后完成了2600km管道防腐层绝缘质量的快速测试和评价，为管道防腐层大修及时提供了准确的选段依据。通过对开挖大修的210km管道防腐层的现场检查，证实这些管段防腐层存在大面积脱壳、龟裂、沥青流淌、黏结力下降等现象，这也证明了变频选频法测试的准确性。

除上述应用外，变频选频法还广泛应用在阴极保护设计、保护效果的评估及新建埋地管道防腐层质量验收等领域，并取得了很好的经济效益和社会效益。

2. 变频选频法的测量装备

（1）测量装备的组成。变频选频法测量管道防腐层绝缘电阻的测量装备是管道防腐层绝缘电阻测量仪和配套的专用计算软件，每套测量仪由一台变频信号源和二台选频指示器组

成。仪器原理框图如图 7-21 和图 7-22 所示。

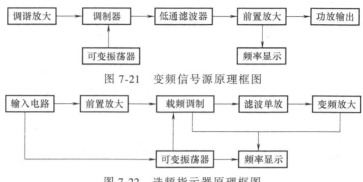

图 7-21　变频信号源原理框图

图 7-22　选频指示器原理框图

（2）主要技术参数。变频信号源主要技术指标：

1) 输出频率范围：0.3~300kHz。

2) 频率精度：$\pm 3\times 10^{-6}$。

3) 频率分频率：1Hz。

4) 输出电平范围：-40dB~0dB~10dB。

5) 每步调节：10dB。

6) 连续可调：10dB。

7) 输出电平误差：± 0.2dB。

8) 阻抗：0Ω$\pm 10\%$。

9) 电源：直流电池 12V 约 15W。

10) 环境温度：-10~40℃。

选频指示器主要技术指标：

1) 测量频率范围：0.3~300kHz。

2) 分辨率：1Hz。

3) 频率稳定度：$\pm 3\times 10^{-6}$。

4) 电平测量范围：+40~-110dB。

5) 电源：直流 12V。

3. 变频选频法的使用

目前用户广泛使用的防腐层绝缘电阻测量仪的型号为 AY508B 型和 AY508Ⅲ型，二者在使用方法上基本相同。以下内容中，将以 AY508Ⅲ型仪器为主介绍变频选频法的使用。

（1）应用条件。被测管道应满足下列条件：

1) 被测管道为连续的埋地金属管道。

2) 测量管段内不应有分支，如果测量段内有牺牲阳极或其他用途的接地体，必须切断其与管道的电连接。

3) 测量中被测管道的强制电流阴极保护可以继续运行。

4) 被测管段两端有测试接线装置（如测试桩），如没有，可以开挖管道设临时接线点。

（2）测量前的准备工作

1) 调查了解被测管道的基本情况

① 管道名称、地理位置和走向。
② 管道规格（管径、壁厚）和材质。
③ 防腐层材料的种类和结构。
④ 管道测试桩的间距。
⑤ 管道防腐层历年维修、大修情况。
2）准备测量所需器材
① 管道防腐层绝缘电阻测量仪 1 套。
② 测量仪专用充电器 1 套。
③ 接地电阻测试仪 1 台。
④ 无线对讲机 1 对。
⑤ 数字万用表 1~2 块。
⑥ 硫酸铜参比电极 1~2 支。
⑦ 现场原始记录表格。
⑧ 小型工具（尖嘴钳，改锥）2 套。
⑨ 车辆 1 台。
3）对所用器材进行全面检查，对防腐层绝缘电阻测量仪进行电源检查、充电并校准。

（3）现场操作

1）测量接线。变频选频法测量接线示意图如图 7-23 所示。测量时在测量段的一端放置一台变频信号源 A 和一台选频指示器 B1，测量信号从此端输入管道，此端称为测量段的发端。测量段的另一端放置一台选频指示器 B2，用于接收发端发出的并经过测量管段衰耗的信号，此端称为测量段的收端。

① 发端的接线方法

a. 变频信号源的接线。将仪器随机所配的 20m 长专用测试线的三柱插头端插入变频信号源的"输出"插座中，将该测试线的短线接头（红色鳄鱼夹）接管道（或与管道相连的测试桩线），将该测试线的长线接头（黑色鳄鱼夹）接接地极棒（随机所配铜钎），接地极棒插入与管道垂直距离为 20m 的土壤中（作为接地极 G）。

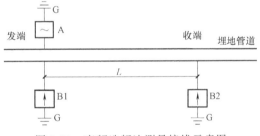

图 7-23 变频选频法测量接线示意图

b. 选频指示器的接线。将仪器随机所配的指示器专用测试线（2~3m 长）的三柱插头端插入选频指示器的"输入"插座中，将该测试线的短线接头（红色鳄鱼夹）接管道（或与管道相连的测试桩线），将该测试线的长线接头（黑色鳄鱼夹）接接地极棒（随机所配铜钎），接地极棒插入管道上方的土壤中（作为接地极 G）。

② 收端的接线方法。在收端只有一台选频指示器，其接线方法与发端的选频指示器相同。

③ 接线的注意事项

a. 变频信号源原则上可设在任意点，但宜避开固定墩等管道对地绝缘有可能薄弱的处所或管道分支的附近；选频指示器虽然可设在管道分支点附近，但必须做到被测管段内无分支管道。

b. 变频信号源与该端设置的选频指示器，可共线与管道连接。但在有条件时，宜采用"专线、专点"连接。此时变频信号源和选频指示器与管道连接点之间的距离以 2~5cm 为宜。

c. 接地极棒应牢固插入地中，土壤比较干燥时应注水湿润。

2）仪器的放置。变频信号源和选频指示器应放置于测量接线点附近平坦之处，可卧式（面板向上）或立式（面板侧向）放置，但应保持与地面平直，并注意背光或遮阳。

3）现场测量过程。

① 现场测量的步骤。变频选频测量时发、收两端通过对讲机联络。发射机每改变一次发射频率，即通过对讲机将目前的发射频率通知收端。测量操作步骤如下：

a. 发端变频信号源发射 2 个初始频率（对旧的沥青防腐层一般为 10kHz），并通过对讲机将发射频率通知收端，发端同时读出本端的接收电平值。

b. 收端完成电平读数后即通过对讲机向发端报告其接收电平值。

c. 发端计算出发、收两端电平差，并根据电平差的大小确定下一个发射频率。确定的原则是：如果电平差大于 23dB，则降低信号源发射频率，反之则提高信号源发射频率。

d. 信号源按上述确定的频率发射下一个频率的信号。

e. 重复上述 b~d 的步骤，直至达到发、收两端电平差为 23dB 或稍大于 23dB，此时结束收、发操作。

f. 记录上述电平差达到 23dB（或稍大于 23dB）时变频信号源显示的频率值和收、发两端选频指示器在该频率下测得的电平值。

g. 在进行上述操作前后，测量该管段的土壤电阻率并确定管段的长度。

② 土壤电阻率的测量。土壤电阻率的测量可采用四极法，测量仪表可使用 ZC-8 接地电阻测量仪。测量电极的极间距一般取 2m。在条件允许时最好沿管道多测几处，特别是被测管段所穿过的土壤状况差别较大时更需增加土壤电阻率的测量点。将几个测量数据取平均值作为该管段的土壤电阻率。

③ 被测管段长度的确定。被测管段的实际长度与准确求得该段管道防腐层绝缘电阻值有密切关系。宜现场测取发射端选频指示器与接收端选频指示器之间的管段线长，记录该值，作为被测段长。一般情况下可使用平面线长。但当利用管道上已设测量装置（测试桩等）测量，而且测量装置的间距为已知时，也可不在现场测量。

④ 现场测量数据的记录。在现场测量的过程中及时、准确地记录相关数据。记录的项目和格式可参照表 7-3。

表 7-3 管道绝缘电阻率测量原始记录表

测试管段	测试频率 /Hz	测试电平/dB			土壤电阻率 测量示值/Ω	管段长度 /m	备注
		发端	收端	电平差			
46~47	5000	−35.3	−58.4	23.1	2.3	1000	1999 年 5 月 23 日
47~48	13500	−32.0	−55.0	23.0	3.6	950	
48~49	1200	−40.5	−63.7	23.2	12.0	1200	

注：表中所列土壤电阻率测量示值为 ZC-8 接地电阻测量仪的读数，需经计算才可得出土壤电阻率值。

(4) 数据处理

1）原始数据的预处理

① 将现场原始记录中计算所需参数摘出，这些参数是：测量频率、电平差、土壤电阻率示值、管段长度。

② 根据测得的土壤电阻率示值和测量所用极间距计算出土壤电阻率。

2) 计算参数的选取。变频选频计算除了需要上述现场测量的参数外，还需以下参数：

① 金属管道外半径，mm。

② 金属管道壁厚，mm。

③ 金属管材电导率，$1/(\Omega \cdot m)$。

④ 金属管材相对导磁率。

⑤ 防腐层厚度，mm。

⑥ 防腐层材料介电常数。

⑦ 防腐层材料损耗角正切。

⑧ 土壤介电常数。

上述参数中管道外半径、管道壁厚、防腐层种类和厚度均可在测量前通过查阅管道竣工资料等方式获得。

3) 计算。管道防腐层绝缘电阻的计算通过专用的计算机软件进行。其方法是按计算键，按照显示器中文菜单提示，输入相应的管道参数、测试参数、环境参数等内容，最后直接得到所测管道绝缘电阻值。

(5) 测试报告编制。管道防腐层绝缘电阻测试报告主要有以下内容：

1) 本测试项目概况。对本测试项目的目的、规模和实施过程等情况进行说明。

2) 被测管道情况。写明被测管道的名称、位置、竣工时间、管材、规格、防腐层种类和结构、沿线土壤分布状况、阴极保护设施分布（包括检测桩）等情况。

3) 测试方法说明。可简要叙述测试原理，并说明测试操作步骤。

4) 测试结果分析。列出统计结果，对计算结果偏低或偏高的情况进行分析。

5) 结论或建议。提出被测管线防腐层状况的总体评述和今后管道防腐层维修和管理的建设性意见。

4. 变频选频法使用中常见问题的处理

(1) 怎样检验测试桩线的好坏？

在现场测量中可能会遇到发射或接收信号不良的问题，这时一般均应检查一下所用的测试桩内测试线的好坏。现场测量应携带数字万用表和硫酸铜参比电极，如果怀疑测试桩内测试线有问题，可用万用表通过测试线测量该点的管地电位。对有阴极保护的管道测得的电位应为管道保护电位（一般为-0.85~-1.2V），对无阴极保护的管道测得的电位为自然电位（一般为-0.3~-0.6V）。如果测得的电位为0V左右，且确认管道上并无交、直流干扰，则可初步判定该测试线可能断线或测试线与管道连接点可能已脱开。

(2) 怎样选择合适的初始测量频率？

需要测量的不同管道其防腐层种类和绝缘状况往往有很大差别，所测管段的长度也不会完全相同，所以针对不同防腐层种类、不同绝缘质量状况和不同管段长度，所使用的测量信号频率也是不同的。由于在测量之前防腐层的绝缘状况是未知的，而管道防腐层的种类和测量管段的长度可以是已知的，所以可以参考这两个因素来选择初始测量所用的信号频率，这样往往可以有效地加快测量速度。选择初始测量的频率可按以下原则进行：对于使用绝缘电阻率较高的防腐层材料（如三层 PE 防腐层）的管道，初始测量频率可选择较高一些的频率（如 30kHz）；对于使用绝缘电阻率相对较低的防腐层材料（如旧的沥青防腐层）的管道，初始测量频率可选择较低一些的频率（如 10kHz）；如果被测管段较长，初始测量频率应低一些；如果被测管段较短，初始测量频率应选择较高一些。

（3）选频指示器电平表窗口无显示怎么办？

选频指示器电平表窗口无显示，可按下列步骤检查：

1）检查接地极的测试线是否断线，测试线的鳄鱼夹与接地极是否脱开。

2）检查与测试桩线连接的测试线是否断线或连接不良。

3）检查信号源与管道连接的测试线是否断线或连接不良。

4）按上述"1）"所述方法检查测试桩的测试线是否断线。

5）按仪器自校方法判断仪器是否有故障。

（4）发端指示器电平与信号源发射电平数值相同怎么办？

正常情况下发端指示器收到的电平要比发射电平低，如果出现发端指示器的电平表指针与信号源发射电平数值相同的情况，则有可能是信号源和指示器的测试线相连但均未与管道正常连接造成的。此时应检查信号源和指示器与管道相连的测试线是否断线，管道测试桩的测试线是否断线。

（5）有其他信号干扰怎么办？

在测量中有可能遇到电平信号不稳等干扰现象，可采取下述方法处理：

1）躲避法。暂停信号发射，利用选频指示器查探干扰信号的大致主频率，发射频率可适当避开干扰主频率。

2）压制法。提高发射电平，使信号电平远大于干扰电平。实现的途径有两种：一种是将发射机的电平选择开关置于最大档位（+10dB），另一种是降低发射回路电阻（如将几支铜钎并联使用作为信号源的接地极）。

3）缩距法。干扰信号往往在低频段（2~5kHz 以下）较强一些，如果测试频率也处于低频段，则易受干扰信号的影响。这时可将测试管段分为 2~3 小段分别测试，因为每小段的长度较短，测试频率相对于原来整个管段测试时要高，这就减弱或消除了干扰信号的影响。

（6）仪器自校和联校结果有偏差怎么办？

仪器的校验顺序是：先进行自校，后进行联校。如果二者出现偏差，则以联校结果为准。

5. 变频选频计算常用公式及参数

（1）电平表指示电平与电压的关系。电平用于衡量信号沿传输线传输量的大小变化，国际标准用分贝（dB）作单位。电压与电平的关系参见表 7-4。

电压电平按式（7-2）计算

$$A = 20\lg\frac{V_1}{V_0} \tag{7-2}$$

式中　A——电压电平（dB）；

　　　V_1——输入端电压（V）；

　　　V_0——末端电压（V）。

注：电压与电平的关系式：$V = e^{0.775A}$，V 为电压（V），A 为电平（dB）。

表 7-4　电压与电平的关系

电压/V	0	0.01	0.1	0.775	1	10
电平/dB	$-\infty$	-37.78	-17.38	0	2.21	22.1

（2）不同结构防腐层电参数计算。管道防腐层一般由不同绝缘材料组成，其等效介电常数，代入下述公式计算

$$\varepsilon_0 = \frac{\varepsilon_{11}S_1 + \varepsilon_{12}S_2}{S_1 S_2} \tag{7-3}$$

式中　ε_0——等效介电常数；
　　　ε_{11}——第一种材料介电常数；
　　　ε_{12}——第二种材料介电常数；
　　　S_1——第一种材料截面面积（cm^2）；
　　　S_2——第二种材料截面面积（cm^2）。

对于有发泡塑料的防腐层，应考虑发泡中空气所占的比例，其发泡部分的等效介电常数由下式计算

$$\varepsilon_p = (\pi/4) \times (d_1^2 - d_0^2) \times (1-P) \times \varepsilon_1 \tag{7-4}$$

$$P = V_\text{空} / V_\text{塑} \tag{7-5}$$

式中　ε_p——泡沫塑料防腐层等效介电常数；
　　　d_0——泡沫防腐层内直径（cm）；
　　　d_1——泡沫防腐层外直径（cm）；
　　　P——发泡度；
　　　$V_\text{空}$——泡沫塑料中空气所占体积（cm^3）；
　　　$V_\text{塑}$——泡沫塑料中塑料占体积（cm^3）；
　　　ε_1——材料介电常数。

（3）变频选频计算所需的其他有关参数。钢材相对磁导率为 150~250。管道规格、管道防腐层结构、常用钢材电导率、不同绝缘材料电参数、地表土壤和水的介电常数，分别参见表 7-5 至表 7-9。

表 7-5　管道规格表

管径/mm	管壁厚/mm	管径/mm	管壁厚/mm
108	5,6,7,8	377	6,7,8,9,10,11,12
159	5,6,7,8	426	6,7,8,9,10,11,12
219	5,6,7,8	529	6,7,8,9,10,11,12
273	6,7,8,9,10	530	6,7,8,9,10,11,12
325	6,7,8,9,10,11,12	720	6,7,8,9,10,11,12

表 7-6　防腐层等级与防腐层结构表

防腐层等级	防腐层结构	每层沥青厚度/mm	防腐层总厚度/mm
普通防腐	沥青底漆-沥青-玻璃布-沥青-玻璃布-沥青-聚氯乙烯膜	≈1.5	≥4.0

(续)

防腐层等级	防腐层结构	每层沥青厚度/mm	防腐层总厚度/mm
加强防腐	沥青底漆-沥青-玻璃布-沥青-玻璃布-沥青-玻璃布-沥青-聚氯乙烯膜	≈1.5	≥5.5
特强防腐	沥青底漆-沥青-玻璃布-沥青-玻璃布-沥青-玻璃布-沥青-玻璃布-沥青-聚氯乙烯膜	≈1.5	≥7.0
泡沫塑料防腐保温层	泡沫塑料层-聚乙烯塑料	—	>25±1.2
	泡沫塑料层-沥青-玻璃布-沥青-玻璃布-沥青-聚氯乙烯膜	—	≥25±4
环氧煤沥青防腐层	"轻型":一层底漆,两层面漆 "普通型":一层底漆,一层玻璃布,三层面漆 "加强型":一层底漆,二层玻璃布,四层面漆	—	0.2~0.3 0.4~0.5 0.6~0.8

表7-7 常用钢材电导率表

型号	电阻率/($\Omega \cdot mm^2/m$)	电导率/[$1/(\Omega \cdot m)$]
10号钢	0.11	9.09×10^6
20号钢	0.135	7.41×10^6
45号钢	0.132	7.58×10^6
16Mn钢	0.224	4.46×10^6
铬钢	0.22	4.55×10^6
T8	0.14	7.14×10^6

表7-8 不同绝缘材料电参数表

材料	介电常数	损耗角正切	
沥青	2.5~2.8	0.015	频率为10~50Hz
聚氯乙烯	2.73~6.0	<0.015	
聚乙烯	2.30~2.35	<0.0005	
环氧树脂	3.5~5.0	0.002~0.05	
聚苯乙烯	<2.7	<0.0005	
纤维素	2.6~7.5	0.02~0.12	

表7-9 地表土壤和水的介电常数表

类别	介电常数	类别	介电常数
沿海干沙地	10	放牧地、丘陵	15
湿润森林平地	12	淡水	80
肥水农耕地	15	海水	80

三、多频管中电流法检测防腐层绝缘电阻技术

1. 多频管中电流法（PCM）概述

（1）多频管中电流法（PCM）检测原理。管中电流法或多频管中电流法（Pipeline Current Mapping，PCM）作为一种新型的管道检测评价方式，是利用交变电流梯度法，通过在管道和大地之间施加某一频率的正弦电压，给待检测的管道发射检测信号电流，在地面上沿管路检测由管道电流产生交变电磁场的强度及变化规律，然后通过管道上方地面的磁场强度

换算出管中电流的变化,据此可以判断出管道的支线位置或破损缺陷等。

英国雷迪公司(Radiodetection)最新开发的"埋地管道电流测绘系统"(PCM),是一台高性能的埋地管道外防腐层检测仪。它引入了全新的检测模式,采用超大功率发射机和近直流的检测信号,对管道进行探测,极大地克服了以往探测工程中存在的探测领域的局限及评估误差。全新的方法对被测管道与其他埋地金属构件搭接,及外防护层存在的缺陷都能明确地识别、精确地定位。此外,评估管道阴极保护系统的有效性、诊断已有的阴极保护系统的故障则是PCM系统的另一个全新功能。

PCM检测的基本应用原理是:管道的防腐层和大地之间存在着分布电容耦合效应,且防腐层本身也存在着弱而稳定的导电性,使信号电流在管道外防腐层完好时的传播过程中呈指数衰减规律,当管道防腐层破损后,管中电流便由破损点流入大地,管中电流会明显衰减,引发地面的磁场强度的急剧减小,由此可对防腐层的破损进行定位。在得到检测电流的变化情况后,根据评价模型可推算出防腐层的性能参数值R_g。采用这种方法不但可以对防腐层的破损进行定位,推算出防腐层的性能参数值R_g,而且可对管道路由精确定位描绘,测量深度。本测试方法还在很大程度上排除了大地的电性和杂散电流的干扰,具有很好的实用性。

PCM仪器对埋地管道防腐层状况的检测应用,基本操作方法是:在现场工作时先用发射机将一个检测信号供入被测管道,如图7-24所示,然后在地面上沿管道线路进行测量,记录下该管道中各检测点流过的电流值。检测数据处理可运行管道防腐层计算软件,可以方便地得到防腐层绝缘电阻计算结果与对应的直观计算结果图形,软件的计算功能可以得到防腐层绝缘电阻R_g。利用交变电流梯度法对管道外防腐层情况进行综合评价,首先要计算管

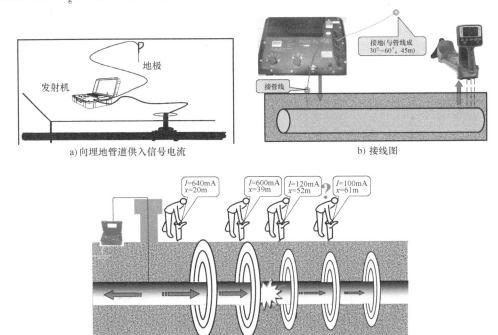

图7-24 PCM检测原理

道各分段外防腐层绝缘电阻率，对于管道分段绝缘电阻率较低区域进行标定，划定破损严重区，最后对管道漏点进行精确定位。

（2）检测结果处理。由 PCM 发射机向管道施加多个频率的电流信号，使用接收机接收同频率的发射机信号。电流在沿管道传送的过程中，电流的逐渐衰减变化与管道防腐层的绝缘电阻率有关，反映电流衰减变化的关系式为

$$I = I_0 e^{-\alpha x} \tag{7-6}$$

式中　I_0——距离为 0 时的管道电流值（mA）；

　　　x——距离（m）；

　　　α——衰减系数，$\alpha = F(R, G, C, L, f)$ 与管道防腐层类型、管道直径、厚度，材质等有关；

　　　R——管道纵向电阻率（$\Omega \cdot m$）；

　　　G——横向电导率（$S \cdot m^{-1}$）；

　　　C——管道与大地间的分布电容（$\mu F \cdot m^{-1}$）；

　　　L——管道的自感（$mH \cdot m^{-1}$）；

　　　F——外加电流频率（Hz）。

将式（7-6）取对数，再两边微分，得 $d\ln I = -\alpha dx$，通过测定一系列距离下的电流值，可以求得 α。用来表征管道外涂层绝缘电阻的特征参数 R_g 定义为

$$R_g = \frac{\pi \phi}{G} \tag{7-7}$$

式中，ϕ 为管径（m），而 $R_g = F(\alpha, \phi)$。利用 PCM 配套的软件对处理结果进行分析，依据电流的衰减变化值，计算 R_g 值。

2. 管道电流测绘系统（PCM）的组成及特点

（1）术语解释。

1）近直流信号。PCM 采用 4Hz 的信号电流，来完成埋地管道防腐层的检测。它在管道上的传输特性与阴保电流相近，对阴保系统的有效性评估及查找故障十分有效，故称之为近直流信号。接收机检测 4Hz 的电流读数也称 PCM 电流。

2）定位电流。PCM 发射机发射 128Hz 或 640Hz 的检测电流，来完成对埋地管道的定位检测。接收机检测 128Hz 或 640Hz 的电流读数称之为定位电流。

3）ELF 信号。PCM 发射机在 ELF 信号档发射 128Hz 的定位电流信号。ELF 频率信号是超低频信号的英文缩写（Extra Low Frequency）。ELF 信号适合最大距离的埋地管道定位及防腐层检测。

4）LF 信号。PCM 发射机在 LF 信号档发射 640Hz 的定位电流信号。LF 频率信号是低频信号的英文缩写（Low Frequency）。

5）有源信号。这是指通过发射机施加到管线上的一个或几个特定频率的检测信号。

6）无源信号。不连接发射机，直接使用管线上自身带有的电力、通信或其他干扰源（50/60Hz 或 VLF 甚低频无线信号）的交流信号进行管线定位，将此时管线上的信号称之为无源检测信号。

7）耦合。这是指加到目标管线的信号，通过电磁感应的方式传输到相邻管线的情况。相邻管线上的耦合信号会对目标管线的检测产生不良影响。

8)响应。这是指接收机在管线上检测信号产生电磁场中的反映,通常指接收机显示屏的数字指示或扬声器中声音指示。通过调整接收机的灵敏度,可以改变其大小。

9)峰值/零值。使用接收机对目标管线进行精确定位时,水平天线在管道正上方给出最大响应,称之为峰值响应;垂直天线在管线正上方给出最小的信号响应称之为零值响应。

10)精确定位。使用不同的定位模式,通过接收机测出目标管线的精确位置。

11)目标管线。这是指用户选择的被检测金属管道。目标管线上面施加了发射机的信号,它们将被精确定位、完成外防腐层故障检测以及外加电流阴极保护有效性的评估。

12)模拟指针。它在接收机面板显示屏的下方,由一系列条形圆弧排列组成,与上部的数字同步显示接收到的信号强度。这是为信号响应的直观显示和减轻操作者的视觉疲劳而设置的。

13)电流方向。通过接收机测量管线上 4Hz/8Hz 倍频信号的相位,给出交流检测电流的逻辑流向,用于区分复杂管线的连接关系。通过显示屏上的前后箭头来指示。

14)阳极地床。这是指外加电流阴极保护系统的接地电极,通过导线与恒电位仪相连。通过它失去电子被氧化,使得金属管体得到电子被保护。

15)CPS 功能。当使用整流器作为外加电流阴极保护系统电流源时,管线上会有一定强度市电(50Hz)的倍频(100Hz)信号,它可作为管道检测的信号源。应用接收机的 CPS 模式可进行管线的定位、测深、读取等效电流强度。

16)动力电模式。这是指不用发射机直接用接收机检测管线上的市电(50Hz)信号,完成管线定位。

17)无线电模式。这是指不用发射机,接收机检测管线上的 VLF 甚低频无线电信号,完成管线定位。

18)金属搭接。这是指埋地管线与其他管线或金属构件的不正常连接,它能造成防腐层破损以及保护电流的非正常流失。它对阴保站的正常工作及管线的使用寿命造成损害。

19)扫描。这是指使用接收机对有源或无源信号的连续接收、多重探测,以完成对一特定区域内所有管线进行定位的过程。

(2)管道电流测绘系统(PCM)的组成。PCM 系统由便携式发射机、手提式接收机、A 字架、磁力仪、软件等组成,如图 7-25 所示。

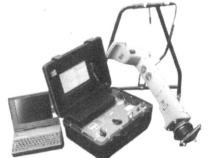

图 7-25 管道电流测绘系统(PCM)

1)PCM 发射机。PCM 发射机安装在一个坚固的防水塑料箱内,如图 7-26 所示。

① 信号连接。PCM 发射机的信号输出接口如图 7-26 标注,白、绿色导线为信号输出线(图 7-27)。在接线前,首先要断开发射机电源(将发射机开关拨到 OFF 档),将白色信号输出线与管道连接,将绿色信号输出线接地。

必须注意,当绿色信号输出线在使用接地棒连接时,经常会出现阻抗不够低的现象。所以接地棒导线必须垂直管道拉设,并离开管道至少 45m,以确保电流均匀分布。

② 电源输入。发射机电源输入接口如图 7-26 标注,红、黑导线为电源输入线(图 7-27)。发射机与电源连接前必须关机,将黑线接电源负极,红线接电源正极(图 7-28)。

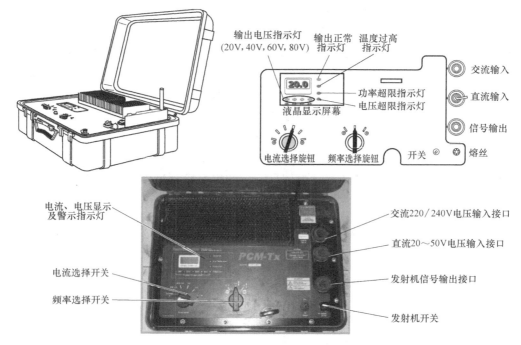

图 7-26　PCM 发射机

当输入直流电压为 20~50V 时，电源输出电流最大可达 5A。而发射机最大输出功率取决于电压。例如，当在指定管道上，输入电压为 20V 时仅能输出 300mA 最大电流，输入电压为 50V 时输出电流可达 3A。

如果出现过电压现象，可旋动有 6 个档的电流选择旋钮到最小档，再逐渐增加使发射机输出电流不超过输入电流。

③ 频率选择开关。频率选择开关（图 7-28）有三个档可选择所施加的测绘电流频率。三个档分别为：甚低频（ELF）、双向甚低频（ELF）、低频（LF）。在管道埋深和管道检漏中，一般使用双向甚低频。

图 7-27　信号输入、输出线

图 7-28　发射机与电源连接

④ 电流选择开关和警告指示灯。电流选择开关有六个档位：100mA，300mA，600mA，1A，2A，3A。

发射机的状态用下述发光二极管来指示（按面板顺序排列）：

绿灯——输出好（Output OK）。

红灯——温度过高（Over Temperature）。

红灯——功率达到极限（Power Limit）。

红灯——电压达到极限（Voltage Limit）。

温度过高（Over Temperature）：必须关机降温。

功率达到极限（Power Limit）：电流档选择太大，外部电源无法提供发射机所需功率的电力，发射机功率达到极限。此时，可旋转电流档至较小电流，直至出现绿灯表明输出良好。

电压达到极限（Voltage Limit）：发射机处于输出电压极限，表明与管道或与大地的连接不良，阻抗太高，应全面检查连接情况。

注意：在处理任何导线连接问题时，应将发射机关机！

⑤ 发射机附属件及外部电源。接地棒（图 7-29a）长约 1.5m，导线长约 45m。外部电源（图 7-29b），电压为 24V。

2) PCM 接收机。接收机是用来接收信号电流大小及方向，从而精确定位管线，并在面板上即时显示测量结果（图 7-30）。定位精度为深度的 ±5%；深度测量精度为深度的 ±5%；电流测绘精度为实际电流的 ±5%；储存 100 个记录数据。各常用按键功能如下：

① 增益调节旋钮：用于调节增益电平大小。

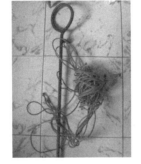

a) 接地棒　　　　　b) 外部电源

图 7-29　发射机附属件及外部电源

② 开/关键：开/关接收机。

③ 模式选择键：直接按动可选择接收机工作方式（即 EFL、LF、8k、CPS、Review）；与转换键（Shift 键）配合可调节接收机音量及上传和删除数据，具体操作为：按住转换键（Shift 键）不动，然后按动 Mode（方式键）可调节音量；按动 Depth 键（测深键）可向计算机上传数据；按动定位电流键可删除数据。

④ 波峰/波谷选择键：用于选择波峰或波谷响应。

⑤ 测深键：用于测量管道深度。

⑥ 定位/管道电流测量键：定位电流键主要用于判断分支管道并对其定位，电流读数精度低；管道电流测量键主要用于对管道内电流大小和方向的测量，判断管道故障及漏点要用此键，电流读数精度高。

3) A 字架。接收机配合 A 字架用于对管道故障点进行精确定位，包括破损点定位测量、跨步电压测量，其箭头指向破损点。A 字架如图 7-31 所示。

4) PCM 附件。该附件内装有磁力仪（磁力底座），如图 7-32 所示，安装在接收机上，

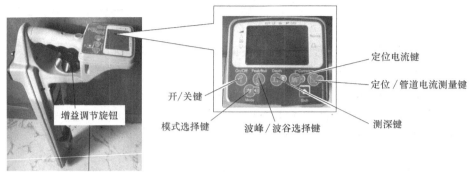

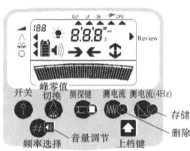

图 7-30 PCM 接收机

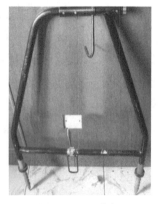

图 7-31 A 字架

图 7-32 磁力仪（磁力底座）

它能测量甚低频磁场，用来检测近似直流的测绘电流。先进的信息处理技术提供了近直流信号电流和方向，可绘制随距离而衰减的电流波形。

(3) PCM 系统特色。

1) PCM 系统由超大功率发射机及手提式接收机组成。发射机将一组特殊的接近直流信号施加在被测管道上，接收机沿管道路由通过感应线圈或高灵敏的磁力仪进行检测，给出管道上检测信号的电流强度及方向。

2) 即使管道有与其他金属结构搭接，或地下情况非常复杂时也能对管道进行精确定位，并绘制管网图。

3) 接收机无需与管道连接，在地面上即可测出检测电流的强度。

4) 操作者通过"管道电流衰减梯度"而得出管段防腐层的保护状况。这不需要烦琐的手工计算，且检测过程不受管道上阴极保护电流的影响。

5）对管道检测所测出的电流读数值分布及电流方向是与阴极保护系统加在管道上的实际电流分布规律是一致的。

6）通过管道上的检测电流分布规律可对被测管段的保护状况进行准确的评估。

7）高精度的定位功能减少了工程中定位误差，将挖掘费用降到最低。

8）接收机具有最多100/400个读数的存储功能，可直接浏览存储的数据。可将读数直接转存到计算机上，进行进一步分析、计算、显示或打印成图表，也可以作为"交变电流梯度法"评估管道防腐层的原始数据。

9）可进一步用于分段法判定管道是否需要更细致的检测和进行维修，从而降低了管线检测的操作费用和维修成本，加快了检测工程的进度。

3. PCM测管道埋深和管道检漏具体步骤

（1）PCM发射机。

1）连接电源之前，务必先将发射机电源开关调到OFF档，即关机。

2）将发射机电流档调到100mA（也可选择300mA）。

3）频率选择可采用双向甚低频（中间档）。

4）电源输入线中黑线接负极，红线接正极。

5）信号输出线，白线接管道，绿线与接地棒连接。

注意：如果管线测试桩已埋设，可将白线直接与测试桩连接；如果没有测试桩，可将白线与管口连接，管口如有铁锈，应先除锈，以保证与管道的有效连接。

6）接地棒导线应尽可能长，不小于45m，并应垂直管道方向拉设，接地棒应打入地下1m。

（2）发射机电源。本发射机电源使用24V电源（也可视具体情况串接电源使其达到48V）。

（3）PCM接收机。如果要用接收机对管道进行检漏，必须安装磁力底座。

1）参照图纸，初步定位管线，并将接收机移到距离发射机至少25步远。

2）按On/Off（开/关）按键打开接收机。

3）按动Mode（方式）键来选择测绘方式（保持与发射机频率一致，即双向甚低频）。

4）按动Peak/Null（峰值/峰谷）键，选择峰值或峰谷响应。

5）使接收机机身底部靠近地面，并保持垂直。

6）首先选择峰谷方式，接收机面板上显示左/右箭头指示。

7）在管道的一侧和另一侧来回移动，并沿左/右箭头指示跟进，当增益条显示值最小时（即左/右箭头同时出现时），即为管道中心线所在位置。通过峰谷方式可对管道中心线进行粗略定位。

8）切换到峰值方式，依然要保持接收机底部靠近地面并保持垂直，在以粗略定位的管道中心线两侧慢慢来回移动，确定最大响应位置（即增益条显示达到最大响应位置，面板上数值也显示最大）。

注意：当增益条形图总指示满偏时，应逆时针旋转增益旋钮将偏转减少至50%。旋转增益旋钮时应缓慢旋转，切不可用力，以免损坏旋钮。

峰值法（极大值法）：数字最大处为管道位置，如图7-33所示。谷值法（极小值法）：箭头反转处为管道位置，如图7-34所示。

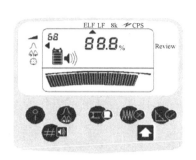 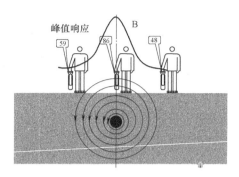

图 7-33 峰值法（极大值法）

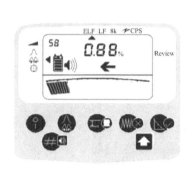 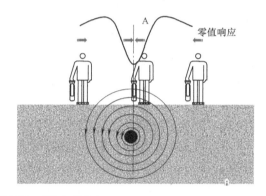

图 7-34 谷值法（极小值法）

9）再把接收机作为枢轴旋转，并在峰值最大响应处停止；再由目标管道一侧向另一侧慢慢移动接收机，确定峰值响应的准确位置。

10）当峰值与峰谷所测管线中心线位置之间不大于 6 英寸（15.24cm）时，管道定位才能获得准确结果。

11）当管道准确定位后，保持接收机与管道走向垂直且不动，按动 Depth（深度测量键）键，则接收机面板上将显示管道中心到 PCM 磁力底座的距离（有明显读数表示现场无干扰）。

注意：测量斜坡处管道深度时，应将底座贴住斜坡，但接收机机身仍然要保持竖直。

深度测量方法：直读法，直接在管道正上方按下深度键，如图 7-35 所示；70%法精确测量，如图 7-36 所示。

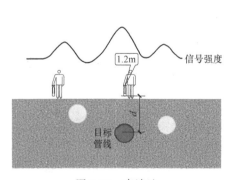 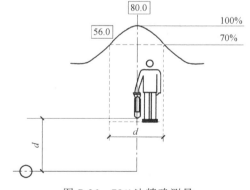

图 7-35 直读法　　　　　　图 7-36 70%法精确测量

12) 在前一步基础上，保持接收机与管道走向垂直且不动，将磁力底座与地面接触良好（即将底座上三个铜脚与地面接触良好），按动管道电流测量键（面板上 Current 右侧按键，如图 7-30 所示），此时，液晶屏上显示字符"PC"，并在左上角出现由 4s 开始的倒计时（即 04-03-02-01-00）。完毕后显示管道电流值及电流方向。

注意：倒计时期间应保持接收机静止不动。若出现"RPT"（重复）即需要再次按动管道电流测量键。管道电流测量键仅在配置了磁力底座时，其功能和读数才会有效。

13) 按动定位电流键（Current 左侧按键，如图 7-30 所示）退出电流显示。

4. 常见问题分析及措施

(1) 发射机总是显示过电压。原因及措施：

1) 发射机白色信号输出线与管道的连接不良，特别是当管道未埋设阴保桩，信号线与管口直接连接，此时应对管口铁锈进行打磨，从而使其连接良好。

2) 管线远端未接地。对于新埋设的管线，特别是管线远端悬空，并未与大地接触，则发射机发射到管线中的电流无法通过管道远端进入大地，并与发射机接地线形成回路，从而造成输入电压太大。此时应将管道远端接地，如果管口有铁锈，应将其打磨掉，并通过铜棒等导电良好的金属与大地接触。

3) 发射机接地棒接地不良。这也是发射机过电压的重要原因，因此发射机接地线应尽可能长，大于 45m，并且检查接地线是否断裂，接地线是否与管道走向垂直，接地棒是否打入地下 1m。如果上述要求符合，而过电压现象仍存在，应将接地棒接地处注水浸湿，接地棒也可换做导电良好的金属（如铜棒），如果附近有河流等，可将接地棒打入水中。

4) 发射机可能损坏。这种问题发生概率较小，可咨询雷迪公司。

(2) 按电流测试键，倒计时完毕后不显示电流，面板提示工作错误"Error#29"。原因及措施：

1) 发射机没有发出信号。应检查发射机是否停止工作，或蓄电池电压不足，此时应更换蓄电池。

2) 现场可能有干扰。可重新测试。

3) 磁力底座的三个铜脚未与地面良好接触。这是在进行电流测试时出现错误的主要原因，因此测试中应保持三个铜脚与地面良好接触。

4) 倒计时过程中，发射机晃动。这也会导致电流测试时出现错误，所以应保持接收机垂直不动。

(3) 接收机不能正常显示管道深度。常见原因可能是接收机频率选择与发射机频率选择不一致，此时应校对发射机与接收机的频率（例如应都为双向甚低频）。

(4) 显示工作错误"Error#9"。原因可能是在测量深度或电流时信号太弱或太强，应检查发射机的设定情况。

(5) 显示工作错误"Error#11"。原因是接收机上方有强信号干扰，应避开强信号区再次测量。

(6) 显示工作错误"Error#21"。原因是目标管道的深度超过了深度测量范围。

(7) 显示工作错误"Error#26"。PCM 错误，接收机与附件的通讯有问题，检查附件是否连接良好并重新操作。

(8) 显示工作错误"Error#28"。内存不够，软件错误。关闭仪器，然后打开使软件复位。

(9) 显示仪器错误"Error#12"到"Error#19"及"Error#23"、"Error#24"、"Error#45"。需要送回雷迪公司校正仪器。

第三节 管道防腐层高压电火花检测技术

一、涂层针孔缺陷的检漏原理及方法

对金属表面实施防腐蚀涂层保护是各种防护手段之一,其效果除了取决于涂料质量、涂敷工艺等因素外,涂敷后涂层质量的检测显得尤为重要。目前,国际上广泛采用的检测方法是用高压火花检测。这一方法易于操作,反应直观,工作效率高,且对涂层本身没有破坏,属于无损检测这一范畴。

电火花检漏仪亦称涂层针孔检测仪,它是用来检测油气管道、电缆、搪瓷、金属贮罐、船体等金属表面防腐蚀涂层施工的针孔缺陷以及老化腐蚀所形成的微孔、气隙点。它已成为石油工程建设质量检验评定的专业工具之一,这类仪器的工作原理基本相同,只是在内部线路、外形、可靠性等方面不尽相同。根据目前防腐蚀涂层的规范和要求,这类仪器的研制逐渐趋向交直流两用、高压输出连续可调、电压显示为数显、运用防腐蚀层以及输出高压范围更宽,并实现针孔漏点的计数、打标等新功能。

1. 检测原理

金属表面防腐蚀绝缘涂层过薄、漏铁微孔处的电阻值和气隙密度都很小,当检漏仪的高压探极经过针孔缺陷处时,形成气隙击穿产生电火花放电,同时给检漏仪的报警电路产生一个脉冲电信号,驱动检漏电路声光报警。

2. 国产电火花检漏仪的技术指标、结构和使用方法

(1) 电火花检漏仪的主要技术指标。

1) 测量防护层厚度范围:A 型仪器为 0.03~3.5mm;B 型仪器为 3.5~10.0mm。

2) 输出高压:A 型仪器为 0.50~15.0kV;B 型仪器为 15.0~36.0kV。

3) 电源:交流 220V±11V 或机内直流,A 型仪器为 6V;B 型仪器为 8.4V。

4) 功耗:<5W。

5) 延时:1~2s。

6) 交直流自动变换时间:<0.01s。

电火花检漏仪检测的防护层厚度和与之相对应的检漏高压,根据以下公式进行计算:

当涂层厚度 $\delta>1$mm 时,$V=7843\sqrt{\delta}$;当涂层厚度 $\delta<1$mm 时,$V=3294\sqrt{\delta}$。式中 V 为检漏电压(V),δ 为涂层厚度(mm)。

(2) 仪器结构。电火花检漏仪一般由主机、高压枪、探极等部分组成。主机内置集成信号处理控制线路、声光报警电路以及内置直流蓄电池组等。高压枪为高压电子发生器,探极分毛刷探极和弹簧探极,可分别适应不同金属防护工件表面的检漏,亦可根据工件的特点自行配制不同的探极。

(3) 使用方法。

1) 电源检查。打开主机电源,液晶表头显示检漏仪内储电池组电压,电压指示灯点

亮，液晶表头显示电压应大于 6.0V（A 型仪器）或 8.4V（B 型仪器），否则应及时充电方可使用。

2）主机充电。主机内高能蓄电池充电时，将交流 220V 电源插头插入后面板充电插座，前面板的电源开关指示灯和充电指示灯同时发光，仪器即实行快速智能充电，充足自停（充电时间为 3h 左右），充足一次可供仪器用 8h 左右。

3）检测时，将高压枪的多芯插头插入主机高压输出插座，插接必须良好。

4）把高压枪的接地线接到被测防护绝缘层的导电体上。

5）用毛刷探头检漏时，将毛刷探头螺杆旋入高压枪顶端的连接孔；用弹簧探头检漏时，将探头钩旋入高压枪顶端连接孔，连接器套在探头钩上，弹簧套在被测管道表面，且试拉一下，使弹簧能沿管道表面顺利滑动。

6）根据防护层厚度选择合适的测试电压，也可根据各行业提供的检测标准自行选择检测电压。检测者打开电源开关，戴上高压绝缘手套，按住高压枪输出按钮，仪器内微型计算机自动变换，电源电压指示灯熄灭，输出高压指示灯点亮，液晶表头显示转换为输出高压值，调节高压输出旋钮，使液晶显示值为所需的高压值（每次使用完毕后，输出调节旋钮应调到最小）。松开高压输出按钮，仪器处于待工作状态。

7）试把毛刷探头（或探头钩）靠近或碰触被测物导电体，能看到放电火花，并有声光报警，探头离开被测物体时声光报警相应消失，说明仪器工作正常，即可开始检漏。

8）检测完毕，关闭仪器电源，探头必须与高压枪的地线直接短路放电，仪器应恢复到开机前的状态。

3. 注意事项

（1）在检测过程中，检测人员应戴上绝缘手套，任何人不得接触探极和被测物，以防触电击伤。

（2）用弹簧探极检漏时，探极不能拉伸过长，防止失去弹性。

（3）野外使用时，机内高能蓄电池电压不得低于：A 型为 5.5V；B 型为 8.0V。否则应停止使用，立即充电，不致因过放电而损坏电池。

（4）被测防护层表面应保持干燥，如表面粘有导电尘，要用清水冲净并干燥后进行检测。

二、国产电火花针孔检测仪的使用

国产电火花针孔检测仪引进国外微电子高压发生器，采用脉冲调制技术和单片机控制技术，提供稳定的直流测试电压，提高了输出电压精度。该仪器采用直流高电压检测原理，符合现行国家标准和相关国际标准，对使用者来说是极为安全的。该仪器具有功耗低、体积小、质量轻、操作简单、直观方便、实时计数等特点，所有电气电子部件都经过防尘、防湿保护处理，高压探头安全密封，能适应各种复杂的天气环境，大大提高仪器的寿命和可靠性。

1. 仪器简介

（1）仪器的特点

1）采用国外微电子一体化高压发生器，克服了静电现象。

2）采用平面化设计，全键盘操作，提高了仪器的性能。

3）针孔数自动记录。

4）高压输出可根据需要连续调节，且能够自动存储输出高压值。

5）数字显示高压探极的实际测试电压，能确保涂层的安全。

6）配置三种探极，可适应各种不同场合的检测。

7）电压不足时，自动关机，提高了电池的使用寿命。

8）快速智能充电，充足自停，无需人工控制。

9）仪器线路采用模块化结构，三防设计，从而大大提高仪器野外使用的寿命和可靠性。

（2）仪器系统介绍。国产电火花针孔检测仪由主机、高压枪、探级三部分组成。

1）主机：内装有微型计算机电路、声光报警装置、计数装置、高能电池组等。

2）高压枪：内装电子高压发生器，外接特制的金属软管、金属插头。

3）探极：多种探极配置，有刷状探极、弧度导电橡胶探极、平板导电橡胶探极等。

（3）技术参数

1）测量范围：A 型 0.03～3.50mm（环氧煤沥青）；B 型 3.50～10.0mm（石油沥青）。

2）输出电压：A 型 0.5～15.0kV；B 型 15.0～35.0kV。

3）交流供电电压：220V±33V。

4）机内直流电压：9.6V。

5）直流功耗：<5W。

6）报警延时：1～2s。

7）主机体积：235mm×210mm×65mm。

8）主机质量：3kg（包括电池）。

9）高压枪体积：高 370mm，直径 40mm。

2. 仪器的操作方法

（1）电源电压检查：在仪器使用前必须对电源电压进行检查，按下 ON 键，仪器开始自检并发出几声短促的"滴"声，电源电压指示灯亮，液晶显示器显示电源电压。（注：如果在按下 ON 键后，主显示窗口显示 0，则表示仪器自检未能通过而发生异常，此时只要按下 OFF 键关闭仪器，过几秒后重新开机即可。如果在按下 ON 键时主显示窗口数字闪烁一下后无显示，则说明仪器电源电压不足需要充电。）

（2）按下 ON 键时，计数器进行自检，显示"888888""Lb"，自检通过后计数窗口显示 0。

（3）将高压枪金属软管上的金属插头卡口与主机右侧高压输出插座卡口相对插入，顺时针旋转，当听到"咔"的声音时，即为接触良好，检测完毕，逆时针旋转，即可取下。

（4）将连接磁铁放在管道末端没有涂层的部位，短接地线一端接到连接磁铁上，另一端接地；长接地线一端接到连接磁铁上，另一端连接到主机右侧面的接线柱上，须接触良好。当被测管道较长时，先将短接地线通过连接磁铁接地，长接地线一端接到主机右侧面的接线柱上，另一端接在接地棒上在地面拖动检测。如果检测所在地面比较干燥，则宜将接地棒插入地下，以减小接地电阻。接线方法如图 7-37、图 7-38 所示。

注：在使用过程中请严格按照第（4）条进行连接，否则可能会在金属软管或被测管道

上产生静电，当人体触碰时，会产生麻电。

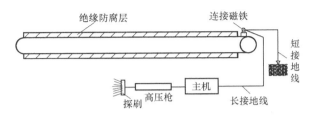

图 7-37　被测管道较短时的连接方法

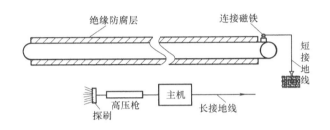

图 7-38　被测管道较长时的连接方法

（5）将探极旋入高压枪顶端连接孔

1）用导电橡胶探极时，将导电橡胶探极螺杆旋入高压枪顶端即可。

2）用弹簧探头时，将探头钩旋入高压枪顶端，连接器套在探头钩上，弹簧套于被测管道表面，且试拉一下，使弹簧能沿管道表面滑动。

（6）根据防腐层厚度选择合适的测试电压，也可根据各行业提供的检测标准自行选择检测电压。

检测者戴上高压手套，按下 ON 键，按下高压枪上的输出按钮，仪器内微型计算机自动变换，电源电压指示灯熄灭，输出高压指示灯亮，主显示窗口显示转换为输出高压值，调节 ↓ 或 ↑ 键，将电压调至所需的高压值。

注：① 在调节 ↓ 或 ↑ 键的过程中，kV 指示灯同时闪烁，并伴有"嘀"的声音。如果需要连续调节输出电压，则按住 ↓ 或 ↑ 键不动，输出电压自动下降和上升，直到所需电压为止。

② 关机后，所设定的输出电压自动保存，下次开机自动调用。

③ 在调节输出电压过程中，高压枪的输出按钮必须按下，否则就无法看到输出电压的调节情况。

④ 在调节输出电压时，尽量不要让探极打火。

（7）试把探极靠近或碰触被测物导电体（不可短路，以免过放电而损坏仪器），能看到放电火花（其火花的长短与输出电压高低有关），并有声光报警（报警指示灯亮，且仪器发出"嘀、嘀"的报警声），探头离开被测物体时声光报警相应消失，说明仪器工作正常，即可开始检测。

注：① 在试验过程中，不要直接将探极对着金属软管打火，否则主显示窗口中会显示

乱码，造成输出电压显示不精确，容易损坏仪器。

② 在试验过程中，不要直接将探极对着主机的接线柱打火，应将接地线插头插入主机，然后对着接地线鱼夹打火，否则易损坏主机线路。

③ 如果不小心导致主显示窗口显示乱码，可按下 OFF 键，关闭主机，几秒后重新开机即可。

（8）按下计数/停止键，计数指示灯亮，仪器开始计数，声光报警一次（即检测到一个针孔），计数一次。如果在检测过程中需要暂停计数，再次按下计数/停止键一次，计数指示灯熄灭暂停计数。如果需要重新计数，则按下清零键，使计数器复位即可。

（9）将探极在被测物体表面慢慢移动，当防腐涂层存在针孔时，仪器产生放电火花，并有声光报警，计数器计数一次。

注：在使用过程中如果仪器自动关机，则说明仪器电源电压不足，需要充电后使用。具体充电方法见下面第 3 部分。

（10）检测完毕，按下 OFF 键关闭电源后，探极必须与高压枪的地线直接短路放电，方可收存。

注：放电前必须保证高压枪按钮已处于断开状态。

3. 仪器的充电方法

当按下 ON 键，不能打开仪器或在仪器使用过程中自动关机，说明仪器电源电压不足，需要充电后使用。

将交流 220V 电源插头插入后面板充电插座，前面板的充电指示灯亮，仪器即实行快速智能充电，充足自停（充电时间为 5h 左右），充足一次可供仪器使用 8h 左右。

4. 仪器的日常维护

仪器内部有可充电电池，使用前要注意查看电池组的电压情况并及时对电池组进行充电，当按下 ON 键不能打开仪器时，说明电池电压不足，需进行充电。如果仪器长时间不使用，在仪器入库保存前必须给仪器充足电，以防止电池缺电，长期放置而损坏。

5. 仪器的使用注意事项

（1）操作人员应熟悉本仪器的使用说明书，严格按照该仪器的操作规程使用，注意保护仪器，不得摔碰、火烤或置于腐蚀气体和潮湿的地方。

（2）检测过程中，检测人员应戴上绝缘手套，任何人不得接触探极和被测物，以防麻电。

（3）被测的管道和检查物应尽量离开地面 20cm 以上（除墙壁防腐层的测试），使探极和地面绝缘。

（4）弹簧探极不能拉伸过长，防止失去弹性。

（5）在使用过程中，如果仪器自动关机则说明电压不足，需要对电池进行充电后再使用。

（6）被测防腐层表面应保持干燥，如表面沾有导电尘，要用清水冲洗干净并进行干燥，否则仪器会到处报警，不能确定针孔的精确位置。

（7）工作完毕按下 OFF 键关闭电源后，务必使探极与接地线放电，以免麻电。

（8）长期不用时，机内高能蓄电池应每隔 2~3 个月充电一次，以免电池缺电，长期放置而损坏。

6. 仪器主、附件

（1）主机一台。

（2）高压枪一根。

（3）导电橡胶探极两只（弧形、平板形）。

（4）刷状探极一支。

（5）电源线一根。

（6）长短接地线各一根。

（7）高压手套一副。

（8）接地棒两根，连接磁铁一支。

（9）主机护套、外包装箱各一支。

（10）使用说明书、产品合格证、随机文件各一份。

7. 附现行行业标准《城镇燃气埋地钢质管道腐蚀控制技术规程》CJJ 95 中检漏电压计算公式

（1）当防腐层厚度大于 0.5mm 时，$U = 7900V$。

（2）当防腐层厚度小于或等于 0.5mm 时，$U = 3300V$ 或 $5V/\mu m$。

（3）查沥青等防腐层时，检查电压为：$U = 7848\sqrt{\delta}$。

上述公式中，U 为检查电压（V）；δ 为涂层厚度（mm）。

三、国产电火花在线检测仪的使用

国产电火花在线检测仪是根据加拿大电火花在线检测仪标准，并结合国内实际情况研制而成的，它是用来检测金属管道在生产过程中其表面防腐绝缘层质量的一种专用检测设备。该仪器引进国外微电子高压发生器，采用电脑控制等新技术，使用交流 220V 供电，工作安全可靠，功耗低，体积小，质量轻，操作简单，直观方便，为防腐管道防腐绝缘层的在线检测提供了最快最可靠的检测方法。该仪器采用高压检测原理，克服了国内在线检测仪整机带高压静电的现象，对使用者来说是极为安全的。

1. 主要技术指标

（1）测量范围：0.03~3.50mm（A 型）；3.50~9.0mm（B 型）。

（2）输出高压：0.5~15.0kV（A 型）；15.0~30.0kV（B 型）。

（3）交流供电电压：220V±33V。

（4）功耗：<5W。

（5）报警延时：1~2s。

（6）主机体积：300mm×280mm×150mm。

（7）主机质量：2.5kg。

2. 前后面板

（1）前面板。前面板示意图如图 7-39 所示。

（2）后面板。后面板示意图如图 7-40 所示。

3. 检漏原理和结构简述

（1）检漏原理。金属表面绝缘防腐层过薄、漏铁及漏电微孔处的电阻值和气隙密度都很小，当有高压经过时就形成气隙击穿而产生火花放电，给报警电路产生一个脉冲信号，报警器发出声光报警，根据这一原理达到防腐层检漏目的。

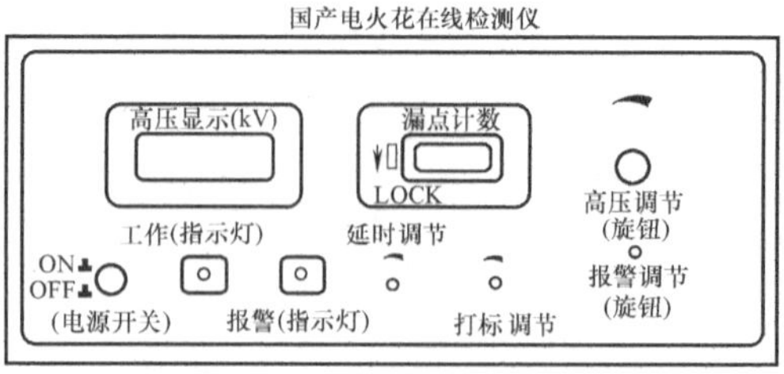

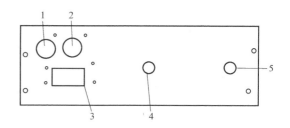

图 7-39　前面板示意图

图 7-40　后面板示意图
1—220V 交流输出插座（附加电铃插座）
2—220V 交流输出打标插座
3—220V 交流输入插座　4—高压输出　5—高压输出，接地

（2）结构简述。仪器分主机和探头两部分：

1）主机：内装有微型计算机电路、声光报警装置、微电子高压发生器。

2）探头：导电橡胶探头。

4．操作步骤

（1）将红色夹接线一端接到橡胶探极上（橡胶探极必须与被测管道的防腐层接触良好），另一端接到仪器后面高压输出（+）接线柱（白色）上。

（2）将黑色鱼夹接线一端接到被测管线防腐导电体上，另一端接到仪器后面接地接线柱（黑色）上。

（3）将 220V 电源线插入 220V 输入插座，打开仪器电源开关，液晶显示器显示输出高压值，工作指示灯亮，仪器处于工作状态。

（4）根据防腐层厚度选择合适的测试电压（参见仪器说明书相关附表），附表给的电压一般是近似值，仅供参考，也可根据各行业提供的检测标准自行选择检测电压。检测者打开电源开关，工作指示灯亮，液晶表头显示输出高压值，调节高压调节旋钮，使表头显示值为所需的高压值（每次使用完毕后高压调节旋钮应调到最小）。

（5）报警调节旋钮是用来调节在线电火花仪对漏点的报警灵敏度。

（6）刚开机时，漏点计数自动记录一次，可按 LOCK 清零，重新记录，每检有漏点一次，计数器自动记录漏点个数。

（7）延时调节是调节打标支架自动喷漆的时间（单位为 s），打标调节是调节从检测到漏点到支架喷漆打标之间的时间（单位为 s）。

（8）检测完毕后，各开关恢复原状。拨下 220V 输入电源线，探头必须与接地线直接短路放电，方可收存。

（9）检测时，生产过程中噪声过大，本机仅靠报警达不到理想状态，可将本机后面板上 220V 输出插座接上电铃（市场上 220V 电铃均可）。

5．注意事项

（1）220V 输入插座与 220V 输出插座不可插错，否则会损坏仪器。

（2）操作人员必须熟悉本仪器的使用说明书，严格按照该仪器的操作规程使用，不得随意乱用，注意保护仪器，不得摔碰、火烤或置于腐蚀气体和潮湿的地方。

（3）检测过程中，检测人员应戴上绝缘手套，任何人不得接触探极和被测物，以防麻电。

（4）被测的管道和检查物应尽量离开地面20cm以上，使探极与被测金属管道绝缘，同时探极和地面绝缘。

（5）被测防腐层表面应保持干燥，如表面沾有导电尘，要用清水冲洗干净并进行干燥，否则仪器会到处报警，不能确定漏铁孔隙的精确位置。

（6）接线必须与被测管道导电部分接触良好，高压输出探极必须与被测管道防腐层接触良好，否则，易造成误报警或不报警。

（7）工作完毕要关掉电源，拔下220V电源线，务必使探头与接地线放电，以防麻电。

特别警告：交流220V输入电源接地必须可靠接地，否则易发生危险！

6. 仪器主、附件

（1）主机一台。

（2）鱼夹连接线两根。

（3）探极一支。

（4）220V电源线一根。

（5）高压手套一副。

（6）整机外包装箱一支。

（7）打标支架一支。

（8）使用说明书、产品合格证各一份。

第四节 管道阴极保护参数测试技术

一、管地电位的测试

通过管地电位的检测可以了解以下地下管道的信息：

（1）未加阴极保护的管地电位测试，是衡量土壤腐蚀性的一个参数，通过电位的对比，可以估算管道的腐蚀程度和腐蚀速率；较新的或腐蚀较少的管线一般电位较负，而新铺设的或涂覆的钢管的平均电位在$-0.5 \sim -0.7V$之间，老旧的或裸管的平均电位在$-1 \sim -0.3V$（CES）范围。

（2）施加阴极保护的管地电位是判断阴极保护程度的一个重要参数。

（3）当管道上有杂散电流干扰时，管地电位的变化是判断干扰程度的重要指标。

1. 地表参比法

地表参比法主要用于管道自然电位、牺牲阳极开路电位、管疲乏保护电位等参数的测试。

（1）使用仪器：数字万用表（TD-830）、饱和硫酸铜参比电极。

（2）接线方法：如图7-41所示。

（3）测量方法

1）将参比电极放在管道顶部上方1m范围内的地表潮湿土壤上，应保证参比电极与土壤接触良好。

2）将万用表调整开关调整到适当电压档量程上，读取数据，做好记录。

2. 近参比法

近参比法一般用于防腐层质量较差的管道保护电位和牺牲阳极闭路电位的测试。

（1）使用仪器：数字万用表（TD-830）、饱和硫酸铜参比电极。

（2）接线方法：如图 7-42 所示。

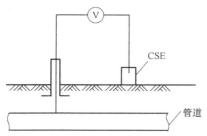

图 7-41　地表参比法测试接线示意图

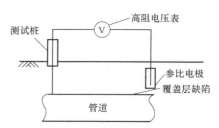

图 7-42　近参比法测试接线示意图

（3）测量方法

1）在管道（或牺牲阳极）上方，距测试点 1m 左右挖一安放参比电极的探坑，将参比电极置于距管壁（或牺牲阳极）3~5cm 的土壤上。

2）将万用表调整开关调整到适当电压档量程上，读取数据，做好记录。

3. 远参比法

远参比法主要用于强制电流阴极保护受辅助阳极地电场影响的管段和牺牲阳极埋设点附近的管段，测量管道对远方大地的电位，用于计算该点的负偏移电位值。

（1）使用仪器：数字万用表（TD-830）、饱和硫酸铜参比电极。

（2）接线方法：如图 7-43 所示。

（3）测量方法：将硫酸铜参比电极朝远离地电场源的方向逐次安放在地表上，第一安放点距离管道测试点不小于 10m。用数字万用表按测试管地电位的方法测试。当相邻两个安放点测试的管地电位相差小于 5mA 时，参比电极不再往远方移动，取最远处的管地电位值作为该测试点的管道对远方大地的电位值。

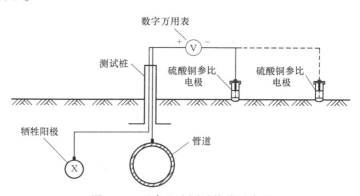

图 7-43　远参比法测试接线示意图

4. 电位测量中的 IR 降

所谓 IR 降是指保护电流在介质中流动所形成的电阻压降。在管地电位测量中，IR 降引起测量误差，应予以消除。IR 降是由参数 I 和 R 共同作用的，通常多在几十毫伏到几百毫伏之间。

消除 IR 降的测量技术对提高电位测量的准确性有很大的意义。IR 降是由参数 I 和 R 共同作用的结果，因此消除 IR 降的方法也应从消除或降低这两个参数着手，采用的方法有瞬间断电法、试片断电法、极化探头法等。以下对常用的测量方法做简要介绍。

(1) 瞬间断电法。这是最为普通的方法，断电意味着 $I=0$，因而 $IR=0$。断电之后，管地电位立即降落下来，然后再慢慢衰减。前面这一电位瞬间急落便是 IR 降成分。有关"瞬间"概念的数量级，取决于浓差极化的程度和可能产生扩散的速率。一般在沙质透气性土壤中为 μs 级或更小。

从图7-44中可以形象地看出阴极保护准则概念中的几个基数：V_{on} 为通电保护电位，含有 IR 降；V_{off} 为断电瞬间极化电位，不含 IR 降，这是准则所确认的 -0.85V 的位置。以 V_{off} 为起始点，测量极化电位的衰减，测得的去极化电位差，便是保护电位 100mV 准则的实质。

瞬间断电法要求管道上所有相连的接地保护、牺牲阳极均须断开，管道上多个阴极保护装置也要同时断开，在测试点处不应有杂散电流的干扰，测量中应使用响应速度极快的自动记录仪，如PM97型万用示波表。有时，由于管道覆盖层缺陷大小不同，导致极化程度的不一致。断电后，这种极化程度的不一致又会导致产生局部宏观腐蚀电池，使得断电后电位中仍含有 IR 降成分。

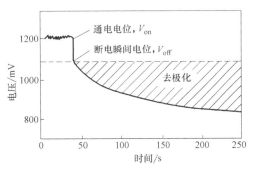

图7-44 断电后去极化曲线

(2) 试片断电法。管道断电法固然能消除 IR 降影响，但由于条件所限和不同环境因素的存在，使得对该法的使用受到限制，为此推出试片断电法。在测试点处埋设一裸试片，其材质、埋设状态要和管道相同，试片和管道电缆连接，这样就模拟了一个覆盖层的缺陷，由管道提供保护电流进行极化，如图7-45所示。测量时，只需断开试片和管道的连接导线，就可测得试片断电电位，从而避免了切断管道主保护电流及其他电连接的麻烦；杂散电流的影响极小可忽略不计，而且不存在断电后的极化差异的宏电池作用。

本方法对工程应用较为实用，使用中应对测试桩的功能加以补充，并设置埋设试片及长寿命参比电极，以供测试。应注意试片的极化时间要足够长。

(3) 极化探头法。此法类似试片断电法，是把辅助试片和参比电极预先组装在一起，构成探头（图7-46）。探头由钢盘、参比电极和电解质组成，外部用绝缘体隔离，只留一个多孔塞子作为测量通路。这样的结构可避免外界电流的干扰，使参比电极和钢盘间的压降最小。钢盘用和管道相同的材质做成，并用导线与管道相连。

极化探头法最适用于杂散电流区域的电位测量。用探头测得的电位平滑可靠，不含干扰成分。表7-10是东北某管道排流工程中使用探头与地表参比电极测试的数据比较。

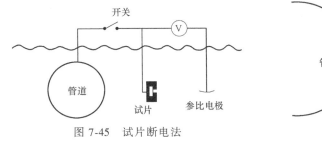

图7-45 试片断电法

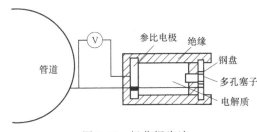

图7-46 极化探头法

表 7-10　极化测度探头与地表参比电极测量电位的比较

时间	9:35	9:40	9:42	10:46	10:50	10:57	11:08	11:09	11:32
探头电位/V	-1.06	-1.06	-1.66	-1.63	-1.16	-1.80	-1.72	-1.89	-1.99
地表电位/V	-1.06	-1.12	-4.01	-3.94	-1.14	-5.50	-5.06	-6.8	-7.77
排流/A	0		30	20	0		5	50	40

（4）原位参比法。该法为近参比法，只是将参比电极固定埋设在管道的最近处，最大限度地降低了被测表面与参比电极间的电阻 R，使得 IR 降误差减小到最小。该法应用于长距离管道，克服了地表参比法由于位置差异可能造成的误差，提高了数据的可比性。不过，对于高电阻、大电流状态且参比电极位置又没对准覆盖层缺陷的情况，IR 降误差仍然存在。这是因为 IR 降主要产生在靠近被测表面的几个毫米位置上。

（5）土壤电压梯度技术。如图7-47所示，在地表面放置两支参比电极，同步测出管道顶端的电位 V_m 和两支参比电极横向之间的电压梯度 V_L，当电压梯度为零时就没有电流，便可确定为断电电位。

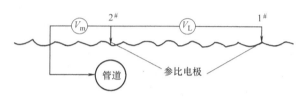

图 7-47　土壤电压梯度技术

电压梯度 V_L 正比于流入或流出管道的电流。当电流变化时，改变了常规的管道和参比电极间的电位，也同时改变了电压梯度 V_L，而极化电位此时改变很小。可通过下列公式确定极化电位：

若 $V_L = IR_1$，$V_m = IR_2 + E_p$，那么

$$V_L/R_1 = (V_m - E_p)/R_2 \tag{7-8}$$

式中　R_1——管道与1#参比有间土壤电阻（Ω）；

　　　R_2——管道与2#参比有间土壤电阻（Ω）；

　　　E_p——管道极化电位（V）；

　　　V_L——两参比电极间的电位（V）；

　　　V_m——管道与管顶参比电极间的电位（V）。

以此作出 V_m 对 V_L 的曲线，将曲线延伸到 $V_L = 0$ 时，则 $V_m = E_p$，便得到了极化电位。

5. 阴极保护基准电位的确定

阴极保护基准电位的确定通常有下面几种方法。

（1）环境确定法。保护效果评价如下：

1）一般环境保护电位低于-0.85V。

2）当土壤中硫酸根离子含量大于5%，或者温度较高的热管线，保护电位低于-0.95V。

3）当土壤电阻率大于500Ω·m时，保护电位低于-0.75V；当土壤电阻率大于1000Ω·m时，保护电位低于-0.65V。

4）阴极保护极限保护电位不能比-1.200V更低，这对防腐层完好，处于良好运行状态的管道比较实用。

（2）极化偏移法。保护效果评价如下：当管地电位由自然电位负向偏移100mV，管道的腐蚀速率将低10倍。这对防腐层已经老化失效，综合评价已经处于差、劣状态的管道比

较实用。

（3）电流方向确定法。按照管道腐蚀热点的管地自然电位，确定管道其他位置的阴极保护电位。保护效果评价如下：当管道上防腐层破损点有净电流流入管道时，管道就得到保护；当管道上防腐层破损点有净电流流出管道时，管道上流失1A的电流，一年的时间相当于腐蚀掉10kg的钢材。

二、阴极保护有效性检测技术

1. CIPS密间隔电位测量技术简介

在阴极保护运行过程中，由于多种因素都能引起阴极保护失效，例如防腐层大面积破损，引起保护电位低于标准规定值，杂散电流干扰引起的管道腐蚀加剧等，所以，阴极保护的有效性评价是一个当务之急。

CIPS密间隔电位测量技术是目前国内外评价阴极保护系统是否达到有效保护的首选标准方法之一。目前国外生产直流电位梯度测量仪器（DCVC）和密间隔电位测量仪器（CIPS）的生产厂有英国的PM公司和加拿大的CATH-YECH公司。密间隔电位测量仪器由两部分组成，一是电流断电器，根据设置要求使阴极保护电流信号按一定的时间周期进行通与断；二是测量主机，测量时工作人员携带此机沿管线连续测量。断电器与主机通过卫星GPS时钟同步实现"通"与"断"。测量时能得到管道阴极保护系统的开电位（V_{on}）和瞬时关电位（V_{off}），即阴极电流对管道的极化电位。这两种检测技术主要应用于有阴极保护系统的管道。

2. CIPS密间隔电位测量技术工作原理

密间隔电位测量是国外评价阴极保护系统是否达到有效保护的首选标准方法之一。其原理是在有阴极保护系统的管道上通过测量管道的管地电位沿管道的变化（一般是每隔1~5m测量一个点）来分析判断防腐层的状况和阴极保护是否有效。测量时能得到两种管地电位。

一是阴极保护系统电源开时的管地电位（V_{on}状态电位）。通过分析管地电位沿管道的变化趋势可知道管道防腐层的总体平均质量优劣状况。防腐层质量与阴极保护电位的关系可用下式来衡量：

$$L = \frac{1}{a\ln(2E_{max}/E_{min})} \tag{7-9}$$

式中　　L——管道的长度；

　　　　a——保护系数（与防腐层的绝缘电阻率、管道直径、厚度、材料有关）；

E_{max}，E_{min}——管道两端的阴极保护电位值（V_{on}）的最大值和最小值。

当管道的防腐层质量好时，单位距离内V_{on}值衰减小，当质量不好时，V_{on}值衰减大。

二是CIPS测量时还得到一个阴极保护电流瞬间关断电位（V_{off}管地电位），该电位是阴极保护电流对管道的"极化电位"。由于阴极保护系统已关断，此瞬时土壤中没有电流流动，因此V_{off}电位不含土壤的IR电压降，所以，V_{off}电位是实际有效的保护电位。

国外评价阴极保护系统效果的方法完全是用V_{off}值来判断（即≤850mV时为有效，≤1250mV时为过保护）。国内目前由于受测量技术的限制仍沿用V_{on}电位来评价保护效果的居多，这样就存在一定的偏差，特别是防腐层破损时往往出现误判。

CIPS测量仪器，由电流中断器、探测电极（饱和Cu-CuSO$_4$电极）、测量主机、绕线分配器组成。测量时主机可同时将管地电位两种值（V_{on}、V_{off}）和管道距离自动记录储存在仪器内。管道距离是由绕线分配器通过一根细线测取参比信号来确定。测量完毕后，可将测得的全部数据转储到计算机中进行分析处理，就能得到管地电位（V_{on}、V_{off}）与距离对应的两条变化曲线（图7-48、图7-49），用于分析管道的各种情况。

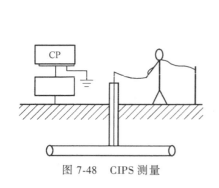

图7-48 CIPS测量

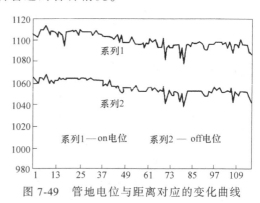

图7-49 管地电位与距离对应的变化曲线

通过分析V_{on}、V_{off}管地电位变化曲线，可发现防腐层存在的大的缺陷。当防腐层有较严重的缺陷时，缺陷处防腐层的电阻率会很低（甚至接近或小于土壤的电阻率），这时阴极保护电流密度会在缺陷处增大。由于电流的增大，土壤的 IR 电压降也会随之增大，因此在缺陷点周围管地电位（V_{on}、V_{off}）值会下降。在曲线图上出现漏斗形状，特别是V_{off}值下降得更多些（图7-50）。图7-50是我国某省份天然气管道一段用CIPS法检测管地电位实测结果图形，在距一个测试桩100m处防腐层有缺陷点，平时按国内测量管地电位的方法，测得的值在-0.9V左右，应该达到了保护要求，不应该存在腐蚀问题，但是从CIPS检测结果图上看，缺陷处的V_{on}电位在-0.86V左右，而V_{on}电位却只有-0.7V左右，评价应为欠保护，管道已经有腐蚀。后经实地开挖证实管道确实已出现腐蚀斑痕。

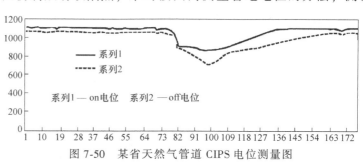

图7-50 某省天然气管道CIPS电位测量图

通过此实例说明，CIPS技术在有阴极保护的管道上实施检测有如下优点：

（1）可以很详细地了解阴极保护电位从CP站出站的末端详细的连续变化情况。

（2）可以确定防腐层缺陷点处保护电位是否处在有效保护线以上，判定该处管道是否发生腐蚀。

（3）分析检测结果曲线图能够发现管道防腐层存在的较大严重缺陷。

（4）评价阴极保护系统保护电位的方法更有效，测量方法更科学、准确，结果更接近实际保护情况。

三、牺牲阳极输出电流测试

1. 牺牲阳极输出电流测试

阳极的寿命是很有限的，一般只有十多年，与管道的使用寿命不同步。阳极的极化程度对其电流的输出影响很大，因此在判断阳极是否老化失效、阳极上电缆接线是否良好、阳极地床的干湿度是否适宜、阳极的输出电流是否控制在最佳范围之内等方面，以及对埋地管道实施保护，都需要测试输出电流这一参数。测试方法通常有如下三种。

（1）标准电阻法

1）使用仪器：TD-930 数字万用表；0.1Ω 标准电阻（0.02 级）；铜导线若干。

2）测量接线图：如图 7-51 所示。

3）测试方法

① 标准电阻的两个电流接线柱分别接到管道和牺牲阳极的接线柱上，两个接线柱分别接数字万用表，并将数字万用表置于 DC200mV 量程。接入导线的总长度不大于 1m，截面面积不宜小于 2.5mm²。

② 记录测量数值。

4）计算方法

$$I = \frac{\Delta V}{R} \quad (7-10)$$

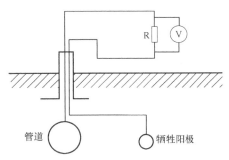

图 7-51 准电阻法测试接线示意图

式中　I——牺牲阳极（组）输出电流（mA）；

ΔV——数字万用表读数（mV）；

R——标准电阻值（Ω）。

（2）直测法

1）使用仪表：DC-930 数字万用表；铜导线若干。

2）测量接线图：如图 7-52 所示。

3）测试方法：

① 直测法应选用五位读数（$4\frac{1}{2}$位）的数字万用表，用 DC10A 量程直接读出电流值。

② 记录测试数据。

（3）双电流表法

如图 7-53 所示，采用两块同型号数字万用表，将其中之一接入回路，测出电流为 I_1。然后将第二块表按第一块表的相同量程串入回路，这时两块电流表的读数为 I_2' 和 I_2''，取平均值 I_2。用式 $I = I_1 I_2 / (2I_2 - I_1)$ 计算出阳极输出电流。

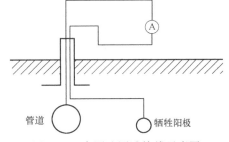

图 7-52 直测法测试接线示意图

牺牲阳极的电流测量是监视阳极性能的一项重要参数，在管道测试中要求并不严格。有时可采用万用表中内阻最小的电流档直接测取，测出的电流值略小于实际值，这是因为回路串入了表的内阻造成的。

牺牲阳极电流参数的测量应注意测试过程中不要造成回路的断路，否则测得的电流不准。

2. 辅助阳极接地电阻测试

（1）辅助阳极接地电阻直线布极的测量。

1）使用仪器：ZC-8 接地电阻测试仪。

2）测量接线：如图 7-54 所示。

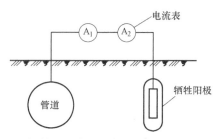

图 7-53　牺牲阳极输出电流的测量——双电流表法

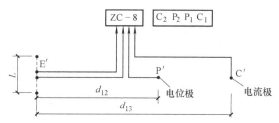

图 7-54　辅助阳极接地电阻测试直线布极接线示意图

3）技术要求：

① 在土壤电阻率较均匀的地区：d_{13} 取 $2L$，d_{12} 取 L。

② 在土壤电阻率不均匀的地区：d_{13} 取 $3L$，d_{12} 取 $1.7L$。

在测试过程中，电位极沿辅助阳极与电流极的连线移动三次，每次移动的距离为 d_{13} 的 5% 左右。若三次测试值接近，取其平均值作为辅助阳极接地电阻值；若测试值不接近，将电位极往电流极方向移动，直至测试值接近为止。

4）测试方法：

① 沿被测接地阳极 E′将电位探针 P′和电流探针 C′依直线方向距阳极分别为 d_{12}、d_{13} 插于土壤中，且电位探针 P′插于 E′与 C′之间（图 7-54）。电极 P′、C′与辅助阳极的分布互为垂直。

② 用导线将 P′、C′、E′与仪表 P_1、C_1、C_2（C_2 与 P_2 短接）端钮相连接（图 7-54），将仪表水平放置，调整零位调整器使检流计指针指于中心线。

③ 将倍率标度至于最大倍数，缓慢摇动发电机，同时旋动测量标度盘，使检流计指针指示中心线。当检流计指针接近平衡时，加快发电机转速至 120r/min 以上，调整测量标度盘使指针指于中心线。

④ 若测量标度盘读数小于 1 时，将倍率标度置于较小倍数，再调测量标度盘，以得到正确读数。

⑤ 用测量标度盘读数乘以倍率标度的倍数即得所测阳极的接地电阻值。

⑥ 当检流计灵敏度过高时，将探针插浅一些；灵敏度过低，则应沿两针浇水湿润。用 0~1/10/100 规格仪表测接地电阻，读数小于 1Ω 时，应将 C_2、P_2 连接片打开，分别直接与被测体（阳极）相连。

（2）辅助阳极接地电阻三角布极的测量

1）使用仪器：ZC-8 接地电阻测试仪。

2）测量接线：如图 7-55 所示。

3）技术要求：采用三角形布极法测试，$d_{13} = d_{12} \geq 2L$。

4）测试方法：同直线法②~⑥。

（3）牺牲阳极开路电位测试。将牺牲阳极与管道从阴极保护检测桩中断开，按照管地电位的测试方法测量牺牲阳极的电位，此

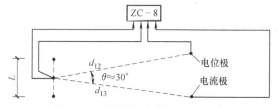

图 7-55　辅助阳极接地电阻测试三角布极接线示意图

参数用以比较阳极与管道的电位。当断开的阳极不能提供阴极保护电流时，就应将阳极断开，否则将会从此处泄漏阴极保护电流。

（4）牺牲阳极闭路电位测试。其方法参见本节"一、管地电位测试"。

四、土壤腐蚀性（电阻率法）测试技术

埋地金属管道的腐蚀因素达四十余个，而且均为变量，很难建立起管道腐蚀的数学模型，全面测取需要大量的时间和精力。土壤腐蚀是其中最主要的腐蚀因素，土壤的含水量、含盐量、含硫量、孔隙度、温度、管道杂散电流干扰腐蚀、金属失去电子的氧化还原、氧浓差电池腐蚀等腐蚀因素的变化无不与土壤电阻率有关，一般也以测试管道周围的土壤电阻率为主要判断管道土壤的腐蚀速度，划分标准见表7-11。

表7-11　裸管的腐蚀速率与电阻率、土壤类型的关系

电阻率/Ω·cm	土壤类型	水类型	腐蚀性	腐蚀速率/(mm/年)
<100		海水、盐水	极强	160
100~1000	盐沼、含盐泥炭土、沼泽	海底水	强	0.5
1000~5000	含盐黏土、湿黏土、黏土、泥炭土	轻度含盐水	中等	0.2
5000~20000	密实黏土	淡水、河底水	轻微	0.1
20000~50000	砂土、粗砂		轻微	0.05
>50000	石灰石、干砂、岩屑		可忽略	≤0.05

土壤电阻率测试有等距法和不等距法两种方法。

1. 等距法

等距法用于测试从地表面至深度为 a 的平均土壤电阻率。

1）使用仪表：ZC-8接地电阻测试仪。

2）测量接线：如图7-56所示。

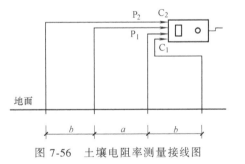

图7-56　土壤电阻率测量接线图

3）技术要求：

① 在被测地区沿直线插入地下4根接地棒（图7-56）彼此相距为 $a(a=b)$，铁棒的插入深度不超过 a 的1/20。

② 四根探针（即铁棒）分别按图7-56与仪器相连接，摇动发电机（按测量接地电阻的方法摇动发电机），读出仪表指示的电阻值 R。

4）计算方法

$$\rho = 2\pi aR \tag{7-11}$$

式中　R——接地电阻测试仪的读数（Ω）；

a——探针与探针间的距离（m）；

ρ——被测区的土壤电阻率（Ω·m）。

2. 不等距法

不等距法主要用于测深不小于20m情况下的土壤电阻率。其测试接线示意如图7-56所示，此时 $b>a$。测深0~20m时，$a=1.6$m，$b=20$m；测深0~55m，$b=60$m。此时测深 h 按下

式计算

$$h = \frac{a+2b}{2} \tag{7-12}$$

按图 7-56 所示规定布极后，按等距法的测量方法测得 R 值，测深 h 的平均土壤电阻率按下式计算

$$\rho = \pi R\left(b + \frac{b^2}{a}\right) \tag{7-13}$$

3. 温度影响因素校正

土壤温度对电阻率有较大的影响，一般土壤温度每增加 1℃，电阻减少 2%，为便于数据可相互比较，土壤温度均校正至 15℃，校正公式为

$$\rho_{15} = \rho\left[1 + \alpha(t-15)\right] \tag{7-14}$$

式中　ρ_{15}——土温 15℃时的电阻率；

　　　α——温度系数（一般为 2%）；

　　　t——实测时土壤温度（指 0.5m 以下的土温）。

4. 城镇土壤电阻率误差消除方法

根据施隆贝格公式的原理可知，对于不均匀土壤，应采用分别测取地表至硬壳厚度 m 深处的土壤电阻值 R_m、地表至管道埋深 n 处的土壤电阻值 R_n，通过计算得到埋深 m~n 之间的土壤电阻率（图 7-57），作为设计依据。其中 m 为地表硬壳厚度，一般情况可取 0.3m，混凝土或沥青路面可取 0.6m；n 为设计管底埋深。

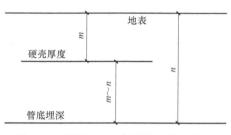

图 7-57　测试 m~n 之间的土壤电阻率

城镇土壤电阻率计算公式为

$$\rho_{(m\sim n)} = 2\pi R_m R_n (n-m)/(R_n - R_m) \tag{7-15}$$

式中　$\rho_{(m\sim n)}$——土壤电阻率（Ω·m）。

由于建设后管道和阳极均处于 m~n 层内，以该值作为设计依据，可以很好消除地表硬壳的影响，且测试值稳定重现性好，基本不受地表雨水和绿化浇灌的影响。

五、管内阴极电流测量技术

腐蚀过程的电化学特征使得检测和减缓埋地管道的腐蚀成为可能。我们可以检测腐蚀过程伴随的电压和电流。

1. 管段电压降法

1）使用仪器：UJ-33a 型直流电位差计。

2）测量接线：如图 7-58 所示。

3）技术要求

① 在附近无较大漏电的管道上，挖出一段长为 4~5m 的管道。

② 用工具将 a、b 两点防腐层刮干净，用砂纸打出管体至银白色，用铜电线接入仪器。电位

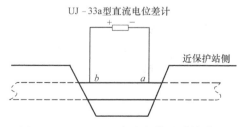

图 7-58　UJ-33a 型直流电位差计接线图

差计"未知"两个接线柱,带"-"号的接距阴保站近的 a 点;"+"接距阴保站远的 b 点。调节各测量盘,测出 a、b 两点电位差为 U_{ab},用钢卷尺测出 a、b 两点长为 L。

4)计算方法:

$$I = \frac{U_{ab}S}{\rho L_{ab}} \qquad (7\text{-}16)$$

式中 I——管内阴极电流(A);

U_{ab}——a、b 两点间电位差(V);

L_{ab}——a、b 两点管段长(m);

S——钢管环形截面面积(mm^2),$S = \pi\delta(D-d)$;

δ——管材壁厚(mm);

D——管材外径(mm);

ρ——管材电阻率($\Omega \cdot mm^2/m$)。

常用管材 ρ 值见表 7-12。

表 7-12 常用管材 ρ 值

管材	16Mn	X60	A3	20#	45#	10#
管材电阻率/($\Omega \cdot mm^2/m$)	0.22	0.139	0.38~0.32	0.135	0.132	0.135

2. 补偿法

此法也称零阻电阻法,如图 7-59 所示。当管内有电流(I_1)流动时,用蓄电池和可调电阻器给管道加一个反向的电流(I_2),调节可调电阻值,使电压表的指示为零,读取电流表中的电流值(I_2),此时 $I_1 = I_2$。

3. 四极法

目前设计的电流测试桩有 4 条引线,一般 2 条为一组(间隔 100mm),如图 7-59 中的 ab 和 cd;两组间距为 30m,如图 7-59 中的 bc,对于大口径、厚壁管,这一距离要大些。

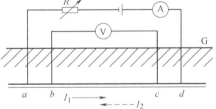

图 7-59 用补偿法测管内电流

测量时,先按补偿法测量并计算出 bc 两点的电阻($R = U/I$),然后再按电压降法测量 bc 两点的电压降,用欧姆定律换算成电流($I = U/R$)。所以此法是上述两种方法的结合。

此法特点是省了电压降法中电阻值的计算,因为计算中 ρ 和 L 取值不准,影响测量的精度。

六、绝缘法兰(接头)绝缘性能测试

在分段保护的管道之间,都要求加装绝缘法兰(接头),这些位置通常是在干线管道与支管道的连接处、管道所有权的分界处、干线管道进出站的连接处、杂散电流干扰区、异种金属、新旧管道连接处、裸管与涂敷管道连接处、大型穿跨越的两端等。国外有人提出没有电绝缘就没有阴极保护,因此除了测试管道外防腐层的绝缘电阻外,对用于电绝缘的绝缘法兰(接头)进行绝缘性能测试,是确保阴极保护效果的措施之一。

1. 兆欧表法

此法用于两片法兰已组装好，但尚未与管道组装前的绝缘情况。

1）使用仪表：500V 兆欧表。

2）测量接线：如图 7-60 所示。

3）技术要求

① 测试前，将组装好的绝缘法兰间隙内杂物清除干净。

② 用 500V 兆欧表测量，测量时摇转数达到 120r/min 并持续 10s，其绝缘电阻不应小于 1MΩ。

③ 测试工作应在绝缘法兰试水压前进行，并将绝缘法兰放置在干燥的木板上进行测试。

④ 摇表要放置平正，接线要接触良好。

2. 电压法

本法适用于已与埋地管道组装在一起的绝缘法兰的测试。

1）使用仪表：DT-830 数字万用表；饱和硫酸铜参比电极。

2）测量接线：如图 7-61 所示。

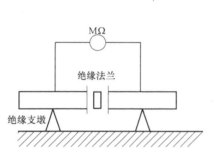

图 7-60 兆欧表法测试接线示意图

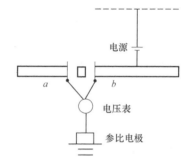

图 7-61 电压法测试接线图

3）测试方法。在被保护管道通电之前，用数字万用表测试绝缘法兰（接头）非保护侧 a 点的管地电位 V_{a1}；调节阴极保护电源，使保护侧 b 点的管地电位 V_b 达到 $-0.85 \sim -1.2$V 之间，再测试 a 点的管地电位 V_{a2}。若 V_{a1} 和 V_{a2} 基本相等，则认为绝缘法兰（接头）的绝缘性能良好；若 $|V_{a2}| > |V_{a1}|$ 且 V_{a1} 接近 V_b 值，则认为绝缘法兰（接头）的绝缘性能可疑。若辅助阳极距绝缘法兰（接头）足够远，且与非保护侧相连的管道没有保护侧的管道接近或交叉，则可判断为绝缘法兰（接头）的绝缘性能很差（严重漏电或短路）。

3. 漏电电阻或漏电百分率测试法

已安装到管道上使用的绝缘法兰（接头），采用电位法测试其绝缘性能可疑时，应按图 7-62 所示的测试接线图进行漏电电阻或漏电百分率测试。

（1）测试方法：

1）按图 7-62 所示接好测试线路，其中 a、b 之间的水平距离不得小于 πD，bc 段的长度以 30m 为宜。

2）调整强制电源的输出电流 I_1，使保护

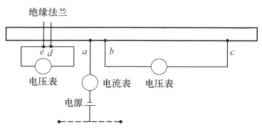

图 7-62 漏电电阻测试接线图

侧的管道达到阴极保护电位值。

3）用数字万用表测定绝缘法兰（接头）两侧 d、e 间的电位差 ΔV。

4）用测试管内电流的方法测试 bc 段的电流 I_2。

5）读取强制电源向管道提供的阴极保护电流（恒电位仪输出电流）I_1。

（2）计算方法。绝缘法兰（接头）漏电电阻的计算公式为

$$R_H = \frac{\Delta V}{I_1 - I_2} \tag{7-17}$$

式中　R_H——绝缘法兰（接头）漏电电阻（Ω）；

　　　ΔV——绝缘法兰两侧的电位差（V）；

　　　I_1——强制电源的输出电流（A）。

　　　I_2——bc 段的管内电流（A）。

绝缘法兰（接头）漏电百分率的计算公式为

$$漏电百分率 = \frac{I_1 - I_2}{I_1} \times 100\% \tag{7-18}$$

若测试结果 $I_2 > I_1$，则认为绝缘法兰（接头）的漏电电阻无穷大，漏电百分率为零，绝缘法兰（接头）的绝缘性能良好。

七、土壤中细菌腐蚀性检测技术

在土壤腐蚀中氧是阴极过程的氧化剂。但是在某些缺氧的土壤中仍会发生严重的腐蚀，这是因为有细菌参加了腐蚀过程。当土壤中含有硫酸盐时，在缺氧的情况下，一种厌氧性细菌——硫酸盐还原菌就会繁殖起来。在它们的代谢过程中需要氢或某些还原物质，将硫酸盐还原成硫化物，利用反应的能量而繁殖。

$$SO_4^{2-} + 8H^+ \rightarrow S^{2-} + 4H_2O$$

由于硫酸盐及其他 H^+ 的存在，金属在土壤中腐蚀过程的阴极反应有原子态氢产生。在土壤中它附在金属表面上，不能连续地成为气泡逸出，就会发生阴极化，使腐蚀过程显著减慢。但若有硫酸盐还原菌存在，恰好给原子氢找到了出路，把 SO_4^{2-} 还原成 S^{2-}，再与 Fe^{2+} 化合成黑色的 FeS 沉积物。

细菌参加阴极反应过程加速了金属的腐蚀。当土壤 pH 值在 5~9、温度在 25~30℃ 时，最有利于细菌的繁殖。pH 值在 6.2~7.9 的沼泽地带和洼地中，细菌活动最激烈。当 pH 值在 9 以上，硫酸盐还原菌的活动受到抑制。

测定土壤中的微生物腐蚀，主要是测定硫酸盐还原菌的腐蚀，也就是测定土壤中硫酸根离子含量，通常用如下方法进行测定：

（1）环境分析法。在高矿化水中，硫酸根（SO_4^{2-}）可达数克每升，个别可达数十克每升。地下水流经含石膏或其他硫酸盐沉积岩、含有黄铁矿煤系地层、金属硫化物矿床、酸雨降落地区时，这些环境的地下水中将会存在较多的硫酸根离子。

（2）氧化还原电位测定法。使用铂电极和甘汞电极，在野外进行原位测定时，先将五支铂电极分别插入欲测土层中，平衡 1h，然后铂电极接仪器正极，插在附近土壤中的甘汞电极接仪器的负极，仪器的选择钮拨至 mV 档，读出并记录数据，对照表 7-13 判断细菌腐蚀性。

表 7-13 氧化还原电位与土壤腐蚀性对照表

细菌腐蚀性	强	中	弱
氧化还原电位/mV	<100	100~200	>200

土壤中的细菌腐蚀主要是硫酸盐还原菌的腐蚀，判断细菌腐蚀的方法是测定土壤的氧化还原电位，其测值<100mV 时为强腐蚀，测值>400mV 时为不腐蚀。也可通过试纸比色法测定土壤的 pH 值和硫酸根离子的含量来判断土壤的细菌腐蚀。pH 值在 6.2~7.8 之间，同时具有硫酸根离子存在，才具备细菌腐蚀条件。

（3）腐蚀产物分析法。在开挖探坑的管道腐蚀产物上，滴一滴稀盐酸，如果能闻到刺鼻的臭鸡蛋味，就可证实微生物腐蚀的存在。

八、管道外杂散电流干扰腐蚀性检测技术

为了有效利用土壤资源，通常在一条公共走廊里同时安装高压电线和管道，管道有时还与铁路平行或交叉，受许多外部因素制约，高压电线与管道不得不靠得很近，形成低频感应（LFI）。加上现代高绝缘涂层的使用，更加重了电危害。其主要影响有：与管道接触的人员电伤害、管道涂层与钢质损坏、烧毁 CP 装置和遥测系统等。通常这样的环境主要是：与高压线或者交流高压牵引系统平行或接近平行时引起的 LFI、管道与高压电缆分站接地网以及接地电流排放点等，同时会引起电势升高（EPR）。

当闪电与管道附近的物体或者设施接触时，产生的电流同样会引起 EPR。管道与高压电缆线足够近能引起电容耦合，使电力场不再连续，形成电压聚集直接作用于管道；管道与电力排散或者牵引系统的不规则接触等都能引起电危害。

1. 杂散电流干扰测定项目

（1）测定项目。杂散电流干扰测定主要测定如下项目：

1）干扰源测定。主要测定电气化铁路、电焊接地、电力系统、输电线路、发电厂、变电站、避雷接地、直流供电设施等用电设施的电压、电流等参数及与管道的垂直或平行、交叉距离等。

2）干扰体的测定。主要测定管地电位、杂散电流的方向、管道中流动的电流、管道漏泄电流等。

3）干扰环境的检测。主要检测大地中的跨步电压、大地电位梯度、土壤电阻率等。

（2）检测使用设备。简单检测时只需配置高精度数字万用表一只；硫酸铜参比电极两支；导线 20~100m。

（3）测定方法。采用土壤对土壤 S/S（Soil to Soil）测定法。把两支参比电极插入土壤，开阔地带间距 100m，受条件限制地带间距 20~50m。土壤过于干燥时加一些水在电极与土壤接触处。再把两支电极串接在仪器上，仪器的选择钮拨至 mV 档，测量两支电极在土壤中的电位差。两点间电位差除以两点间距离即为土壤电位梯度（mV/m）。

电位梯度有直角法和圆周法等测量方法，直角法在埋设管线处分纵和横两个方向测定，纵向沿管线铺设方向测量，横向沿垂直管线方向测量。圆周法是以一支电极为圆心，另一支电极在圆周上根据需要按几等分测量，半径为两点间距离，最后按矢量法求得地电流的方向。

1) 电位梯度和杂散电流方向的测定。在实际防干扰工程中，需要分析由杂散电流引起的大地中电位梯度的大小，来判断环境被干扰的程度，并大致判别地中杂散电流的流向，以分析干扰源的位置等。因此，本项目测定有重要的参考价值。其具体测量方法如下：

图 7-63 是测定原理示意图，该法称四电极法。a、c、b、d 四点分别相对呈正交，且 ac 或 bd 与被测管道平行布设。a、c 和 b、d 间距相等，宜为 100m，环境不允许或地电位梯度较大时，可适当缩短。在 ac、bd 两臂中，分别串接毫伏表 A、B（零点居中央）。

a、b、c、d 四点上放置参比电极。读取表 A、B 数据。建立直角坐标系，其纵、横轴分别与 ac、bd 相对应。将 A 表数据标记在纵轴上，B 表数据标记在横轴上，其矢量方向即为杂散电流方向。沿管道适当位置取几点（一般 3 点以上），分别按此法测量绘制坐标，即可综合做出判断。上述数据除以距离 ac 或 bd，即为地电位在平行或垂直管道方向上的地电位梯度。再用矢量合成法，求取地电位梯度（或表示方向）。

若单纯测量地电位梯度，参比电极间距可取单位长度（1m），利用三电极法直接测量，如图 7-64 所示。

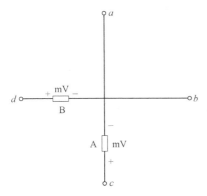

图 7-63 地电位梯度及杂散
电流方向测试图

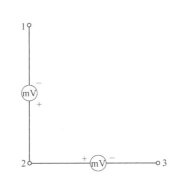

图 7-64 三点法测地电位梯度
1、2、3 三个参比电极呈直角放置，1—2 和 2—3 距离相等

2) 管道与铁轨间电压测定。管道与铁轨间电压的测试接线图如图 7-65 所示。

测量时，如电流经常变化或电位差值较大，说明这一地区有杂散电流存在，也可能是泄漏电流区。

测试前要先测量两支不易极化的参比电极间的电位差（两支电极间距很小时测，此时电位差应小于±2mV），另外要注意极性变化。

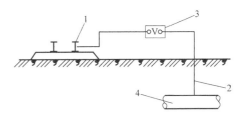

图 7-65 管道与铁轨间电压的测试接线图
1—铁轨　2—测试导线（多股铜芯塑料软线）
3—电压表（C31-V 或 XWX-2024）　4—管道

2. 地下管道杂散电流干扰腐蚀判断

对照现行国家标准《埋地钢质管道腐蚀防护工程检验》GB/T 19285 中的规定，直流杂散电流干扰程度指标见表 7-14。

通过对开挖坑内钢管腐蚀处观察，杂散电流腐蚀的腐蚀产物多为黑色粉末，无分层现象，蚀孔处常可见金属光泽，或虽有起伏，但手感光滑，边缘较清楚。

表 7-14 大地电位梯度与杂散电流干扰腐蚀程度等级对照表

杂散电流程度	小	中	大
电位梯度/(mV/m)	<0.5	0.5~5.0	>5.0

直流杂散电流干扰腐蚀与管道在土壤中的自然腐蚀区别在于：管道在土壤中的自然腐蚀，多生成疏松的红褐色的产物（锈）和相对紧密的黑褐色的产物，这些生成物具有分层结构，一般是有锈层的。除去腐蚀产物所暴露的腐蚀坑，见不到金属光泽，剖面粗糙不平，边缘不清楚。

3. 杂散电流检测设备

杂散电流检测设备配置详见表 7-15。

表 7-15 杂散电流检测设备配置

序号	名称	型号特征	数量	用途
1	存储式杂散电流测试仪	10MΩ	1台	用于记录存储下载重点检测位置24h杂散电流变化情况，出具变化图形，实现24h时期测量
2	高内阻数字万用表	10kΩ/V	1台	测量交、直流电位梯度，时点测量
3	接地电阻测试仪	ZC-8	1台	测量管道沿线土壤电阻率、牺牲阳极接地电阻
4	防腐层绝缘电阻测仪	AY-508	1台	测量管道外防腐层绝缘电阻
5	地下管道防腐层探测检测仪	ZB-2008	1台	测量管道的位置走向、深度、防腐层破损点、金属搭接点
6	连接导线、鱼夹子等		100米	用于测量电极间连接，测量跨步电压
7	硫酸铜参比电极		4支	用于测量管地电位，大地跨步电压
8	GPS全球卫星定位系统		1台	用于定位杂散电流源点、坐标
9	50m皮尺、钢卷尺	国产	2把	用于测量极间距，计算杂散电流的大小
10	万用示波表(器)	国产	1台	用于测量杂散电流的频率，分析原因
11	数码相机	进口	1台	用于杂散电流腐蚀点照相、分析
12	5~8客小汽车	国产	1辆	用于运送检测设备、检测人员到现场

第八章

地下管道腐蚀检测技术

第一节 地下管道腐蚀与城市安全

城市地下管道担负着气、热、水系统的运送和排污等功能,是城市生存和发展所依赖的主要基础设施。随着我国城市化的迅速发展,城市人口的快速增多,作为城市基础设施的各种管线也在大幅度增加,原有的老管线随着使用年限增加,功能逐渐弱化,乃至进入事故多发期。管道一旦出现问题,将带来一系列的连锁反应,影响整个城市体系的正常运转和安全。因此,有人把地下管线形容为城市的"生命线",甚至把地下管线的隐患称为"定时炸弹"。

一、腐蚀隐患与突发事件

城市地下管道发生事故,原因是复杂的,其中管道腐蚀是重要原因之一。由于腐蚀往往是一个渐变、累积过程,因此常常被人忽视,甚至事故发生之后,对腐蚀原因、影响因素也缺乏认真的检验、分析与评估。殊不知,管道的使用寿命,很大程度取决于腐蚀过程。此过程有快有慢,到一定时候可能会由"潜伏隐患"转化成"突发事件"。

城市以水、气、热三大管线系统为主,分为上水(自来水)、下水(雨水、污水的排出系统)、热力管道(气、水)、燃气管道(煤气、天然气)以及供电、电信管线等。就管道的材质而言,主要有铸铁管、钢管、预应力混凝土管和少量非金属管,其中金属材料占主导地位(包括混凝土中的钢筋)。钢在土壤介质中一般是不耐腐蚀的,必须依靠附加的防护措施(如涂层)。而防护措施的效能是有时限性的(如10年、20年),如果轻视防护或防护不当,腐蚀破坏就会提前出现,表现为泄漏事故或突发爆炸事件。

以下事例不一定完全是由腐蚀引起的,但有些的确与腐蚀相关。

1. 煤气管道事例

沈阳市曾经在一年中发生煤气泄漏事故200多起;济南市一街区煤气泄漏爆炸,使2km长的路面受到不同程度的破坏,死伤60人;上海市一处闹市,因煤气泄漏发生爆炸,造成大面积停电,死伤4人;嘉峪关市一所居民楼发生煤气爆炸,殃及8户人家,10人受伤,调查后表明,该爆炸是煤气管道年久失修被腐蚀破裂后煤气泄漏所致。

2. 天然气管道事例

泸州市一座居民楼人行道下,曾发生一起天然气管道爆炸事故,造成5人死亡,35人受伤，这就是震惊全国的泸州"5·29"天然气爆炸事故。该事故与腐蚀直接相关。在该事故发生前的"抢修记录"中，管线腐蚀严重而造成的险情已经多次出现。人们对天然气管线会被腐蚀得如此严重感到惊奇。

3. 城市供水管道事例

南京市民曾对供水管道频频"爆管"感到烦心，有一年平均每天发生 30 多起爆管事故；2000 年湖南邵阳市爆管停水次数为 942 次，2004 年为 1200 多次，因管道使用时间较长，管材腐蚀严重，接口出现裂缝，管网承压能力下降，导致时常发生爆管；北京市使用 30 年以上的自来水管长度占全市自来水总长度的 30%，仅 1990 年就发生 25mL 以上水、气、热力管线泄漏事故 2500 起。

4. 预应力混凝土管道事例

前面所述主要是金属类管道的腐蚀事故，而钢筋混凝土管道也同样会遭受腐蚀破坏，造成事故。类似的事例并不少见，例如：包头市铺设的 DN1400 预应力钢筋混凝土管，两年后钢筋锈蚀、断裂，造成全线报废；北京市水源八厂在 100m 距离内曾发生过两次爆管；北京最繁华的路段东三环京广桥曾出现大面的路面坍塌，造成周边交通中断，影响颇大。北京京广桥的这次事故是由于地下预应力混凝土管道漏水造成的，而造成这次管道破坏、污水泄漏的原因是多方面的。分析表明，材质受腐蚀是因素之一。

随着城市的迅速发展和已有城市地下管道的"老龄化"，腐蚀与城市地下管线的安全问题，应值得特别重视。

二、腐蚀因素的分析

腐蚀，是指物质（物体）与环境作用所发生的破坏。具体到地下管道，就外部环境而言，是管道（材料）与土壤环境（介质）发生的化学、物理化学、电化学作用，导致管道的局部或整体的破坏。管道的材料主要有金属（铸铁、钢、钢筋）和混凝土等，钢铁材料主要是受电化学腐蚀，而混凝土则受到化学、物理化学腐蚀。此外，管道内部的腐蚀是发生在管道材质与所运送的介质（气、水等）之间的化学、电化学作用，由于介质的不同，其腐蚀情况也有很大差别。因此，地下管道将受到内外腐蚀的影响，典型的是污水管道，它时刻受到内（污水）外（土壤）介质的共同作用。以下重点分析外部（土壤）环境对管道腐蚀的影响。

城市跨越很大的区域可能会有不同的土质，表面上可以分辨出黄土、红土、黑土、砂土等。其实，土壤是一个含有气、液、固成分的复杂体系，体系不同，其腐蚀性也各异，有些因素对城市地下管道的腐蚀起着主要作用。

1. 一般因素

（1）土壤的酸度（pH）。不管是钢铁还是混凝土，都对酸性介质敏感。也就是说，酸性土壤具有更高的腐蚀性。城市地下的酸性土壤，可能是先天的（自然形成），也可能是后天（如污染所致）。表 8-1 是钢铁材料在不同酸度（pH）下的腐蚀判别准则。通常，pH 值为 7 时表明土壤为中性，pH 值越小其酸性越大，腐蚀性也越强。由表 8-1 可以看出，酸性先天性土壤或后被酸化的土壤，都会极大地促进管道的腐蚀过程。pH 值高的碱性土壤，对管道的腐蚀危害相对小。

表 8-1　土壤酸度（pH）与钢铁腐蚀

酸度(pH)	7.0~8.5	5.5~7.0	4.5~5.5	<4.5
腐蚀性判断	低	中等	高	很高

（2）土壤含气、含水量。腐蚀、特别是金属腐蚀，都必须有氧气、水分参与。土壤的含气量取决于土的性质和密度，一般开挖埋设的管道，属于搅动土（活土），含气量相对高，较之非搅动土腐蚀性高。就含水量而言，一般规律是土壤含水量越高，其腐蚀性能越大（表8-2），但在水饱和状态下，腐蚀性反而变小，这是因为水中的含气量（溶解氧）大大降低，氧供给不足所致。

表 8-2　土壤含水量与钢铁腐蚀

含水量(%)	<3	3~7	7~10	10~12	>25
腐蚀性判断	很低	低	中等	高	很高

（3）土壤导电性。金属管道、混凝土中钢筋腐蚀，都属于电化学过程，与土壤（介质）的导电性密切相关。通常的规律是，土壤的导电性越好（电阻率低），其腐蚀性也越强。表8-3给出土壤电阻率与腐蚀性的关系。土壤电阻率是一项综合性指标，与土壤性质、含水量、含盐量等密切相关，因此，是代表土壤腐蚀性的重要检验指标。

表 8-3　土壤电阻率与腐蚀性

电阻率/(Ω·m)	>50	20~50	<20
腐蚀性判断	低	中等	高

（4）其他因素。土壤中的无机盐、有机质、微生物等，都能够对管道腐蚀起作用，甚至是关键影响；温度升高也刺激腐蚀加快。其中，土壤含盐量的影响最为重要。土壤中含盐量>0.5%（干土重量百分比）即称为盐渍土，具有高腐蚀性。如果地下管道处在盐渍土中或受盐污染的土中，其腐蚀危害是很大的。表8-4是土壤含盐量与腐蚀的关系，可以看出，随着含盐量的增加，腐蚀程度亦变高。

表 8-4　土壤含盐量与钢铁腐蚀

含盐量(%)	<0.05	0.05~0.2	0.2~0.5	0.5~1.2	>1.2
腐蚀性判断	低	中等	偏高	高	很高

2. 特殊因素

城市是人类活动最频繁的地方，一些人为因素突出了城市地下管道腐蚀的特点。在这项影响地下管道腐蚀的因素中，主要有杂散电流、氯盐类融雪剂、污染与污水等。

（1）杂散电流。杂散电流腐蚀实质是电解腐蚀，是由于直流电流流入地下所造成的，有时是大范围、严重性的问题。典型的是城市有轨电车、地铁所发生的类似腐蚀。城市采用直流电源驱动地下列车（如地铁），其轨道是电流回路，当轨道与大地绝缘不足或局部绝缘失效时，就会有电流流入大地（也称为漏散电流或迷流）。杂散电流可进入地下管道，管道（如钢管）作为电导体，使杂散电流沿管道行进，在适当部位流经土壤又进入负电位铁轨，最终回到电源负极。这样，在电流流出管道的部位（阳极）便遭受电解腐蚀作用，该作用可以在短期内使管道腐蚀穿孔、泄漏。一旦发生这类电腐蚀，危害是很大的。此外，杂散电流对输电、电信（电缆）系统的线路腐蚀干扰，也是一个明显危害。

除有轨电车、地铁以外，直流电气火车、直流输电系统、工业直流电解系统、直流电焊系统等，都可能对基础设施、建筑物、管道、电缆造成杂散电流腐蚀危害。北京就曾存在并发生过杂散电流对管道、电缆的腐蚀破坏事例。我国有地铁的城市越来越多，直流电气火车、直流输电系统、工业直流电解系统等也影响城市。因此，杂散电流腐蚀危害是城市地下基础设施安全的威胁之一，应引起高度重视。

（2）氯盐类融雪剂。我国北方许多城市在雪后泼撒氯盐类融雪剂以迅速融化道路上的冰雪，保证城市交通畅达。近些年来使用的融雪剂的主体成分仍然是氯盐（氯化钙、氯化镁等），国际上通称为化冰盐。

氯盐类是强腐蚀性物质，化冰盐成为腐蚀破坏城市地上道路桥梁和地下各类管道的主要"杀手"。这在国内外已经有许多教训，但由于氯盐化冰雪效果好，成本低，故仍被普遍使用。

氯盐类也破坏植被、危害环境，北京已经因此死了上万棵树。这是看得见的，比较容易引起社会的注意与重视。但腐蚀对基础设施、特别是地下管道造成的危害，是隐蔽的和渐变的，所以，往往容易被忽视。从长远来说，这是对城市安全的潜在威胁，更值得警惕。

以北京为例，每年使用氯盐类融雪剂数千至上万吨，主要撒在城市主干道上。有报告称，一些经常撒融雪剂的部位，表层土的取样化验氯盐含量可达到7%。由表8-4可知，含盐量高于0.5%，已属于盐渍土，具有高腐蚀性（对植被破坏性也强）。问题在于，表层的盐分会逐渐下渗，日积月累、年复一年，一座城市如每年铺撒上千、上万吨的氯盐，除了破坏路、桥等表面基础设施外，最终流渗到地下，完全可能到达管道周围，从而进一步造成地下管道的腐蚀破坏。

（3）污染与污水。城市污染不仅限于大气污染，排放到地下的液态污物也是一类腐蚀源。被污染的土壤能够腐蚀地下管道的外壁，而专用污水管道的内壁，也将遭受污水的腐蚀。污水的腐蚀性取决于其成分，如酸、碱、盐含量，有机物、微生物种类与含量等。一般而言，污水都具有较强甚至很强的腐蚀性。因此，城市受污水污染土壤中的管道和承担排污功能的管道，是比较容易遭受腐蚀破坏的，也应该是注意的重点之一。

三、防止腐蚀的措施

地下管道腐蚀是一个复杂的问题，影响因素多，牵扯众多部门与行业。然而，它确实影响城市的发展与安全，必须高度重视。应在提高认识的基础上，采取相应的技术与管理措施。

1. 整体规划

我们的一些城市，地面以上布局井井有条，而地下却没有科学规划，致使管道处于无序状态。不同的管道属于不同部门，各行其是；整体规划不够，或规划赶不上变化。错综复杂的管道系统，给管理与维护带来困难。另外，对于腐蚀因素的控制，也需要科学规划与管理。在这方面，发达国家的有些经验可以借鉴。比如，欧洲有些城市，地下预先建有通道式网络，主要管道系统都附设在此通道中。人可以下通道进行检查与维护，主体管道大多不直接埋入土中，这样可以减少腐蚀危害，便于随时检查、监控，这需要事先做好整体规划。这样的做法和思路，对于我国新建、扩建城市的地下管道布局，是值得参考的。实际上，有些城市或局部地区已经在这样做了。

2. 管道防腐

不管是金属（钢铁）管道还是钢筋混凝土管道，埋在有腐蚀性的土壤中，都不可能长久不坏，其寿命取决于材质、环境和所采取防护措施的有效性。当材质、环境确定之后，防腐蚀措施就是关键。涂层和阴极保护可能是最主要的防护措施，但涂层的种类繁多，价格和使用年限不一，怎样选择，是否需要阴极保护，都需要决策者决定。选择防护措施的原则是在保证寿命前提下成本最低，也就是全寿命经济分析法。以往有些做法，往往以初次投资最少或以投资多少来决定防护等级的选择，忽视以使用寿命为前提，这是一种短期行为，从城市的长远发展与安全而言是不可取的。

随着我国国力的增强，一些耐腐蚀的材质也可以作为管道材料，如耐腐蚀钢、不锈钢、非金属材质（工程塑料）等。

3. 腐蚀环境的控制

城市大气污染已经引起了足够的重视，北京等大城市都制定了严格的控制措施。对于城市地下污染，也已经有了一些相应的控制措施，但仍应加强；城市污水的排放与治理，尚需加大力度；对于杂散电流的重视与治理也需要强化。撒氯盐类融雪剂可能是长期的行为，不仅要重视其对表面植被、路桥的破坏和影响，还要意识到对地下管道的潜在危险。对于被融雪剂污染的冰雪，应该运出城市、专门处理，此类融化的雪水，也应该专门收集与处理（国外就有专门收集的管道，通到污水处理厂）。融雪剂的对应策略，我们才刚刚开始应用，更须加强。

4. 检测与维修

检测与维修是十分重要的工作，应该随时、定时对城市各类地下管道进行检测、检查、分析、评估。目前已经有一些技术可以用来实现或部分实现无损检测的目的，还需要发展新技术。随时检查、及时维修要经常化和制度化，这是控制和掌握管道运行安全的重要手段与途径。

第二节　埋地管道腐蚀检测与评价技术概述

管道腐蚀一般是电化学腐蚀最为严重，主要表现形式为在金属管道表面形成腐蚀坑，致使管道变薄，管道会在内压作用下鼓包或者爆裂；也可使管材脱碳，腐蚀部位的组织发生变化，比较严重时会直接使管道爆裂。腐蚀缩短了管道的使用寿命，降低了管道的输送能力，导致费用增加和意外事故发生。因此，正确检测与评价管道的腐蚀状况，并对含腐蚀缺陷管道进行适用性评价，是管道安全运行的重要保证。

一、埋地管道腐蚀检测技术简介

1. 土壤腐蚀环境的检测

土壤是引起埋地油气管道外腐蚀的主要因素。土壤由固体、液体和气体组成，固体物之间的毛孔孔隙中充满液体和空气。土壤中还含有诸多盐分，如 K^+、Na^+、Ca^{2+}、Mg^{2+}、NO_3^-、Cl^-、SO_4^{2-} 等，使土壤成为十分复杂的电解质。土壤电阻率、氧化还原电位、pH

值、含盐量、含水量等直接决定着土壤的腐蚀性。土壤腐蚀性评价指标见表8-5、表8-6。

表8-5　土壤电阻率、氧化还原电位、pH值、含盐量对土壤腐蚀性的影响

土壤腐蚀性	土壤电阻率/(Ω·m)	氧化还原电位/mV	pH值	土壤含盐量(%)
极强	<9	—	<4.5	>0.75
强	9~23	<100	4.5~5.5	0.10~0.75
较强	—	100~200	—	0.05~0.10
中等	23~50	200~400	5.5~7.0	0.01~0.05
弱	50~100	>400	7.0~8.5	<0.01
很弱	>100	—	>8.5	

表8-6　土壤含水量对土壤腐蚀性的影响

土壤含水量特征	土壤含水量(%)	腐蚀速率
没有水分	0	没有
含水量增加到临界点	10~12	腐蚀速率增加到最大值
保持临界的含水量	12~25	保持最大腐蚀速率
产生连续的水层	25~40	腐蚀速率降低
连续水层厚度继续增加	>40	较低的恒定腐蚀速率

2. 管道腐蚀损伤检测技术

管道腐蚀损伤使管体形成了各种形状、尺寸的缺陷，严重的缺陷可导致管道穿孔、渗漏和断裂，这不仅破坏管道的安全平稳运行，而且使国家财产遭受巨大的损失，给人民生活和生命安全带来极大的威胁。因此，管道腐蚀损伤的检测和评价是一项非常重要的任务。

（1）脉冲瞬变检测技术。脉冲瞬变检测技术是利用瞬变电磁（TEM）手段检测评价埋地管道的剩余管壁厚度。腐蚀会引起埋地金属管道电导率和磁导率发生变化，通过在管道正上方发射与接收瞬变电磁信号，并利用专门的解析软件，从接收到的反射瞬变电磁信号中解析埋地管道的腐蚀情况，确定管道腐蚀部位并对腐蚀程度进行评估。检测内容：剩余管壁厚度。优点：可确定管道腐蚀部位并对腐蚀程度进行评估。缺点：易受外界干扰，只适用于埋深不超过2m的管道。目前该技术在国内使用较少。

（2）长距导波检测技术。长距导波检测技术适用于穿、跨越管道和有套管的管道等常规无损检测方法无法实施检测的特殊部位，可对长距离管道进行100%的快速检测，找出存在腐蚀或缺陷的区域。其原理是利用设备的探头产生沿管道传播的低频超声导波，利用返回的回波指示缺陷的存在，判断管道的腐蚀程度和位置。超声导波的频率范围为20~100kHz。检测内容：腐蚀或缺陷区域。优点：适用于常规无损检测无法实施的部位，可确定管道腐蚀或缺陷区域，速度快。缺点：无法检测剩余壁厚。目前国内已引进该技术。

（3）局部开挖超声波抽测技术。局部开挖超声波抽测技术属无损检测技术，该技术要求与被测表面耦合接触。虽然只能对埋地管道进行局部开挖抽测，应用范围受到限制，但该技术非常适用于不宜采用漏磁通、超声波、脉冲瞬变或长距导波等检测技术进行管道腐蚀损伤检测的埋地管道，也适用于埋地管道局部露于地表部位的壁厚抽测。检测内容：剩余管壁厚度。优缺点：可检测剩余管壁厚度，但只能进行局部开挖抽测，应用范围受到限制。目前

该技术在国内已有应用。

（4）漏磁通检测技术。漏磁式管道腐蚀检测设备采用的是漏磁通检测技术。漏磁式管道腐蚀检测设备的工作原理是利用自身携带的磁铁，在管壁圆周上产生一个纵向磁回路场。如果管壁没有缺陷，则磁力线封闭于管壁之内，均匀分布。如果管内壁或外壁有缺陷，则磁通路变窄，磁力线发生变形，部分磁力线将穿出管壁产生漏磁。检测内容：管壁缺陷。优点：可确定管道腐蚀部位，价格低廉。缺点：精度低，不适合厚管壁检测。目前该技术在国内已被广泛使用。

（5）超声波检测技术。管道超声波检测是利用现有的超声波传感器测量超声波信号到达缺陷和管道外壁的时间差，来测定缺陷高度；通过测量反射回波信号的幅值和超声波探头的发射位置来确定缺陷的大小和位置。与漏磁通检测技术相比，超声波检测技术具有直接和定量化的特点，其数据损失可通过相关的软件得以补偿，因此具有较高的精度。检测内容：管壁缺陷大小和位置。优点：可确定缺陷的大小和位置，精度高。缺点：但对薄管壁检测精度较低。目前该技术在国内已有应用。

（6）涡流检测技术。涡流检测是以电磁场理论为基础的电磁无损探伤方法。该技术的基本原理是：在涡流式检测器的两个初级线圈内通以微弱的电流，使钢管表面因电磁感应而产生涡流，用次级线圈进行检测。若管壁没有缺陷，每个初级线圈上的磁通量均与次级线圈上的磁通量相等；由于反相连接，次级线圈上不产生电压。若被测管道表面存在缺陷，磁通发生紊乱，磁力线扭曲，使次级线圈的磁通失去平衡而产生电压。通过对该电压的分析，获取被测管道的表面缺陷和腐蚀情况。

在实际的工业生产中，涡流检测具有可达性强、应用范围广、对表面缺陷检测灵敏度较高且易于实现自动检测等优点，适合于管道在线检测。但是常规涡流检测技术也有不足之处：检测对象必须是导电材料，只能检测管道表面或近表面缺陷；受检测器的影响，采用单一频率检测时，探伤深度和检测灵敏度之间存在矛盾；由于检测信号易受磁导率、电导率、工件的几何形状、探头与工件的位置及提离效应等因素的影响，使得信号分析存在一定难度；常规涡流检测频率较高（1kHz左右），检测外部缺陷非常困难。

（7）射线检测技术。射线检测技术即射线照相术，它可以用来检测管道局部腐蚀，借助于标准的图像特性显示仪可以测量壁厚。该技术几乎适用于所有管道材料，对检测物体形状及表面粗糙度无严格要求，而且对管道焊缝中的气孔、夹渣和疏松等体积型缺陷的检测灵敏度较高，对平面缺陷的检测灵敏度较低。射线检测技术的特点是可得到永久性记录，结果比较直观，检测技术简单，辐照范围广，检测时不需去掉管道上的保温层；通常需要把射线源放在受检管道的一侧，照相底片或荧光屏放置在另一侧，故难以用于在线检测；为防止人员受到辐射，射线检测时检测人员必须采取严格的防护措施。射线测厚仪可以在线检测管道的壁厚，随时了解管道关键部位的腐蚀状况，该仪器对于保证管道安全运行是比较实用的。

射线检测技术最早采用的是胶片照相法，得到的图像质量低，而且存在检测工序多、周期长、探测效率低、耗料成本高及检测结果易受人为因素影响等缺点，限制了射线胶片照相法的应用。随着计算机技术、数字图像处理技术及电子测量技术的飞速发展，一些新的射线检测技术不断涌现，主要包括射线实时成像技术、工业计算机断层扫描成像技术（ICT）及数字化射线成像技术。

3. 基于光学原理的管道内腐蚀检测技术

基于光学原理的管道内腐蚀检测技术在对管道内表面腐蚀及损伤进行快速定位与测量过程中，具有较高的检测精度，且易于实现自动化。相比其他检测方法，该方法在实际应用当中有很大的优势。目前在管道内检测中采用较为普遍的光学检测技术包括CCTV摄像技术、工业内窥镜检测技术和激光反射测量技术。

（1）CCTV摄像技术。CCTV（Close Circuit Television）摄像技术在管道内检测中应用日益广泛。该技术的基本原理：控制系统控制检测机构在管道内移动，实现对管壁的全程检测；光学投影头在管壁上投射出与管道轴线正交的光圈，通过数字CCTV摄像头对光圈进行成像；图像保存在计算机中，借助图像处理技术可进行缺陷定量分析。该技术对管道内检测情况分析的精度取决于图像的质量及图像分析软件对缺陷的识别能力，光学投影头的引入大大提高了检测精度与自动化程度。

CCTV摄像技术用于管道检测仍有很大的局限性，当管道内成像条件较差时，图像质量会大受影响，由此造成的检测误差会大大增加；同时光圈必须在成像区域内成像，这就要求数字CCTV摄像头视角不能太小且焦距应尽量短，但短焦镜头易引起图像成像误差，对检测精度会产生不利影响，需通过软件对结果进行校正。

（2）工业内窥镜检测技术。内窥镜的应用从刚性内窥镜开始，经历了挠性内窥镜再到电子视频内窥镜。内窥镜技术突破了人眼观察的局限性，用于管道检测时不仅可清晰地探测到表面破损及表面裂纹等缺陷，而且操作方便，检测效率高。目前，常用的工业内窥镜有刚性内窥镜、挠性内窥镜及电子视频内窥镜。

目前，应用最广泛的是电子视频内窥镜，该技术是在电子成像技术基础上形成的。它通过内窥镜后端的光电耦合原件CCD将探头前部物镜获得的光学图像转换为电信号，通过视频控制器将图像显示在屏幕上或存入计算机。电子视频内窥镜兼具刚性内窥镜成像质量高及挠性内窥镜主体可弯曲的优点，且可将图像显示在屏幕上供多人同时观察，使检测结果更加客观准确。但该技术的组成环节还存在较多不足，除内窥镜头、独立光源及传光光纤外，还需专门的视频控制器及显示单元，携带不方便。

（3）激光反射测量技术。激光反射测量技术借助其测量系统实现，此测量系统主要包括激光三角位移计、行走机构、运动控制系统及图像分析系统四部分。该系统的基本工作原理：行走小车在控制系统作用下搭载激光三角位移计在管道内移动，三角位移计在步进电机驱动下沿管道圆周方向旋转，对管内壁进行扫查。对每一个扫查点，半导体激光器发出的准直激光束通过透镜后在管道内表面发生反射，反射光通过透镜后在光电探测器上成像。借助图像分析系统对这种位置改变进行分析，可实现管道内表面腐蚀及缺陷的检测。

激光三角法具有测量系统结构简单、测量精度高及可连续测量等优点。但是该技术在成像过程中会受到各种电子噪声的干扰，这些干扰将对图像质量产生不利影响。同时，激光三角法成像仅对管道截面上某一点进行检测，要实现对整个管道内壁的扫查测量，必须使三角位移计绕管道轴线旋转。因此，该技术用于长管道内壁检测时，时间较长、效率较低。

4. 杂散电流检测技术

土壤中的杂散电流主要有直流杂散电流、交流杂散电流、地电场电流三种形式，当埋地钢质管道外防腐层破损后，很容易受到杂散电流的干扰。目前常用的杂散电流检测技术有电流测量技术、土壤电位梯度检测技术、管地电位连续动态监测技术以及智能杂散电流检测技术（SCM）等。智能杂散电流检测仪就是基于 SCM 开发的一种仪器，它能够沿管道路线检测管道上任何杂散电流的大小和方向，排除不需要的干扰信号，确定干扰源类型和来源。

二、含腐蚀缺陷管道的适用性评价方法简介

适用性评价技术就是对含有缺陷的管道能否继续使用以及如何继续使用的定量评价，对腐蚀缺陷的未来发展、管道的检测周期及维修周期等重要参数的定量评价。含缺陷管道适用性评价主要包括管道剩余强度评价和管道剩余寿命预测两个方面。

1. 管道剩余强度评价

剩余强度评价是在缺陷检测基础上，通过严格的理论分析、实验测试和力学计算，确定管道的最大允许压力和当前工作压力下的临界缺陷尺寸，从而科学地指导管道维修计划和安全生产管理，既保证管道运行的安全性，又保证管道使用的经济性。含缺陷管道剩余强度评价涉及的主要缺陷类型包括：体积型缺陷、裂纹型缺陷、几何缺陷、弥散损伤缺陷、机械损伤等。含缺陷管道剩余强度评价的方法主要有：随机有限元分析方法、模糊遗传神经网络理论方法、失效评定图（FAD）方法。

（1）随机有限元分析方法。随机有限元分析方法是对管道腐蚀缺陷区域进行有限元力学分析，从而实现剩余强度的评价。主要以有限元法为基础，通过绘制管道模型图、网络划分图、膨胀效应变形图和应力图，直观地反映出管道的变形和应力分布状态，并通过计算得出结果，绘制出缺陷处应力与壁厚的关系曲线、缺陷处应力与管道内压的关系曲线。

（2）模糊遗传神经网络理论方法。模糊遗传神经网络理论方法是目前含缺陷管道剩余强度评价的一种常用方法，它具有自组织、自学习、解释功能好、测试性能好、重复性好、较易实现在线和实时计算等优点，同时可以避免寻找各种因素对管道腐蚀性影响规律的难题。对已使用多年的管道系统进行各种腐蚀因素及腐蚀结果测定，并将测定结果构成已知样本集，通过神经网络的自动学习获得知识，再对未知系统进行预测，便可知道该系统的腐蚀结果，从而进行剩余强度的评价。

（3）失效评定图（FAD）方法。失效评定图（FAD）提供了一种方便的评价结构由脆断至塑性失稳（崩溃）整个范围的失效风险评估方法。FAD 失效评定曲线如图 8-1 所示。对管道进行剩余强度评价时，计算给定条件下的脆性断裂失效控制参量 K_r 和塑性失效控制参量 L_r，若评价点（L_r，K_r）位于评定曲线、直线 $L_r = L_{r,max}$ 及坐标轴围成的封闭范围以内，则认为结构是安全的；否则认为结构是不安全的，缺陷不能接受。此法被认为是目前最有效、最可靠的含平面型缺陷结构的剩余强度评价方法。

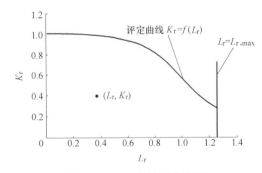

图 8-1 FAD 失效评定曲线

2. 管道剩余寿命预测

管道剩余强度评价是管道剩余寿命预测的基础。管道剩余强度只能反映管道当前的状态，管道剩余寿命预测则是在研究缺陷动力学发展规律和材料性能退化规律的基础上，预测在役管道的未来发展，确定管道的检测周期及维修周期等重要参数，并给出管道的剩余安全

服役时间。剩余寿命预测的方法主要包括：基于概率统计的预测方法、基于腐蚀速率的预测方法、改进的遗传神经网络预测方法等。

（1）基于概率统计的预测方法。管道腐蚀影响因素的极大不确定性及缺陷发生和发展的不确定性决定了腐蚀具有随机性的本质，因此概率统计成为腐蚀管道剩余寿命预测的一种有效手段。用腐蚀信息熵预测管道寿命，对管道腐蚀信息进行概率统计和信源处理，通过可靠性函数计算管道寿命。

（2）基于腐蚀速率的预测方法。当含腐蚀缺陷管道强度衰减到一定程度时，就达到了极限状态，其寿命也达到了极限值。因此从当前状态发展到强度极限状态时的壁厚减薄量除以相应的腐蚀速率，得到的时间就是管道的剩余寿命。先建立腐蚀速率概率分布模型，再确定管道腐蚀缺陷尺寸，最后计算临界腐蚀深度。认为腐蚀深度达到临界腐蚀深度时，管道失效。

（3）改进的遗传神经网络预测方法。改进的遗传神经网络预测方法就是对各种腐蚀因素进行测定，构成已知样本集，通过神经网络的自动学习获得知识，再对未知管道系统的腐蚀情况进行预测，从而计算出管道的使用寿命。

三、埋地管道腐蚀检测与评价技术小结

（1）外腐蚀是埋地管道失效的主要原因，土壤理化性质分析、外防腐层检测、腐蚀损伤检测等是全面评价管道腐蚀状况的有效手段。正确评价管道的腐蚀状况，有计划地维修，可提高管道安全可靠性。

（2）单一检测技术在准确确定管道防腐层缺陷时会遇到一定的困难，而检测技术的综合使用能够优势互补，可以对防腐层综合状况进行全面检测，取得较好的效果。

（3）超声波检测与长距导波检测技术的综合应用，不仅可以确定缺陷的大小和位置，而且能够对管道特殊部位进行检测，进而评价系统管网的腐蚀损伤情况。

（4）有限元分析法和人工神经网络将在管道工程中得到更广泛的应用，能够很好地对管道剩余强度进行评价或对剩余寿命进行预测。

（5）有效检测管道的腐蚀性以及正确对管道进行适用性评价是埋地管道运行与管理不可或缺的，随着管道服役时间的增长，其地位会越来越重要。

第三节　埋地钢质管道环境腐蚀性检测

现行国家标准《埋地钢质管道腐蚀防护工程检验》GB/T 19285 规定，从埋地钢质管道防护的角度，埋地钢质管道沿线的环境调查应包括土壤腐蚀性和杂散电流干扰两方面，以下就管道环境腐蚀性检测的内容和方法进行介绍。

一、土壤腐蚀性检测

对于管道环境腐蚀性检测工作主要使用对管道周围土壤进行 pH 值测量、土壤腐蚀速率测量和土壤电阻率测量等。土壤腐蚀性检测与质量状况评价主要通过综合土壤电阻率、土壤腐蚀电流密度、年腐蚀速率、土壤 pH 值的检测来判断土壤的腐蚀性强度。

1. 土壤电阻率检测

土壤电阻率在现行国家标准《埋地钢质管道腐蚀防护工程检验》GB/T 19285 中的定义：单位长度上管道周围土壤的电阻，是表征土壤到点性能的指标。土壤作为宏腐蚀电池的"溶液介质"，其导电性能对埋地管道的腐蚀进程影响极大。在其他条件相同下，管道围土介质的电阻率越低则管体遭受腐蚀的程度越高，因此，土壤电阻率调查是管道防腐设计和腐蚀检测的主要工作项目。

检测原理：当检测仪器与大地构成回路时，两个电流极在土壤中形成电流场，在两个电位极之间形成电位差，这个电位差与电流极入土的电流量以及电位极之间、电流极之间的土壤电阻率构成一定的数学关系，当电流极的入土深度小于相邻电极距的5%时，可以看成为球形电极，然后按下式计算

$$\rho = 2\pi aR \tag{8-1}$$

式中　ρ——土壤电阻率（Ω·m）；
　　　a——相邻电极距（m）；
　　　R——接地电阻仪示值（Ω）。

通过式（8-1）就可计算出土壤电阻率值，在外进行实测作业时，可使用 ZC-8 型接地电阻测量仪通过四极等距法来测量从地表至深度为 a 的平均土壤电阻率。四根电极布置在管道上方，且在一条直线上，电极入土深度应小于 $a/20$。

土壤电阻率愈小，说明其导电性愈好，则土壤腐蚀性愈强。按照现行行业标准《城镇燃气埋地钢质管道腐蚀控制技术规程》CJJ 95 的要求，质量状况评价标准见表8-7。

表 8-7　土壤电阻率评价标准

等级	强	中	轻
土壤电阻率/(Ω·m)	<20	20~50	>50

2. 土壤 pH 值检测

因为土壤是固态、液态、气态三相物质所组成的混合物，由土壤颗粒组成的固体骨架中充满着空气、水和不同的盐类。土壤中有水分和能进行电离的盐类存在，使土壤具有电解质溶液的特征，所以埋地钢质管道在土壤中将发生电化学腐蚀，那么通过对土壤的 pH 值检测，就可以判定土壤的酸碱性，从而确定管道受周围土壤环境腐蚀的程度。由于管体在酸性土壤环境中比其在酸性土壤环境中更容易发生腐蚀，而且管体穿越 pH 值差异较大的围土介质时往往形成宏腐蚀场，因此酸碱度（pH）是土壤特性调查的主要内容。具体工作方法是根据需要在管道周围取若干土样，用 PHB-3 便携式 pH 计进行测量。

土壤 pH 值质量状况评价标准：土壤的酸性越强其腐蚀性也越强，土壤 pH 值与腐蚀等级分类见表8-8。

表 8-8　土壤 pH 值评价标准

等级	强	中	轻
土壤 pH 值	<4.5	4.5~6.5	6.5~8.5

3. 土壤腐蚀电流密度与年腐蚀速率检测

通过测量极化电阻 R_p，然后用下式求出土壤的腐蚀电流密度及年腐蚀速率

$$I_{corr} = B/R_p \tag{8-2}$$

式中 I_{corr}——腐蚀土壤腐蚀电流密度；

B——比例系数，其最小值为 8.7mV，最大值为 52mV；

R_p——车辆得弱化极化电阻。

利用原位极化法，使用 CMS-1510C 便携式智能土壤腐蚀性测量仪进行土壤腐蚀电流密度检测时，现场在管道周围的土壤中将仪器探头埋入土中，检测探头可以测量金属材料在工业水等连续介质或潮湿环境下非连续介质以及土壤等介质中的瞬时腐蚀速度，并利用相应的计算机软件得到腐蚀速度平均值。测量时每隔一分钟测一组数据，每个测点取三次数据，取两次接近的数据的平均值作为该点的测值。

土壤腐蚀电流密度与年腐蚀速率质量状况评价标准：年腐蚀速率与腐蚀电流密度越大，则腐蚀性越强，按现行行业标准《城镇燃气埋地钢质管道腐蚀控制技术规程》CJJ 95 中的要求，详细质量状况评价等级情况见表 8-9。

表 8-9 土壤腐蚀电流密度与年腐蚀速率质量状况评价标准

指标	等级				
	极轻	较轻	轻	中	强
年腐蚀速率/(mm/年)	<0.0025	0.0025~0.01	0.01~0.04	0.04~0.125	>0.125
电流密度/($\mu A/cm^2$)	<0.1	0.01~3	3~6	6~9	>9

二、杂散电流检测

交直流杂散电流的干扰是造成埋地钢质管道发生腐蚀的另一项重要原因，通过对其强度的测定，可判定出对埋地管道的影响程度。

杂散电流包括地电流、交流杂散电流和直流杂散电流三种。杂散电流干扰腐蚀原理主要是电解作用，处于腐蚀电池阳极区的金属体被腐蚀。干扰源主要为直流电解设备、电焊机、直流输电线路及直流电气化铁路等。杂散电流检测方法是利用大地电位梯度的大小来判断环境被干扰的程度，并大致判别地中杂散电流的流向，以分析干扰源的位置等。检测时使用的仪器包括数字万用表、饱和铜-硫酸铜参比电极。

管道交直流干扰通常主要是采用近参比及远参比法进行判定，特殊地段也可采用地电位梯度法进行辅助测定。测量前应对所使用的毫伏表及参比电极进行校验。对管道出露点应进行处理以确保良好的电接触，参比电极接触地面点应进行湿润处理。

1. 直流干扰

埋地钢质管道的直流干扰，可用管道上任意点上的管地电位较自然电位的偏移或管道附近土壤表面电位梯度进行测量和评价。但电位偏移≥20mV 或土壤表面电位梯度>0.5mV/m时，可确认有直流干扰。一般采用土壤表面地电位梯度来评价干扰程度，具体直流杂散电流干扰程度指标见表 8-10。

表 8-10 直流杂散电流质量状况评价标准

杂散电流强度	小	中	大
土壤电位梯度/(mV/m)	<0.5	0.5~5.0	>5.0

直流干扰的判定方法：当在管道任意点上管地电位较自然电位正向偏移 20mV 或管道附近土壤中的电位梯度大于 0.5mV/m 时，确定为有直流电干扰；当在管道任意点上管地电位较自然电位正向偏移 100mV 或管道附近土壤中的电位梯度大于 2.5mV/m 时，管道应采用直流排流保护或其他防护措施。

2. 交流干扰

埋地钢质管道的交流干扰，可用管道交流干扰电压来进行测量和评价。根据管道所处的土壤类别，当管道交流干扰电压分别大于 10V（碱性土壤）、8V（中性土壤）、6V（酸性土壤）时，需采用交流排流保护或相应的防护措施。具体杂散交流电流干扰程度指标见表 8-11。

表 8-11 直流杂散电流质量状况评价标准

交流干扰电压/V 土壤类别	级别 严重性程度		
	弱	中	强
碱性土壤	<10	10~20	>20
中性土壤	<8	8~15	>15
酸性土壤	<6	6~10	>10

在以上土壤状况测量中，根据以上土壤电阻率、土壤类型、土壤酸碱性、土壤腐蚀速率、杂散电流等所有土壤状况测量数据，通过计算归纳得到土壤腐蚀性一个关于土壤情况的综合因子，并作为埋地钢质燃气管道质量状况评价指标体系的一个评价因子。

三、管地电位和土壤表面电位梯度检测

埋地钢质燃气管道的管道自然电位、牺牲阳极开路电位、管道保护电位等参数都是管道质量状况评价的重要指标，这些指标均可以采用地表参比法进行测量获得。而土壤表面电位梯度则是反映直流干扰的重要因素，以下对管地电位和土壤表面电位梯度的检测方法进行简要介绍。

1. 地表参比法

(1) 适用范围：管道自然电位、牺牲阳极开路电位、管道保护电位等参数的检测。

(2) 所用仪器

1) 数字万用表：要求内阻不小于 1MΩ，准确度不低于 2.5 级。

2) 参比电极：应采用铜-硫酸铜电极，代号为 CSE，并应满足通过硫酸铜电极的允许电流密度不大于 $5\mu A/cm^2$，电位漂移不能超过 30mV 的要求。

管地电位检测接线示意图如图 8-2 所示。

(3) 检测步骤。将参比电极放在管道顶部上方 1m 范围的地表潮湿土壤上，应保证参比电极与土壤接触良好。将数字万用表调至适宜的量程上，读取数据，做好记录，注明该电位值的名称。

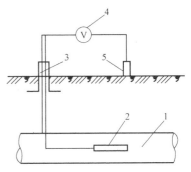

图 8-2 管地电位检测接线示意图
1—管道（被测体） 2—牺牲阳极
3—检测桩 4—数字万用表
5—参比电极

2. 直流干扰引起的管地电位检测

(1) 使用仪器

1) 数字万用表：要求内阻不小于 1MΩ，准确度不低于 2.5 级。

2) 便携式自动平衡记录仪：内阻 20kΩ~1MΩ，精度 0.5 级，量程 ±5mV~±10mV，10 档，零点可调，走纸速度可调。

3) 参比电极：应采用铜-硫酸铜电极，代号为 CSE，并应满足通过硫酸铜电极的允许电流密度不大于 $5\mu A/cm^2$，电位漂移不能超过 30mV 的要求。

直流干扰引起的管地电位检测接线示意图如图 8-3 所示。

(2) 检测步骤

1) 检测点的选择和分布宜符合下列原则：

① 预备性检测：利用现有的检测桩（点）。

② 排流工程检测：检测点宜根据预备性检测结果布设在干扰较严重的管段上，检测点间距以 50~200m 为宜，不应大于 500m。

③ 排流工程效果检测：在排流工程各实施点中选定检测点。

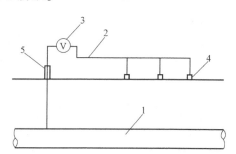

图 8-3 直流干扰引起的管地电位检测
接线示意图
1—管道（被测体）
2—检测导线（多股铜芯绝缘软线
在有电磁干扰的地区采用屏蔽导线）
3—电压表 4—参比电极 5—检测桩

2) 排流工程检测及排流工程效果检测符合下列原则：

① 各检测点的检测工作同时开始和结束。

② 各检测点以相同的读数间隔记录数据。

③ 干扰源和干扰管道两方面同步检测。

3) 按图 8-3 所示接好检测线路，记录检测值。

4) 检测时间段为 40~60min，对运行频繁的直流电气化铁路附近可取 30min。检测时间段应分别选择具有代表性的负荷变化时间段上，一般选择在干扰源的高峰、低峰和一般负荷三个时间段上。

5) 读数时间间隔一般为 10~30s，电位交变激烈时，不应大于 10s。

6) 对拟定的排流点、实际排流点，排流效果评定点及其他代表性的点，进行 24h 连续检测。

7) 所有检测的次数不宜少于 3 次，每次的起止时间、检测时间段、读数时间间隔、测定点均应相同。

8) 数据处理。从已记录的检测值中直接选择最大值和最小值。然后利用下式计算出正、负管地电位的平均值即可

$$V(\pm) = \frac{\sum_{i=1}^{n} V_i(\pm)}{n} \tag{8-3}$$

式中 $V(\pm)$——规定的检测时间段内正、负管地电位的平均值（V）；

$\sum_{i=1}^{n} V_i(\pm)$——分别计算的正、负电位各次读数的总和（V）；

n——规定时间段内读数的总次数。

3. 土壤表面电位梯度

（1）所用仪器：同直流干扰引起的埋地钢质燃气管道侧的管地电位检测。检测接线图如图 8-4 所示。

在图 8-4 中：a、b、c、d 四只铜-饱和硫酸铜参比电极；a、c 与 b、d 的距离相等，且垂直对称布设，其中 ac 或 bd 应与管道平行，电极间距为 100m。当受到环境限制时可适当缩短，但应使电压表有明显的指示。检测导线采用多股铜芯绝缘软线，在有电磁干扰的地区采用屏蔽导线。A、B 为两只电压表。

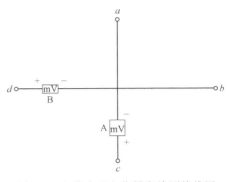

图 8-4 土壤表面电位梯度检测接线图

（2）检测步骤。

1）按图 8-4 所示接好检测线路。

2）同时读取电压表 A、B 的数值（V_A 和 V_B）。

3）按照电压测试值的正负将读数分成 $[V_A(+)\ V_B(+)]$、$[V_A(+)\ V_B(-)]$、$[V_A(-)\ V_B(+)]$ 与 $[V_A(-)\ V_B(-)]$ 4 种读数组合，再分别计算 4 种读数组合中的 $V_A(+)$、$V_A(-)$、$V_B(+)$ 与 $V_B(-)$ 的平均值。以计算 $V_A(+)$ 的平均值为例，计算公式为

$$\overline{V}_A(+) = \frac{\sum_{i=1}^{n} \Delta V_{Ai}(+)}{n} \tag{8-4}$$

式中 $\sum_{i=1}^{n} \Delta V_{Ai}(+)$ ——规定的测试时间段内 $V_A(+)$ 的测试值的总和（V）；

$\overline{V}_A(+)$ ——规定的测试时间段内 $V_A(+)$ 的平均值（V）；

n ——规定的测试时间段内全部读数的总次数。

4）建立直角坐标系，使其纵、横两轴分别与图 8-4 中的 ac、bd 相对应，将计算出的 4 种读数组合的平均值分别记入坐标中，然后利用矢量合成法，分别求出各自的矢量和。

5）上述测得的数值或经数据处理后的测试值，分别除以各自对应的参比电极间距（以 m 为单位），即为电位梯度。

6）沿着某一干扰段选取几个地点，重复进行上述的测试及数据处理，通过几个测试点的电位梯度的大小和方向，判断杂散电流源的方位。

7）当单独测试地电位梯度时，参比电极的间距应小一些，在可能的情况下以 1m 为宜。

第四节 燃气管道腐蚀检测技术简介

管道运输是燃气输送采用的主要方式。燃气管道埋设于人口和公共设施高度密集的城市地下，服役环境复杂，一旦发生失效破坏，往往造成巨大的经济损失，导致人身伤亡等灾难性事故，对环境也会造成很大的破坏。据有关资料统计，每年因为管线老化造成的管道事故十分频繁，存在着极大的潜在危险。在每年的燃气管道泄漏事故中很大比例是由管道腐蚀引起的，其中包括管道内腐蚀和管道外腐蚀。燃气管道管外腐蚀是所有管道自身事故中事故率

最高的，也是造成燃气管道自身事故的最主要原因。

一、燃气管道腐蚀原因分类

金属腐蚀是金属与周围介质发生化学、电化学或物理作用成为金属化合物而受破坏的一种现象。

作为金属，燃气管道的腐蚀可分为电腐蚀和自然腐蚀。电腐蚀是指金属与电解质因发生电化学反应而产生破坏的现象，往往是由于直流电体和电防腐设备泄漏电流引起的腐蚀。自然腐蚀则是除此之外在自然状态下产生的腐蚀。

1. 电化学腐蚀

电化学腐蚀往往表现为缝隙腐蚀和点腐蚀。燃气管道一般是由螺栓、焊接等方式连接的，在这些连接件或焊接接头缺陷处可能出现狭窄的缝隙，其缝宽（一般在 0.025～0.1mm）足以使电解质溶液进入，使缝内金属与缝外金属构成短路原电池，并且在缝内发生强烈的局部腐蚀。点腐蚀是指腐蚀集中于金属表面的局部区域范围内，并深入到金属内部的孔状腐蚀形态，它容易导致管道穿孔。

2. 自然腐蚀

自然腐蚀包括化学腐蚀、应力腐蚀、细菌腐蚀等，一般会使管道产生均匀的大面积锈斑及腐蚀坑。

二、燃气管道腐蚀的计算方法

埋地金属管道腐蚀的速率与防腐涂层材料及其施工质量、阴极保护效能等有关。金属腐蚀程度的大小，根据腐蚀破坏形式的不同，有各种不同的评定方法。对于全面腐蚀来说，通常用平均腐蚀速率来衡量。腐蚀速率可用失重法（或增重法）、深度法和电流密度法。

1. 腐蚀失重法（或增重法）

金属腐蚀程度的大小可用腐蚀前后试样质量的变化来评定。失重法就是根据腐蚀后试样质量的减小，用下式计算腐蚀速度率

$$v_{失} = \frac{m_0 - m_1}{St} \tag{8-5}$$

式中　$v_{失}$——腐蚀速率 [g/(m²·h)]；

　　　m_0——试样腐蚀前质量（g）；

　　　m_1——试样清除腐蚀产物后的质量（g）；

　　　S——试样表面积（m²）；

　　　t——腐蚀时间（h）。

这种方法适用于均匀腐蚀，而腐蚀产物完全脱落或很容易从试样表面清除掉的情况。

当腐蚀后试样质量增加且腐蚀产物完全牢固地附着在试样表面时，可用增量法，用下列公式计算腐蚀速率

$$v_{增} = \frac{m_0 - m_1}{St} \tag{8-6}$$

2. 腐蚀深度法

以质量变化表示的腐蚀速度率的缺点是没把腐蚀深度表示出来。工程上，腐蚀深度或构

件腐蚀变薄的程度直接影响该部件的寿命，更具有实际意义。在衡量不同密度的金属的腐蚀程度时，更适合用这种方法。

将金属失重腐蚀速率换算为腐蚀深度的公式为

$$v_{深} = v_{失} \times \frac{24 \times 365}{1000^2} \times \frac{10^3}{\rho} = 8.76 \times \frac{v_{失}}{\rho} \tag{8-7}$$

式中 $v_{失}$——腐蚀速率（mm/年）；
ρ——金属密度（g/cm³）。

3. 腐蚀电流密度法

电化学腐蚀中，阳极溶解导致金属腐蚀。根据法拉第定律，阳极每溶解 1g 当量金属，通过的电量为 1 法拉第，即 96500 库仑（C），则阳极所溶解的金属量应为

$$\Delta m = \frac{MIt'}{nF} \tag{8-8}$$

式中 Δm——阳极所溶解的金属量（g）；
I——电流强度（A）；
t'——时间（s）；
M——金属的原子量（g/mol）；
n——价数，即金属阴阳极反应中的电子数；
F——法拉第常数，$F = 96500$ C/mol 电子数。

对于均匀腐蚀来说，整个金属表面积可看成阳极面积，故腐蚀电流密度为

$$i_{\text{corr}} = \frac{I}{S} \tag{8-9}$$

式中 i_{corr}——腐蚀电流密度（A/m²）。

因此有

$$v_{失} = \frac{m_0 - m_1}{St} = \frac{1}{St} \times \frac{MIt'}{nF} = \frac{M}{n \times 96500} \times 3600 i_{\text{corr}} = 3.73 \times 10^{-2} \frac{M}{n} i_{\text{corr}}$$

$$v_{深} = 8.76 \times \frac{v_{失}}{\rho} = 8.76 \times \frac{1}{\rho} \times 3.73 \times 10^{-2} \frac{M}{n} i_{\text{corr}} = 3.27 \times 10^{-1} \frac{M}{\rho n} i_{\text{corr}}$$

对于铁，上式中：$\frac{M}{\rho n} = 3.55$，从而有

$$v_{深} = 3.27 \times 10^{-1} \times 3.55 i_{\text{corr}} = 1.16 i_{\text{corr}}$$

因此，对于铁而言，深度法表示的腐蚀速率（mm/年）与腐蚀电流密度（A/m²）近似相等。这对一般金属都有类似结论。

三、燃气管道腐蚀的检测

现在的燃气管道敷设中，埋地钢制管道的外腐蚀保护一般由绝缘层和阴极保护组成的防护系统来承担。通过对阴极保护系统进行检测。可以判断管道防腐层的损坏程度，从而得到管道受腐蚀的情况。

1. 管道外腐蚀检测

管道外腐蚀检测技术是基于这一原理而研究的，其检测参数大都是管地电位的测量和管

内电流的测量。管地电位检测技术包括 Person 检测法、短间歇电位检查法、组合电位测试法、直流电压梯度法等；管内电流检测技术主要包括电流梯度分布法、分段管内电流比较法等。这些方法能够实现在不开挖、不影响正常工作的情况下，对埋地管道进行检测，但都属于间接检测管道腐蚀的方法，而且往往需要仔细测量和分析，才能得出有效可靠的测量数据。有的方法对测量所需的条件较多，对工作人员的要求十分严格，例如用直流电压梯度法检测时，为准确判定管道涂层缺陷的位置，测量前必须知道管道的确切位置。若对长距离埋地管道进行测量，这一要求就很高了。而且，有的管外检测技术不适于检测公路、铁路穿越和海底的管道，因为检测所收集的数据比较有限，无法对管道进行全面的腐蚀检测。

2. 管道内腐蚀检测

管道发生内腐蚀后，通常表现为管道的管壁变薄，出现局部的凹坑和麻点。管道内腐蚀检测技术主要是针对管壁的变化来进行测量和分析的。在没有开挖的情况下进行的管道内腐蚀检测，一般采用漏磁通法、超声波法、涡流检测法、激光检测法和电视测量法等。其中，激光检测法和电视测量法需和其他方法配合，才能得出有效准确的腐蚀数据。而涡流检测法虽然可适用于多种黑色金属和有色金属，例如探测蚀孔、裂纹、全面腐蚀和局部腐蚀，但涡流对于铁磁材料的穿透力很弱，只能用来检查表面腐蚀，而且如果在金属表面的腐蚀产物中有磁性垢层或存在磁性氧化物，就可能给测量结果带来难以避免的误差。另外，由于涡流法的检测结果与被测金属的电导率有密切关系，为了提高测量精度，还要求被测体系最好保持恒温。超声波在空气中衰减很快，超声波的传导必须依靠液体介质，且容易被蜡吸收，所以超声波法不适合在气管线和含蜡很高的油管线进行检测，具有一定的局限性。使用比较广泛的管道内腐蚀检测方法是漏磁通法。漏磁通法检测的基本原理是建立在铁磁材料的高磁导率这一特性之上。钢管腐蚀缺陷处的磁导率远小于钢管的磁导率，钢管在外加磁场作用下被磁化，当钢管中无缺陷时，磁力线绝大部分通过钢管，此时磁力线均匀分布；当钢管内部有缺陷时，磁力线发生弯曲，并且有一部分磁力线泄漏出钢管表面。检测被磁化钢管表面逸出的漏磁通，就可判断缺陷是否存在。漏磁通法适用于检测中小型管道，可以对各种管壁缺陷进行检验，检测时无需耦合剂，也不会发生漏检。但漏磁通法只限于材料表面和近表面的检测，被测的管壁不能太厚，抗干扰能力差，空间分辨力低。另外，小而深的管壁缺陷处的漏磁信号要比形状平滑但很严重的缺陷处的信号大得多，所以漏磁检测数据往往需要经过校验才能使用。检测过程中当管道所用的材料混有杂质时，还会出现虚假数据。

四、燃气管道腐蚀检测技术的发展

管道腐蚀的检测技术在不断的发展中。如：以金属蚀失量和平均剩余管壁厚度评价埋地管道腐蚀状况；以防腐层绝缘电阻评价防腐层老化程度。工作原理是：无论是电腐蚀还是自然腐蚀，其结果都是金属量蚀失、腐蚀产物垢积，造成埋地钢管的电导率和磁导率下降。因此，只要检测出因腐蚀所致的这一物理性质的变异部位和变异程度，经过与已知（已发生腐蚀和未发生腐蚀）的情况对比，就可以指出腐蚀地段并对腐蚀程度做出评价。可以根据蚀失量（或平均剩余管壁厚度）和绝缘电阻的大小及其随年度的变化速率评价埋地管道腐蚀程度和防腐状况，预测在役管道的寿命。还可以在现场通过地面无损检测手段直接对防腐层破损点、管道泄漏点等缺陷精确定位。检测数据由专用处理软件进行处理和分析，并给出量化结果。

综上所述，燃气管道腐蚀可有多种方法进行检测。定期通过应用各种方法检测管道受腐蚀程度，可以有效地分析燃气管道的风险和安全性，对于采取针对性的对策和措施，防患于未然，保障燃气管道的安全供应等有着重大和积极的作用。

第五节 管道腐蚀超声导波检测技术

目前，管道腐蚀检测的传统方法相对较少，主要的方法是管线壁厚的测试和管道内检测。壁厚测试方法是常用的方法，但主要采用的是抽检的模式，漏检率比较高；管道内检测方法主要用于管径较大的长输管道，且对管道弯头、三通、阀门等管件要求较严格，国内大部分长输管道、工业管道和城市燃气管道不适用采用这种方法。

超声导波检测技术作为一种新型的无损检测技术，正在压力管道腐蚀检测中发挥着越来越大的作用。目前，世界上用于长距离管线腐蚀检测的超声导波检测技术主要有两种：一种是以传统压电晶片的压电效应为基础的多晶片探头卡环式超声导波检测系统，主要有英国导波公司（GUL）公司的 Wave Marker 和英国焊接研究所（TWI）下属的 PI 公司的 Teletest；另一种是以铁磁性材料的磁致伸缩效应及其逆效应为基础的条带式 MsS 超声导波检测系统，其由美国西南研究院（SwRI）研发。本节将着重介绍 MsS 超声导波技术检测原理、特点以及在管道腐蚀检测中的应用。

一、MsS 管道腐蚀导波检测技术概述

MsS，即磁致伸缩效应（Magnetostrictive Sensor）的英文缩写，具体是指铁磁性材料由于外加磁场的变化，其物理长度和体积都要发生微小的变化，这种现象称为磁致伸缩效应；其微观粒子——磁畴在外加磁场的作用下按照一定方向运动，其结果产生弹性机械波，耦合到管道上并沿着管道传播。磁致伸缩逆效应（磁弹性效应）指由机械压力（或张力）引起铁磁性材料的磁畴按照一定方向运动，引起材料的磁化状态发生变化的现象。

MsS 技术是一种机械弹性波，能沿着结构件有限的边界形状传播并被构件边界形状所约束、所导向，因而称为 MsS 超声导波。MsS 技术可以激发纵波、扭力波、弯曲波、兰姆波、水平剪切波和表面波等多种模态形式的导波。MsS 导波在管道中有纵波、扭力波、弯曲波等三种模态形式存在，由于在管道的散射曲线中只有扭力波的声速是唯一恒定不变的，不随导波的频率改变而变化，而且扭力波只在固体中传播，管道内传输的液体对其传播特性任何没有影响，故 MsS 技术在管道检测中采用扭力波模式。虽然超声导波的传播特性很复杂，但只要正确选择导波模式和频率，并控制其传播方向，导波可以从其传感器位置，沿着管道快速传播，瞬间完成几百米长管道的 100%管道体积扫描检测。MsS 超声导波检测原理示意图如图 8-5 所示。

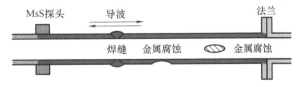

图 8-5 MsS 超声导波检测原理示意图

美国西南研究院 MsS 超声导波检测系统即是根据上述技术原理开发而成。该检测系统通过薄的磁性铁钴条带粘贴在铁磁性材料和非铁磁性材料上进行 MsS 超声导波的激发，可以应用到各种形状几何结构，如管道、棒材、钢索和板盘件等。灵敏度方面，经测试该系统最高灵敏度为管道横截面面积

损失量的 0.7%，可靠检测灵敏度为管道横截面面积损失量的 5%，监测穿孔缺陷时灵敏度可以达到管道横截面面积损失量的 0.6%。检测范围而言，对于带油漆层的地上直管段，可以单方向检测 150m 处管道横截面面积损失量的 2%～3%；可以进行高温管线腐蚀的在线检测与长期状态监测，最高温度可达 93.8℃；管道直径可以从 1.5 英寸到 80 英寸（可以适应无限大直径的管道，1 英寸 = 2.54cm）。对于检测盲区，其大小与所采用的检测频率有关：2kHz 时为 350mm；64kHz 时为 175mm；128kHz 时为 85mm。盲区比导波的三倍波长稍微大一些。探头与管道之间的耦合方式有两种：机械干耦合的方式和环氧树脂胶粘接的方式。对于良好的管道外表面状态（无或有微小腐蚀坑），可采用机械干耦合方式；对于管道表面有若干腐蚀坑，又不允许打磨的情况下，可采用环氧树脂胶粘接的方式。

二、超声导波检测精度

超声导波的灵敏度是指管道腐蚀或裂纹占管道总横截面面积损失量的百分比（%），如图 8-6、图 8-7 所示（浅色部分为管道横截面，深色部分为缺陷横截面）。超声导波所检测出的缺陷不是沿壁厚方向的腐蚀深度，而是指裂纹或腐蚀所占管道横截面面积损失量的百分比。

同一截面上多个腐蚀总横截面面积达到管道横截面面积的2%

同一截面上单个外腐蚀横截面面积达到管道横截面面积的2%

同一截面上单个内腐蚀横截面面积达到管道横截面面积的2%

图 8-6　可发现的缺陷类型

未达到管道横截面面积2%的孤立的内壁腐蚀坑

未达到管道横截面面积2%的孤立的外壁腐蚀坑

未达到管道横截面面积2%的针孔腐蚀

图 8-7　无法发现的缺陷类型

导波无法对管道的真实厚度值进行检测，也无法检测小的孤立的腐蚀坑，有时即便是腐蚀穿孔也发现不了。通常在实验室条件下，导波的检测灵敏度最高可达到 0.7%，而在实地检测时，管道处于多种不同的环境中，因此容易产生腐蚀等现象，随着管道腐蚀程度的增加，信号的衰减增大，系统的信噪比降低，可靠检测灵敏度为 2%～5%。举例说明，如果管道在役年限较长，其腐蚀现象平均都达到 1% 左右，由于在实际检测过程中只能发现 2%～5% 的腐蚀缺陷，而噪声信号都会淹没这些低于 1% 的腐蚀信号，使其无法发现，影响检测效果。因此导波检测只是一个初检，还需要借助于其他的检测手段，才能达到检测的目的。

三、MsS 超声导波检测设备简介

1. MsSR 3030 仪器规格

（1）发射器

输出：两个高压差分驱动同步触发输出，也可在反相或 ±90° 相位转移下操作（控制发射方向）。

波形：正弦波。

周期：1~8 可选。

输出电压、电流：最大峰值 300V、最大峰值 40A。

输出振幅：0%、25%、50%、100%。

频率：4~250kHz，1Hz 分辨率。

脉冲重复频率：每秒 1~16 脉冲（2 进制递增）。

外置同步触发：TTL 兼容模式，负边沿调整接收器。

（2）脉冲接收器

输入：两个高压保护差分总计输入，在总计前，信号可以被电子控制 ±90° 相位转移（单向能力）。

增益：0~40dB 固定增益（内部可调）；0~80dB（1dB 步进）。

时间受控增益：0~80dB 线性递增。

接收带宽：7~250kHz（-3dB）；5~350kHz（-3dB）。

过滤器：8 个独立的 4 级动态过滤模块，标准设计为频率范围（特殊应用中也可提供低通、高通或带通滤波模式）。

操作模式：脉冲回波或一发一收。

信号输出：模拟波形，最大 ±3V。

输出阻抗：50Ω。

（3）电源

电源：90~132V，47~63Hz；180~264V，47~63Hz；12V 直流电（汽车电瓶）。

（4）环境

温度：操作温度 5~104℉（-15~40℃）；存储温度 -4~140℉（-20~60℃）。

湿度：操作湿度 10%~80%（相对湿度）；存储湿度 5%~95%（相对湿度）。

2. 频率的选择

根据管道腐蚀状况选择检测频率：

(1) 对于实验管线一般采用 128kHz 的扭力波进行检测。

(2) 对于表面情况良好以及弯头数量较少的现场管线，一般采用 64kHz 或 32kHz 的扭力波进行检测，多数情况采用 32kHz 的频率检测。

(3) 对于腐蚀严重以及弯头较多的现场管线，一般采用 16kHz 的扭力波进行检测。

3. 传感器选择

仪器配有两种可激发信号的检测探头：带状线圈探头和板件探头。

（1）带状线圈探头。探头由两部分组成，一个带状电缆和一个线圈适配器。带状线圈探头用在管件、小管、电缆、电线和任何横截面形状的棒材上等。适配器主要是两种——单线圈的和双线圈。单线圈 MsS 探头主要是由单线圈适配器和一个与之相配的带状电缆形成，双线圈 MsS 探头主要是由双圈连接器和一个与之相配的带状电缆形成。这样便会组合成一组可以以指定频率和模式来对导波进行方向控制。单线圈适配器和双线圈适配器及其带状电缆如图 8-8 所示。

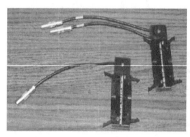

图 8-8 单线圈适配器和双线圈适配器及其带状电缆

（2）板件探头。板件传感器是矩形的，包含单、双两种线圈类型。双线圈板件探头包含 2 个分离的板件探头，其用于方向的控制。

板件探头由一个"沟"形带有线圈的中心组成，线圈沿着中心的纵向方向缠绕。探头在垂直于探头长度的方向上产生导波，并检测在相同方向上产生的导波。板件探头的作用就像导波的一个线源和检测器。板件探头和线圈探头带如图 8-9 所示。

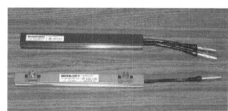

图 8-9 板件探头和线圈探头带

4. 模式的控制

表 8-12 为不同模式的导波对应的检测对象。

表 8-12 不同模式导波对应的检测对象

波型	结构	直流偏磁场需要的方向	备注
纵波	管件、小管、棒、电缆	沿着结构的纵向	结构周围相对均衡
扭力波	管件、圆棒	沿结构的圆周方向	结构周围相对均衡
弯曲波	管件、圆棒	沿结构的纵向	结构周围不均衡
兰姆波	板件	垂直于板件探头的长度方向	
水平剪切波	板件	平行于板件探头的长度方向	

对于实际中长距离导波检测的应用，主要使用如下波型：

1）T 型——扭力波模式，对于管件，小管件和圆棒。

2）SH 型——水平剪切波模式，对于板件和板件类型的结构。

3）L 型——纵波模式，对于钢电缆，任意几何结构的棒、梁。

在实际应用中，常使用纵波 L 和扭力波 T 两种模式的导波，同一频率下 T 模式与 F 模式对比如图 8-10 所示。T 波的缺点是：用 T 波检测带沥青防腐层管道时，必须除去沥青覆层。原因是需要用黏合剂将铁磁性条带粘结在结构上，因此在检测时要求直接物理接触管道外表面。但是，使用 L 波可不用去除沥青防腐层。

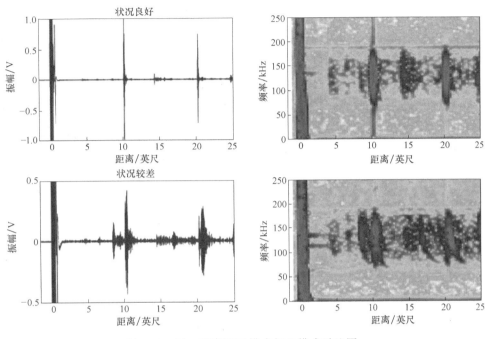

图 8-10　同一频率下 T 模式与 F 模式对比图

（注：1 英尺 = 0.3048m）

5. 导波方向控制

单 MsS 线圈探头主要产生双方向的导波，在每一个方向上，导波的以相同的灵敏度向前传播。导波的双向传播，同时，单线圈探头同时采集两边反射回来的信号。因此，采集的数据复杂，很难对信号进行分析。

MsSR 3030 设备能实现导波检测的产生和方向的控制。上述方法主要是通过两个传感器以及通过相控阵原则来完成，两个传感器一发一收。相控阵原则是：两个探头之间要相距四分之一波长；两个发射脉冲之间的时间延迟为四分之一周期（或波长）。

6. 薄铁磁性条带的使用

在实际检测大结构的操作中，使用电磁铁或永久磁铁检测时既费力又困难，同时，现场中使用电流方法也不现实。因此，在长距离管道检测的操作过程中，MsS 技术使用不能以 T 波模式。为了克服这些困难及局限性，薄铁磁性条带得到了发展。

薄铁磁性 MsS 条带主要用于板件上的水平剪切波操作和管件上的 T 波操作。这种方法在条带上产生导波，因此，它适用于任何材料，包括铁磁性和非铁磁性材料（比如铝、钛、奥氏体不锈钢等）。相比直接在铁磁性材料上产生导波，这种方法的优势如下：

（1）具有较高的 MsS 灵敏度。

（2）不需要搬运重大磁铁，可以直接提供直流偏磁化。

（3）始终如一的传感器性能（与传感器的位置、样件性能变化无关）。

目前，薄铁磁性 MsS 条带只用于板件的 SH 波检测和管件的 T 波检测。通过应用适当的直流偏磁场，薄铁磁性条带也可用于其他的波形，如管道中的 L 波及板件上的兰姆波。

四、检测步骤

应用 MsSR 3030 系统检测管道缺陷步骤如下：

（1）清理管道表面，准备粘接铁钴条，如图 8-11a 所示。如果管道表面凹凸不平，可以用铁刷或砂纸打磨或者清理。值得注意的是，如果管道有光滑的油漆，并且油漆在管道表面粘贴，则必须除去油漆层。

a)　　　　　　　　b)

图 8-11　清理管道和制作铁钴条带示意图

（2）制作适合长度、宽度的铁钴条带，如图 8-11b 所示。用金属切割刀轻轻地剪切条带，使其稍短于被检测管道的圆周长度。当需要用两个 MsS 线圈来控制方向时，请准备两个同样的条带。对于 64kHz 或者 128kHz 的测试频率，准备一个条带。

（3）磁化铁钴条带，如图 8-12 所示。把磁化器放在条带上，以便使磁化器的南北两极平行于条带的纵向方向排列。以相对恒定的速度在条带上移动磁化器 2~3 次（大约 0.3m/s），然后以连贯动作将其取下。运动中的任何一下中断都会引起磁化结果的不一致及使 MsS 性能退化。

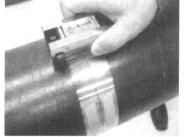

图 8-12　磁化铁带和涂环氧黏合剂示意图

（4）涂环氧树脂黏合剂，将铁钴条粘贴在管道上，如图 8-13 所示。

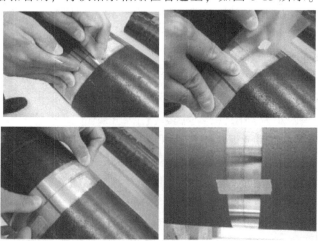

图 8-13　粘贴铁钴条示意图

（5）安装线圈卡具及线圈探头带，如图8-14所示。

（6）开启MsS 3030R主机和计算机，如图8-15所示，进行检测工作。

图8-14　安装线圈卡具及线圈探头带　　　　图8-15　MsS 3030R主机和计算机

五、现场应用

基于磁致伸缩的导波技术在现场已得到了应用，虽然目前并不是特别广泛，但一些研究机构和设备厂商在现场开展了大量应用性实验，下面介绍几种现场应用情况。

1. 导波在含有弯头的螺旋焊管（SSAW）的检测

检测试件为直径为220mm、壁厚为6mm的螺旋焊管，具体管线示意图如图8-16所示。由于管道结构比较复杂，焊缝较密集，因此在现场采用T模式的波，同时选用128kHz的频率进行试验。

通过采集软件采集信号并保存，如图8-17所示，然后打开分析软件对数据进行分析，通过一些参考信号计算导波的速率和衰减，校准信号振幅，设置相位检查参考值和阀值，设置完以后，通过计算机处理得到图8-18。

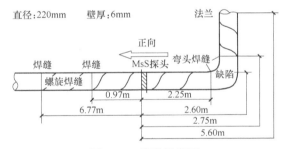

图8-16　管线示意图

经过对图像进行分析，检测结果见表8-13。

结论：负向2.6m处存在一个中型腐蚀缺陷（d1），建议复验；其余管段都正常。根据本试验可以得出，导波检测技术可应用于管线比较复杂的管道进行检测。但导波在经过弯管

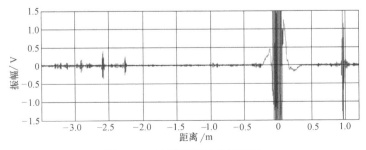

图8-17　计算机采集的波形图

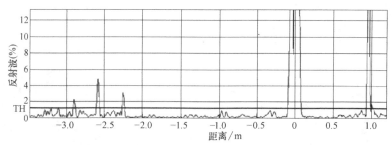

图 8-18 经过系统软件处理过的波形图

时，信号会发生扭曲或失真，即出现变形波（信号相位出现畸变），这将使缺陷的进一步辨别分析变得很困难，其结果也就很不可靠，因此导波最多可以穿过 2~3 个弯头。对于曲率半径大于管道直径的 3 倍的弯头，导波很容易穿过，但穿过一个这样的弯头，能量就会损失一些，相应的传播距离就会缩短。

表 8-13 128kHz 的检测结果

波形	频率	与探头距离/m	截面损失量(%)	传播速度	波形描述
ew		-2.9	2.2		Elbow Weld（弯管焊缝）
d1		-2.6	4.8		Medium（中型）
ew	128kHz	-2.3	3.1	3241m/s	Elbow Weld（弯管焊缝）
MsS		0.0	—		Initial Pulse（初始脉冲）
W1		1.0	20.0		
EP		1.1	0.6		End of Pipe（管端）

2. 含有人工缺陷的弯管检测

检测管线的内径是 108mm，壁厚是 6mm，在管线上做了 6 个缺陷，有环向切槽、钻孔、局部减薄、钻孔等，因此在现场采用 T 模式的波，同时选用 128kHz 的频率进行试验。图 8-19 为实验管道图。

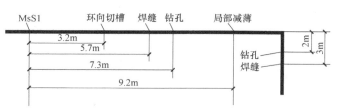

图 8-19 含有人工缺陷实验管道图

通过采集软件采集信号并保存，然后打开分析软件对数据进行分析，通过一些参考信号计算导波的速率和衰减，校准信号振幅，设置相位检查参考值和阀值，设置完以后，通过计算机处理得到图 8-20。

从图中可以看出距离探头位置 3.2m 处有一个很大的缺陷，是一个环向切槽；距离探头 5.7m 处是一个焊；距离探头 7.3m 处是一个缺陷，是一个钻孔；距离探头 9.2m 处是一个缺陷，是一个局部减薄；距离探头 12m 处刚好是弯头处，是一个大面积减薄；距离探头 14.3m 处是一个钻孔；距离探头 15.1m 处是一个很小的缺陷。以上测的数据与实际管线的位置基本相同，轴向的位置精度误差不超过 ±10cm。检测结果见表 8-14

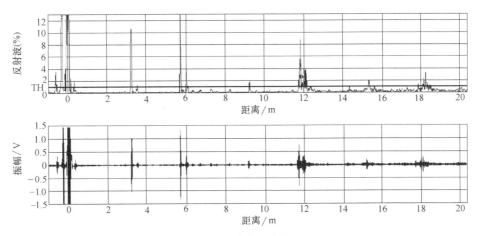

图 8-20 数据分析图

表 8-14 检测结果

波形	频率	与探头距离/m	截面损失量(%)	传播速度	波形描述
EP		-0.3	19.6		End of Pipe(管端)
MsS		0.0	—		Initial Pulse(初始脉冲)
x1		0.3	1.8		
D1		3.2	11.1		Large(大型)
x2		3.5	1.3		
W1		5.7	15.0		
x3		6.0	3.0		
D2	128kHz	7.3	0.7	3308m/s	Tiny(微小)
D3		9.2	1.8		Small(小型)
EW		11.8	8.8		Elbow Weld(弯管焊缝)
D4		12.0	2.1		Medium(中型)
EW		12.1	4.0		Elbow Weld(弯管焊缝)
D5		14.3	1.0		Tiny(微小)
D6		15.1	0.7		Tiny(微小)
W2		15.3	2.1		
EP		18.2	3.3		End of Pipe(管端)

3. 长距离埋地输送管线现场检测实验

使用 MsSR 3030 导波设备对某处埋地输油管线进行检测,管道规格 $\phi219\times6$,该管线 2007 年 5 月投用,材质为 20 钢,管线全长为 5.598km。管线无内防腐,外防腐保温为 2 道 H06-4 型环氧富锌底漆、3 道 HS52 型环氧煤沥青面漆+30mm 聚氨酯泡沫+2.0mm 聚乙烯层夹克层+强制电流区域性阴极保护。

在全长管线上开挖 20 处进行检测,每处开挖 6m×2m 的检测坑,为满足检测要求,检测坑内管线的防腐层需要人工剥除,剥除长度约 6m。人工剥离防腐层后未清除干净的残留防腐层，采用绞磨机（绞磨机安装钢丝刷或砂轮纸）打磨开挖管段，确保管体无防腐层附着，表面光滑、清洁，除锈后露出金属本色，满足检测需要。

图 8-21 所示为开挖管段导波试验检测现场。

图 8-21　开挖管段导波试验检测

图 8-22 及表 8-15 为导波检测管线的波形处理和数据分析。

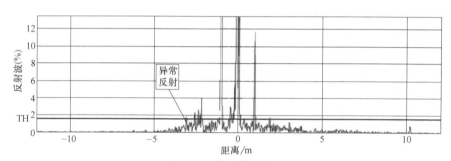

图 8-22　导波检测波形

表 8-15　检测结果

波形	频率	与探头距离/m	截面损失量(%)	传播速度	波形描述
d3		-3.1	1.9		Small(小型)
c		-2.6	2.4		Clamp(夹具)
c		-2.4	2.7		Clamp(夹具)
c		-2.2	4.0		Clamp(夹具)
d2		-1.2	1.7		Small(小型)
W1	64kHz	-1.0	20.1	3146m/s	
d1		-0.4	3.0		Small(小型)
MsS		0.0	—		Initial Pulse(初始脉冲)
x1		0.4	1.6		
W2		1.0	11.6		
x2		1.9	1.8		

通过现场实际对埋地管线的检测，导波能够快速地找到管道腐蚀的位置，并通过超声波测厚仪进行验证，证实在有信号的地方管道的壁厚确实有减薄。从上例可知在导波探头的反

方向 0.4m 处，出现异常回波，用测厚仪进行验证，在 6 点钟方向发现壁厚为 4.62mm，壁厚减薄（原壁厚为 6mm）；在导波探头的反方向 1.2m 处，出现异常回波，用测厚仪进行验证，在 6 点钟方向发现壁厚为 4.78mm，壁厚减薄（原壁厚为 6mm）。图 8-23 所示为管道内壁腐蚀照片，表 8-16 为测厚数据。

图 8-23　管道内壁腐蚀

表 8-16　测厚数据　　　　　　　　　　　　　　（单位：mm）

检测坑编号	0 点钟位置	3 点钟位置	5 点钟位置	6 点钟位置	7 点钟位置	9 点钟位置
1	6.00	6.68	5.71	5.79	5.19	5.46
2	5.69	6.03	5.21	5.75	5.83	5.61
3	5.83	5.72	5.88	6.23	6.01	5.98
4	5.78	5.95	5.77	5.83	5.93	5.89
5	5.91	5.69	5.70	5.75	5.81	5.54
6	6.02	5.94	5.97	5.55	5.55	5.94
7	6.33	6.36	6.66	5.65	6.06	6.63
8	5.91	5.89	5.63	6.65	6.03	5.82
9	5.55	5.46	5.59	6.65	6.06	5.84
10	5.35	5.58	5.82	4.62	6.67	6.32
11	5.84	5.85	5.51	6.05	6.64	6.01
12	5.72	5.56	5.62	5.82	5.53	5.70
13	5.79	6.07	6.69	5.72	5.69	5.66
14	5.84	5.84	5.94	5.81	6.04	5.88
15	5.85	6.62	6.00	5.47	5.84	5.66
16	5.92	5.72	5.77	5.81	6.04	5.88
17	5.80	5.70	5.73	5.93	6.02	5.99
18	6.54	5.29	5.16	4.78	5.42	6.55
19	6.03	6.25	6.00	5.89	5.67	5.63
20	5.64	6.21	6.39	6.32	5.69	5.45

六、长距离管线检测中 MsS 技术的性能及局限性

在长距离管道检测中，目前 MsS 技术的实验基本都是在裸管中进行的，其优点及局限性见表 8-17。管道几何特征及其他状况，诸如覆层、管内液体对其也有影响。表 8-18 是对检测性能的总结。

表 8-17　目前 MsS 技术用于长距离管道检测的性能及局限

项目	性能局限	备注
盲区	扭力波 32kHz/14 英寸(35cm)	使用一个两循环的脉冲;随着频率和脉冲中周期数不同而变化
空间分辨率	扭力波 32kHz/7 英寸(18cm)	使用一个两循环的脉冲;随着频率和脉冲中周期数不同而变化
管道材料	适用于任何材料	对于非铁磁性材料管道,需要粘贴一个薄的铁钴带或者镍带
管道尺寸	可检测直径达 60 英寸(152cm)、厚达 1 英寸(2.54cm)的管道	MsS 的灵敏度取决于管道的直径和壁厚
检测范围	使用一对铁钴带可检 500 英尺(150m)或更远	直的裸管没有覆层,表面状况良好
可检缺陷类型	孤立的腐蚀坑和环向裂纹	如果纵向缺陷的圆周横截面面积超过最小可检缺陷尺寸,那么纵向缺陷可以被检测出来,轴向裂纹的深度超过壁厚的 70% 也可被检出
最小可检缺陷尺寸	管壁横截面面积的 2%~3%	表面状态来良好但带有孤立腐蚀的管道;随频率和缺陷形状改变
缺陷位置	轴向位置精度在 ±2 英寸(±5cm)以内/32kHz 扭力波	不能确定缺陷环向位置
缺陷特征描述	目前粗略估计环向横截面面积	在内壁和外壁上均不能检测出缺陷的长度、深度和宽度

表 8-18　几何特征和其他状况对检测结果的影响

特征/状况	影响
法兰/阀门	阻碍波的传播,成为其检测范围的终点
管道 T 形接头	在波传播过程中引起重大中断,使检测范围截止到 T 点处
肘形弯管	在波传播过程中引起重大中断,限制检测范围,使其超不过肘部
弯管	如果弯曲半径大于管道外径 3 倍,可以忽略其影响;如果弯曲半径小于管道外径的 3 倍,所带来的影响和肘形弯管一样
分支管线	引起波的反射并产生一个信号;对检测能力来说无重大影响
夹具	引起波的反射并产生一个信号;对检测能力来说无重大影响
焊缝附加物	引起波的反射并产生一个信号;如果附加物很大则会减小检测范围
油漆	可忽略其影响
绝缘层	如果绝缘层不是粘贴在管道表面上的,就可以忽略其影响。如果是粘在上面的,则会引起衰减高,使检测范围缩短
覆层	如果覆层薄的话,可以忽略其影响(比如溶解的环氧树脂粘结覆层)。较厚的覆层会增加大导波衰减,缩小检测范围(沥青覆层和聚乙烯覆层)
管道内部液体	对 T 扭力波没有影响;会使 L 纵波减弱
一般表面腐蚀	增加导波衰减,缩短检测范围
土壤	如果管线是被掩埋在地下的,周围的土壤会增加导波衰减,使其检测范围大大地缩短

第六节　城市公共排水管道 CCTV 内窥检测技术

CCTV（Closed Circuit Television）管道内窥检测技术起源于 20 世纪 60 年代,主要应用在城市排水管道系统的检测。随着科学技术的不断进步,特别是计算机技术的高速发展,该项技术得到了广泛的发展。CCTV 管道内窥检测技术在我国仍处起步阶段，随着国家对城市排水管道设施投入力度不断加大，人们环保意识不断增强，城市排水管道的管理维护将会得到应有的重视，CCTV 管道内窥检测技术也将会得到广泛的发展。

一、CCTV 检测系统

CCTV 检查系统主要由三部分组成：主控制器、操纵电缆盘（架）、摄像爬行器——带摄像头和照明灯的机器人（图 8-24）。

主控制器与管道内的摄像爬行器通过电缆盘连接起来，操作人员通过操作主控制器上的键盘来控制爬行器在管道内的前进速度和方向，控制摄像头在管道内部的摄像方向、镜头焦距、灯光亮度等。拍摄的管道内部影像和其他参数则通过电缆传输到主控制器显示屏上，操作员可实时监测管道内部状况，同时将原始影像数据记录并存储下来，以便做进一步的评估分析。当完成 CCTV 检查的外业工作后，根据相关规范规程和要求对管道检查的录像资料进行缺陷编码和抓取缺陷图片，然后进行缺陷分析并编

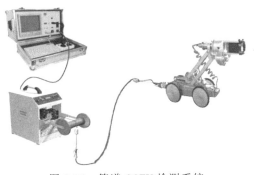

图 8-24　管道 CCTV 检测系统

写检查评估报告。同时根据用户要求对 CCTV 影像资料进行压缩处理，提供录像光盘存档，以指导下一步的管道修复或养护工作。

二、CCTV 管道检测流程

CCTV 检测的流程如图 8-25 所示。基本步骤如下：

收集资料现场勘察→编制检测方案→清洗疏堵排水→用 CCTV 检测系统进行检测并采集影像资料→总结数据，出检测报告→验收数据准确度→提交评估报告。

1．管道检测前搜集的资料

（1）该管线平面图。

（2）该管道竣工图等技术资料。

（3）已有该管道的检测资料。

2．现场勘察资料

（1）察看该管道周围地理、地貌、交通和管道分布情况。

（2）开井目视水位、积泥深度及水流。

（3）核对资料中的管位、管径、管材。

3．确定检测技术方案

（1）明确检测的目的、范围、期限。

（2）针对已有资料认真分析确

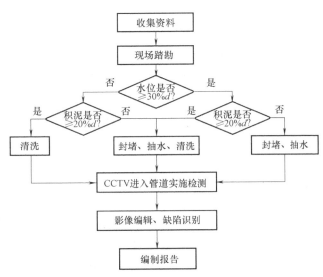

图 8-25　CCTV 管道检测流程图

（注：d 为管径）

定检测技术方案包括：管道如何封堵；管道清洗的方法；对已存在的问题如何解决；制定安全措施等。

4. 管道竣工验收检测前技术要求

（1）应将管道进行严密性试验，并向检测人员出示该管道的闭气或闭水的试验记录。

（2）检测前应确保管道内积水不超过管径的 5%。

（3）检测开始前必须进行疏通、清洗、通风及有毒有害气体检测。

5. 管道修复检测前技术要求

（1）首先应将需检测的该管道进行冲洗工序。

（2）检测前应确保该管道内积水不能超过管径的 15%，如有支管流水应先将其堵住，确保机车所摄录的影像资料清晰，检测准确。

（3）检测开始前必须进行疏通、清洗、通风及有毒有害气体检测。

三、CCTV 检测注意事项

（1）管道的竣工验收检测，应在管道施工完成、闭水试验之后进行。也可逐段完成逐段在闭水试验之前进行电视检测，但须在全部工程完成，闭水试验后，采用便捷快速检测复核。

（2）按检测规范的要求，CCTV 检测过程管内水位不宜大于管径的 1/3，管道竣工验收检测积水不应超过管径的 5%。但是在实际的检测工作中，尤其是已经投入使用的管道中难免会有积水或沉积物，这样可能就会导致管道底部的缺陷被忽略，造成管道整体质量评估的不准确，所以在 CCTV 检测前，必须做好对管道内部的清理工作，保证检测的准确性。爬行器的行进方向宜与水流方向一致。

（3）爬行器放在检测起始位后，检测起始前，将计数器归零。被检测的管道多为圆形或矩形管道，摄像镜头移动轨迹应在管道的中轴线上。为确保影像资料的清晰和稳定，管径<200mm 时，爬行器行进速度不宜超过 0.1m/s；管径>200mm 时，爬行器行进速度不宜超过 0.15m/s。检测过程中即使管段质量较好，也不可随意把推行器的速度调高，避免因爬行速度过快忽略掉一些小的缺陷。爬行器行进过程中，不要旋转镜头或改变镜头的焦距；如需旋转或调焦，应使爬行器保持在静止状态。

（4）管道检测影像记录应连续，完整，录像画面上方含有起始井及终止井编号、管径、管道材质、检测方向（逆流或顺流）、管道类型、检测时间等内容。在终止检测时，应在画面上明显位置输入"检测结束"的简写代码"JCJS"或"检测中断"的简写代码"JCZD"并注明无法完成检测的原因。有下列情形之一的应中止检测：

1）爬行器在管道内无法行走或者推杆在管道内无法推进。

2）镜头沾有泥浆、水泡沫或其他杂物等影响图像质量。

3）镜头浸入水中，无法看清管道状况。

4）管道充满雾气影响图像质量。

5）恶劣的天气状况影响。

6）其他原因影响到图像质量。

（5）CCTV 检测技术虽然已经大大降低了检测工作的劳动量，一定程度上保障了工作人员的安全性，但众所周知，排水管道尤其是排污管，内部环境复杂、危险系数高，因此在开展管道清理工作时，一定要按照相关的安全规程做好安全防护工作，确保工作人员的生命健康和人身安全。

四、管道检测评估

管道检测评估是对管道进行验收和后期合理修复养护的前提，检测评估的准确性将直接影响到验收及后期工作的进行。对于管道工程，我们的目的就是要保证管道在设计使用年限内的安全性、适用性和耐久性，从而保证管道功能的正常发挥。检测人员根据现场录像和记录对管道进行评估。管道缺陷分为结构性缺陷（表8-19）和功能性缺陷（表8-20）两类。检测报告根据缺陷类型、数量及相关参数按规范要求计算做出管道结构性状况评定和管道功能状况评定，并给出相应的修复和养护建议（表8-21、表8-22）。

表8-19 结构性缺陷类型和代码

结构性缺陷	裂隙	裂缝	破裂	穿洞	变形	塌陷	错位	脱节	漏水	沉降	腐蚀	支管暗接	异物侵入	胶圈脱落
代码	LX	LF	PL	CD	BX	TX	CW	TJ	LS	CJ	FS	AJ	QR	TL

表8-20 功能性缺陷类型和代码

功能性缺陷	积水	堵塞	沉积	结垢	树根	浮渣	封堵
代码	JS	DS	CJ	JG	SG	FZ	FD

表8-21 管道结构性状况评定和修复建议

修复指数	$RI<4$	$4\leqslant RI<7$	$RI\geqslant 7$
等级	一级	二级	三级
结构状况总体评价	无或有少量管道损坏，结构状况总体较好，可对损坏管道做点状修理或不修复	有较多管道损坏，结构状况总体一般，对损坏管道可做点状修理或缺陷管段整体修复	大部分管道已损坏，结构状况总值总体较差，可做更新改造
管段修复方案	点状修理或不修复	点状修理或缺陷管段整体修复	整段紧急修复或翻新

表8-22 管道功能性状况评定和养护建议

养护指数	$MI<3$	$3\leqslant MI<5$	$5\leqslant MI<7$	$MI\geqslant 7$
等级	一级	二级	三级	四级
功能状况总体评价等级	无或有少量管道局部超过允许淤积标准，功能状况总体较好	有较多管道超过允许淤积标准，功能状况总体一般	大部分管道超过允许淤积标准，功能状况总体较差	管道输水功能受到严重影响

随着政府对城市排水管网建设的投资力度的加大，排水管网的管理维护也得到了应有的重视。而公共排水管道CCTV检测技术作为目前最先进的管道检测手段，大大提升了城市排水管网的验收、管理和养护技术水平。该项技术与传统的管道检测技术相比具有简便、快速、直观、安全的特点，为管道的验收及维护提供了科学直观的决策依据。

CCTV检测技术在我国还处于起步阶段，但是随着政府部门对城市排水管网的日益重视，随着业内人士对CCTV检测技术认识的日益深入，随着相关检测标准的逐步完善，

CCTV 检测技术在城市排水规划、设计、施工、验收、维护、抢险、应急和管理等工作中将会发挥越来越大的作用。

第七节 腐蚀管道壁厚检测与安全评价方法

目前，油气管道已进入了高压、大输量的输送时代，在高压、高速、腐蚀介质的环境下，管道局部容易发生腐蚀，使管道壁厚逐渐减薄，降低管道运行的安全性。管道完整性管理需要每一段管道的精确壁厚数据，但是现役的多数管道壁厚资料缺失，给管道完整性管理带来不便。因此，需要运用管道壁厚检测技术方法，测量在役管道壁厚数据，并评价其安全状况，及时排除管道运行过程中存在的安全隐患，从而保证油气管道的输送安全。

一、管道壁厚检测的常用方法

1. 探针法

使用带尾针的游标卡尺（分度值 0.1mm）或千分表（分度值 0.01mm）或专用探针测量。先清除被测金属表面异物，用探针（或卡尺、千分表的尾针）探测腐蚀坑底部，测量坑边缘到坑最底部深度。如果坑边缘为未腐蚀区，则壁厚腐蚀损失等于坑深测量值；如果坑边缘腐蚀，则壁厚腐蚀损失等于坑深测量值与坑边缘腐蚀深度之和。

为了避免坑边缘腐蚀的影响，可以将与管外径同弧度的支架置于管道外作为探针基准。探针法只能测定金属外表面坑深，对管内壁缺陷无效。

2. 超声波法

超声波测量要求被测金属表面平滑、无杂物。测量时在探头和金属表面之间加声阻抗大的耦合剂，减少声波泄漏损失，并施加适当压力，尽量在互相垂直方向各测一次。探头应根据管径大小和温度条件选择。超声波法测到的是剩余壁厚，包括管道外壁和内壁的可能损失。测量中可能需要其他仪器，可以按以下规则执行。

（1）管壁厚度变化均匀、壁厚不小于 0.4mm 时，可以直接采用超声波测厚仪进行测量。

（2）管壁厚度变化不均匀、壁厚大于 0.4mm 时，应先用超声波探伤仪扫查，确定管壁减薄极限厚度下的面积区域，然后用超声波测厚仪测量。超声波探伤仪调整为：纵波直探头（壁厚大于 20mm 时，可选用斜探头），频率≥5MHz，利用阶梯试板定标。

（3）测厚仪数据异常时，如无读数（由于管内壁产生大量凹凸坑造成）、读数异常高（由于残余壁厚小于数毫米）、读数异常低（由于管壁内含有夹层、裂纹等缺陷）时，应先用超声波探伤仪判断异常原因，以便获得正确读数。

3. 漏磁法

漏磁法测厚度的原理如图 8-26 所示。漏磁测厚装置由衬铁、永磁铁、极靴、被测件、聚磁件和霍尔器件组成。

测量时，极靴与被测工件之间的气隙为定值，霍尔器件与被测工件局部构成磁回路。当测量的工件厚度发生变化时，整个磁回路的磁通会随之变化，磁极间某点的漏磁通也会随之

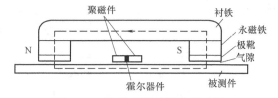

图 8-26 漏磁法测量厚度原理图

变化，对变化的磁通或者漏磁通进行测量，可确定被测工件的厚度。

4. 脉冲涡流法

脉冲涡流测厚原理为：将一定占空比的方波加载到激励线圈的两端，激励线圈中将产生周期性的脉冲电流，脉冲电流感生出脉冲磁场；该脉冲磁场又将在测试工件中感生出脉冲涡流并向工件内部传播，同时在工件内感生出一个变化的涡流场，随着涡流场的变化，检测线圈上会感应出随之变化的电压信号。被测工件厚度不同，最终在检测线圈上感应出的瞬态电压值和波形不同。测量瞬态电压值，分析瞬态电压的波形，即可确定工件厚度。

5. 电磁超声波法

电磁超声波测厚原理如下：将通有高频脉冲电流的激励线圈放在被测工件表面，将会产生交变磁场，在被测工件内部感生出涡流，此涡流在交变磁场作用下产生洛伦兹力，从而激励出超声波。超声波信号遇到被测工件的界面时会发生反射，利用被测工件表面的线圈即可接收反射回来的超声波，通过计算线圈接收到的2个超声回波信号的时间差，即可算出被测工件的厚度。

二、管道壁厚检测方法优缺点比较

管道壁厚检测常用方法的优缺点比较见表8-23。

表8-23　管道壁厚检测方法优缺点比较

测厚方法	优点	缺点
探针法	操作简便；测量精度高	只能测定金属外表面坑深，对管内壁缺陷无效
超声波法	直接、定量化；测量工件壁厚范围宽，精度较高；探头与被测工件间有耦合剂，防止探头过快磨损	受超声波波长的限制，此法对薄工件厚度的测量精度较低；对被测工件表面质量有较高要求；需要耦合剂，且耦合层厚度过大会使测厚数据有误差；易受温度影响
漏磁法	不需要耦合剂；对被测工件表面要求较低；对信号采集和去噪的要求较低，抗干扰能力强	测量前需对探头进行标定，标定误差影响数据的精度；需要被测工件被磁化，达到饱和状态，探头临近区域需要配备强磁铁；被测工件存在较大剩磁，将使测量数据不准确；测量过程中，要保证探头与工件之间的距离恒定
脉冲涡流法	与被测工件实现无接触检测；不需要耦合剂；检测速度快；信号采集、处理容易；不易受温度影响	提离效应对测试有影响；激励信号频率一般较低，会使激励线圈尺寸较大；不适用于局部厚度的测量
电磁超声波法	不需要耦合剂；检测精度高；测量时不需要与工件接触；不易受温度影响；对被测工件表面质量要求不高；检测速度快，所用通道和探头数少	换能效率低；线圈与工件间隙不能太大

三、测量内容

1. 腐蚀深度测量

选择腐蚀最严重区进行测量。在调查坑内，清除管道外已破损涂层，暴露金属管体，记录腐蚀外观，如形状、面积、腐蚀产物颜色、质地和厚度等。为了避免偶然误差，同一位置

应重复读数 3~5 次。探针法得到的是最大腐蚀坑深，超声波法得到的是最小剩余壁厚，两者关系为

最小剩余壁厚 = 原始管道壁厚（或公称壁厚）- 最大腐蚀坑深

当存在多个腐蚀坑，难以确定最大坑深时，可以依此测量一系列较大腐蚀坑，记录其坑深。取其最大值为最大坑深值，或根据最大的 10 个坑深数据，用极值统计法推算其最大可能值。

2. 腐蚀区内危险截面测量

危险截面是腐蚀区内可能影响管道安全的腐蚀面积，该区域管道剩余壁厚已经小于壁厚临界值。壁厚临界值是根据管道材料强度、外径、运行压力等参数计算的维持正常工作时的最小壁厚，可以采用 Barlow 公式计算，即

$$T_{\min} = \frac{pD}{2\sigma} \tag{8-10}$$

式中　$T_{\min}$——管道壁厚临界值；

　　　p——运行压力；

　　　D——管外径；

　　　σ——管材屈服强度。

如果需要考虑设计系数和焊接系数，可以除以这些系数，得到的壁厚临界值更小。

为了确定危险截面的大小，可以在腐蚀区内打方格进行测量。格间距视腐蚀区面积而定，一般为 5~20mm，在每个交点测量坑深或壁厚，插值估计处于壁厚临界值的位置，将这些位置点连接成等高线，围成的面积就是危险截面，其大小用最大纵向长度和环向长度表示。图 8-27 所示给出了某管道腐蚀区危险截面测定方法。

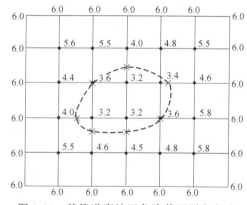

图 8-27　某管道腐蚀区危险截面测定方法

最大纵向长度为测量危险截面沿管道纵向的最大长度，精度不低于 1mm。当存在多个危险截面，且相邻截面纵向间隔距离小于 25mm 时，应视为同一缺陷，最大长度为相邻截面纵向长度和间距长度之和。

最大环向长度为测量危险截面沿管道环向的最大弧度长度，精度不低于 1mm。当存在多个危险截面，且相邻截面环向间隔距离小于 6 倍壁厚时，视为同一缺陷，最大长度为相邻长度与之间未腐蚀区长度之和；小于 25mm 时，应视为同一缺陷，最大长度为相邻截面环向长度与间距长度之和。最大环向长度是测量值在管内壁的投影长度，可按下式换算

最大环向长度 = 测量长度 ×（管内径/管外径）

当腐蚀坑呈明显条状槽沟，且边缘清晰或者已经出现裂纹时，应记录其最大长度，按裂纹缺陷的相关标准进行评价。

四、测量数据的处理及预测

管壁损失测量数据并不直接用来评价管道安全性。常见的处理方法有以下两种。

1. 以测量值预测最大可能值

当危险管段检测的涂层破损点没有全部开挖，或者开挖点管体存在太多腐蚀缺陷未全部测量时，测量得到的最大腐蚀坑深和危险截面数据不能代表整个危险管段的最大可能值。此时采用以下两种处理办法：如果有足够测量数据（样本量≥10），可以采用极值统计推算其最大可能值，放大倍率取管段总面积（或缺陷点）和测量区面积（或缺陷点）的比值。如果缺乏统计基础，根据 ANSI/ASTM B31.8S—2010《燃气管道的管理系统完整性》推荐的方法，以测量值乘以 2 作为最大可能值。

2. 以测量值预测未来壁厚损失

测量值代表测量时刻管道壁厚损失。管道未来壁厚损失需要考虑壁厚损失发展速度，它与土壤环境腐蚀性、涂层质量、阴极保护状态等诸多因素有关。可以通过长期跟踪，建立管道壁厚损失与时间关系模型进行预测，或者采用管道设计腐蚀裕量进行粗略估计。例如：某管道的设计腐蚀裕量为 6mm，设计使用寿命为 20 年，估计该管道壁厚平均每年损失为 0.3mm（设计腐蚀裕量除以使用寿命），则管道未来壁厚等于管道当前壁厚减去年限的 0.3 倍。

对危险截面尺寸也可以按此预测，但考虑到腐蚀发展有两个方向，损失量需乘以 2。

五、评价方法

评价分为三个层次，分别以最小剩余壁厚、危险截面尺寸和残余强度为指标，凡前一层次给出明确结论的，不需要进行下一层次评价。评价结果与目前流行准则基本相当。

1. 最小剩余壁厚 T_{mm} 评价

以被评价管段中最小剩余壁厚为评价指标。最小剩余壁厚可以采用当时实测值、极值统计预测值或对未来预测值，评价结果和数据代表含义一致。

当最小剩余壁厚大于 0.9 倍原始壁厚时，确定为轻微腐蚀，可以继续使用；当最小剩余壁厚小于 0.2 倍原始壁厚，或绝对值小于 2mm 时，确定为等效穿孔，须立即更换或维修。以上两种情况之外为不确定态，需要进入下层次评价。

2. 危险截面评价

本层次评价分别考虑是否满足壁厚临界值，危险截面尺寸是否超标。

当最小剩余壁厚 T_{mm} 大于壁厚临界值 T_{min} 时，表示管道尚可以安全使用，但最好加强检测；当最小剩余壁厚小于 0.5 倍壁厚临界值，或危险截面尺寸已经超过标准时，确定为不安全，需要尽快维修。

对于单纯点腐蚀，无腐蚀面积时，可以不进行危险截面测量和评价，判为不超标。

评价指标和危险截面尺寸数据的关系如下：

轴向长度参数 λ 为

$$\lambda = \frac{1.285s}{\sqrt{D_i T_{min}}} \tag{8-11}$$

环向长度参数 ξ 为

$$\xi = c/D_i \tag{8-12}$$

式中　s——测量危险截面沿管道纵向的最大长度；

　　　c——测量危险截面沿管道环向的最大弧度长度；

D_i——管道内径。

危险截面尺寸超标准则见表 8-24，两项中任一项超标，即判为超标。

表 8-24　危险截面尺寸超标准则

R_t	轴向长度参数 λ	环向长度参数 ξ	R_t	轴向长度参数 λ	环向长度参数 ξ
0.90	>20	任意长	0.70	>1.50	>1.25
0.85	>5	任意长	0.65	>1.25	>0.90
0.80	>2	任意长	0.60	>1	>0.75
0.75	>1.75	>3.1	0.50	>0.75	>0.60

注：$R_t = T_{mm}/T_{min}$。其余 R_t 按两端数据用插值法计算。

当 $T_{mm} < T_{min}$ 和危险截面不超标时，为不确定，需要进行下步评价。

3. 剩余强度因子评价

剩余强度因子 RSF 定义为含缺陷管道和不含缺陷管道极限荷载之比值。计算公式为

$$RSF = \frac{R_t}{1 - \frac{1}{M_t}(1 - R_t)} \tag{8-13}$$

$$M_t = (1 + 0.48\lambda^2)^{0.5} \tag{8-14}$$

RSF<1，表示缺陷已经影响到管道极限强度。

考虑到多数制造商生产的管道钢实际强度比指定最小屈服强度要高 10%~30%，因此，多数标准规定，只要 RSF≥0.9，就可以继续使用，但需要加强监控。

当 RSF<0.9 时，必须降压使用，使用压力=原运行压力×(RSF/0.9)。

当 RSF<0.5，或管道不可以降压时，该缺陷不可接受，需要维修或更换。

上述三步评价方法可以归纳成表 8-25。

表 8-25　壁厚损失的安全评价方法

不同评价指标的评价条件			评价等级
γ	R_t	RSF	
>0.9			Ⅰ
0.2~0.9	$T_{mm} > T_{min}$		ⅡA
0.2~0.9	其余条件	≥0.9	ⅡB
0.2~0.9	其余条件	0.5~0.9	Ⅲ
0.2~0.9	其余条件	<0.5 或不降压	ⅣA
0.2~0.9	危险界面超标准		ⅣB
$\gamma \leq 0.2$ 或 $T_{mm} \leq 2mm$			Ⅴ

注：$\gamma = T_{mm}/T$，T 为原始壁厚。

各种评价等级的处理结果如下。

Ⅰ：腐蚀很小，不需要维修，可以继续使用。

Ⅱ：腐蚀不严重，尚能使用，但最好加强监测，安排中、长期维修计划。

Ⅲ：腐蚀较严重，必须降低运行压力，方可确保安全，需要加强监测。

Ⅳ：腐蚀严重，需要尽快安排维修。

Ⅴ：腐蚀非常严重，视为穿孔，需要立即维修或更换。

六、评价实例

【例 8-1】 某管道直径为 529mm，壁厚 7mm，最大运行压力 4.5MPa，管材屈服强度 360MPa，最大实测坑深为 2mm，无明显腐蚀面积。评价当前安全性和 5 年后的安全性。假设腐蚀裕量为每年 0.3mm，设计系数和焊缝系数均为 1。

【解】 评价计算：

$$T_{mm} = T - 最大实测坑深 = 5mm$$
$$\gamma = T_{mm}/T = 0.71$$

最小剩余壁厚评价为不确定，需要进行第二步评价。

危险截面评价：

$$T_{min} = PD/(2\sigma) = 3.306mm$$
$$R_t = T_{mm}/T_{min} = 1.5$$

$R_t > 1$，属于Ⅱ级，可继续使用，最好加强监控。如果不维修，5 年后的最小壁厚为 3.5mm（管道未来壁厚 = 管道当前壁厚 − 每年腐蚀裕量×年限），大于 T_{min}（3.3mm），仍属于Ⅱ级，可以继续使用。

【例 8-2】 管道基本参数同例 8-1。

实测最大坑深为 4.2mm。危险截面尺寸：纵向长 180mm，环向长 30mm。假设设计系数和焊缝系数均为 1。

【解】 评价计算：

$$T_{mm} = T - 最大实测坑深 = 2.8mm$$
$$\gamma = T_{mm}/T = 0.4$$

最小剩余壁厚评价为不确定，需要进行第二步评价。

危险截面评价：

$$T_{min} = PD/(2\sigma) = 3.306mm$$
$$R_t = T_{mm}/T_{min} = 0.85$$

R_t 超过下限值，按表 8-24 进行评价。由表 8-24 可知，相应轴向长度参数 λ>5，为超标，环向缺陷尺寸可不予考虑。

计算 λ：

$$\lambda = \frac{1.285s}{\sqrt{D_i T_{min}}} = \frac{1.285 \times 180}{\sqrt{(529-2\times7)\times 3.3}} = 5.6 > 5$$

评价结果：Ⅳ级，危险截面尺寸超标，需要立即维修。

第八节　埋地钢质管道腐蚀瞬变电磁法检测

一、瞬变电磁法检测原理

瞬变电磁法（TEM）是一种基于电磁感应原理的时间域人工源电磁勘探法。TEM 作为一种主动源电磁探测方法，通常有两种激励源：一种是电源，另一种是磁源。磁性激励源是通过不接地回线发射电流，产生一次磁场信号。TEM 法的工作过程包括发射、电磁感应、接收以及数据处理四个部分。瞬变电磁法通常采用不接地回线或是接地电极激励，在脉冲电流持续的时间段产生一个恒定磁场，称之为一次磁场；在电流关断一瞬间，由电磁感应定律知，导电体中将会产生感应涡流，大小取决于地下导体的导电能力。由涡流产生的磁场称为二次磁场。二次磁场与检测试件的形状、试件中的缺陷类型和大小有关，所以，研究瞬变电磁场随时间的变化规律，可以探测到导电性能不同的地层分布，其检测原理如图 8-28 所示。

利用 TEM 法检测管体的腐蚀状况，实际所测定的是管体的物性差异。无论是电化学腐蚀、杂散电流腐蚀还是厌氧菌腐蚀，其结果都是金属量蚀失、腐蚀产物堆积，造成埋地钢管的电导率和磁导率下降。显然，只要检测出因腐蚀所致的这一物理性质的变异部位和变异程度，经过与已知（已发生腐蚀和未发生腐蚀）情况对比，就可以确定腐蚀地段并对腐蚀程度做出评价。

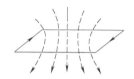
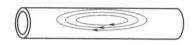

图 8-28　瞬变电磁检测原理示意图

在正方形激励线框中通过脉冲电流，激励电流将在线框周围建立水平、垂直一次场。瞬间断电以后，在线框周围包括被测管道在内的有耗介质中激励起随时间衰变的涡旋电流，与涡旋电流相关的二次磁场在线框接收线圈中激起归一化电动势。

归一化的脉冲瞬变响应不仅与管体的几何参量（尺寸、形状、空间位置）和物理性质（电导率、磁导率、介电常数）有关、与围土物性（电导率、磁导率、介电常数）及分布有关，而且还与观测点的位置以及管道输送物质的物理性质有关。

利用 TEM 手段检测评价埋地钢质管道的腐蚀程度，是研究并辨识被检测管道的综合物理特性所发生的微小变化。但下列几个因素对瞬变响应存在一定的制约：

（1）几何因素包括：被测管道的埋深、直径、壁厚；激励回线与接收回线的形状、尺寸、匝数以及它们相对管道的空间位置和收发距；地表地形以及管沟回填土的横截面形状等。

（2）介质因素包括被测管道、管道内输送介质、围土（未扰动土）、回填土的电导率、磁导率和介电常数。

（3）干扰因素主要来自雷电和其他非主动瞬变电磁干扰，也包括人为干扰。

在这些因素中有些因素可确定，有些因素可简化，比如：几何参数均属可确定因素，在做了适当的装置设计后会得到简化。例如，管道位于正上方的共框（回线）装置；可视为无限长条件的管沟形状；被测管道的规模和空间位置；围土、回填土的分布范围；可测物理参数具有连续可比性等。显然，上述已知或可测定的参数、可确定的因素对瞬变响应的影响具有一定程度的时、空稳定性，因此在一定条件下可作为背景来处理。瞬间干扰可以通过提高信噪比的办法予以抑制。在建立数学物理模型后，现代化的数据处理与反演手段，即使是在考虑围土、回填土的几何-介质因素情况下也可以实现对电磁综合参量变异的确定，原因在于它们是可测定的或可确定的。

二、检测方法的开发应用

1. 现场检测仪器

现场检测仪器选用 GDP-32 地球物理数据处理系统（图8-29）。该仪器具有灵敏度高、测量范围大、方便灵活的特点。利用瞬变电磁法工作时，其工作频率范围从 DC 至 32Hz 可选；接收机最小探测信号 ±0.03μV，最大输入电压 ±32V，直流输入阻抗为 10MΩ，动态范围为 180dB；发射机采用蓄电池供电，输入电压可从 11~32V，输出电压电流可调，发射线圈大小可选。

图 8-29　GDP-32 地球物理数据处理系统

2. 方法试验

开展工作前在测定区段内进行必要的试验工作，通过试验了解当地的噪声和信噪比、异常强度、形态、范围，查明主要外来干扰源，对不同装置进行了对比，在不同埋深、不同目标体上进行方法试验，以选定在该区的工作方法。

3. 施测方法

在工作中首先采用电磁勘探手段利用 PCM（管中电流成图系统）探测仪对管线进行探测，确定管线的平面位置，测定管线埋深、管中电流，并记录。沿管线做好管线位置标志并统一编号，在此基础上利用 GDP-32 地球物理数据处理系统 TEM 探测功能，采用共框装置，首先按 20m 点距进行脉冲瞬变测量，在对探测结果做初步分析处理后，再对异常管段采用 5m 或 2m 点距进行加密测量，以便对管体做出更准确可靠和详细的评价。

4. 数据处理

每次工作结束后将现场观测结果输入计算机，在计算机上对观测值进行编辑整理，算出每个观测点最终结果并画出瞬变脉冲响应曲线，对曲线定性分析，初步判断异常点位。然后，根据管道瞬变脉冲响应表达式对每点观测值进行处理数归一，求出各点综合参常数值，由此分析该参数的变化情况对管体性能做出评价。

三、瞬变电磁法在管道腐蚀检测中的应用实例

以某油田公司采油四厂采用瞬变电磁法开展的管体腐蚀检测为例。

1. 检测管道的选取

管体检测主要针对采油四厂不同埋设年代、不同埋设环境的输油、输水管道，通过对这些管道的检测，了解这些管道的运行状况，以及检测方法的有效性。所检测的管道（共计 27km）见表 8-26。

表 8-26　管体检测管道的选取

管道名称	管径/mm × 壁厚/mm	材质	埋设年代
杏 9 联-南 3 油库输油管道	φ426×7	螺纹焊接钢管	1994 年
杏 12-9 联输油管道	φ325×7	螺纹钢管	1986 年

(续)

管道名称	$\dfrac{管径}{mm} \times \dfrac{壁厚}{mm}$	材质	埋设年代
杏6-1联输油管	φ273×7	螺纹钢管	1978年
杏6联污水管道	φ426×7	螺纹钢管	1978年、1984年
1901-杏12联输油管	φ325×7	螺纹钢管	1986年
杏10联-杏3联外输油管道	φ219×7	无缝钢管	2000年

2. 检测结果分析

通过对野外采集的检测数据进行编辑、滤波，再利用埋地金属管道腐蚀检测处理系统 FUSHI12.1 对检测数据进行处理，最终得到管体平均剩余厚度数据。检测结果所描述的管体平均剩余厚度是指探测所用线框宽度（L）加2倍管体埋深（H）长度范围内（例如：探测线框宽度1m，管体埋深1m，给定结果则为 $L+2H=3m$）管体上的平均剩余厚度，而不是指具体某一点的管壁剩余厚度。

根据瞬变电磁方法原理和实际检测经验，制定了埋地钢质管道腐蚀程度技术指标，依据该指标，对管体的腐蚀程度划分等级并提出相应的维修措施，划分原则见表8-27。

表8-27 管道腐蚀程度评价及维修措施

腐蚀程度	轻	中	重	严重	穿孔
最大坑深	<1mm	1~2mm	2%~50%壁厚	>50%壁厚	>80%壁厚
维修措施	继续使用	可维持正常运行	需降压运行或修复	尽快降压和修复	尽快更换

现以杏9联-南3油库输油管道管体检测结果进行分析：

杏9联-南3油库输油管道管体检测结果列在表8-28中。除去部分检测干扰数据以外，两端管线相对于其他管段剩余平均壁厚值较低，是腐蚀监测的重点地段。其他点的检测结果同管体实际壁厚之差均小于管体壁厚的10%，在实际检测精度范围内。

现场检测结果表明，瞬变电磁法检测管体腐蚀状况时，对已探测到的腐蚀点具有较高的准确性，但对于有严重点蚀现象但腐蚀面积不大、金属蚀失量较小的管段，其检测准确性很差。另外，外界条件（如杂散电流、外来磁场等）对检测准确性影响很大。

表8-28 杏9联-南3油库输油管体腐蚀检测剩余平均壁厚（部分结果）

点号	-1140	-1060	-980	-900	-820	-740	-540	-560	840
蚀失量(%)	12.3	8.6	2.4	4.6	1.9	-0.1	6.3	-5.7	2.2
壁厚/mm	6.1	6.4	6.8	6.7	6.9	7.0	6.6	7.4	6.8
点号	-480	-400	-320	-240	-160	-80	0	80	
蚀失量(%)	-1.2	7.4	13.2	-35.8	6.7	3.9	0.1	-3.2	
壁厚/mm	7.1	6.5	6.1	9.5	6.5	6.7	7.0	7.2	
点号	160	280	360	440	520	600	680	760	
蚀失量(%)	0.3	-1.4	1.4	-1.2	1	-1.2	2.2	4.7	
壁厚/mm	7	7.1	6.9	7.1	6.9	7.1	6.8	6.7	

部分检测管道检测结果综合分析见表 8-29。

表 8-29 部分管道检测结果综合分析

管道名称	$\dfrac{管径}{mm} \times \dfrac{壁厚}{mm}$	埋设环境	埋设年代	管体剩余平均壁厚/mm
杏 6 联-1 联输油管	φ273×7	土壤干燥,地势高	1978 年	6.62
杏 6 联-1 联输油管	φ325×7	土壤干燥,地势低	1984 年	6.63
杏 6 联污水管	φ325×7	土壤干燥,地势高	1978 年	6.80
1901-杏 12 联输油管	φ325×7	土壤干燥,地势低	1986 年	7.00
杏 9 联-南 3 油库管	φ426×7	土壤干燥,地势低	1986 年	6.85
杏 10 联-杏 3 联外输油管	φ219×7	土壤干燥,地势居中	2000 年	7.00

从表 8-29 可看出，防护层的状况和输油管体的腐蚀速率主要取决于埋设环境（杏 12 联-杏 9 联的管体腐蚀状况由于近距并行管道的互补，使管壁剩余壁厚变大，不能真实反映管体状况），环境的影响在一定范围内甚至超过了时间的影响。因此，对于埋设环境较差的管道，应该定期检测。

第九章

管道管体无损检测技术

第一节 管道管体的破坏形式及缺陷类型

一、管道管体常见的破坏形式

通常情况下,管道管体破坏形式可分为:脆性破坏、韧性破坏、腐蚀破坏、疲劳破坏、蠕变破坏以及其他破坏形式等。

1. **脆性破坏**

脆性破坏是指管道在破坏时,管道并没有发生宏观上的变形,其过程往往是在一瞬间发生的,并以极快的速度沿着管道的轴向或径向扩展。管道在破坏时,其管壁应力也远远小于材料的强度极限,有时候还会低于屈服极限。又因为它发生在较低的应力状态下,因此脆性破坏也称为低应力破坏。

脆性破坏基本上是由于材料的严重缺陷和脆性造成的。前者主要是管道在安装时焊缝中遗留的缺陷以及在使用过程中产生的缺陷,而引起后者的主要原因是焊接和热处理工艺不当。除此之外,加载的速度、结构的应力集中、残余应力等方面都对脆断破坏的发生起到了加速作用。

在金属脆性断裂后,金属没有较明显的塑性变形,主要表现为宏观的脆性性态,主要原因是金属材料的脆断通常情况下没有留下残余伸长。材料变脆所形成的破坏断口,具有断口平齐、呈现金属光泽的结晶状态、断口与最大主应力垂直等几个宏观特点,这与韧性断裂的塑性变形大、纤维状斜向剪断有较为明显的区别。

2. **韧性破坏**

韧性破坏是指管道在压力的作用下,管壁上产生的应力达到材料的强度极限,因而发生断裂的一种破坏形式。

由于超压的作用影响,管道往往发生韧性破坏,但是其材料本身韧性通常情况下都是非常好的。金属在大量的塑性变形后很容易发生韧性破坏,之后在应力方向上,塑性变形能留下较大的残余伸长,主要表现在周长伸长率可达 10%~20%;如果这一金属材料制成管道后,则表现为直径增大(或局部鼓胀)和管壁的减薄,所以韧性破坏的主要特征是金属材料具有明显的形状改变。

3. 腐蚀破坏

腐蚀破坏是指由于受到内部输送物料及外部环境介质的化学或电化学作用（也包括机械等因素的共同作用）而发生的破坏。

腐蚀破坏形态除了有全面腐蚀外，还包括应力腐蚀破裂、局部腐蚀、腐蚀疲劳及氢损伤。在这些腐蚀破坏形式中，应力腐蚀破裂危害最大，而且往往在没有先兆的情况下发生，很容易造成预测不到的破坏。在管道遭受腐蚀的情况下，其壁厚逐渐减薄，最后导致管道破坏，影响生产的安全和经济。

4. 疲劳破坏

疲劳破坏是指在长期交变载荷情况下的管道形成的一种破坏形式。

在对金属施加交变荷载时，尽管材料的应力所产生的荷载并不是特别大，而且通常情况下都比材料的屈服极限低，但如果金属长期受到交变荷载，也会发生断裂情况。

疲劳破坏最容易在两处发生：一是管道的应力集中部位，即结构的几何不连续处；二是存在裂纹类原始缺陷的焊缝部位。当这两种情况同时在一处存在时，就很容易产生疲劳破坏。

5. 蠕变破坏

钢材的蠕变现象是指在温度较高的环境下，钢材即使受到的拉应力低于该温度下的屈服极限，但是只要温度达到一定的程度，钢材也会随时间的延长而发生缓慢持续的伸长，这就是钢材的蠕变破坏。

一般认为，当材料的使用温度低于它熔化温度的 25%~35% 时，可以暂时不需要考虑其蠕变影响。但是当材料发生蠕变破坏时，材料就会明显地塑性变形，一般情况下，其变形量的大小取决于材料的塑性。蠕变破坏的宏观断口表现出粗糙的颗粒状、无金属光泽，同时在直径方向上，管道有明显的变形，并且沿径向方向伴有许多的小蠕裂纹。

二、管道管体常见的缺陷类型

管道管体常见的缺陷类型可分别从管体和焊缝进行说明。由于在对管道进行检测时，传统的检测技术可以检测到管道的焊缝缺陷类型，但是对于导波检测技术，由于该技术正处在发展中，其只能根据回波发现缺陷的位置，而对于缺陷的类型的判定，则需要借助于其他手段。

1. 管体常见的缺陷类型

管体缺陷按成因可分为由腐蚀引起的腐蚀缺陷、由工厂制造时引起的制造缺陷、由管道运营时所处环境造成的环境缺陷和由施工人员在施工时引起的施工缺陷或由第三方破坏引起的缺陷等。

（1）腐蚀缺陷。当金属与周围的介质发生电化学、化学或物理作用时，金属便逐渐转换成金属化合物，这一过程导致的腐蚀称为金属腐蚀。这是油气管道管体最常出现的缺陷类型。根据腐蚀缺陷的产生机理的不同，腐蚀又可以分为以下几种类型。

1）电化学腐蚀。由两种或多种不同的金属和电解液形成的腐蚀称为电化学腐蚀。

2）选择性腐蚀。固体合金中的某一特定的金属被优先除去的腐蚀过程称为选择性腐蚀。

3）沉淀物腐蚀。内腐蚀的一种，主要是由金属管道内部积聚的沉淀物所产生的腐蚀。

4）细菌腐蚀。当金属处于含有硫酸盐的土壤中时，很容易产生腐蚀现象，硫酸盐在阴极反应产生的氢的作用下还原为硫化物，利用反应的能力进行繁殖的硫酸盐还原菌能够在很大程度上加速金属的腐蚀，该现象称为细菌腐蚀。

(2) 环境缺陷

1）氢致开裂。当管道暴露在 H_2S 环境中，由于缺陷的存在，因腐蚀而产生的氢很快地侵入管线钢的内部并在局部聚集，致使钢材表面缺陷呈阶梯状开裂扩展，这种氢损伤现象称为氢致开裂。

2）应力腐蚀开裂。在阴极电位、应力、覆盖层状况、电化学环境和温度等的综合条件的作用下所产生的腐蚀现象称为应力腐蚀开裂。

在初期阶段，应力腐蚀开裂仅仅是一个单一的裂纹，在一定的条件下，其会生成短而深的贯通性裂纹，直至发生流体泄漏。当这种贯通性裂纹与其他裂纹发生综合作用时，会沿着管子轴向发展并导致管子产生裂纹。

3）疲劳开裂。由过多的周边应力引起的管道开裂称为管道系统的疲劳开裂。通常情况下，周边应力低于材料静态屈服强度。

4）蠕变开裂。材料在长时间的恒温恒应力作用下缓慢产生塑性变形的现象称为蠕变。管道由于这种变形而引起的断裂称为蠕变开裂。

通常情况下，管道会规定允许蠕变范围。当管道处于这一规定范围内时，其运行工况会循环出现，在这种情况下，蠕变与疲劳共同作用将会加速管道的开裂。

5）脆性断裂。在常温或低于常温环境下，碳钢、低合金钢以及其他铁素体钢很容易发生脆性断裂。

管道在服役期间一般会产生临界缺陷，除此之外，大多数脆性断裂在某一应力水平第一次应用的情况下（如第一次水压试验和过载）可能发生，当再次进行水压试验时，实验人员就应该考虑脆性断裂的可能性。

(3) 制造缺陷。制造缺陷是管道在制造过程中可能产生的缺陷，主要可能有砂眼、分层、夹渣、未焊透、冷焊、咬边、焊接裂纹、硬点、搭接等。

(4) 施工缺陷或第三方破坏。在管道施工或维护过程中，可能出现凹坑、划痕、电弧烧伤、褶皱和裂纹等缺陷。

1）凹坑。凹坑分为普通凹坑和有应力集中的凹坑。当管体形状发生变化时，没有应力集中的出现，主要是由施工时机械重压等原因产生的称为普通凹坑。而伴随有应力集中的裂纹、划痕、擦痕或是电弧烧伤的凹坑则称为有应力集中的凹坑。

2）划痕。划痕是由机械移动造成的金属损失而形成的一种拉长的凹槽。

3）裂纹。由压力原因引起的金属分离现象称为裂纹。裂纹本身可能不会造成金属材料的破坏，但是对于液体管道而言，在疲劳应力和晶间腐蚀两种损害的影响下，在管道运行时，裂纹的扩展将会对管道造成巨大的危害。

2. 焊缝常见的缺陷类型

焊缝中常见缺陷有夹渣、气孔、裂纹、未焊透、未熔合咬边和错边等。

(1) 气孔。这是指焊接处于温度特别高的情况下，焊接熔池内吸入了大量的气体，或者是在冶金反应中有大量气体产生，在冷却凝固之前，这些气体因为来不及逸出熔池而停留在焊缝金属内，最后形成的空穴。

产生气孔的主要原因是焊件表面的杂质、污物有可能未清理干净，焊条或焊剂烘的不是很干等。气孔在大多数情况下都会呈现球形或者是椭圆形。气孔一般可分为单个气孔或多气孔，多气孔又可细分为链状气孔和密集气孔两种。

(2) 未焊透。焊缝中的一部分金属在高温条件下只熔透一部分的现象称为未焊透。

产生未焊透的主要原因可能是焊接过程中，采用了小的焊接电流或者是快的运条速度等不恰当的操作。未焊透根据其产生位置可分为根部未焊透、中间未焊透以及层间未焊透三种。

(3) 未熔合。这是指填充金属没有与母材金属熔合在一起，或者是填充金属与填充金属之间的层未熔合在一起。

产生未熔合的主要原因是坡口处理得不干净、焊接时运送焊条的速度太快、焊接时焊条的角度不当等。未熔合分为坡口面未熔合和层间未熔合。

(4) 夹渣。在焊接过程完成之后，一些熔渣残留物或者夹杂物残留在焊缝金属内则会形成夹渣。

(5) 裂纹。这是指焊缝或热影响区域在焊接期间或焊接完成后局部出现的缝隙。裂纹主要可分为立体型和平面型两种。

立体型缺陷主要有焊缝中的气孔和夹渣，其危害性比较小，而平面型缺陷主要是未熔合，其危害比较大。在对焊缝（焊接接头）进行探伤时，由于焊缝中裂纹、未熔合、未焊透等危险性比较大的缺陷以及加强高的影响，其往往与探测面垂直或者成一定的角度。

(6) 咬边。这是由母材金属的损耗所引起的，是熔化了近焊缝区母材金属或电弧冲刷后，又未能填充的结果。

咬边属于一种危险性比较大的外观缺陷，这种缺陷的产生严重影响了外观成形以及焊接接头质量。咬边缺陷可使缺陷的根部容易形成较尖锐的缺口尖角，容易有应力集中现象产生，同时，焊缝处对焊缝承压的截面面积减小；其次，咬边很容易形成应力集中裂纹和应力腐蚀，增大了该处断裂的可能性。因此，在行业标准中，一般都对咬边有严格的限制。

(7) 错边。错边也可称为搭焊，指的是管坯两边的边缘在焊接时发生了错位现象。

错边的主要危害是使钢管的有效壁厚减小，同时也会影响钢管超声波和 X 射线检验。在钢管的使用过程中，错边还会成为钢管化学腐蚀的起点部位。

第二节 埋地管道无损检测技术概述

输送管道作为一种特殊承压设备越来越广泛用于石油、化工、化肥、电力、冶金、轻工和医药等各工业领域和城市燃气、供热系统。压力管道按其用途分为长输管道、城市公用管道和工业管道。长输管道主要用于输送石油、天然气和成品油，城市公用管道主要用于输送天然气、煤气和蒸汽。由于长输管道和城市公用管道输送距离长、经过人口稠密的地区、穿越道路与河流等，因此基本上采用埋地的方式，埋深一般在地下 0.5~2m，这些管道的直径一般在 89~1219mm，壁厚一般在 6~30mm。工业管道主要用于炼油、化工、化肥、电力、冶金、轻工和医药等各工业领域生产过程中的液体、气体工业介质的输送，因此主要位于该类工厂的厂区之内，一般采用地上管廊的安装方式。

随着我国经济持续、快速发展，社会对埋地管道的需求将会迅速增加，未来的一二十年，我国将进入埋地管道建设和发展的高峰期。

鉴于埋地压力管道具有泄漏和爆炸的潜在危险，世界上的工业发达国家都颁布有关法规或规范对埋地压力管道的设计、施工焊接、运行等过程进行严格控制，以确保埋地管道的运行安全。我国在压力管道安全管理方面起步较晚，近年来，与此有关的泄漏与爆炸事故频繁发生，威胁到人身安全且破坏生态环境，因此，提高压力管道的检测技术，确保压力管道的安全运行在我国具有十分重大的意义。我国于 1996 年由原劳动部颁布了《压力管道安全管理与监察规定》，而石油、石化和电力等部门也制定了一些设计和安装标准。埋地管道的失效原因主要包括腐蚀穿孔、焊缝上存在的各种超标焊接缺陷开裂和人为破坏等，下面根据埋地管道制造、安装和使用的不同阶段所采用的无损检测技术分别加以综合介绍。

一、埋地管道元件的无损检测

埋地管道由各种压力管道元件安装而成，包括管子、管件、法兰、阀门、膨胀节、波纹管、密封元件及特种元件，其材质有金属和非金属两大类。

1. 埋地管道用钢管

埋地管道用管材包括无缝钢管和焊接钢管。无缝钢管主要采用液浸法或接触法超声波检测来发现纵向缺陷。液浸法使用线聚焦或点聚焦探头，接触法使用与钢管表面吻合良好的斜探头或聚焦斜探头。所有类型的金属管材都可采用涡流方法来检测它们的表面和近表面缺陷。

焊接管又分螺旋和直缝焊接钢管，焊缝采用射线抽查或 100%检测，对于 100%检测，通常采用 X 射线实时成像检测技术。

2. 埋地管道用锻制管件

锻制管件主要包括法兰、三通、弯头和封头等，其制造应符合现行国家和行业标准《对焊钢制管法兰》GB/T 9115、JB/T 82 等的有关规定。通常采用超声波来检测锻件中的危害性冶金缺陷。一般采用纵波直探头对加工过程中的实心锻件进行检测，采用横波斜探头对内外径之比小于 80%的环形或筒形锻件进行周向检测。

3. 埋地管道用钢棒材

钢棒材主要用于锻件和螺栓的制造。对于直径大于 50mm 的钢螺栓件需采用超声波来检测螺栓杆内存在的冶金缺陷。超声波检测采用单晶直探头或双晶直探头的纵波检测方法。

4. 埋地管道非金属附件

管道附件的非金属镶装件、填料和密封垫，应根据管道所输送的介质，进行相应的介质耐腐蚀性、耐温等的检测。

二、埋地管道安装过程中的无损检测

管道安装过程中的焊接施工是管道建设中最主要的环节之一。在施工作业中，安装单位在具备 ISO 9000 质量体系认证资质的前提下还需按照 ISO 9000 质量管理和质量保证系列标准，建立起管道施工焊接质量体系，通过无损检测对管道焊接施工质量进行着直接的监督。

随着目前油气输送管道钢级、口径、壁厚和输送压力的增高，管道焊接施工难度加大，对管道对接环焊缝的无损检测技术要求也日趋严格。以前执行的行业标准如 SY 0401—1998、HG 20225—2007 和 GBJ 235—1982 等，是按照管线工作压力、通过的区段或环境来要求采用一定比例的超声波检测和 X 射线检测，对于穿越地段，要求对接环焊缝全长必须进行 100% 超声波检测和 X 射线检测。之前无损检测的操作标准为 2005 年发布的《承压设备无损检测》JB/T 4730.1~4730.6。

但从目前情况来看，上述标准规定的检测比例已经不被采用，实际中是按照目前国际上通用的检测要求（以输送何种介质进行划分）进行检测。在分析和归纳管线设计技术规范后可以看出，在环焊缝检测项目上均存在着一个共性，即规定了 100% X 射线检测和一定比例的超声波检测，如西气东输管线检测规范中就规定，对壁厚≥6mm，管径>50mm 的对接环焊缝必须进行 100% 全自动超声波检测或 100% X 射线检测。检测方法、技术要求及检验标准的确定应符合美国石油协会的标准 API 1104—2005《管道及相关设施焊接标准》及我国的标准 SY/T 4109—2013《石油天然气钢质管道无损检测》。

1. 目视检测

管口焊接、修补和返修完成后应及时进行目视检测，包括焊缝及管体表面清洁状态的检查，焊缝余高、宽度、错边量和咬边深度的测量，焊缝表面裂纹、未熔合、夹渣、气孔等缺陷的检查等。焊缝外观需达到规定的验收标准，目视检测不合格的焊缝不得进行无损检测。检测工作开始前，检验量具需经计量部门按照有关标准校准，且只能在校准期内使用。

2. 射线检测

射线检测一般使用 X 射线周向曝光机或 γ 射线源，用管道内爬行器将射线源送入管道内部环焊缝的位置，从外部采用胶片一次曝光。但胶片处理和评价需要较长的时间，往往影响管道施工的进度，因此，近年来国内外均开发出专门用于管道环焊缝检测的 X 射线实时成像检测设备。图 9-1 所示为美国 Envision 公司生产的 Envision Scan GW-2^{TM} 管道环焊缝自动扫描 X 射线实时成像系统，该设备采用目前最先进的互补金属氧化物半导体（Complementary Metal Oxide Semiconductor，CMOS）成像技术，用该设备完成直径 609mm（24 英寸）管线连接焊缝的整周高精度扫描只需 1~2min，扫描宽度可达 75mm，该设备图像分辨率可达 80μm，达到和超过一般的胶片成像系统。

3. 超声波检测

全自动超声波检测技术目前在国外已被大量应用于长输管线的环焊缝检测。与传统手动超声波检测和射线检测相比，其在检测速度、缺陷定量准确性、减少环境污染和降低作业强度等方面有着明显的优越性。全自动相控阵超声波检测系统采用区域划分方法，将焊缝分成垂直方向上的若干个区，再由电子系统控制相控阵探头对其进行分区扫查，检测结果以双门带状图的形式显示，再辅以 TOFD（衍射时差法）和 B 扫描功能，对焊缝内部存在的缺陷进行分析和判断。加拿大 R/D Tech 公司已开发了专用于长输管线环焊缝检测的相控阵超声波自动检测系统，如图 9-2 所示。

埋地管道在焊接施工完成后，要进行压力试验和气密性试验。

压力试验以液体或气体为介质，对管道施加的压力为设计压力的 1.5 倍，对管道的强度和严密性进行试验，试验结果应符合设计要求和现行国家标准《工业金属管道工程施工质量验收规范》GB 50184 中的相关规定。

气密性试验以气体为介质，在设计压力下，采用发泡剂、显色剂、气体分子感测仪或其他专门手段等检查管道系统中的泄漏点。试验结果应符合设计要求和现行国家标准《工业金属管道工程施工质量验收规范》GB 50184 中的相关规定。

图 9-1　管道焊缝自动扫描 X 射线实时成像系统　　　图 9-2　加拿大 R/D Tech 公司相控阵超声波自动检测系统

三、在用埋地管道的无损检测

对在用埋地管道进行检测的主要目的是评价管道本体的结构完整性，检测内容包括位置走向勘测、腐蚀评价、泄漏检测和缺陷检测技术等四大方面。根据其特点，检测技术又可分为内检测和外检测两大类。将检测仪器放在管道内部为内检测技术，目前主要设备为管道内部爬行器和智能管道机器人。将仪器放置在管道外部，通称为外检测技术，但根据是否需要与管体直接接触，外检测技术又分为开挖检测和不开挖检测技术。此处重点介绍管道内部机器人检测和与管体直接接触的外部检测技术。

1. 管道内部机器人检测技术

管道检测机器人（又叫智能管道检测器，以下简称管道机器人）在管道检测中得到较为广泛的运用。目前，美国、英国、法国和德国等已开发出很成熟的产品，近年来我国也已开发出有关管道机器人样机，并在检测中得到成功应用。管道机器人是一种可在管道内行走的机械，可以携带一种或多种传感器，在操作人员的远端控制下进行一系列的管道检测作业。一个完整的管道检测机器人应当包括移动载体、视觉系统、信号传送系统、动力系统和控制系统。管道机器人的主要工作方式为在视觉、位姿等传感器的引导下，对管道环境进行识别，接近检测目标，利用超声波、漏磁、涡流传感器、激光等进行信息检测和识别，自动完成检测任务。其核心组成为管道环境识别系统（视觉系统）和移动载体。目前国外的管道机器人的技术已经发展得比较成熟，它不仅能进行管道检测，还具有管道维护与维修等功能，是一个综合的管道检测维修系统。

（1）漏磁检测技术。漏磁（MFL）检测主要用于检测管道的腐蚀缺陷，提供管道上所有缺陷和管件的里程、距最近参考点的距离、周向位置、距上下游环焊缝的位置、缺陷的深度和轴向长度等信息。目前，它已被广泛地应用在长输管道、炼油厂管网、城市管网和海底管线的检测上。

由于漏磁信号和缺陷之间是非线性关系，管壁的受损情况需通过检测信号间接推断出来，其检测精度相对于超声波检测法较低，适用于最小腐蚀深度为 20%~30% 壁厚的腐蚀状况检测。该方法要求传感器与管壁紧密接触，由于焊缝等因素的影响，管壁凹凸不平，使上述要求有时难以达到。同时由于在测量前必须将管壁磁化，因此漏磁法仅适合薄管壁。但是由于其价格低廉，检测精度能满足我国大部分地区的要求，目前在我国使用较多。

（2）涡流检测技术。该技术主要用于检测管壁内表面的裂纹、腐蚀减薄和点腐蚀等，是目前采用较为广泛的管道无损检测技术，分为常规、透射式和远场涡流检测。常规涡流检测受到集肤效应的影响，只适合于检测管道表面或近表面缺陷，而透射式涡流检测和远场涡流检测则克服了该缺点，对管内外壁具有相同的检测灵敏度。其中远场涡流法具有便于自动化检测（电信号输出）、检测速度快、适合表面检测、适用范围广、安全方便以及消耗的物品少等特点，在发达国家得到广泛的重视。

由于温度和探头的提离效应、裂纹深度以及传感器的运动速度等均对涡流检测信号都有一定的影响，而且由于远场涡流很难由检测信号直接确定缺陷种类，因此要考虑影响压力管道涡流检测信号的各种因素，才能取得较好的检测效果。

（3）超声波检测技术。该法利用超声波直探头发射超声波，根据管道内外壁反射波的时间差来检测壁厚及腐蚀情况。相对于漏磁通法而言，其具有直接和定量化的特点，其数据损失可由相关的软件补偿，所以有较高的精度。但缺点是由于受超声波波长的限制，对薄壁管的检测精度较低，只适合厚壁管，同时对管内的介质要求较高。当缺陷不规则时，将出现多次反射回波，从而对信号的识别和缺陷的定位提出了较高要求。目前超声波检测的发展方向主要为提高对细小缺陷的检测精度和提高对伪信号的识别能力。

由于超声波的传导必须依靠液体介质，且容易被蜡吸收，所以对含蜡高的油管线进行检测，具有一定局限性。由于从发射器到管壁之间需要均相液体作为声波传播媒介，所以用于天然气管道时，需要在一个液体段（通常为凝胶）的两端运行两个常规清管器，超声波检测器放入液体段中运行。日本钢管株式会社（NKK）研制的超声波检测清管器能再现管道壁厚和管道内壁表面的图像，探测焊缝腐蚀，检测腐蚀深度为管壁厚度的10%。该公司研制的不需要耦合剂（即能用于天然气管线）的轮式干耦合超声波检测器，取得了满意效果，目前正在开发可用于长距离天然气管道的检测器。

（4）激光检测技术。该检测技术主要是检测管道内部的腐蚀和变形，它的发展是基于现代光学、微电子学和计算机技术的基础，测量系统主要包括激光扫描探头、运动控制和定位系统、数据采集和分析系统三个部分，利用了光学三角测量的基本原理。与传统的涡流法和超声波法相比，激光轮廓测量技术具有检测效率高、精度高、采样点密集、空间分辨力高、非接触式检测、可提供定量检测结果和被检管道任意位置横截面显示图、轴向展开图、三维立体显示图等优点。

但是激光检测只能检测物体表面，要全面掌握被测对象的情况，必须结合多种无损检测方法。目前，已研究出将激光轮廓测量法与漏磁通或超声法结合的管道检测系统。

2. 直接接触管体的外部检测技术

对埋地管道的外部检测，一般首先采用不开挖检测技术对管道本体的腐蚀状况进行快速测评，或采用在线泄漏检测技术对管道的泄漏状况进行诊断和评价，对于认为腐蚀严重或者发生泄漏的部位，还需要进行开挖来对管道本体进行更进一步的检测，以发现管道本体上产生的裂纹和腐蚀等缺陷。

（1）常规无损检测技术。管道开挖后，使用最多的仍为常规超声波、磁粉和渗透检测技术。采用超声波直探头可检测管道的壁厚和腐蚀缺陷，采用斜探头可检测焊缝内部的缺陷，但对于薄壁管道需要采用特殊的探头。采用磁粉和渗透检测技术可以检测管道本体的表面裂纹。

（2）超声导波检测技术。埋地管道的开挖检测需要很大的工程量和较长的时间，但有时不开挖会使指定检测的部位与实际腐蚀最严重的部位存在一定的误差，因此开挖点并不一定是存在腐蚀缺陷或泄漏的部位，因此埋地管道的检测需要一种通过一个开挖点能够对两边较长范围内的管道进行精确定位检测的技术。近年来，人们利用某些特定频率的超声波可以在线状材料中长距离传播而衰减较小的

图 9-3　埋地管道超声导波检测设备

特点，开发出了专门用于埋地或带保温层管道腐蚀的超声导波检测仪器。图 9-3 所示为英国 TWI 集团下的 PI 公司最新推出的埋地管道超声导波检测设备。

安装在管道上的环形传感器发出频率仅略高于声频的低频导波信号，在传感器的背面采用机械和气压的方法使得传感器与管体表面能良好接触。通过采用计算机控制下的电信号激发传感器，可在传感器和管体表面之间的均匀空间产生出导波，这些导波可在管体内沿着轴向向管道的两边均匀传播，就像一个环形的波在扫查整个管道。

导波的传播受频率和壁厚的影响，当波在前进方向上遇到管壁厚度的变化时，其一部分能量即被反射回传感器，就能检测管道的不连续性。对于管道上的焊缝，其表现为沿着管体周围厚度均匀的增加，因此遇到焊缝时波都要被反射回来，这些波具有与缺陷波同样的波形模式，但会与焊缝存在的部位完全吻合。如在管道的某一部位发生腐蚀，局部的厚度就会减薄，这就导致缺陷波除了反射外还会发生散射，同时还会发生模式的转换，反射回来的就是缺陷波叠加转换波形成的波，而由非均匀的源产生的转换波可能揭示出管道在某处出现了弯曲。

该技术对于截面损失率>9%的腐蚀检出率为100%，对于3%<截面损失率<9%的腐蚀视具体情况检出率不等。开挖一点的一次检测长度精度分别为±100m（清洁、装满液体和带环氧涂层管道）、±35m（严重腐蚀管道）、±15m（带沥青涂层管道），对于埋地管道一次检测长度会有所缩短。腐蚀部位定位精度为±100mm。

（3）电磁超声波技术。检测的内容同常规超声波检测技术，但是超声波探伤需对探伤对象的表面进行处理，使其达到一定的表面光洁度。而电磁超声波探伤与常规方法相比无须机械和液体耦合，对沾染或结渣轻微的表面无须进行处理，大大减少了辅助性工作量。

电磁超声波的原理是在交变的磁场中铁磁金属内将会产生磁致伸缩现象，从而在金属内部产生弹性波，此效应呈现可逆性。人们把用该方法激发和接收的超声波称为电磁超声波。目前，电磁超声波换能器可以像传统的压电晶片换能器一样在金属件中产生纵波、横波、斜声束以及聚焦声束，可同常规的超声波探伤一样来检查工作中的缺陷。这种换能器所具有的缺陷检出能力和信噪比能够与以往的压电陶瓷换能器相媲美。

四、埋地管道无损检测技术小结

（1）元件的制造过程中，为保证快速、准确和高效的检测，焊接钢管的焊缝主要采用 X 射线实时成像检测技术，无缝钢管主要采用涡流检测技术，而锻件主要采用超声波检测技术。

（2）安装过程中，主要是保证焊接的质量和提高检测效率，因此对环焊缝的检测采用管道专用的射线实时成像技术或自动超声波检测技术。

(3) 在埋地压力管道的使用过程中，主要检测因介质、荷载、温度和环境等因素的影响而产生的腐蚀、冲蚀和应力腐蚀开裂等缺陷，因此除开挖后采用超声波、磁粉和渗透等常规无损检测方法外，还主要采用管道机器人和超声导波等专门适用于埋地管道的无损检测新技术和方法。

第三节　地下管道内检测技术

管道检测的主要目的是预测管道上的异常点，减少事故发生率。继 1965 年美国 Tuboscope 公司以及 1973 年英国 British Gas 公司相继应用漏磁检测器对管道进行内检测以来，各种新型管道检测器不断问世；同时由于计算机、自动化以及数字处理技术的快速发展，为提高管道检测器的可靠性和检测效率提供了强有力的技术保证，各类管道检测仪器在促使管道安全运行、减少事故造成的危害和损失方面发挥了重要作用。随着各国对环境保护的不断重视，许多国家还专门制定法规，强制管道运营部门必须对现役管道进行定期检测。国外许多管理严格的管道公司，利用管道检测设备对管道进行"基线"检测，从管道施工资料到每次管道检测数据，形成了一套完整的管道技术状况档案。

一、管道内检测的必要性

目前世界上有近 50% 的管网趋于老化，如何保证这些管道运行的安全性已成为备受世人关注的问题。目前，我国油气长输管道总里程已超过 12 万 km，而且穿越地域广阔，涉及地域类型复杂多变。许多管道也已经运行了三四十年，接近使用寿命，进入事故多发期。如四川输气管网投产后，H_2S 含量偏高，加上材质和制造质量不佳，应力腐蚀破裂事故已开始出现；早期敷设管道的石油沥青涂层老化，已达到寿命年限。为保证管道运输安全，对现役管道实施在线检测势在必行。

管道内检测就是应用各种检测技术真实地检测和记录包括管道的基本尺寸（壁厚及管径）、管线直度、管道内外腐蚀状况（腐蚀区大小、形状、深度及发生部位）、焊缝缺陷以及裂纹等情况。通常对管道进行检测是通过各种类型管道检测器来获取管道表面质量的平面及三维信息，以此作为指导管道运行、制定管道使用维护决策的重要手段。

施工期对新建管道进行内检测（又称为基线检测）是管道业主对施工方的基本要求，其目的在于监督施工质量并可作为运营期监测管道服役状态的基础数据；运营期实施内检测可掌握管道各部位因土壤腐蚀等原因形成的凹坑、压凹、折皱等管壁缺陷信息，从而提高管道检修效率，避免因管道打压试验带来的巨大浪费，变盲目、被动维修为预知性维修，减少事故发生率。

二、地下管道内检测技术简介

目前主要通过各种智能管道检测器（Smart Pig）实施地下管线在线检测。基于无损检测理论发展起来的管道检测技术主要分为超声波检测、漏磁检测、射线检测、涡流检测及热像显示等。

1. 超声波检测技术

超声波检测（UT）可分为主动检测和被动检测两类。主动检测即由超声探头发射超声波，通常称为超声波无损检测技术；在被动检测技术中，超声波是被测试件受荷载时自发而出的，有时又称为声发射技术（AE）。与其他检测技术相比，超声波检测具有被测对象范围广、缺陷定位准确、检测灵敏度高、成本低、对人体无害以及便于现场使用等优点。因此超声波检测技术是国内外应用最广泛、使用频度最高且发展最快的一种无损检测技术。但进行超声波检测时探头与管壁间需有连续的耦合剂，目前在气体管道上的应用还存在一定困难。由于超声波检测技术是利用超声波的物理效应从超声波信号中抽取信息再推断出结论的过程，因此其检测结果具有间接性，并不可避免地带有统计性质，即存在漏检和检出结果重复等问题，因此探索检测的可能性和提高检出结果的可靠性始终是超声波检测的核心问题。

声发射检测技术作为一种动态、整体无损检测技术，它的基本原理是用灵敏的仪器接收和处理采集到的声发射信号，通过对声发射源特征参数的分析和研究，推断出材料或结构内部活动缺陷的位置、状态变化程度和发展趋势。AE 信号处理技术的发展代表了 AE 技术的发展方向。

传统意义上的超声波检测已经相当成熟，但这种逐点扫描检测的特性使得该方法难以适用长距离、大范围的油气管道的在线检测，由此产生了超声导波技术。由于导波的特性，在管道内由一点激励产生的超声导波就可以沿管道传播非常远的距离，最远可达几十米。接收探头接收到的信号包含了有关激励和接收两点间管道的整体性信息，因此超声导波技术一次性检测覆盖的范围大，可实现快速无损检测；此外，它既可以检测管道的内部缺陷也可以检测管道的表面缺陷。

2. 漏磁检测技术

从磁粉探伤演化而来的漏磁检测方法是建立在如钢管、钢棒等铁磁性材料的高磁导率这一特性上的。漏磁检测的原理是当对铁磁性的被测管道施加磁场时，在管道缺陷附近会有部分磁力线漏出被测管道表面，通过分析磁敏传感器的测量结果，可得到缺陷的有关信息。该方法以其在线检测能力强、自动化程度高等独特优点而满足管道运营中的连续性、快速性和在线检测的要求，使得漏磁检测成为到目前为止应用最为广泛的一种磁粉检测方法，在油田管道检测中使用极为广泛。此外与常规的磁粉检测相比，漏磁检测具有量化检测结果、高可靠性、高效、低污染等特点。

国外已经能够应用计算机和人工智能技术实现管道典型规则缺陷的三维图形构建，达到缺陷可视化。利用计算机成像技术（CITS）可有效地描述和评定反射信号，CITS 还具有探测缺陷所要求的基本扫查功能。将计算处理数据分析和显示技术与自动扫查机构连接可用来产生缺陷二维、三维图像，为检验管道的危险部位提供放大的能力。计算机处理可以定量地评定用超声波或其他检测方法探到的缺陷类型、尺寸、形状、位置和方向。

3. 射线检测技术

射线检测技术即射线照相术，它可以用来检测管道局部腐蚀，借助于标准的图像特性显示仪可以测量壁厚。目前使用最普遍的为 X 射线，也可以使用同位素和高能射线。射线穿过管道作用于照相底片或荧光屏，在底片上产生的图像密度与受检管材的厚度及密度有关。由于 X 射线需要电网供电和水冷却，而 γ 射线则可从一种小剂量、合适的放射性材料中获取，因而后者更适合于现场应用，γ 射线还具有穿透能力强的特点，但分辨能力低于前者。射线检测技术的特点是：可得到永久性记录，结果比较直观，检测技术简单，辐照范围广，检测时不需去掉管道上的保温层；通常需要把射线源放在受检管道的一侧，照相底片或荧光屏放置在另一侧，故难以用于在线检测；为防止人员受到辐射，射线检测时检测人员必须采取严格的防护措施。射线测厚仪可以在线检测管道的壁厚，随时了解管道关键部位的腐蚀状况，该仪器对于保证管道安全运行是比较实用的。

随着电子技术的发展，一种新型的X射线无损检测方法"X射线工业电视"应运而生，并应用到管道焊缝质量的检测中。X射线工业电视以工业CCD摄像机取代原始X射线探伤用的胶片，并用监视器（工业电视）实时显示探伤图像。但目前大多为人工检测，通过采用X射线无损探伤计算机辅助评判系统进行焊缝质量检测与分析，可使管道在线检测工作实现智能化和自动化。X射线无损探伤计算机辅助评判系统的发展经历了三个阶段：缺陷检出系统（对探伤图像初级处理，完成材料缺陷的三维显示或彩色显示）、缺陷辅助判别系统（主要对因噪声存在而造成的难以判别的缺陷检测图像做高级图像处理，使缺陷醒目）及自动判别系统（采用高级图像处理办法，突出缺陷的位置、形状，采用人工智能算法，通过自动判别系统对缺陷进行自动判别、等级评定和合格判定）。不同的缺陷检测算法影响着检测结果，如基于图像差分的方法在检测小图像时较困难，受缺陷大小及空间对比度的影响较大等。

4. 涡流检测技术

涡流检测是以电磁场理论为基础的电磁无损探伤方法，其基本原理是利用通有交流电的线圈（励磁线圈）产生交变的磁场，使被测金属管道表面产生涡流，而该涡流又会产生感应磁场作用于线圈，从而改变线圈的电参数，只要被测管道表面存在缺陷，就会使涡流环发生畸变，通过感受涡流变化的传感器（检测线圈）测定由励磁线圈激励起来的涡流大小、分布及其变化就可以获取被测管道的表面缺陷和腐蚀状况。

根据涡流的基本特性可看出，涡流检测适宜于管道表面缺陷或近表面缺陷的探伤，因此检测管道表面缺陷的灵敏度高于漏磁法。目前正在发展中的基于涡流检测理论的新技术主要包括：阻抗平面显示技术、多频涡流检测技术、远场涡流技术和深层涡流技术。

5. 热像显示技术

热像显示技术即红外热成像检测，它是通过红外探测系统测量被测管道表面的温度及温度场的变化来了解引起管道这种变化的力学性能、材料缺陷和腐蚀等原因及其影响程度。利用热像显示技术可做出管道的等温线图（或利用其他手段显示），它的优点是可以非接触地进行在线测量，但成功应用的关键是管道表面存在着自发或诱发的温度场。由于受环境温度、通风或风速以及局部空气扰动、阳光照射强弱的变化等因素影响，该技术存在热像显示图像的误差。热像显示技术较适用于检测腐蚀分布而不是腐蚀的发展速度。正是由于它具有非接触、快速区域扫描和对人无伤害等优点，因此在高温压力管道内部蚀坑和壁厚减薄缺陷的在线检测方面具有较大的发展潜力。

6. 金属磁记忆检测技术

金属磁记忆检测技术是一种新兴无损检测技术，该技术主要基于铁磁体的磁弹性效应和漏磁场的不可逆效应，与采用人工磁化的漏磁检测法不同，它获取的是管材表面在地磁场作用条件下的金属构件的漏磁信号，不但可以检测出已有的一定尺寸裂纹，而且还能在这些裂纹产生之前或这些裂纹萌生的早期阶段，诊断出将要产生这些缺陷的危险区域，故可用作对在役管道的早期损伤进行有效诊断和评价，而传统的无损检测方法主要用于发现已发展成形的宏观缺陷或大部分微观缺陷。

三、国外管道内检测装置

1. 广泛应用的检测机器人

目前，国外的工程技术人员已研制出了不同原理管道内智能检测装置30余种。在国外原油管道检测中，广泛应用的是第二代漏磁管道检测器和超声波管道检测器。检测方法的不同导致检测对象、检测范围及检测结果都有所区别。表9-1为超声波检测与漏磁检测方法的对比。

表9-1 漏磁检测与超声波检测对比

特征量	漏磁检测	超声波检测
检测的最大壁厚/mm	20(30)	100
检测的最小壁厚/mm	0	3
对材料的敏感特性	高	无
液体对检测的影响	无	有
检测精度/mm	$\pm 0.2T$	$\pm 0.1T$
检测管道面积(%)	100	100
机器人速度影响	有	无
对蜡质层敏感性	中	高
对金属层敏感性	高	低
检测裂缝	不适合	适合
检测数据分析	复杂	简单

注：检测壁厚还取决于检测装置的大小；T为壁厚。

（1）漏磁检测机器人。漏磁法智能管道检测系统是利用励磁器将管壁磁化，同时由磁传感器阵列探测各种缺陷损伤造成的磁通量泄漏来确定缺陷尺寸、形状和所在部位。漏磁检测机器人的技术优势是可对各种管壁缺陷实施检验，不受检测介质的影响，适应于中小型管道的检测，不易产生漏检现象。漏磁检测机器人应用的局限性表现在：

1）因为检测探头得贴近管壁进行检测，当管壁不平，如有焊瘤或管壁积有其他杂质时，会引起探头抖动，产生虚假数据。

2）对管壁缺陷无法定量分析，其测得的检测数据不够精确，需经过校验方能使用。

3）对金属敏感度高，当管道材料混有杂质时，将影响测量结果。

4）检测大管径及厚壁管道的能力有限。

（2）超声波检测机器人。超声波检测机器人适合大管径、厚壁管道检测，其检测精度较高，检测数据简单且不需对其进行校核，效率高。缺点是：

1）对检测介质敏感，当管壁缺陷处的蜡质层过厚时，将影响该处的检测结果。

2）对超声波探头的方向与距管壁的距离要求很高，扫描带受超声波探头的限制，处理不当易产生漏检。

一些发达国家在管道检测方面已形成了一系列成熟的管道检测技术。除了采用各种智能机器人对管道的变形、壁厚、涂层及腐蚀情况进行检测外，还采用以微机网络系统为基础的SCADA技术对管道的运行情况进行监测，并以数据及图像的方式再现埋地管道的详细情况，最后对计算机处理的结果进行综合分析——风险评估。该风险评估将管道运行状况分为五个等级，根据不同的等级采用不同的修复方法，为管道决策者提供参考。

2. 国外几款先进的管道无损检测机器人

（1）美国 GE 公司的 UltraScan™ Duo。GE 公司的产品 UltraScan™ Duo（图 9-4）是世界上第一个利用相控阵超声波技术（Phased Array Technology）的管道检测工具。该工具是 GE 公司改良的自动传感器系统，用于在单次运行中同时对金属管道腐蚀损耗和裂纹探测的全面检测。在单次运行中，UltraScan™ Duo 可以收集有关管道缺陷类型和尺寸的数据，并排出这些缺陷的优先次序以进行检测和修补作业。由于所有数据是在单次运行中收集的，所以裂纹探测数据和管壁测量数据是紧密相关的，为管道管理人员提供了有力的决策依据。

图 9-4　UltraScan™ Duo

（2）美国 GE 公司的 SmartScan™。（图 9-5）。该检测装置具有创新的可伸缩结构和独特设计的传感器，与管道带压开孔设备的发送系统结合在一起，还具有通过连续弯头和直径管道的能力。对于需要进行带压开孔的管段的检测工作，作业者无须使用传统的清管器收发装置来发送和接收 SmartScan™ 装置，可将呈 45°的带压开孔附件安装在管道上而无须中断油气服务，清管器和检测装置都可经伸缩式的滑道来发送。

（3）俄罗斯 NGKS 公司的超声波检测器。俄罗斯 NGKS 公司主要从事管道在线无损检测。该公司使用的无损检测技术包括漏磁检测（MFL）和超声波检测（UT），其使用的超声波检测器如图 9-6 所示，技术参数见表 9-2。

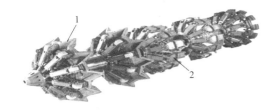

图 9-5　SmartScan™
1—伸缩机构　2—传感器

图 9-6　NGKS 公司超声波检测器

表 9-2　NGKS 公司的超声波检测器技术参数

检测速度/(m/s)	检测壁厚/mm	最小过弯半径/mm	检测长度/km	探头数量/个	轴向取样间距/mm	圆周探头间距/mm
0.2~2.0	3.5~30.0	1.5D 或 90°	100~300	96~448	3.3	7.9~8.6

注：D 为管径。

四、国内管道内检测装置

相比而言，我国的管道检测技术处于起步探索阶段，检测大多停留在管外，方法落后。近年来，国内有关单位利用国外设备开展了一些管道检测，但总的说来推广难度大，设备昂贵，尚未国产化，对检测管道的基础资料、设计施工规范要求高，与我国大部分管道的实际状况有一定差距。

国内管道内漏磁检测技术成熟，已投入工程应用。清华大学已与中石油管道研究中心合作，成功开发了 1024mm 以下各种口径系列检测器；沈阳工业大学已先后与中石化管道公司、新疆三叶管道技术有限公司合作，其中与中石化管道公司合作后已经成功开发了 529mm 以下各种口径系列检测器，2008 年又成功开发出 720mm 口径的漏磁检测器，并在鲁宁管线上成功应用。

国内管道内超声波检测技术在不断探和完善。其中，中石化集团公司胜利石油管理局钻井工艺研究院与上海交通大学合作于 2005 年开发了直径 325mm 海底管道检测器，检测海底管道的腐蚀缺陷。同时，该院又与北京石油化工学院合作进行了管道裂纹缺陷的探索研究，并进行了直径 426mm 陆地管道检测器试验，开发了一套直径 529mm 管道腐蚀检测器工程样机。

第四节　油气管道无损检测方法

无损检测工作的可靠与否直接关系到管道的安全运行。现行施工及验收规范对无损检测方法的选择有相应的规定，但有些规定比较笼统。为了提高焊接缺陷的检出率，检测单位应当根据被检管道的材质、焊接方法以及可能产生的缺陷等，选择几种无损检测方法，相互补充和验证。因为任何一种无损检测方法都不是万能的，每种无损检测方法都有自身的优点与不足，不同的检测部位需要选择不同的无损检测方法。综合利用各种无损检测方法才能够保证不同的检测方法相互取长补短，更准确地反映焊接缺陷。

一、油气管道常用无损检测方法的特点

所谓无损检测，是在不损坏试件的条件下，以物理或化学方法为手段，借助先进的技术和器材，对试件的内部及表面的结构、性质、状态进行检测和测试的方法。油气管道常用的无损检测方法有射线检测、超声波检测、磁粉检测和渗透检测。

1. **射线检测**

（1）优点：检测结果可用底片直接记录；可以获得缺陷的投影图像；缺陷定性定量准确。

（2）局限性：体积型缺陷检出率高，而面积型缺陷的检出率受多种因素影响；适宜检验厚度较薄的工件而不适宜较厚的工件；适宜检测对接焊缝，检测角焊缝效果较差，不适宜检测板材、棒材、锻件；有些试件结构和现场条件不适合射线照相；对缺陷在工件中厚度方向的位置、尺寸（高度）的定量比较困难；检测成本高，检测速度慢；射线对人体有伤害。

2. **超声波检测**

（1）优点：面积型缺陷的检出率较高，而体积型缺陷的检出率较低；适宜检验厚度较大的工件，不适宜检验较薄的工件；检测成本低、速度快，仪器体积小、重量轻，现场使用较方便；对缺陷在工件厚度方向上的定位比较准确。

（2）局限性：无法得到缺陷直观图像，定性困难，定量精度不高；检测结果无直接见证记录；材质、晶粒度对检测有影响；工件不规则的外形和一些结构会不适于超声波检测；探头扫查面的平整度和粗糙度对超声波检测有一定影响。

3. 磁粉检测

（1）优点：适宜铁磁材料检测，不能用于非铁磁材料检验；可以检出表面和近表面缺陷，不能用于检查内部缺陷；检测灵敏度很高，可以发现极细小的裂纹以及其他缺陷；检测成本低，速度快。

（2）局限性：工件的形状和尺寸有时对检测有影响，因其难以磁化而无法检测。

4. 渗透检测

（1）优点：可以用于除了疏松多孔性材料外任何种类的材料；形状复杂的部件也可用渗透检测，并一次操作就可大致做到全面检测；同时存在几个方面的缺陷，用一次检测操作就可完成检测；不需要大型的设备，可不用水、电。

（2）局限性：试件表面光洁度影响大，检测结果往往受操作人员水平的影响；可以检出表面开口缺陷，但对埋藏缺陷或闭合型表面缺陷无法检出；检测工序多，速度慢；检测灵敏度比磁粉检测低。

二、油气管道无损检测方法的选择

在油气管道无损检测方法选择时，应从以下四个方面考虑。

1. 根据施工及质量验收规范选择检测方法

施工及质量验收规范已经明确无损检测方法的，必须依据相应的规范执行。如《石油天然气站内工艺管道工程施工规范》（GB 50540—2009）第 7.4.4 条规定："管道焊缝应进行 100%无损检测，检测方法优先选用射线检测或超声波检测。管道最终的连头口、穿越段的对接焊缝应进行 100%射线检测加 100%超声波检测"。按照该规范理解，站场内的所有焊口均应进行无损检测，能实施射线或超声波检测的优先选择射线或超声波检测，这两种方法都不能实施时，才允许选择表面检测。

2. 根据无损检测标准适用范围选择检测方法

根据无损检测标准的适用范围，结合被检管道的材质、规格，选择合适的无损检测方法，超出无损检测标准范围获得的检测结果是不准确的。以《石油天然气钢制管道无损检测》（SY/T 4109—2013）为例：

射线检测适用于壁厚为 2~50mm，材质为低碳钢、低合金钢等金属材料的石油天然气长输、集输及其站场管道环向对接接头的 X 射线、γ 射线检测与质量分级。对于制管焊缝、承插角焊缝等就不能采用该标准实施射线检测。

超声波检测适用于壁厚为 5~50mm，材质为低碳钢、低合金钢等金属材料的石油天然气长输、集输及其站场管道环向对接接头的超声波检测与质量分级。对于弯头与直管、带颈法兰与直管、管径小于 57mm、壁厚小于 5mm 的管道环向对接接头均不能采用该标准进行超声波检测。

3. 根据被检焊缝

不同的焊缝形式、不同的检测部位需要采用不同的无损检测方法。对接焊缝应优先选择射线或磁粉检测；T 形焊接接头、角焊缝应优先选择磁粉或渗透检测；坡口、清根及工卡具焊疤部位应优先选择磁粉或渗透检测。

4. 根据可能产生的缺陷种类选择检测方法

了解材料和焊缝中可能产生的缺陷种类，有助于正确选择无损检测方法，制定合理的检测方案。

对于焊缝内部气孔、夹渣、未焊透等体积型缺陷,适宜选择射线检测;对于焊缝内部裂纹、未熔合等面积型缺陷,应选择超声波检测,并附加射线检测;对于铁磁性材料钢管及焊缝表面、近表面部位的裂纹、未熔合等缺陷,应选择磁粉检测;对于金属或非金属材料管道及焊缝表面裂纹、未熔合等开口型缺陷应选择渗透检测。

三、油气管道无损检测方法的选择常存在的误区

1. 经无损检测合格的焊口,就能保证焊接质量

焊缝的检测方法有外观检测、无损检测、力学性能试验和金相组织检验,只有经过了以上各项检验,才能判定焊缝各项指标合格。无损检测只能检查焊缝表面或内部组织的致密性,因此,不能仅依据无损检测的结果就判定焊缝是否完全合格。在实际运用中,由于力学性能、金相检验属于破坏性试验,管道焊缝只能进行外观检测、无损检测和水压试验。

2. 焊接完成即实施无损检测

一些具有延迟裂纹的钢材,焊接后短时间不会产生裂纹,而在数小时或者数天后才会出现。这种钢材必须要考虑无损检测的检验时机,一般安排在焊接完成24h后进行。

3. 不管采取哪种检测方法,都能完全发现焊接缺陷

超声波检测对裂纹缺陷探测灵敏度较高,但定性不准,而射线检测对缺陷定性比较准确。两者配合使用,就能保证检测结果既可靠又准确。检测人员在检测过程中,对于那些不容易定性的缺陷,必须要借助其他检测方法进行补充检查或验证复查。

4. 射线检测比超声波检测灵敏度高

实际应用时,经常存在重射线检测轻超声波检测的现象,具体表现在:

(1) 由于超声波检测只有检测报告,而没有直观的缺陷图像记录资料,检测人员就敷衍了事,不重视,缺乏责任心,有些检测人员甚至不检测就出具虚假检测报告。

(2) 超声波检测要求操作人员具有较高的技术水平,要求检测人员熟练掌握理论知识并灵活运用,会调试仪器设备、探头性能等参数,会计算波形所处位置,及时判断是缺陷波还是几何反射波。若检测人员不能达到上述要求就盲目检测,是很难正确检测出焊缝缺陷的。

(3) 超声波检测对检测面的光洁度、焊缝表面缺陷(咬边等)处理要求较高,检测单位缺少相应的表面处理设备及人员,施工、监理单位对管道焊口表面处理质量把关不严格,致使超声波检测结果的可靠性得不到保障。

由于以上因素,人们形成了一种错误的观点,认为超声波检测灵敏度不如射线检测灵敏度高。从各种检测统计资料来看,就缺陷的检出率而言,射线检测最高,超声波检测次之,表面检测最低。所以选用超声波检测方法代替射线检测时,作为建设、监理、检测等单位一定要慎重。

5. 错误理解施工验收规范关于检测方法的规定

有些施工及验收规范的制定,没有考虑到检测标准的覆盖范围,超出检测标准范围的焊口,没有明确规定应采取的检测方法。这样一来,建设单位图省钱,检测单位图省事,对于不能进行超声波检测的焊口,就不做任何检测或用表面检测来代替超声波检测。例如已废止

的《石油天然气站内工艺管道工程施工及验收规范》(SY 0402—2000)规定:若管道工作压力为 6.4MPa,则超声波检测比例 100%,射线抽查比例 10%。实际上直管与弯头、直管与带颈法兰、角焊缝均不能按照《石油天然气钢制管道无损检测》(SY/T 4109—2013)实施超声波检测,有些单位对这些焊口只进行表面检测或者干脆就不检测了,造成了这些焊口的漏检。正确的做法是,对于不能进行超声波检测的焊口,能实施射线检测的用射线检测替代,超声波检测和射线检测均不能实施的,才能考虑采用渗透或磁粉检测。

总之,正确选择无损检测方法,对于提高缺陷检出率,准确反映焊缝内部质量来说关系重大,作为检测管理和技术人员必须熟练掌握无损检测方法选择的有关知识。

第五节 管道漏磁检测技术及应用

管道内检测技术是用于判断管道腐蚀失效风险并使之量化的一种管道完整性管理工具。漏磁检测是目前较为成熟且工业应用最为广泛的管道内检测技术。应用该技术能检测出管道内外腐蚀产生的金属损失缺陷,对被检测管道清洁度要求低,可兼用于输油和输气管道。

通过在线检测,可以对缺陷进行识别、定位和量化统计,是指导管道合理维修、开展管道完整性管理工作的重要手段。

一、漏磁检测器

1. 漏磁检测器结构

漏磁检测器由机械载体和电气部分组成,如图 9-7 所示。机械载体构成了漏磁检测器的基本框架,包括:检测器骨架、驱动皮碗、钢刷、永久磁铁及铁心、万向节、里程轮和密封舱等。电气部分由探头(主探头和 ID/OD 探头)、信号集中处理模块(采用霍尔探头时采用)、电子包、电池包、里程传感器、温度压力差压传感器、线束(HARNESS)组成。

2. 漏磁检测器的工作原理

检测器在管道内运行过程中,其携带的永久磁铁将管壁饱和磁化,管壁与钢刷、磁铁及铁心形成磁回路,当管壁没有缺陷时,磁力线在管道内均匀分布,形成匀强磁场。当管壁有缺陷时,磁力线在缺陷处扭曲,穿出管壁产生漏磁。在里程轮脉冲信号触发下,探头模块将表征管道特征的磁场信号转换为电信号,经过信号集中处理模块后进入电子包,并记录在电子包的存储器内。这些原始数据在检测器运行完毕后导出到计算机中,由专业数据分析人员进行分析处理。图 9-8 为漏磁示意图。

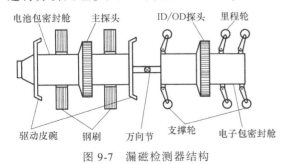

图 9-7 漏磁检测器结构

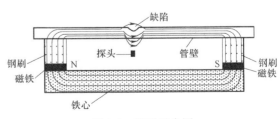

图 9-8 漏磁示意图

（1）漏磁信号。主探头分为线圈式和霍尔元件式。线圈式探头的工作原理是当探头通过漏磁信号区时，通过线圈的磁通量发生变化，根据电磁感应定律在线圈的两端感应出电压 u

$$u = -\frac{n\mathrm{d}\phi}{\mathrm{d}t} \tag{9-1}$$

式中　ϕ——穿过探头单匝线圈的磁通量；

　　　n——探头线圈匝数；

　　　"-"号——与磁通量的变化趋势相反；

　　　t——通过时间。

霍尔元件传感器通过霍尔效应的原理对磁场强度进行直接测量。霍尔效应产生的电压 U 由下式决定

$$U = R_\mathrm{h} \times \vec{J} \times \vec{B} \tag{9-2}$$

式中　R_h——霍尔系数；

　　　$\vec{J}$——电流密度；

　　　$\vec{B}$——磁通密度。

霍尔元件式探头能够测量静态磁场，不受检测器运行速度的影响，直接将漏磁场的磁感应强度转变成相应的电压值，比线圈式探头适应性更强。

图 9-9a、c 所示为线圈不同的放置方式对缺陷漏磁场的信号作用。根据采样定理，应选择线圈垂直于管壁的放置方式。这样在相同的采样距离下有利于对漏磁场的描绘，能够更真实地反映缺陷的情况。图 9-9b、d 所示为用霍尔元件对缺陷处的漏磁场测量的波形描述。这两种传感器都是用来检测缺陷处的磁场变化的。

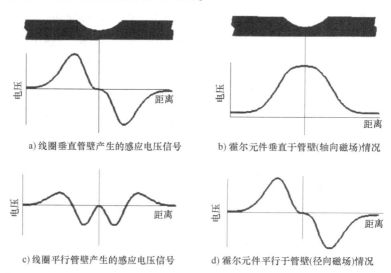

a) 线圈垂直管壁产生的感应电压信号　　b) 霍尔元件垂直于管壁(轴向磁场)情况

c) 线圈平行管壁产生的感应电压信号　　d) 霍尔元件平行于管壁(径向磁场)情况

图 9-9　漏磁信号特征

由于磁铁随检测器在管道内运行时，在管壁上产生涡流，受涡流的影响，漏磁场的磁场强度会降低，因而在实施检测前，模拟检测器在施工现场的运行速度进行牵拉试验，建立数据模型是必要的。

（2）区分内外缺陷。ID/OD探头的原理是利用较弱的局部磁场磁化管道的内壁，形成局部小磁场区，当管道内壁出现缺陷时，局部小磁场区的磁场被扰动，通过ID/OD探头探测这种扰动，从而发现缺陷。由于形成局部小磁场区的磁铁非常弱，管道外壁的缺陷对该局部磁场区不能产生扰动，也就不能探测到管壁外部的磁场，从而区分管道内外缺陷。

（3）里程轮传感器。里程轮传感器是管道检测器的重要组成部分，它为管道检测器提供采样脉冲信号，并为检测到的管道特征提供精确的里程定位。里程轮传感器一般是由磁铁和霍尔元件传感器组成。

二、地面标记系统

地面标记系统可以获得被检测管道每点的相对位置信息。尤其是在对管道的缺陷进行维修时，要对其准确定位，除了依靠检测器的里程轮传感器测量管道的距离，还需要地面标记系统提供参考点，从而为需要开挖维修的管道缺陷提供近距离相对位置参考，提高定位精度。

检测器在管道内运行时，需要使用地面标记器沿管道上的永久标记点对检测器进行跟踪设标。一般选择管道里程桩作为标记点。投运检测器前，首先利用基准时钟对地面标记器和检测器电子包的时钟进行同步。检测结束后，将地面标记器所记录的检测器在每个跟踪点上通过的时间信息导入检测数据中，这样就得到了管道上的每点到地面最近参考点的相对距离。管道的相对于参考点的位置信息对于指导缺陷点的开挖修补、维护具有非常重要的作用。

三、数据分析系统

在管道检测实施前，必须通过牵拉试验建立针对被检测管道的缺陷数据库。首先，在试验管道上设计人工缺陷，模拟检测器在管道内可能的运行速度进行牵拉试验，然后对所有的缺陷数据进行量化统计，得到缺陷量化模型，结合数据分析软件，完成对管道上的缺陷的量化与统计，对含缺陷的管道进行完整性评价，使业主充分了解所经营管道的运营状态，为管道运营单位提供完整性管理建议。含缺陷管道的完整性评价包括管道缺陷的评价，管道缺陷剩余寿命预测和维护维修建议。

1. 管道缺陷的评价

通过相应的评价方法计算出缺陷处的最大安全压力，根据最大安全压力和管道的最大允许操作压力（MAOP）的比值，得到缺陷的维护维修系数（ERF值），维护维修系数是管道进行维护维修的重要参考依据。

2. 管道缺陷剩余寿命预测

使用基于概率模型的方法和基于两次或多次检测间隔的两种方法，对管道缺陷进行剩余寿命预测。

管道缺陷剩余寿命预测的基本步骤：

（1）建立管线腐蚀速率的概率分布模型，其方法是利用管道腐蚀检测数据和服役年限，通过统计分析，利用数学方法进行拟合，找出其概率分布规律。

（2）通过剩余强度评价，确定出缺陷极限尺寸。

（3）计算得出管道失效概率随时间变化规律。

(4)给定目标可靠度,确定对应的失效概率。通过确定合适的可接受失效概率,就可以对管道的剩余寿命进行预测,为管道再检测周期的确实提供依据。

3. 维护维修建议

对管道强度的计算和寿命预测后,依据管道维护维修标准,结合运营单位的维修成本及维修计划、响应时间的要求,在保证管道安全运营的前提下,使用分析软件的维护维修建议模块为运营单位提供合理可靠的服务,保证管道经济安全可靠运行。

第六节　排水管道无损检测技术

我国城镇排水管道的检测长期以来都是通过简单的量泥斗、潜望镜以及潜水员手摸管道内壁等方法来进行的,主要是用于突发事件(如路面出现裂缝等)时的检查。随着现代检测技术的发展,可以对管道进行定期检测,减少人员进入雨污水管道内检查的频率和发生中毒、窒息的潜在危险。管道内窥检测可分为排水管道功能性检测和排水管道结构性检测两大类。

排水管道功能性检测主要是以检查管道排水功能为目的。一般检测管道的有效过水断面,并将管道实际过流量与设计流量进行比较,以确定管道的功能性状况。对于这类检测出来的问题一般可通过日常养护等手段进行解决。

排水管道结构性检测主要是以检查管道材料结构现状为目的。这类检测主要是了解管道的结构现状以及连接状况,对于这类结构性问题,被检测出来后一般需要通过修复的手段来解决。

现代排水管道检测可分为管外检测和管内检测两种。管外检测是对管道裂缝和周边土壤孔隙进行检测。管道裂缝引起的渗漏会使四周土壤流失,管道逐渐失去土壤的支撑,最终将导致管道的坍陷或断裂。而土壤流失量和许多因素有关,包括管道裂缝大小、接口尺寸、地下水位、土壤性质等。因此,检测管道的裂缝和四周土壤的孔隙非常重要。管内检测是对管道变形、壁厚和腐蚀情况进行智能化检测和监控,用数据或图像的形式再现管道的详细情况,并对计算机处理结果进行综合分析,将管道运行状况分为不同等级。这样就可以在开挖和修理之前,准确而经济地确定管道损坏的位置和程度,为制定管道维修计划提供参考,以便采用不同的修复方法,及时、经济地进行修复。

一、管外检测

1. 红外温度记录仪法

该方法应用液体或气体的潜热,测定温度的极小变化并产生自动温度图像。可探测管壁表面和周围土壤层中的孔隙和渗漏情况,但它不能查明孔隙的尺寸。只有在红外温度记录仪和探地雷达联合使用时,才能估计孔隙的深度和大小。

2. 探地雷达法

该法用于测量土壤层的孔隙深度和尺寸,混凝土管的层理和饱和水渗出的范围,以及管道下的基础。检测深度取决于土壤的种类,最深可达100m,它适用于砖砌排水管、输水渠和小管径的排水管线,不适用于高电导率的土壤和黏土。探地雷达与声呐和闭路电视组合时,可用于探测污水管周围的孔穴。

3. 微变形法

该法用于测定管道结构的整体性和污水管的力学性质，而不用于查明缺陷。它通过在管道的内表面加压，使管壁表面轻微变形，直接得知管壁厚度等管道结构情况。

4. 撞击回声法

该方法是不损伤管道结构的一种检测方法。仪器是由受控制的撞击源以及若干个地下传音器组成。当重物或重锤撞击管壁后会产生应力波，应力波通过管道传播，由地下传音器可探测到在管道内部裂痕和外表面产生的反射波。当波以不同速度传播，并以不同的路径散射到管外的土壤中去时，用表面波特殊分析仪将波分成不同频率的成分，便可得出管道结构和外部土壤的相关信息。这种方法通常用于检测大口径的排空的混凝土管道和砖砌排水管。

5. 表面波光谱分析法

该方法使用辅助传感器和用于分析表面波的光谱分析仪，因此易于区分管壁和周围土壤引起的问题，同时可以检测管壁和土壤情况。该法主要用于检测大口径的管道。

二、管内检测

近年来我国许多城市已采用了排水管道电视检查、声呐检查和便携式快速检查的方法，并取得了良好的效果，减少了人员进入管道检查的频率。由于电视检查多用于已建成的排水管道或经过清理后的旧有管道，其旧管道内气体比较复杂，人员进入检查有一定的难度和危险性，因此宜采用电视检查方法。管道检查分为新管道交接验收检查、运行管道状况检查和应急事故检查。

1. 管道闭路电视检测系统（Close Circuit Television Inspection）

电视检查是目前国内外普遍采用的管道检查方法，具有图像清晰，操作安全，资料便于计算机管理等优点。

CCTV检测，即管道闭路电视内窥检测，主要是通过闭路电视录像的形式，使用摄像设备进入排水管道将影像数据传输至控制计算机后进行数据分析的检测。检测前需要将管道内壁进行预清洗，以便清楚地了解管道内壁的情况。其不足之处在于检测时管道中水位需临时降低，对于检测高水位运行的排水管网来说需要临时做一些辅助工作（如临时调水、封堵等）。

CCTV检测系统是使用最久的检测系统之一，也是目前应用最普遍的方法，生产制造CCTV检测系统的厂商很多，国际上一些知名品牌有IBAK、Per Aarsleff A/S、Telespec、Pearpoint、TARIS等；国内有雷迪公司等。

CCTV检测的基本设备包括摄像头、灯光、电线（线卷）及录影设备、监视器、电源控制设备、承载摄影机的支架、爬行器、长度测量仪等。检测时操作人员在地面远程控制CCTV检测车的行走并进行管道内的录像拍摄，由相关的技术人员根据这些录像进行管道内部状况的评价与分析。CCTV检测在国外排水管道检测中已得到广泛应用，美国排水管道的检测主要采用该方法。

2. 管道内窥声呐检测（Sonar Inspection）

管道内窥声呐检测主要是通过声呐设备以水为介质对管道内壁进行扫描，扫描结果采用专业计算机进行处理，以得出管道内壁的过水状况。这类检测用于了解管道内部纵断面的过水面积，从而检测管道功能性病态。其优势在于可不断流进行检测，不足之处在于仅能检测液面以下的管道状况，而不能检测管道一般的结构性问题。

声呐与超声波技术具有灵敏度高、穿透力强、探伤灵活、效率高、成本低等优点，是可以代替闭路电视的实用技术。声呐头安装在牵引车、浮子或遥控水下装置上，被送入污水管中。声呐头发送超声波信号，然后从污水管的不同表面反射回来，声呐头接收反射的信号，产生管道表面的完整的360°外形图，可分别表示管壁上的坑、穴和裂缝、淤泥、植物和砖块等。此技术常被用于检测塑料排水管的变形和混凝土管的腐蚀和变形，适用于直径大和超负荷的污水管。当声呐和闭路电视联用时，声呐装置通常用来检测水面以下的管段，闭路电视主要检查水面以上的管段，从而得出管道内部的完整图像。这是检测和评估高流量情况下大口径排水管的理想工具。

采用CCTV检测需要排干管道中的水，而声呐管道监测仪可以将传感器头浸入水中进行检测。声呐系统对管道内侧进行声呐扫描，声呐探头快速旋转并向外发射声呐信号，然后接收被管壁或管中物体反射的信号，经计算机处理后形成管道的横断面图。一般来说，声呐系统可以提供准确合理的资料，以判断管线断面的管径、沉积物形状及其变形范围。

3. 潜望镜（Quickview）

潜望镜为便携式视频检测系统，操作人员将设备的控制盒和电池挎在腰带上，使用摄像头操作杆（一般可延长至5.5m以上）将摄像头送至窨井内的管道口，通过控制盒来调节摄像头和照明以获取清晰的录像或图像。数据图像可在随身携带的显示屏上显示，同时可将录像文件存储在存储器上。该设备对窨井的检测效果非常好，也可用于靠近窨井管道的检测。适用管径为150~2000mm。

4. 聚焦电极渗漏定位仪与扫描电镜

聚焦电极渗漏定位仪或扫描电镜可用于检测钢筋混凝土管、混凝土管、塑料管或衬塑钢管等的渗漏情况，具有成本低、效率高的特点。当聚焦电极渗漏定位仪通过排水管时，会记录表面电极和管内无线电聚焦电极之间的电流图。扫描电镜装置通过管道时不需要事先清洗管道或控制水流，扫描装置显示的读数反映了管道受损部位的长度、范围和微小的异常现象。装置将数据进行统计分析，并按管道优劣状况分为不同等级，根据不同等级可采用不同的修复方法。

5. 管道检测机器人技术

管道检测机器人技术的优越性主要体现在机器人的移动技术、自动操作技术、自动定位与跟踪探伤技术、数据处理、信号识别与自动评估技术。

机器人的移动技术有靠磁吸附下的爬行技术，有靠气压差的推动技术。机器人运动还具有稳定性，有一定的拐弯半径和灵活性。如管道检测相机系统可遥控操作，它装配有很小的彩色照相机，具有低灵敏度、可弯曲、可压缩和重量轻等特点。照相机输出标准的图像可在相连接的录像机、显示器和电视机上显示出来。

管道机器人能自动定位、记录并跟踪缺陷信号的位置。如管道机器人检测系统（MAK-RO），它于2000年在德国研制成功。该系统可自动检测排水管损坏的类型、位置和程度，可以测到管道内的障碍物、裂缝和管壁厚度，还可探测管道外壁的渗漏裂缝以及长达100mm的管壁裂痕和损坏。机器人的移动和传感功能，可在检测站中进行控制和监视。尤其在用传统方法不能达到的地方（如有电缆和管壁阻碍的地方），它的优越性就更为明显，在有泥土覆盖层的情况下也不会受到影响。

管道机器人还具有数据处理、存储功能及检测信息的传递与判断技术,能识别信号,对损伤进行自动评估。如管道检测快速评估技术(PIRAT)是机器人、机器视觉和人工智能的结合,它把先进的扫描仪和数据通信技术结合在一起,自动检测和定量评估地下排水管。PIRAT 系统是 1996 年由澳大利亚研究机构完成。该系统装配有直径小、自动推进的微型推进器,并带有激光和声呐扫描仪以及先进的传感器。激光扫描仪可以扫描低水位的管道,分析反射的光线;而声呐扫描仪用于水流满管看不到管壁的情况,分析代表管道特征的回声。扫描结果将多个管道截面组合,并产生污水管道内部形状的三维图像。人工智能软件自动分析取得的数据,提供完整的管道损坏报告。整个装置都安装在管道内的运载工具上,并由地面上的活动控制室控制。该装置可在承压的、有毒的和有爆炸可能的污水管内作业,并能连续、详细地测量污水管内部形状,这些数据经过自动分析、分类,用以确定管道受损等级,并根据管道的条件进行优劣等级排序。

6. 管道扫描与评价技术(SSET)

管道扫描与评价技术(Sewer Scanner and Evaluation Technology)结合了扫描仪与回转仪的技术优势,能够提供详细的数字图像。SSET 由 CORE 公司与日本东京市政府下水道服务公司开发。相对于现行的 CCTV 检测技术,SSET 的主要优势在于:可获得更高质量的数据;加快了评估过程;数字成像有助于分类并将缺陷数据表格化;用不同色彩对缺陷处做标记有助于快速识别,并完成对管道水平和垂直偏差的测量。但其检测费用过高,目前大约是 CCTV 检测技术的 1.5~2 倍。SSET 能提供管道几何尺寸、垂直与水平偏差、结构缺陷、缺陷的位置和范围(包括总体和局部的)等数据,并完成对污水管道的整体完整性的自动分析和评估,这些信息能够协助工程师和评估管理者做出更加可靠且经济的修复决定。

7. 多重传感器(SAM)

多重传感器(Sewer Assessment Multi-sensors)是德国研发的一项管道检测新技术,它包括一套 CCTV 系统和各种传感器,可对管道的渗漏、腐蚀等缺陷进行检查,同时检测管径、管道周围土质等参数。多重传感器包括:

(1) 光学三角测量系统。可在检测过程中记录管道的形状(管径、偏差等)。

(2) 微波传感器。可用来检测管道周围土壤的状况,一般商业用传感器成本较高。德国已研制出了一种更小更经济的反向散射传感器——管壁扫描传感器,并应用于 SAM 系统,这种传感器可沿管道轴向旋转并可扫描整个管道表面。

(3) 声学系统。通过探测机械声波的发散引起的振动和其他现象来探测管壁裂缝和判断管道接口的状况。

第七节 管道对接焊缝的超声波检测

对管材焊缝缺陷的无损检测手段主要有射线照相法、超声波检测法、磁粉检测法、渗透检测法和电磁感应检测法。其中前两种方法主要用于检测内部缺陷,后三种方法主要用于检测表面或近表面的缺陷。其中超声波检测焊缝不受材料、厚度与几何形状的限制。随着新型超声波传感器的出现,自动化控制技术、现代计算机技术与图像处理技术的发展,超声波检测已逐渐进入自动化检测时代。

近些年来,数字式探伤仪已逐渐代替了模拟式探伤仪。数字式探伤仪较原先使用的模拟式超声波探伤仪具有显著的优点：第一，其定位精度高，定位精度可达 0.1mm，为管道焊缝根部信号的判定提供了可靠依据；第二，可存储多种探头参数及其距离-波幅曲线，为现场采用多种角度的探头进行检测提供了方便，提高了不同角度缺陷的检测灵敏度，也可方便地变换探头（角度），为辨识真伪信号提供了方便；第三，可以存储动态波形和缺陷包络线，并可作为电子文件存档备查。数字式超声波探伤仪较好地解决了管道焊缝超声波探伤的难题。

通过对超声波检测方法、扫查面、探头数量、探头型号和探头尺寸的控制，以及理论分析和实际验证，超声波检测能有效保证管道焊缝的检测质量。超声波检测操作灵活方便，对厚壁管道检测灵敏度和检测效率均高于射线检测，成本低于射线检测，且对人体无害，是一种科学、环保的检测方法。

一、管道对接焊缝与容器对接焊缝的不同点

管道对接焊缝较容器对接焊缝在焊接工艺、接头形式、主要缺陷产生的部位、缺陷信号判别、探头扫查面、探头折射角度的选择以及耦合面曲率等方面都有较大区别。因此从事管道对接焊缝超声波检测的人员必须对此有一定的了解。表 9-3 是管道对接焊缝与容器对接焊缝超声波检测不同点的比较。

表 9-3　管道对接焊缝与容器对接焊缝超声波检测不同点的比较

项目	内容	管道对接焊缝	容器对接焊缝
1	焊接工艺条件	单面焊接，且多为手工焊，现场野外作业，焊接质量受环境影响较大	一般为双面焊接，且多为自动焊，车间内机械化作业，受环境影响较小
2	表面检查条件	一般只能进行外表面目视检查	一般可对容器进行外表面目视检查
3	缺陷产生的主要部位	缺陷主要产生在焊缝的根部（未焊透、未熔合、内凹、焊瘤、错口、咬边、气孔、夹渣、裂纹等）	缺陷主要产生在焊缝内部（气孔、夹渣、未熔合、未焊透、裂纹等）
4	超声波信号判断	缺陷回波易与内表面回波相混淆，不易判断区分	缺陷回波与焊缝表面回波位置明显不同，易于区分判断
5	探头扫查面	只能在管道外表面扫查 直管与直管对接焊缝，可以在焊缝两侧扫查 直管与其他管道元件的对接焊缝大部分只能从直管侧扫查	可以从容器内外表面焊缝两侧扫查
6	检测面曲率与耦合损失	检测面曲率一般较大，探头经修磨后才能与工件紧密接触以减少声能损失	检测面曲率小，一般接近平板，耦合损失小
7	对探头的要求	对于较薄的焊缝，要求探头具有短前沿和大 K 值[①]，增大一次波的扫查范围 对于只能从单面单侧扫查的焊缝要选择两种不同角度的探头进行扫查	对于较厚的焊缝要求探头 K 值不宜过大，否则声程过长，检测灵敏度降低 一般选择一种角度的探头从焊缝单面双侧或双面双侧进行扫查

① 探头 K 值是指超声波在管道中的折射角的正切值。

二、焊接工艺及缺陷分析

管道对接焊缝的超声波检测有两个重要环节，一是如何能保证不漏检缺陷，二是如何能

正确识别和判定缺陷。以下对管道的接头形式、焊接方法、焊接位置及易产生的缺陷进行分析，为设计检测工艺、提高缺陷的检出率和信号判定提供参考。

1. 接头形式与扫查面

石化装置工艺管道对接焊缝一般可分为三种形式：直管与直管对接、直管与管件对接、管件与管件对接。

（1）直管与直管对接焊缝探头可以在焊缝两侧进行扫查。

（2）直管与管件对接焊缝由于管件侧表面为不规则曲面（如弯头、法兰、阀门或三通等），探头不能良好耦合，因此，只能从直管一侧进行扫查。为了提高缺陷检出率，应选择两种不同角度的探头进行扫查。

（3）管件与管件对接焊缝由于焊缝两侧均为不规则曲面（如弯头、法兰、阀门或三通等），探头不能良好耦合，因此，这类焊缝不能进行正常的超声波检测。如客户有措施将焊缝余高磨平（与母材平齐），则可将探头通过磨平的焊缝进行检测。将焊缝打磨至与母材平齐是一件很困难的事，一般不采取这种做法。

2. 焊接位置

了解焊接位置有助于缺陷性质的分析判断。管道对接焊缝的焊接位置分为水平转动、水平固定、垂直固定和45°倾斜固定。

（1）水平转动口焊接时，焊接位置总是处于时钟11点或1点附近的位置，这样焊接操作最易控制，最不易产生焊接缺陷，如图9-10所示。

（2）水平固定口焊接时，上半部分处于平焊位置，下半部分处于仰焊位置，两侧处于立焊位置，如图9-11所示。

图9-10　水平转动口焊接示意图

图9-11　水平固定口焊接示意图

（3）垂直固定口焊接时，其位置为横焊，焊接位置示意如图9-12所示。

（4）45°倾斜固定口焊接时，各部分在水平固定的基础上又增加了倾斜角度，加大了焊接难度，如图9-13所示。

图9-12　垂直固定口焊接示意图

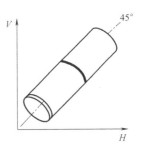

图9-13　45°倾斜固定口焊接示意图

三、探头的选择

探头选择时要考虑的因素有:

1. 检测厚度

检测较薄焊缝应选择大 K 值、短前沿探头,一次波尽可能扫查更多的焊缝截面;对于大厚度焊缝应选择晶片尺寸较大、K 值合适、具有足够灵敏度的探头。

根据实际工作经验,笔者推荐壁厚≥7mm 的焊缝宜采用单斜探头进行检测;壁厚<7mm 的焊缝检测时杂波干扰严重,目前多选用聚焦探头或双晶探头。但聚焦探头和双晶探头一般宽度较大,与小径管耦合时要进行修磨。由于聚焦探头和双晶探头都是在焦点附近灵敏度最高,探测范围受到一定影响,工艺管道壁厚<7mm 的管道管径一般均较小,因此,对壁厚<7mm 的管道焊缝不推荐采用超声波检测法进行检测。

2. 检测面曲率

半径 R 较小的管道,要选择接触面小的探头,以保证良好耦合;直径较大的管道可以选择尺寸较大的探头,以提高检测效率。探头与工件接触面宽度 W 应满足下式要求

$$R \geq \frac{W^2}{4} \tag{9-3}$$

目前市场销售的晶片尺寸为 6mm×6mm 的短前沿小晶片探头,其探头宽度一般为 12mm。由式(9-3)计算可得管道直径应大于 72mm。为提高耦合效果,一般推荐采用探头宽度为 12mm 的小晶片、短前沿探头进行检测时,管道直径下限为 10mm。

3. 扫查面

直管与直管对接,探头在焊缝两侧扫查时,可以选择一种 K 值的探头;直管与管件对接,探头只能在焊缝一侧进行扫查时,应选择二种折射角相差不少于 10° 的探头进行扫查,其中较小 K 值的探头,一次波扫查范围不少于焊缝截面的 1/4。

4. 探头频率

管道探伤宜选择较高频率的探头,以提高指向性和定位精度。推荐采用频率为 5MHz 的探头,对于较厚管道(厚度≥40mm)可以选择 2.5MHz 的探头。

对于根部可疑信号,尽可能选择小 K 值探头复验。经验表明,小 K 值探头定位精度高,误差小。

综合上述条件,不同厚度的管道推荐选择的探头角度和前沿距离见表9-4,不同曲率的管道推荐选择的探头尺寸见表9-5。

表9-4 不同厚度的管道推荐选择的探头角度和前沿距离

厚度 T/mm	采用单个斜探头在焊缝两侧进行扫描时探头的 K 值	采用两种 K 值探头在焊缝的一侧进行扫描时探头的 K 值		探头前沿距离/mm
		探头1	探头2	
7≤T≤10	3.0~2.5	2.0	3.0	≤5
10≤T≤15	3.0~2.0	2.0	3.0	≤8
15≤T≤35	2.5~2.0	1.5	2.5	≤10
35≤T≤46	2.0~1.5	1.0	2.0	≤12
46≤T≤100	—	1.0	2.0	≤15

表 9-5 不同曲率的管道推荐选择的探头尺寸

管道外径 D_0/mm	探头接触面宽度 W/mm
$100 \leqslant D_0 < 159$	≤12 或修磨至与工件曲面匹配
$159 \leqslant D_0 < 219$	≤16
$219 \leqslant D_0 \leqslant 325$	≤18
$D_0 > 325$	≤20

四、检测灵敏度分析

现行行业标准《承压设备无损检测 第3部分：超声检测》（NB/T 47013.3—2015）规定，外径≥159mm 的管子按标准中表 27 调节检测灵敏度；外径＜159mm 的管子按标准中表 32 调节灵敏度。

管道对接焊缝中存在的主要缺陷有未焊透、未熔合、内凹、焊瘤、错口、气孔、夹渣和裂纹等。根部未焊透、未熔合和裂纹属面状缺陷，超声波对其非常敏感。试验表明，深度为 0.5mm 切槽的反射波幅均较高，回波均在判废线上下。因探头的角度不同，回波幅度有所不同，探头折射角度越小，回波幅度越高，因此根部未焊透、未熔合和根部纵向裂纹类面状缺陷一般不会漏检。

五、检测工艺卡编制举例

工艺卡的编制原：工艺卡要能够真正指导检测工作，使检测人员能够看懂，按工艺卡要求可以方便实施。

编制检测工艺卡时需重点关注的内容如下：
（1）探头数量和参数能够满足标准和实际检测的需要，能否最大限度地检出危害性缺陷。
（2）检测面要明确。
（3）试块和检测灵敏度符合标准要求。

下面对管道焊缝超声波检测工艺卡的编制进行举例。

已知某石化装置检修改造工程中有一条规格为 φ219×20 的碳钢工艺管道，坡口形式为 V 形，氢弧焊打底，手工电弧焊填充、盖面，检测比例为 100%。按《承压设备无损检测 第 3 部分：超声检测》（NB/T 47013.3—2015）标准进行检测，合格级别为 Ⅰ级。

测工艺卡编制结果见表 9-6。表 9-6 中未对检测技术等级提出要求，这是因为《承压设备无损检测 第 3 部分：超声检测》（NB/T 47013.3—2015》的检测技术等级不适用于直管与管件对接的焊缝检测。

表 9-6 管道焊缝超声波检测工艺卡（示例）

工程名称	某石化厂	委托单位	××××	工艺卡编号	2010-UT01
检件名称	管道对接焊缝	检件材质	碳钢	检件规格	φ219×20
检测标准	NB/T 47013.3—2015	检测比例	100%	合格级别	Ⅰ级
焊接方法	GTAW+SMAW	坡口形式	V	表面状态	打磨
设备型号	DUT-860	设备编号	UT-09	试块型号	CSK-ⅢA
表面补偿	4dB	耦合剂	化学糨糊	检测灵敏度	评定线
检测时机	焊后	扫描比例	深度1:1		

（续）

检测对象	探头型号	探头前沿	探头宽度	检测面	探头移动区
直管与管件对接焊缝	5P9×9K1.5	≤10mm	≤16mm	在直管侧扫查	≥75mm
	5P9×9K2.5				≥125mm
直管与直管对接焊缝	5P9×9K2.0			焊缝两侧扫查	≥100mm

检测示意图：

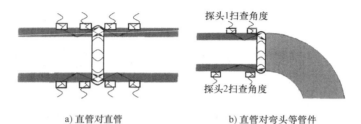

a) 直管对直管　　　　　　b) 直管对弯头等管件

其他要求：
(1) 焊缝检测前要用直探头或测厚仪对焊缝两侧的管子壁厚进行测定，以确认管壁的真实厚度，从而有利于判定根部缺陷
(2) 检测直管与直管对接焊缝时，也可以使用 $K1.5$ 和 $K2.5$ 的两种探头进行检测
(3) 扫查速度不大于 150mm/s
(4) 每班检测前后要对仪器灵敏度和时基线进行校验
(5) 当发现有波幅较低的可疑波形时，应更换另一种角度（相差不小于 10°）的探头进行复测

编制：××××				审核：××××			
资格：	级	年 月	日	资格：	级	年 月	日

六、典型缺陷信号的识别

超声波检测前，应对受检焊缝两侧的壁厚靠近焊缝部位用直探头进行测厚，以确认其真实厚度。如果测得结果小于标称值的负偏差，则应立即报告委托人；如果测得结果大于或等于标称值，则认为是可以接受的。所测厚度值应在记录中注明，该值即作为判断回波信号的基准。

对回波信号性质的判定要结合材质、坡口和结构形式、焊接工艺和焊接位置、回波位置（包括水平位置和深度位置）、指示长度和取向、最大回波高度、静态和动态波形等进行综合分析。对于可疑信号可更换另一种角度的探头进行验证，以助于缺陷定性和伪信号的识别。

管道焊缝正确判别根部信号的关键是时基线标定要准确，要求深度定位误差不超过 0.5mm，否则，根部缺陷信号判断会产生较大误差。时基线标定完毕后，必须用与所检工件厚度等深或相近的孔进行校验，该孔的最高回波指示值若与深度标称值相当或略小 0.1~0.5mm（半孔径），则时基线标定是准确的。

时基线的调节还应考虑试块声速与工件声速的差异，当工件厚度较大时，声速的差别会严重影响定位精度和根部缺陷的判定。如常温测得材质 20 钢的横波声速为 3230m/s，P91 的横波声速为 3301m/s；20 钢的纵波声速为 5934m/s，P91 纵波声速为 5983m/s。用 $K2$ 探头和 20 钢标准试块标定的时基线探测 P91 钢工件时，由于 P91 钢的声速较快，其折射角增大，K 值变为 $K2.25$，探测 50mm 厚 P91 工件其声程增加至 123.297mm，较 20 钢的声程 111.67mm 增加

11.62mm，从时基线上观察，与厚度50mm的20钢工件的回波位置相对应的P91钢工件的实际厚度为54mm。显然，由此会造成严重的误判，易将焊瘤判为未焊透缺陷。

关于最高峰的确认，许多探伤人员对波峰最高点的判断存在误区，探头总是不敢前后移动，发现了较高的回波就认为是最高波，但探头前后移动时最高波的位置又发生变化，这就影响了对信号的正确判断。

在扫查和精探伤时，探头应前后移动。当发现回波信号时，应增加耦合剂并将探头前后往返缓慢移动3~5次，观察动态波形，找出回波最高点的位置。将探头移至出现回波最高点的位置，轻微前后移动或转动探头，找出最高波，用闸门选择该回波，读出回波位置。

下面对管道焊缝检测中几种典型缺陷信号进行分析和介绍。

1. 质量良好的焊缝

质量良好的焊缝内部没有缺陷，焊缝内外表面成形饱满且均匀过渡，焊缝区段没有缺陷回波，焊缝根部或焊缝表面不产生或产生较低的回波（视探头角度而异）。由于根部有一定的凸出，出现反射波时，反射波峰值的位置略迟后于工件厚度，两侧扫查结果相近。典型波形如图9-14所示。

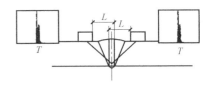

图9-14 符合要求的焊缝根部反射回波

2. 根部未焊透

根部未焊透与焊接工艺密切相关。目前大多数管道工程均要求氩弧焊打底，有效地减少了未焊透缺陷的产生，同时提高了根部成型质量。现在发现的未焊透多是由于焊工操作的偶然性所致，未焊透的长度一般不超过20mm，自身高度一般不超过2mm，也可能一侧钝边略深，另一侧钝边非常浅。从焊缝两侧扫查时，反射波幅有可能相差较大。在非缺陷侧探测时，信号可能很弱，甚至无信号，改用较小角度探头检测时缺陷信号则易于发现。因此，从单面单侧扫查时，应选择两种不同角度的探头进行检测。如有可能，选择K1斜探头对根部缺陷进行检测，能获得良好的检测灵敏度。

反射波与底波位置的间距与未焊透的深度成正比，未焊透深度大则回波幅度高，反之则回波幅度低。探头作摆动或转动时，波形消失很快。

判断是否未焊透的关键是看回波的位置，未焊透的反射波最高峰在底波略前一些的位置，没有底波出现。未焊透回波位置如图9-15所示。深度较大的未焊透一次波和二次波均可以发现，有时二次波的当量幅值还会高于一次波的当量幅值。

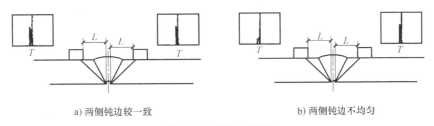

a) 两侧钝边较一致　　　　b) 两侧钝边不均匀

图9-15 根部未焊透

3. 未熔合

管道焊缝的未熔合多为根部钝边未熔合，少部分为坡口未熔合。钝边未熔合在焊缝的根部，坡口未熔合在焊缝坡口熔合线部位。未熔合反射波的特征是：在焊缝两侧探测时，反射波幅不同，大部分未熔合只能从一侧探到。较大尺寸的未熔合，探头平移时波形较稳定。

（1）根部未熔合。根部未熔合反射波出现时，一般有一侧可以同时看到底面反射波。而未焊透两侧均没有底面反射波。判断是否未熔合，要结合回波深度、水平距离和是否有底波来综合判断。根部未熔合回波示意如图9-16所示。

（2）坡口未熔合。坡口未熔合多在厚壁焊缝和自动焊焊接时产生，具有一定的长度，成连续状或断续状。其动态波形为探头平行于焊缝移动时，特征包络线比较平稳（连续状）或有缓慢的起伏（断续）；探头前后移动时，特征包络线与气孔差不多；探头做摆动或转动时，波形消失很快。其声程特点如图9-17所示，从缺陷侧探测，二次波信号强，一次波信号弱甚至没有；从非缺陷侧探测，情况相反。

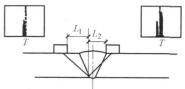

图9-16　根部未熔合回波示意图

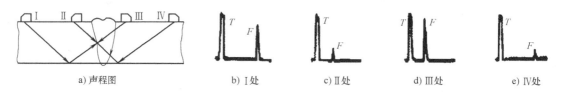

图9-17　不同探头位置处的坡口未熔合回波

4. 根部内凹

内凹一般产生在固定焊口的仰焊部位。其在荧光屏上的波形为深度较大且边缘较陡峭的内凹，其危害性与回波幅度均与未焊透相似，易于检测，应按未焊透处理。深度较浅且平缓过渡的内凹一般回波较低或不易发现，这类内凹对焊缝强度影响不大。其动态波形为特征包络线的变化比较平缓，无明显的锯齿形，有内凹缺陷时无底波出现。其声程特点为从两侧探测，声程反射点相隔一定距离，其距离约等于对口间隙加2~4mm。

5. 裂纹

裂纹多产生于焊缝根部或外表面，一般是由于焊接材料用错。强行组对或焊接工艺不当所致。一般裂纹的回波高度较大、波幅宽、有多峰出现。探头平移时反射波连续出现，波幅有变动；探头转动时，波峰有上下错动现象。表面和近表面微小裂纹反射面小，反射波与表面杂波混杂在一起不易区分，横向裂纹垂直于焊缝，当管径较小时，探头不能平行于焊缝扫查，因此标准要求增加表面检测来补充超声波检测方法的不足。

6. 根部错边

直管、弯头、三通以及大小头等，由于加工精度的原因，其对接端口往往存在一定程度的椭圆或不等壁厚，组对时局部可能会出现错边，轻微的错边在焊接时易焊至均匀过渡，严重的错边则会在内表面形成焊缝错边。这种错边从一侧探测时，信号较强，而从另一侧探测时，没有信号波，如图9-18所示。等壁厚错边一般从外表可以看出，不等壁厚错边可以在检测前测厚时发现。要注意错边与单侧未焊透的区别。

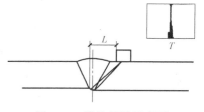

图9-18　错边回波示意图

7. 根部焊瘤

根部焊瘤表面比较光滑，从焊缝两侧扫查，其反射回波相差不大，且均在底波位置之后出现，焊瘤部位一般只有焊瘤反射波，没有底波。焊瘤回波示意如图 9-19a 所示。

焊瘤回波的判断，焊瘤的反射回波一般都很强，且最高峰在根部之后 2~3mm 左右的位置，大焊瘤也可能到达根部之后 5~6mm 的位置。操作时，前后移动探头，从根部之前就开始有回波；随着探头缓慢后移，波峰逐渐增高，屏幕指示深度位置增加，超过根部位置 2~3mm 后出现最高峰；之后，再后移探头，波峰开始下降，在最高峰之前没有峰值出现，这就是焊瘤回波的典型特征。焊瘤回波包络示意如图 9-19b 所示。

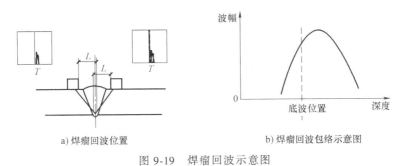

a) 焊瘤回波位置　　　　　　　　b) 焊瘤回波包络示意图

图 9-19　焊瘤回波示意图

8. 气孔和点状夹渣等点状缺陷

气孔与夹渣均在焊缝内部，一次波检测时，其反射波位于始波与底波之间，二次波检测时其反射波位于底波与上表面反射波之间。

（1）单个气孔与点状夹渣回波特征。其回波在荧光屏上的波形尖锐、陡峭、清晰、波根较窄，如图 9-20 所示。

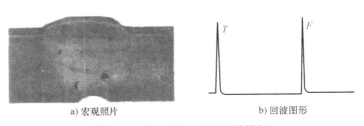

a) 宏观照片　　　　　　　　b) 回波图形

图 9-20　单个气孔/夹渣回波特征

（2）密集气孔回波特征。密集气孔回波在荧光屏上同时出现数个波，往往有一个较高的波，旁边簇拥着若干个小波，波形清晰，如图 9-21 所示。其动态波形为不管探头做怎样的移动，波形总是此起彼伏。

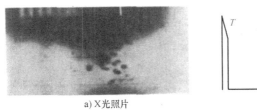

a) X光照片　　　　　　　　b) 回波图形

图 9-21　密集气孔回波

(3) 条状夹渣回波特征。探头前后移动时荧光屏上的波形与点状夹渣类似，只是左右移动时缺陷有一定的长度。其动态波形为：探头平行于缺陷长度方向移动时，在缺陷长度范围内有缺陷波；探头做摆动时，波形消失很快。

9. 两种典型的伪缺陷信号

(1) 扩散声束在根部的反射伪缺陷回波。在实际工作中经常发现在接近下表面之前有强烈的反射波。从反射波出现的位置分析，反射点应在焊缝内，但长度较长，有时全焊缝连续，如图9-22所示。但是，用射线复测时焊缝质量良好。产生此伪缺陷回波的原因为：探头发出波束是扩散的（图9-23），下扩散波较中心主波束的折射角略小，即K值略小，当探头移动时，下扩散声束在C点与下表面形成接近垂直的角度，反射波强烈。从示波屏上观察，在B'处有反射波显示，反射点水平位置靠近焊缝对面的熔合线，深度小于工件厚度。

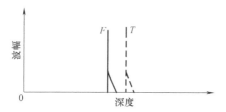
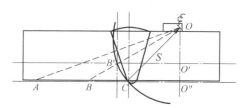

图9-22　下扩散声束回波显示位置示意图　　图9-23　下扩散声束反射回波原理图

从图9-23可以看出，由下扩散声束在根部C点产生的反射波相当于主声束在焊缝中B'点产生的反射波，在示波屏上显示的位置如图9-22所示。

当出现上述信号时，应选择较高频率、小角度探头进行复测以排除此类伪信号。

(2) 山形伪缺回波。焊缝超声波检测时，经常发现在底波之后上表面回波之前出现两个较高回波，如图9-24所示的山形回波。用X射线复验，焊缝质量良好。

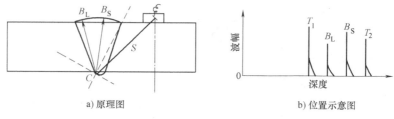

图9-24　山形回波

山形回波形成原理为：

1) 从探头进入工件的横波在焊缝根部（由于根部成型的原因）产生反射回波T_1，同时产生反射纵波B_L和反射横波B_S。

2) 根部反射回波T_1先到达探头并被接收，T_1在一次底波（或略滞后一点）的位置。

3) 根部反射纵波B_L到达焊缝上表面后又反射回来，在C点又变成横波返回至探头，被探头接收，由于纵波较横波声速快，因此B_L较T_1迟到的时间在示波屏上约为t_L的时间（大约在距一次底波之后，相当于一次波与二次波时间1/3的位置）。t_L的计算式为

$$t_L = \frac{T}{C_L} \tag{9-4}$$

式中　T——工件厚度；

C_L——纵波声速。

4)根部反射横波 B_S 到达焊缝上表面后又反射回来,经 C 点返回至探头,被探头接收,B_S 较 T_1 迟到的时间在示波屏上约为 t_S(大约在距一次波之后,约相当于一次波与二次波时间 2/3 的位置)。t_S 的计算式为

$$t_S = \frac{T}{C_S} \tag{9-5}$$

式中　T——工件厚度;

C_S——横波声速。

辨别山形回波的方法为:用手指沾耦合剂轻轻拍打对应的焊缝表面,如果山形回波在手指接触焊缝时降低,手指离开焊缝时升高,且跳动明显,则可判定该山形回波为伪信号。沾有耦合剂的手指在接触焊缝表面时吸收了部分声能,从而使反射声波降低。

从上述管道焊缝缺陷定性的叙述中可以看出,单凭缺陷的某一种特征来判断其性质是比较困难的,必须对各种特征以及所了解的焊接情况加以综合分析,才能做出正确的判断。

第八节　埋地金属管道应力集中检测技术

埋地管道在实际工程应用中不可避免地会受到疲劳失效的威胁。由于疲劳裂纹大多数位于管道表面或者近表面的应力集中区域,且管道中存在的腐蚀等微观缺陷也会导致应力集中,因此,应力检测不仅可以检出腐蚀等缺陷,可以对管道缺陷进行早期预警。

20 世纪 90 年代,俄罗斯学者杜波夫首先提出利用金属磁记忆效应进行金属材料应力检测。金属磁记忆检测技术是一种全新的无损检测手段,该技术主要利用铁磁性金属管道在地磁场中所产生的磁记忆效应,通过对管道表面磁场法向分量进行检测,以确定被检管道的缺陷和应力集中区。金属磁记忆检测技术是一种行之有效的管道应力状况检测手段,利用该技术可以分析判断管道的疲劳损伤状态。

一、管道应力集中区金属磁记忆检测原理

铁磁性金属材料在应力作用下,其内部会产生位错形成滑移,在材料内部产生应力集中。金属材料中的应力集中区在地磁场作用下,将发生磁畴的自发转动,形成磁极,以磁性能的形式来抵消掉部分应力集中带来的弹性能量。即对于铁磁性金属来说,机械效应和磁弹性效应的产生是为了降低体系本身的自由能,其结果必然会在金属管道表面形成特定的漏磁场,从而产生磁记忆效应。

漏磁场强度的计算公式为

$$H_P = \frac{\lambda_H}{\mu_0} \Delta \sigma \tag{9-6}$$

式中　H_P——漏磁场强度(A/m);

λ_H——磁弹性效应的不可逆分量;

μ_0——真空磁导率(N/A^2);

$\Delta \sigma$——周期性外加载荷(MPa)。

该漏磁场在应力集中区域，其切向分量 $H_P(x)$ 具有最大值，而法向分量 $H_P(y)$ 会改变符号，并具有零值点。因此，金属磁记忆仪器通过测定铁制工件表面 $H_P(y)$ 的变化，便可以准确地推断出铁磁性构件内部残余应力的大小和区域，如图 9-25 所示。通过测量金属表面漏磁场的分布特征，就可以得到金属构件应力集中区域的分布以及大小，达到检测应力集中区及缺陷位置的目的。

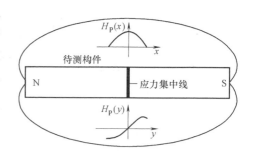

图 9-25　金属构件应力集中区磁记忆效应 H_P 检测原理示意图

另外，在金属构件缺陷区域的应力集中区，漏磁场的法向分量 $H_P(y)$ 变化剧烈，因此还可以用磁场梯度值 K 来判断该金属构件的缺陷或应力状况。

$$K = \frac{|\Delta H_P(y)|}{\Delta l_k} \tag{9-7}$$

式中　K——磁场梯度值；

$\Delta H_P(y)$——相邻两检测点之间漏磁场的变化值（A/m）；

Δl_k——传感器的采样长度（m）。

由式（9-7）可知，在其他条件相同的情况下，梯度值越大的区域存在的缺陷或应力就越大。

二、检测结果及分析

利用金属磁记忆检测仪分别对位于小区占压管道区段、林地以及穿跨越区域的埋地管道进行了应力检测，检测示意如图 9-26 所示。检测设备选用俄罗斯动力诊断公司研制的 TSC-4M-16 金属磁记忆检测仪以及非接触检测探头，探头由 4 个三通道传感器组成，如图 9-27 所示。现场检测对象为某输油处所辖长输管道的一段，该段管道为 16Mn 螺旋焊缝钢管，壁厚为 8mm。

图 9-26　埋地金属管道应力检测示意图

图 9-27　TSC-4M-16 金属磁记忆检测仪

占压管道区段位于某小区院内，被测管道从小区五层住宅楼下穿越（分别占压管道 18m），检测管段为住宅楼两侧，检测结果如图 9-28 所示。从检测结果来看，被占压管段检测到的磁场信号变化较为平稳，未见明显的异常。12 道磁场接收数据都未发现过零点的现象，仅在距检测起始点约 2.0m 处发现干扰信号，如图 9-28 中红色方框标出位置。经现场分析，发现该处磁场异常信号是由于管体侧上方存在铁制下水道井盖所致。

利用金属磁记忆检测仪 TSC-4M-16 检测林地区段的管道应力结果如图 9-29 所示。检测结果表明，距检测起始位置 4.6m 附近的第 10 通道磁场信号存在过零点现象，并且该通道磁场梯度值较大，超过规定极限值。开挖验证结果如图 9-30 所示，开挖结果表明该处管段存在一条螺旋焊缝。经分析判断，管道在该处的应力集中是由于焊缝处存在缺陷所致。在检测管段的其他位置未发现应力集中区域。

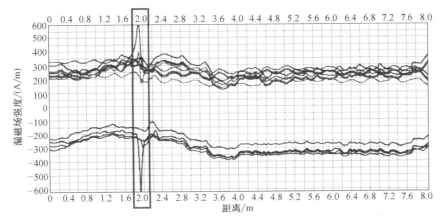

图 9-28　占压管道区段金属磁记忆检测结果

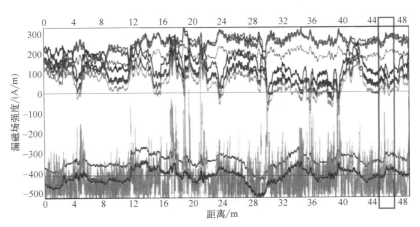

图 9-29　林地中管道金属磁记忆检测结果

管道穿跨越区段开挖验证结果及金属磁记忆检测结果如图 9-31 和图 9-32 所示。由检测结果可知，该处检测到的多道磁场信号都存在过零点现象（如第 1、2 等通道信号），但是对其信号梯度进行分析均未发现超过规定极限值。对第 10 道磁场信号距起点位置约 2000mm 处进行梯度求解发现，该处磁场梯度超过规定极限值，判断该处可能存在应力集中区。开挖验证结果表明该处存在一条螺旋焊缝。由此可知，该处应力集中是由于焊缝处存在的缺陷所引起的。另外，根据图 9-31 所示检测结果可知，仅仅依据 $H_p(y)$ 信号过零点即判定该处构件存在应力集中会导致误判，判定存在应力集中还应以多道信号梯度值超过规定极限值为参考依据。

图 9-30 林地中管道开挖验证结果

图 9-31 管道穿跨越区段开挖验证结果

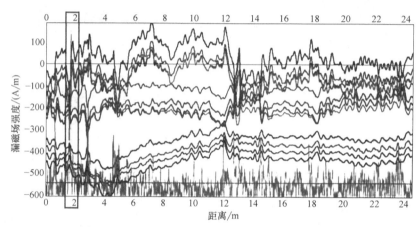

图 9-32 管道穿跨越区段金属磁记忆检测结果

第九节 地下管道变形检测技术

地下管道由于上部填土荷载、车辆荷载、地震、地层的移动、热输变形、第三方施工破坏等原因，常使管道产生不同程度的变形，如管道凹陷、椭圆变形、弯曲和下沉。这些变形会使管道输送介质阻力增大，导致管道内流体传输率下降。为保持正常输送量，必须增加能耗。变形也会造成管道强度降低和管形变化，形成安全隐患。当这些形变积累到一定程度时就可能引起管道的破裂，导致事故发生，危害公众财产和生命安全。为了确保管道安全运行，需要长距离更换管道，但如果通过检测取得完整可靠的管道变形资料，则局部换管就可以消除地下隐患，避免事故发生。另外在对地下管道进行缺陷检测前，为保证缺陷检测器顺利通过管道，需先对管道进行变形检测，而且，管道由于变形引起的事故比管道缺陷事故更加频繁。因此定期对地下管道进行变形检测非常重要，通过获得的变形位置及变形量等可指导正确维修，并防止事故发生。

最先用于管道几何形状检测的仪器是通径内检测器，它的出现是管道检测技术的一大进步。随着科学技术的进步，许多先进技术应用于管道的变形检测。

首台检测管内变形的仪器称为 TDW Kalipor 清管器。这种设备带有一圈伞状感测臂和里程轮，这些感测臂装在一个中心柱上，沿圆周分布，各自均贴靠在管壁上，在中心柱端部装有一支记录笔,停放在记录纸带上,其记录纸带在两个里程轮之间走动,而里程轮由步进电机带动,不同的里程对应记录纸带相应位置。若管壁有几何变形,变形处的感测臂产生转动,变形大转动幅度就大,并使中心柱移动一定距离,记录笔便会在纸带上留下一些数据。当检测器运行到管道终端后取出时,管道内径变化的程度和位置可从纸带上看出来。

这种早期应用的检测器测量元件同管壁直接接触,因此对管道清洁度要求较高,否则容易产生机械故障。后来推出的电子测径仪,其尾部装有电磁场发射器,通过电磁波测出发射器与管壁之间的距离,并转变成电信号存储于附设的电子计算机内,可以更好地保存和分析测量数据,大大提高了变形检测的测量精度。

我国有关单位也进行了这方面的研究,中国石油天然气集团公司管道科学研究院在1988年与天津激光技术研究所合作研制出了D500原油管道有效通径检测仪,该仪器上带有里程轮和伞状式测径传感器。测距范围为76km左右,测量精度为<±2.5%D(D为管径),测距精度≤0.5%L。四川石油管道局研制的D700输油管道测径仪,该仪器分为三部分:变形检测部分,里程检测部分,记录仪部分。检测部分不与管道内壁接触,就能连续记录管道截面形状变化的性质、大小和相应的位置,对管壁无损伤,可在线实施,并能安全通过管内较大变形与障碍,一次可检测100km,可感测最小变形量为0.02D,最大变形量为0.25D(D为管径)。

国内外比较常用的变形检测技术还有超声波法、管内摄像法、激光三角测量法、光纤陀螺法和激光光源投射成像法等,它们各有特点,本节进行简要介绍。

一、管内摄像法

这种基于CCTV(Closed Circuit TV)摄像的管道变形检测技术在应用上已经很成熟,在国外已使用了近40年,目前使用仍然很广。它通过不断地对管壁四周进行摄像,然后对拍摄的图像进行监视、分析从而得到管道的变形情况。这种方法检测起来比较直观,但由于受人眼分辨率的限制,若不对图像进行处理,对变形量小于10%D的形变就很难辨识;若将拍摄的图像制成录像带然后进行分析,其分辨率会更低,只能达到20%D左右。

近几年有英国科技人员对这种方法进行了改进,在CCTV摄像头前加设了特殊的光学头,使得测量精度和速度大为提高。管内摄像法原理如图9-33所示。

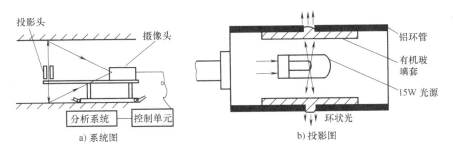

图9-33 管内摄像法原理

如图9-33a所示,整个测量装置可以放置于雪橇式机构或者轮滑机构上,使测量装置能够在管道中前后移动,以完成全程检测。特制光学投影头如图9-33b所示置于摄像头之前,其中的光源可近似看成平行光源,它发出的光通过凸面有机玻璃视窗在与管道轴线垂直的方向上产生光环投射到管道内壁，并且它被设计成当光线投射到管壁表面时，光的强度成近似高斯分布。如果管道轮廓形状发生变化，光环的光强和对管道轴线的倾斜度会发生变化，所以该光环能够很准确的反应管道的轮廓参数，如形状和大小等。光环被后面的摄像头所拍摄，然后经过图像分割、分析系统进行数学建模、傅立叶分析等过程，最后得到比较精确的管道变形检测结果。为了达到最大可能的稳定性，最好采用 CCD 摄像头进行摄像；为了保证检测精度，摄像头与光学投影头应固定连接，以保证它们之间的距离不变。

该方法的变形检测精度可达管径的 0.2%，其重复度也可达到 0.2%。但该系统也存在一些不足之处：为保证检测可靠，必须确保摄像头能够拍摄到整个光环，这就意味着光环处管道直径与摄像镜头处形成的对边角最大不能超过摄像镜头的视角。要满足这个条件，有两个途径：要么增加投影头到摄像镜头之间的距离来减小对边角，但这样整个测量装置就显得比较笨重、不紧凑，尤其是对直径较大的管道进行检测时该问题更加突出；要么采用短焦摄像镜头以增大摄像头视角，但这样一来，短焦镜头会产生光学成像误差，必须通过软件加以校正。同时，该装置光学投影头需要光源，这不利于管道内远距离及自动化检测。

二、超声波法

超声波检测法主要是利用了超声波的脉冲反射原理，如图 9-34 所示。超声波探头既是信号发射器又是信号接收器，检测时将探头垂直向管道壁发射超声脉冲基波 P，探头首先接收到由管壁内表面反射的脉冲 F，然后超声波探头又会接收到由管壁外表面反射的脉冲 B，根据基波 P 与内壁反映波 F 间的间距 d_1 的变化，就能够检测出管道内壁轮廓的变形情况。同样，由基波 P 与外壁反射波 B 间的间距变化，能够检测出管道外壁轮廓的变形情况。根据在同一位置测出的 F 与 B 间距 d_2 的变化，还能得到管壁的厚度变化。

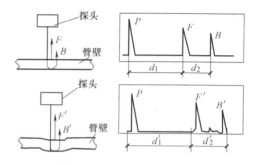

图 9-34　超声波检测示意图

这种方法检测原理简单，能够对厚壁大管径管道进行精确检测；此外，超声波法的检测数据简单，无须校验。不足之处在于超声波在空气中衰减很快，因此，使用时一般需要在探头和被测物体之间施加耦合剂。

三、激光三角测量法

激光三角测量法是一种高效准确、非接触式的检测方法。其检测原理如图 9-35 所示。

图 9-35a 所示的光路用于光滑镜面物体的检测，成像透镜对从物体表面反射的光线成像；图 9-35b 所示的光路用于非镜面物体的检测，激光垂直入射，成像透镜通过对物体表面漫反射的光线进行成像。在像面上放置横向光电效应传感器件接收成像光点，将光信号转换成电信号，成像点在探测器上的位置随被测物体表面高度变化而发生移动，而探测器的输出电信号又只与像点位置有关；管道的内径尺寸的变化可由其内表面相对于基准线的高度变化来表示。其中，当测量范围上、下限处的成像点分别位于光电探测器两端时检测效果最佳。

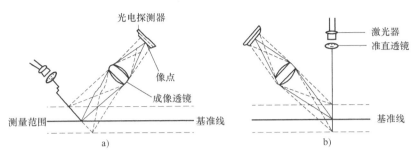

图 9-35 激光三角测量法远离

激光检测法具有很多优点。但光电探测器一次只能对管道内表面某一个点进行成像，若要进行全方位的成像检测，需要附加旋转装置，组成激光点扫描轮廓检测系统。在 1987 年美国 Quest Integrated Inc. 公司就成功研制了一套激光轮廓测量系统，用于军舰上锅炉管道的检测。

目前，激光三角测量系统的主要问题是受入射光束的焦深限制，大范围测量效果不太好。一般的高斯光束聚焦作为入射光时，会出现光斑尺寸随测量范围变大而离焦变大的情况。这使测量既无法满足系统的横向分辨率，也无法满足其纵向分辨率。即系统无法同时满足高分辨率与大测量范围的要求。针对以上问题，国内有人提出采用中心光斑很小的无衍射贝塞耳光束作为入射光束，以提高系统分辨率。

四、激光光源投射成像法

激光光源投射法其原理如图 9-36 所示，采用激光二极管作为光源，其发射出的光线通过透镜聚焦后经锥形镜使其向外均匀发散，发散的光线经透明玻璃视窗形成光环投射到管道内壁表面。此光环在管道内壁表面产生的反射光由透镜收集成像在二维光电探测器上，形成的图像可显示出管道内壁横截面的形状。若管道轮廓有形变，则会从形成的图像中反映出来，只要对图像进行分析处理，便可得到管道轮廓的尺寸位置等参数。二维光电探测器可使用电荷扫描器件（CSD）增加照射光所感应出的扫描电路的电荷，其灵敏度比普通电荷耦合器件（CCD）高，测量分辨率可达到±0.1mm。

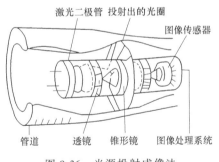

图 9-36 光源投射成像法

激光光源投射成像技术没有激光三角测量技术所存在的光源点状成像所造成的缺点，可实现全方位成像，同时不必使用复杂的附加机械装置。但该光电传感技术目前还处于实验开发阶段，尚未在实际工程中推广应用。

五、光纤陀螺法

光纤陀螺法是基于光纤陀螺技术的管道变形检测方法，它是检测长距离和大范围管线变形的方法。该技术可确定管道内几何异常的位置和变形程度，其显著优点是测量精度高。所使用的干涉型光纤陀螺仪是一种新型角速度传感器，具有极高的灵敏度和较高机械强度。近几年来，国内外对于光纤陀螺的研究和应用越来越广泛。其测量原理基于光的 Sagnac 效应。光纤陀螺相对惯性空间转动而产生的 Sagnac 相位差 $\Delta\Phi$ 可表示为

$$\Delta\Phi = \frac{2\pi LD}{c\lambda}\Omega \tag{9-8}$$

式中 L——光纤环内光纤总长度；

D——光纤环的平均直径；

c——真空中的光速；

λ——光在真空中的波长；

Ω——光纤陀螺在运行过程中产生的角速度。

通过相位解调提取顺、逆时针两光束的相位差 $\Delta\Phi$，即可得出光纤陀螺在运行过程中的角速度 Ω。

当陀螺仪沿被测对象的表面运行时，被测对象的变形使陀螺仪沿运行路径产生角速度，通过对光纤陀螺仪输出的角速度和线速度进行记录和计算机处理，便可绘出陀螺仪的实际运动轨迹，从而定量计算出被测对象的变形量。不过该方法还处于可行性研究阶段，实际工程应用中还有一些问题没有解决。

模块三 地下管网监测

第十章

管道泄漏与第三方破坏监测技术

第一节 管道泄漏监测技术与监测体系

一、管道泄漏监测技术现状

管道泄漏监测技术是指管道泄漏的实时在线检测技术。管道泄漏监控（诊断）系统能否快速、准确、有效地检测出管道泄漏，可以从以下几个方面对其进行评价：

(1) 泄漏监测的灵敏度。
(2) 泄漏监测的及时性。
(3) 泄漏识别的准确性。
(4) 泄漏定位的准确性。
(5) 泄漏监测系统的适应性。
(6) 泄漏监测系统的易维护性。
(7) 泄漏监测系统的性价比。

自 20 世纪 70 年代以来，国内外在管道泄漏监控（诊断）技术方面不断进行研究工作，尝试了各种新方法和手段。但由于管道类型的多样性（高压长输、中压配送、集输管网等），输送介质的多样性（原油、成品油、天然气等），管道所处环境（地上、管沟、埋地、海底、极地等）的多样性，以及泄漏形式的多样性（渗漏、穿孔、断裂等），目前还没有一种通用的方法来解决管道泄漏监测的问题。

二、管道泄漏监测技术

1. 负压波法

当管道发生泄漏时，泄漏处因流体物质损失而引起局部流体密度减小，产生瞬时压力降和速度差。这个瞬时的压力降以声速向泄漏点的上下游处传播。当以泄漏前的压力作为参考标准时，泄漏产生的压力降就称为负压波。该波以一定速度自泄漏点向两端传播，当上下游压力传感器捕捉到特定的瞬态压力降的波形就可以进行判断，根据上下游压力传感器接收到此压力信号的时间差和负压波的传播速度就可以确定泄漏点。负压波检漏定位原理如图 10-1 所示。

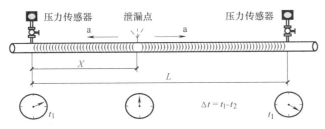

图 10-1 负压波检漏定位原理

负压波法是一种灵敏、准确的泄漏检测和定位方法，不需要流量信号，不用建立数学模型。但要求泄漏发生是快速的、突发性的，对于缓慢泄漏和微小泄漏效果较差。对于顺序输送的长输管道，由于工况操作比较频繁，一般需要结合其他方法来提高泄漏识别的准确率。

该方法的优点是适用于液体介质的长输管道，泄漏率较大时泄漏定位精度和灵敏度高。对于输气管道检测效果较差。

2. 质量流量平衡法

该方法基于管道中流体流动的质量守恒原理。管道在无泄漏的稳定流动情况下，考虑到因温度压力等因素造成管道填充体积或质量的改变，一定时间内出入口质量或流量差应在一定范围内变化。当泄漏程度到达一定量时，入口与出口就形成明显的流量差。检测管道多点的输入和输出流量，并将信号汇总构成质量流量平衡图，根据图像变化特征就可确定泄漏的程度和大致位置。

质量流量平衡法简单、直观、可靠性高，但介质沿管道运行时其温度、压力和密度可能发生变化，管道内输送介质不同，管道沿线进出支线较多，这些因素使管道流体状态及参数复杂化，影响管道计量的瞬时流量，容易造成误报或漏报。为了提高检测精度和灵敏度，人们改进了基于时点分析的质量流量平衡法，提出了动态质量流量平衡法。流量计的精度以及管道内充装介质余量的估计误差是影响动态质量流量平衡法检测精度的两个关键因素。

3. 实时模型法

实时模型法的基本原理是利用流体的质量、动量、能量守恒方程等建立管内流体动态模型，此模型与实际管道同步执行，定时采集管道上的一组实际值，如管道首末端的压力和流量，运用这些测量值，由模型观测管道中流体的压力和流量值，然后将这些观测值与实测量值做比较来检漏，若二者不一致，则说明管道发生泄漏。该法的检测精度依赖于模型和硬件的精度，且泄漏点的定位机理大都是基于线性压力梯度法。

管道的 SCADA 系统所包含的模拟仿真系统软件，不但能对管道运行工况进行模拟，还能对管线泄漏进行报警和定位。但该种方法对数据采集的频率和完整性要求较高，对于小泄漏效果较差，定位误差较大。

4. 声波法

当管道发生泄漏（破裂）时，现场数据采集处理器能立即接收管道内输送介质泄漏的瞬间所产生的声波震荡，通过对采集到的声波信号的分析来确定管道是否发生了泄漏以及泄漏量等；同时，利用管段两端的现场数据采集处理器传送信号的时差，从而判断泄漏位置。声波法检漏示意图如图 10-2 所示。

5. 光纤传感技术

光纤传感器是近年来发展的一个热点，它在实现物理量测量的同时可以实现信号的传输,在解决信号衰减和抗干扰方面有着独特的优越性。其监测原理可分为以下两种情况。

（1）测振动或应力应变。光源发出的宽带光经光纤传输到被测量点,光栅有选择性地反射回一窄带光。当管道受到外界压力产生形变时,光栅反射的窄带光中心波长会发生相应的变化,从而反映出管道所受的相应压力,因此可通过光探测器接收的光强变化来确定管道是否发生泄漏。

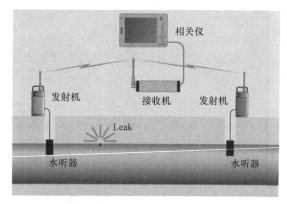

图 10-2　声波法检漏示意图

（2）测泄漏介质。测量泄漏介质的光纤传感器的核心部分由棱镜、发光与收光装置构成,当棱镜底面接触不同种类的介质时,光线在棱镜中的传输损耗不同,因此可通过光探测器接收的光强变化来确定管道是否发生泄漏。

光纤传感技术是目前发展的一个方向,虽然前期投资较大,但它有着传统传感器所无法比拟的优势,因此,将分布式的光纤传感器应用于管道检测有着良好的前景。

6. 智能球法

目前因为腐蚀裂纹等原因造成的微小泄漏安全隐患,已成为管道运营企业关注的热点,而目前现有的管道泄漏检测方法在泄漏检测灵敏度方面,传统内检测器的安全通过性方面均存在不足。天津大学自主研发的基于球形内检测器的管道微小泄漏检测系统（图 10-3）,由球形耐压机械壳体、内部的传感器单元（水听器,加速度计,磁力计,陀螺仪）、采集存储控制单元、与外部的交互接口、上位机软件等组成。

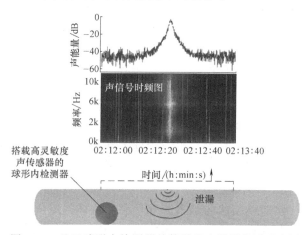

图 10-3　基于球形内检测器的管道微小泄漏检测示意图

当管道发生泄漏时,伴随着高速射流引起的湍流声、摩擦声和泄漏点附近管壁振动声,球形内检测器在管道内流体的摩擦和压力推动下前进,同时记录全频段的声音信号。当球形内检测器经过漏点时,声信号会在幅度空间分布和频率分布上表现出不同的特征。由于是从管道内靠近漏点采集泄漏声音信号,因此,极大提高了检漏灵敏度。通过离线处理运行过程中记录的声信号、加速度信号、磁信号,便可识别和定位泄漏。智能球还能测量和记录管道内的压力、温度、流量（自身速度）分布。

球形结构小于管径,使其有很好的通过性,对管道的变形、弯曲不敏感,大大提高了检测安全性。该球型内检测器具有体积小、重量轻、功耗低、检测灵敏度高、不会卡堵和使用安全方便的优势。目前该智能球已经在陆地成品油管道上完成了多次现场检测试验,能够顺利向上通过竖直管道,数据有效,检测灵敏度可达 0.7L/min。由于只需要在首末站利用现有的收发球筒进行发球和收球操作,实施便捷,检测周期短,可以考虑将智能球在陆地管道和海底管道上进行定期密集投放,实现对油气管道的准实时检测,及时发现微小泄漏。

7. 超声导波微传感技术

超声导波管道监测的工作原理如图 10-4 所示。位于 A 点的超声波换能器（单个或阵列）被电信号驱动，激发管道结构机械振动产生超声波。超声波的传播被局限于管道规则的内外表面之间，故称导波（Guided Wave），以区分于体波（Bulk Wave）。由 A 点发出的导波沿 i 方向传至 C 点，途中遇到

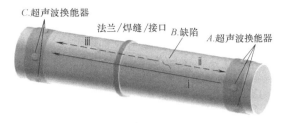

图 10-4 超声导波管道监测工作原理图

B 点的缺陷（裂缝和腐蚀等）会产生散射。散射的导波沿 ii 方向回传至 A 点，并沿 iii 方向传至 C 点，由位于 A 点或 C 点的换能器转换为电信号。通过对散射信号的分析可以对缺陷实现探测和定位。当路径上有管道的固有特征（法兰、接口和焊缝等）时，换能器接收到的信号会包含固有特征产生的反射波。通过比较基准信号可以将缺陷和固有特征加以区分。

用超声导波微传感技术实现管道的在线监测的设计概念如图 10-5 所示。在被监测的管道关键段安装环状传感贴片。每两组环状贴片之间为超声波传播和监测的区域。每个贴片上由一个专用芯片完成超声波的发送、接收、数据处理和控制等功能。芯片将数据传至一个无线接入点，并由无线接入点上传至云端集中处理。无线接入点还会为系统提供电源、时钟和控制信号。对于地下管道，将无线接入点置于地表，以实现无线传输，并易于维护。这样就实现了对管道关键段的结构监测。这种系统设计最大限度地减少了监测系统对外的有线连接，使得整个系统便于安装，也更加可靠。位于云端的远程数据中心利用专用算法对采得数据进行处理，一旦发现异常的信号，即由技术人员远程操作超声导波微传感器，使用多种信号频率及波形对管道进行进一步扫描。这样就可以同时达到高灵敏度和低误报率。

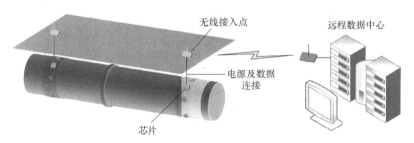

图 10-5 超声导波管道监测系统设计概念图

三、不同介质的管道泄漏监测系统案例

1. 基于负压波和流量平衡法的输油管道泄漏监测系统

（1）输油管道泄漏监控（诊断）系统结构及功能。管道泄漏监测的关键技术包括远程数据采集技术、数据预处理技术、泄漏诊断技术、数据存储管理技术等。系统的主要功能模块分为四个部分：远程数据采集系统、泄漏诊断系统、报警显示系统和数据存储管理系统。图 10-6 所示为基于负压波和流量平衡法的输油管道泄漏检测系统典型的结构功能模型。

（2）成品油管道泄漏监测系统实例。成品油管道泄漏监测系统是基于 OPC（OLE for Process Control）技术利用 SCADA 系统的远程终端数据采集系统和远程数据通信网络实时获取数据。

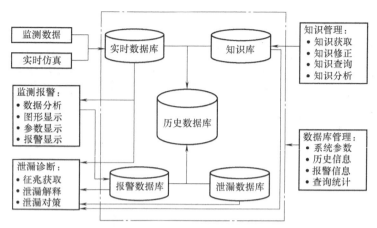

图 10-6　输油管道泄漏监控（诊断）系统结构功能模型

图 10-7 所示为某成品油管道泄漏监测硬件系统结构示意图。

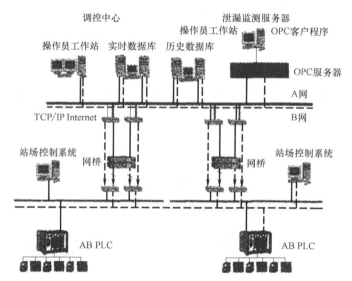

图 10-7　某成品油管道泄漏监测硬件系统结构示意图

该成品油管道泄漏监测硬件系统主要包括：远程终端数据采集系统、远程数据通信网络和泄漏监控服务器。该成品油管道泄漏监控（诊断）软件系统包括泄漏监测 OPC 服务器软件和泄漏监测 OPC 客户端软件。

2. 基于声波法的输气管道泄漏监测系统

由于输气管道内气体可压缩性较强，负压波和流量平衡法应用于输气管道的泄漏监控（诊断）时，效果较差。近年来，随着信号处理、模式识别和人工智能技术的飞速发展，出现了一种基于声波法的输气管道泄漏诊断技术。

当管道内介质泄漏时，由于管道内外的压力差，使得泄漏的流体在通过泄漏点达到管道外部时形成涡流，这个涡流就产生了振荡变化的压力或声波。泄漏声波可以传播扩散返回泄漏点并在管道内建立声场。利用声波传感器检测沿管内介质传播的泄漏噪声进行泄漏检测和定位。泄漏产生的声波信号具有很宽的频谱，分布在 6~80Hz 之间。

声波传感器是采集泄漏信号的重要部件，它能捕捉很微小的物理震动信号。安装在管道两端的声波传感器不断地将其接收到的信号传送到现场数据采集处理器，而这些信号对应了同样安装于现场的 GPS 接收器的时间信号。管道在正常运行情况下，声波传感器接收的信号被处理为背景噪声；当管道一旦出现泄漏，泄漏声波信号和管道正常流动下的背景噪声同时传到声波传感器，经声波测漏系统的比对和鉴别，判断出管道的泄漏孔径和泄漏位置。该项技术具有反应快、灵敏度高、定位精度高等特点。但成本高，对声波传感器的要求较高。适用于气体、液体和多相流管道。

智能声波管道泄漏监控（诊断）系统在管道两端安装声波传感器，24h 实时接收并监控管道内声波信号。该系统通过声波信号处理，消除管道的背景噪声并抑制管道操作过程中产生的干扰；然后利用模式识别和人工智能技术，实时识别甄别和分析声波信号，确定是否发生泄漏；最后根据声波信号到达管道两端的时间差，进一步计算出发生泄漏的位置。

智能声波管道泄漏监测定位系统主要包括数据采集处理终端、泄漏监测定位服务器以及人机接口界面。同时，系统正常运行需要通信网络支持，比如 GPRS 路由器和 VPN 服务器等。智能声波管道泄漏监控（诊断）系统如图 10-8 所示。

数据采集处理终端的主要功能是把传感器采集到的声波信号进行预处理与放大，转换为数字域的多通道声波信号。通过维纳滤波、自适应滤波等多种方法对信号进行预处理，利用 GPS 信号进行精确时间同步，并通过通信网络，实时传输到泄漏监测定位服务器。泄漏检测定位服务器负责实时接收各个数据采集终端节点传送来的数据，并对管道进行实时监控。

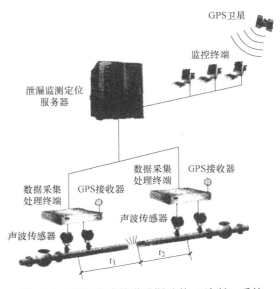

图 10-8 智能声波管道泄漏监控（诊断）系统

第二节 油气管道第三方破坏监测预警技术

管道运输已经成为陆地上油气运输的主要运输方式。管道运输具有安全、经济、快捷的特点，在国内外得到了快速发展。随着管道建设的不断发展，第三方破坏事故已成为威胁管道安全最主要的影响因素，其易导致管道泄漏事故的发生，并引起火灾、爆炸、中毒等次生灾害，不仅带来巨额直接经济损失，而且会造成环境污染、人员伤亡等严重后果。对第三方破坏事故的原因进行分析，并采取有效措施预防事故的发生，对保障管道的安全运行意义重大。油气管道第三方破坏事故具有多样性、复杂性和不确定性的特点，因此，亟须有效的管道实时监测系统保障管道安全运行。

第三方破坏事故主要包括打孔盗油、机械挖掘、地质灾害等因素。近年来，油气盗窃案件在全国各长输管道上屡有发生，非法分子通过在地下油气管道上钻孔，私自接上小管道而盗窃石油和天然气，牟取非法利益。这种破坏管道的行为导致管道防腐层及其自身受到严重破坏，管道强度明显下降，频繁的停输、维抢修操作大大缩短了管道的在役寿命。一旦管道遭到破坏不能及时修复将严重影响上游的正常采油生产和下游的炼化生产，影响了输油、输气、炼化生产的正常秩序，给国家和企业造成巨大经济损失。管道沿线的各大城市的油气产品供应不能得到保证，造成能源供应短缺现象，而泄漏的油气产品可能带来着火爆炸事故，并对环境造成污染，与此相关的次生灾害将带来更为严重的社会政治影响。

尽管管道安全管理人员定期进行巡检，但由于油气管道大多铺设于野外，地处偏僻，而且管道的距离都很长，人工巡查的周期相对较长，仅仅依靠管道安全管理人员的人工巡查效率太低，不能有效解决管道安全的防护问题。因此迫切需要建立一种可以提前预警管道破坏活动的监测系统。到目前为止，由于国内软硬件设施还不够成熟完善，而进口设备成本高昂，所以还没有一套有效的管道安全监测预警系统在油气管道上得到大面积推广应用。

基于声波的管道振动监测技术通过在管道上安装高灵敏度传感器检测管道沿线机械挖掘、打孔盗油等威胁事件产生的振动信号，从而实现对第三方破坏事件的监测。该技术可以应用在没有同沟敷设光缆或打孔盗油易发区的管道上，对于接触到管道防腐层及管体的威胁事件具有良好的预警效果，而且具有实时监测、定位精度高、需开挖管道的面积小等优点，特别适用于现场管道第三方破坏事故的安全监测，有助于保障管道运行安全。

一、声波监测原理

声音是由物体的振动产生的，人可以听到声音信号的频率在 20Hz~10kHz 之间。当发声体发生振动时，其附近的介质粒子就会随之振动，形成一系列疏密相间的波向四周传播，这就是声波。声波信号中携带着它特有的信息和能量，若能检测到声波信号，就可以分析该信号。声波的检测需要借助一定的工具，比如振动传感器。振动传感器的工作原理是：当传感器检测到振动信号后，振动信号会改变传感器的压力、电阻、电容、电感等参量，从而将振动参量信号转化为电参量信号，实现振动信号的检测。

二、第三方破坏监测预警系统工作原理及组成

1. 系统工作原理

对于输油气管道，不法分子在开挖管道、剥离防腐层、焊接套管/打卡子、装阀门、钻孔等过程中，均会产生强烈的声波信号，这种信号会以波动的形式沿管道迅速向两边传播，依靠安装在钢管外壁上的高灵敏度传感器采集信号，然后将采集到的信号经过放大、整形、滤波等一系列预处理，再将处理完的信号进行采样，通过3G通信网络将信号数据传回到远程监控中心，监控中心软件在显示波形的同时，通过特定算法对信号进行识别判断，最终软件根据判断结果，选择是否报警。其原理图如图10-9所示。

2. 系统组成

如图10-10所示，整个声波预警系统由现场监控终端和远程监控中心两部分组成。现场监控终端，简称现场终端，主要用于管道附近振动信号的采集，并将采集到的信号通过无线网络传送到远程监控中心，该终端还具有数据存储、参数显示、设置和接收远程监控中心命令等功能，其主要由加速度传感器、数据传输单元、数据采集装置和供电装置组成。远程监控中心主要用于接收现场终端发送的数据并对数据进行处理、显示和存储，其主要由数据传输单元和监控计算机组成。

第十章 管道泄漏与第三方破坏监测技术

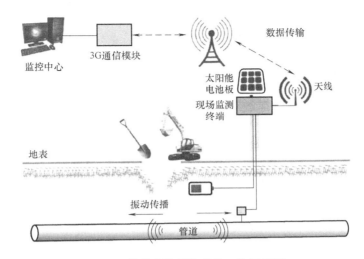

图 10-9 管道声波预警系统工作原理图

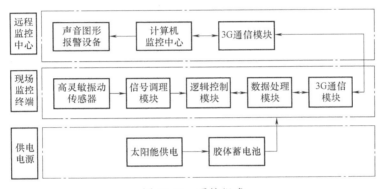

图 10-10 系统组成

（1）加速度传感器。加速度传感器是一种能够测量加速力的电子设备，可以分为压电式、压阻式、电容式和伺服式。在声波预警系统中，选择加速度传感器的目的是检测振动信号，故选择压电式加速度传感器。压电式加速度传感器的工作原理是：利用压电陶瓷或石英晶体的压电效应，在加速度计受振时，质量块加在压电元件上的力也随之变化。当被测振动频率远低于加速度计的固有频率时，则力的变化与被测加速度成正比。压电加速度传感器主要应用在汽车制动起动检测，手柄振动和摇晃，报警系统，仪器仪表，地震检测，工程测振，地质勘探，铁路、桥梁、大坝的振动测试与分析等领域。

在工业应用中，加速度传感器的选型应满足体积小、重量轻、工作可靠、性能稳定、安装方便、性价比高等多方面需求。综合各方面因素，系统选用的压力变送器的各项指标见表 10-1。

表 10-1 加速度传感器指标

指标名称	描 述	指标名称	描 述
类型	压电式压力变送器	量程	≤5%
电荷灵敏度	~2PC/ms^{-1}	横截面	六方 15
频带范围	1~12000Hz（±10%）	高度	20/27mm
谐振频率	40kHz		

(2) 数据传输单元。数据传输单元（Data Transfer Unit，DTU），作为无线终端设备，通过无线通信网络，DTU 可以将串口数据转换为 IP 数据，也可以将 IP 数据转换为串口数据。这种传输模式的特点是，不管网络传输的业务如何，只需要在保证传输质量的条件下把传送的业务传送到目的节点即可，因此被形象地称为"透明传输"。在整个监控系统中，现场终端中安装了一个 DTU 作为客户端数据传输单元，监控中心安装了一个 DTU 作为服务器数据传输单元。

(3) 数据采集装置。数据采集装置的主要功能是数据采集和远程传输，其内部结构图如图 10-11 所示。现场终端从压力变送器采集数据，通过主处理器、从处理器将处理后数据传到 DTU，由其将数据远程传输到监控中心。

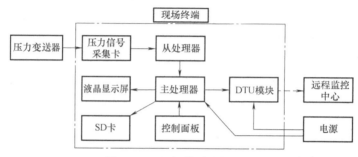

图 10-11　现场终端内部结构

(4) 供电装置。供电装置是为现场设备提供电力，保证其正常工作的装置。可以从电网获取电力，也可以通过太阳能电池板或蓄电池为其提供电能。在整个系统的搭建过程中，供电装置的选择考虑现场因素，因为安装现场终端的地方距离阀室较远，无法为现场终端提供电力支持。综合上述因素，整个系统的供电装置不选择固定电源，而是选择蓄电池和太阳能电池共同供电。综合不同种类蓄电池的特点，优先选择性价比高的铅酸蓄电池作为供电装置。

(5) 监控计算机。监控计算机选型灵活，可以选择工控机，也可以选择移动工作站，满足现场便携的要求。监控计算机硬件环境应满足主频 2.8Hz 及以上，内存 2G 及以上，硬盘 250G 及以上的要求。软件运行环境应满足 Windows XP 及以上系统的要求。监控中心软件使用 C#.net 开发，采用 SQLite 作为数据库。监控中心软件的主要功能有：

1) 显示各个现场终端在 GIS 地图中分布的位置。
2) 实时显示各个现场终端采集的振动数据。
3) 一旦系统发生报警，必须有声光报警设备提示用户。
4) 可以查询清管器运行历史数据。
5) 可以设定现场终端的工作参数，比如采样周期、工作模式和工作时间等各项参数。

三、第三方威胁管道事件原始信号分析

在系统运行过程中，为了降低设备功耗，同时提高系统的实时性，将主要威胁事件识别算法从硬件设备处理转移到上位机处理，在硬件设备上仅保留简单的筛选算法。新系统采集到的典型信号如图 10-12 所示，图 10-12a 所示为典型车辆通过信号，该信号特征明显，信号值先增大后减小，呈正态分布，而且正负值也对称。在管道上用重锤进行敲击（第三方破

坏）产生的信号如图 10-12b 所示，信号不具有明显的分布特征，但幅值非常高。

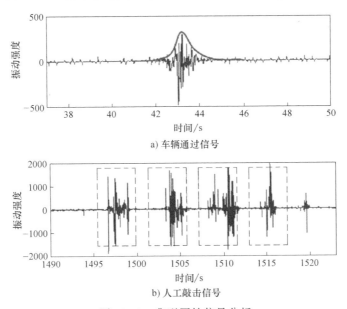

a) 车辆通过信号

b) 人工敲击信号

图 10-12 典型原始信号分析

第十一章

管道腐蚀在线监测技术

第一节 油气长输管道内腐蚀监测技术

油气长输管道在长期运营过程中可能由于内部介质处理的不完全性导致腐蚀问题的发生,严重影响管道的安全运行。特别是高压天然气输送管道,一旦破裂,压缩气体迅速膨胀,释放大量的能量,引起爆炸、火灾等,对人的生命、财产及环境造成巨大的损失。科学开展管道内腐蚀监测,可及时掌握管道腐蚀过程,了解腐蚀控制的应用情况和效果,做到防患于未然,避免发生管道泄漏事故,从而确保管道安全运行。内腐蚀监测就是通过连续测量腐蚀速率,控制腐蚀和评估在役管道、设备安全性的一种可靠而有效的手段之一。本节重点介绍管道内腐蚀监测技术的现状及发展趋势。

一、管道内腐蚀监测方法介绍

随着腐蚀监测技术的发展,先后出现了监测孔法、挂片失重法、电阻探针法、线性极化电阻法、电感探针法、场信号法、电化学阻抗法与氢探针法等多种腐蚀监测方法,不同的监测技术各有其优缺点和适用范围。

1. 挂片失重法

挂片失重法是最常规的腐蚀监测方法,它采用把试样放入腐蚀系统中,通过暴露一段时间后,测量试样重量的变化来求得平均腐蚀速率。这种方法可以求得比较准确的平均腐蚀速率,试样取出后还可观察试样表面形貌,分析表面腐蚀产物,从而确定腐蚀的类型,这对于分析是否会发生局部腐蚀非常重要。但这种方法无法反映腐蚀环境的参数变化对腐蚀速率的影响。而且试样一旦取出,就不能再次使用,因此无法连续监测。此外,该方法对于腐蚀较轻微的环境,需要很长时间才能取得实用的腐蚀速率数据。

2. 电阻探针法

电阻探针法是一种间接监测设备腐蚀的有效方法,其原理是根据金属试件因腐蚀的作用而使其横截面面积减小,从而导致试件电阻增大的特点,通过测量试件在腐蚀过程中电阻的变化来计算出试件的腐蚀量和腐蚀速率的一种监测方法。利用该原理已经研制出较多的电阻探针用于监测管道的腐蚀情况,是研究管道腐蚀的一种有效工具。运用该方法可以在管道运行中对管道的腐蚀状况进行连续在线监测,能准确地反映出管道运行的腐蚀率及其变化,且能适用于各种不同的介质，不受介质导电率的影响，监测周期可短至几小时或几天。与失重法相比，该方法具有精确、简单的优点，可以实现在线监测。但受环境温度影响较大，需采取温度补偿元件，以提高监测的准确性；对低腐蚀速率的情况，由于腐蚀信号较弱，干扰大，需对腐蚀信号放大，并对干扰信号进行滤波。

3. 线性极化电阻法

线性极化电阻法是依腐蚀过程的电化学原理对现场设施的腐蚀进行监测的一种手段，采用与设施材料相同的材料制成试件，在现场的腐蚀环境——电解质溶液中进行线性极化，获得腐蚀电流，然后按法拉第定律求得腐蚀速率。该方法的优点是可瞬时完成腐蚀速率的测量，分辨率较高，对腐蚀环境可以进行连续监控。其缺点是所得的腐蚀速率往往比实际的腐蚀速率高 5~10 倍，不能反映腐蚀的形态，不能用于输气管道。

4. 电感探针法

电感探针法是通过测量置于金属/合金敏感元件周围的线圈由于敏感元件腐蚀而引起的阻抗变化来测定腐蚀速率。由于具有很高的导磁性，敏感元件极大地强化了线圈周围的磁场强度，反过来又显著地增大了线圈的感抗。与具有类似形状的电阻传感器的电阻值 $260\mu\Omega$ 相比，电感阻抗的数值可达到 $1~5\Omega$。若采用与电阻探针法相类似的测量准确度（$\pm 2/3\mu\Omega$）来衡量，则电感探针的响应时间可由几天缩短至几十分钟甚至十几分钟，分辨率可提高 100~2500 倍。因此，电感抗法是把线性极化方法的快速响应和电阻探针方法的广泛适用的优点结合起来，克服了它们各自的不足之处，使得在任何腐蚀性环境下快速准确地测量腐蚀速率成为可能。

由于温度对钢铁材料导磁性的影响要比对电阻率的影响小几个数量级，因而温度对分辨率和响应时间的影响很小。只要采用与电阻探针相同的温度补偿方法，就几乎可以全部消除温度所引起的附加的影响。

5. 场信号法

场分析技术（场信号法）是一种新技术，可以用来连续监测管线系统、压力容器等设备的任何腐蚀，可能发生的孔蚀和开裂，以及任何时刻设备的残余壁厚，适用于管道、各种容器等薄壁设备。场信号法结合了无损检测和腐蚀探针的优点，直接在管道上检测，检测出的腐蚀速率和局部腐蚀量代表实际的腐蚀状态。但该技术对探头要求复杂，其探针是与实际管道材料完全一致的一段管道并焊接在实际管道上，难以带压作业，且该方法数据量十分庞大，因此监测数据的分析处理十分复杂，需要建立复杂的数据分析软件，因此其推广应用受到较大限制。

6. 电化学阻抗法

电化学阻抗法不但可以求得极化阻抗 R、微分电容 C_d 等重要参数，而且可以研究电极表面吸附、扩散等过程的影响。电化学阻抗技术在实验室已是一个较完善、有效的测试方法。但在现场测试需采用一些先进的仪器设备，应用十分有限。

7. 氢探针法

在酸性环境中，腐蚀的产生往往伴随有原子氢，当阴极反应是析氢反应的时候，可以用这个现象来测量腐蚀速度。此外，阴极反应产生的氢本身能引起生产设备破坏。析氢产生的问题包括氢脆、应力破裂和氢鼓泡。这三种破坏都是由于吸收了腐蚀产生的原子氢或在高温下吸收了工艺介质中的氢原子。氢监测所测量的是生成氢的渗入倾向，从而表明结构材料的危险趋势。氢探针是一种中心钻有一小而深孔的金属棒，当它插入到腐蚀环境中后，氢原子渗过金属棒在孔内聚集，结合成氢分子，通过测量孔内氢压的变化情况可以监测腐蚀速率及材料对氢脆的敏感性。该法主要是用于含硫化氢的环境。

除了上述几种方法外，目前发展较快的方法主要还有电化学噪声法、电化学发射谱法、光纤腐蚀监测法等。

二、管道内腐蚀监测技术的发展趋势

1. 腐蚀在线实时监测

随着信息技术及工业现场总线技术的发展和广泛应用，越来越多的腐蚀监测仪器由便携工作模式向在线工作模式转变，内腐蚀监测仪器由单一的便携式工作模式向多点的、在线的工作模式转变。

2. 腐蚀监测仪器的智能化

腐蚀监测仪器的智能化发展很快，出现了许多以微处理器为核心的商品化的腐蚀监测系统。智能化是微处理器与仪器一体化的实现，它不仅能测试、输出监测信号，还可以对监测进行存储、提取、加工、处理，满足动态的、快速的、多参数的各种测量和数据处理的需要。智能化仪器已经成为腐蚀监测仪器发展的一个主要趋势。

3. 腐蚀监测仪器的功能多样化

具有多功能的腐蚀监测仪器不但在性能上比单一功能仪器高，而且由于各种方法相互补充，数据解释更为准确。设计一个合适的探针就可以进行各种不同类型的测试，如电化学阻抗测试，感抗探针测试等，因为这些测试之间的差别仅仅在于输入信号和分析方法不同，而这种差别是可以通过软件的设计来实现。

4. 腐蚀监测的网络化和开放化

随着数据库、网络技术的发展，实时在线的智能化监测仪能随时将现场数据传送到监控室，建立数据库，实现网络化管理、腐蚀监测数据的信息共享。

第二节 金属管道非破坏腐蚀监测技术

非破坏腐蚀监测法是一种新型的管道腐蚀监测技术，是在管道不停用、不破坏管道本体完整性的前提下对管道腐蚀缺陷进行监测的方法。国内在这方面的研究及工程应用相对落后，而国外在这方面进行了长期的研究和试验，提出了有效的监测方法并研制出了监测结果准确、方便实用的监测设备。

一、基于场指纹法的腐蚀监测技术

在被监测管段上安装电极阵列，并通入恒定电流，当管壁厚度发生变化时，管壁上电场分布发生变化，通过监测电极间微小电位差的变化来判断管道内壁腐蚀缺陷的类型及程度，以达到监测管道内腐蚀的方法称为场指纹法（FSM）。基于该原理研制的设备监测示意图如图11-1所示。

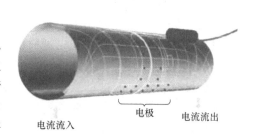

图11-1　FSM原理示意图

国内对该监测原理以及相应的监测设备进行了一些研究,但目前还没有研制出成熟的可应用于实际现场监测的设备。目前,基于场指纹法的内腐蚀外监测成熟设备主要有英国一家公司生产的便携式电阻系统和美国一家公司生产的 FSM 便携系统。

1. 英国公司 FSM 便携式电阻监测系统

英国公司生产开发的这种设备称为便携式电阻系统,系统由电极探针阵列、小型本地站点箱、扫描控制箱、蓄电池以及便携式计算机组成,如图 11-2 所示。其中电极探针阵列和小型本地站点箱是固定在监测点的,扫描控制箱、蓄电池和便携式计算机为便携组件。该系统优点是当电极和电缆安装好之后,设备控制电极阵列的多路复用系统和电源是便携式的,可以移动到不同的监测位置。

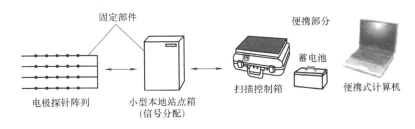

图 11-2 英国公司 FSM 监测系统

该系统设备的监测探头由等距离的镍合金电极阵列组成,电极阵列被焊接在管道被监测部位的外壁上。电极阵列的水平、垂直或对角线方向上的 4 个相邻电极同时用于输入 10~70A 强度的直流电流,并测量电阻,从而实现对所有相邻电极进行测量。同时,在监测部位的临近区域焊接一对电极对温度进行监测,以排除温度对电阻的影响。

英国公司的 FSM 便携式电阻监测系统主要有如下特点:可对管道内外壁状况进行在线或离线监测;不需要破坏管道结构,只需在管道表面布置探头;监测多个位置的成本低;便携,便于移动;可监测腐蚀、侵蚀及裂纹缺陷;可用于高温场合、偏远区域及危险环境;监测探头永久固定于管道表面;电池供电,无须另配电源。

2. 美国公司 FSM 便携监测系统

该 FSM 便携系统也使用等间隔的电极阵列通过测量电压来达到监测的目的,但是该系统电流的输入点在监测区域之外,如图 11-3 所示。

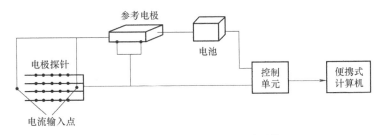

图 11-3 美国公司 FSM 监测系统

该系统与英国公司系统的区别是:只监测水平方向相邻电极电压的变化,并在管道外壁焊接一个参考板,来测得参考电压,利用参考电压对电极阵列测得数据进行分类。由于该系统测量的极间电压降一般应不小于 $100\mu V$,因此要求输入电流足够大,使得电压降达到采样精度的要求。输入电流有时可达350A，这将造成输入电流的有效精度难以控制，影响到测得电压的精度。该系统通过加入参考电压来解决该问题。通过将同时读取的电极间的电压值与参考电压进行比较，有效消除输入电流的不确定性，而参考电压也可以有效补偿由于温度引起的电导率的变化。

英国公司的系统和美国公司的系统的电流馈电、电池组和记录系统都是便携的，但当大电流输入时，需要电缆的直径要足够粗，设备较笨重。

二、基于压电超声波原理的腐蚀监测技术

利用超声波对管道壁厚进行测量是一种常见的无损检测技术，其工作原理是利用波导进行双层超声波反射探测壁厚，通过发出超声波波导的探头来计算壁厚。

传统的超声波传感技术都不能用于高温，一般不大于250℃。英国帝国理工学院研制的腐蚀监测系统利用缓冲波导技术阻隔了传感器与被测物，确保温度经过缓冲波导到达传感器之前可以降低到一个合适的水平，这使得该压电超声波设备能够测量500℃甚至更高的温度。该系统使用标准的压电晶体作为传感器和廉价的缓冲波导，使其更具有商业价值和推广价值。此外，该腐蚀监测系统采用了先进的无线数据通信技术，探头的检测数据可通过无线网络传递给计算机进行数据处理，其系统组成如图11-4所示。

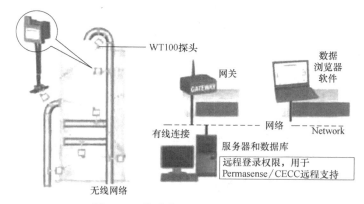

图11-4 管道腐蚀监测系统示意图

该系统定点安装在油气设施上，其探头由压电传感器、波导信号路径组成，其波导结构如图11-5a所示。第一条波导一端的传感器激发超声波信号从波导传播，与下端被测试样耦合；第二条导波用于从测试试样中提取出信号，并将信号传回到接收传感器。

监测时，反平面剪切源发射的剪切波在管道内壁传播，第一个被接收到的是沿

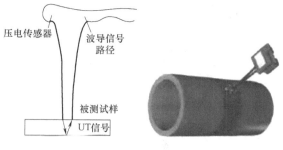

a) 监测探头波导结构　　b) 探头安装

图11-5 监测探头波导结构及探头安装

着被测样板表面从发射端直接传播到接收端的信号。由于接收和发生波导相距约2mm，第一个到达的信号相对于回波脉冲模式只是略延迟，而后续被接收的信号在被测样板中传播了一次或多次，后续接收到超声波信号的延迟与试样的厚度成比例，如果已知波传播的速度，

则可以利用该原理来计算试样的壁厚，从而判断是否有金属损失。

该腐蚀监测系统的主要特点有：监测温度为-30~600℃，适用于高温等恶劣作业环境；安装简单方便，无需耦合剂，可在线安装，无须停车操作；探头通过稳定可靠的无线网络来传输数据，免除了电缆费用和大量接线工作；同一位置、连续的腐蚀数据监测，准确可靠，测量精度高；用户界面友好，腐蚀趋势分析直观；在保证焊接质量的前提下，在电池的寿命内，几乎无须进行维护。

目前该系统已在原油及加工，空冷加热炉、泵、氨化装置、延迟焦化设备等工业领域的管件、弯头等设备上应用良好，在碳钢、铸碳钢、低合金钢、不锈钢、特种钢以及双相钢等材料的管道腐蚀状态监测中具有较高的准确性和适用性，对于金属管壁厚适用范围为3~40mm，可测精度0.1mm。该系统在天津石化得到了现场应用，首批安装了25个探头，检测效果良好。

三、管道非破坏腐蚀监测技术的发展趋势

管道非破坏腐蚀监测技术是管道腐蚀监测的主要发展方向，从介绍的管道腐蚀监测系统可以看出，其系统基本都由测量模块、电源模块、控制器模块、存储模块以及通信模块组成。测量模块一般固定于管道外表面，电源模块向测量模块提供电能，控制器模块实现对测量模块测量信号的收集和处理，通信模块完成对数据与计算机间的传输。随着检测技术、电源技术、微处理器技术、无线通信技术的不断发展，管道腐蚀监测技术正在向智能化、便携化、无线化等方向发展，不断提高监测的准确性和便利性。

第十二章

城市地下管网（廊）远程监控技术

第一节 SCADA 系统介绍

一、SCADA 系统定义

SCADA（Supervisory Control And Data Acquisition）系统，即数据采集与监视控制系统。SCADA 系统是以计算机为基础的 DCS 与电力自动化监控系统；它应用领域很广，可以应用于电力、冶金、石油、化工、燃气、铁路等领域的数据采集与监视控制以及过程控制等诸多领域。

二、SCADA 系统发展历程

SCADA 系统自诞生之日起就与计算机技术的发展紧密相关。SCADA 系统发展到今天已经经历了四代。

第一代是基于专用计算机和专用操作系统的 SCADA 系统，如电力自动化研究院为华北电网开发的 SD176 系统以及日本日立公司为我国铁道电气化远动系统所设计的 H-80M 系统。这一阶段是从计算机运用到 SCADA 系统时开始到 20 世纪 70 年代。

第二代是 20 世纪 80 年代基于通用计算机的 SCADA 系统。在第二代中，广泛采用 VAX 等其他计算机以及其他通用工作站，操作系统一般是通用的 UNIX 操作系统。在这一阶段，SCADA 系统在电网调度自动化中与经济运行分析、自动发电控制（AGC）以及网络分析结合到一起构成了 EMS 系统（能量管理系统）。第一代与第二代 SCADA 系统的共同特点是基于集中式计算机系统，并且系统不具有开放性，因而系统维护、升级以及与其他联网构成很大困难。

第三代是 20 世纪 90 年代按照开放的原则，基于分布式计算机网络以及关系数据库技术的能够实现大范围联网的 SCADA/EMS 系统。这一阶段是我国 SCADA/EMS 系统发展最快的阶段，各种最新的计算机技术都汇集进 SCADA/EMS 系统中。

第四代主要特征是采用 Internet 技术、面向对象技术、神经网络技术以及 JAVA 技术等技术，继续扩大 SCADA/EMS 系统与其他系统的集成，综合安全经济运行以及商业化运营的需要。

三、SCADA 系统体系结构

1. 硬件

通常 SCADA 系统分为两个层面，即客户和服务器体系结构。服务器与硬件设备通信，进行数据处理和运算。而客户用于人机交互，如用文字、动画显示现场的状态，并可以对现场的开关、阀门进行操作。还有一种"超远程客户"，它可以通过 Web 发布在 Internet 上进行监控。硬件设备（如 PLC）一般既可以通过点到点方式连接，也可以以总线方式连接到服务器上。点到点连接一般通过串口（RS232），总线方式可以是 RS485、以太网等连接方式。

2. 软件

SCADA 由很多任务组成，每个任务完成特定的功能。位于一个或多个机器上的服务器负责数据采集，数据处理（如量程转换、滤波、报警检查、计算、事件记录、历史存储、执行用户脚本等）。服务器间可以相互通信。有些系统将服务器进一步单独划分成若干专门服务器，如报警服务器、记录服务器、历史服务器、登录服务器等。各服务器逻辑上作为统一整体，但物理上可能放置在不同的机器上。分类划分的好处是可以将多个服务器的各种数据统一管理、分工协作，缺点是效率低，局部故障可能影响整个系统。

典型 SCADA 硬件配置示意图如图 12-1 所示。

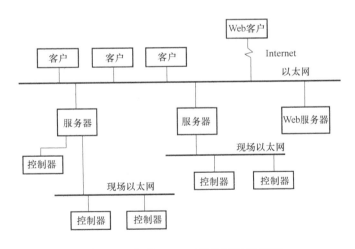

图 12-1 典型 SCADA 硬件配置示意图

3. 通信

SCADA 系统中的通信分为内部通信、与 I/O 设备通信、和外界通信。客户与服务器间以及服务器与服务器间一般有三种通信形式——请求式、订阅式与广播式。设备驱动程序与 I/O 设备通信一般采用请求式，大多数设备都支持这种通信方式，当然也有的设备支持主动发送方式。SCADA 通过多种方式与外界通信，例如 OPC，提供 OPC 客户端用于和设备厂家提供的 OPC 服务器进行通信。

典型 SCADA 通信结构示意图如图 12-2 所示。

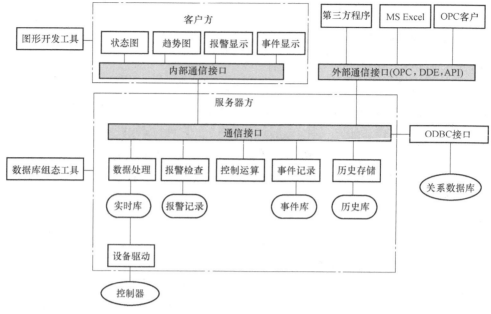

图 12-2 典型 SCADA 通信结构示意图

第二节 燃气管网 SCADA 系统

随着天然气产业发展，我国城市燃气输配管网也发展为多气源供气、多压力等级管网构成的纵横交错庞大复杂的网络体系。城市燃气管网规模的不断扩大，手动的管理模式和管理手段已经无法满足现阶段的生产要求，对于突发事故的应变能力和处理效率难以适应城市建设高速发展的要求。为满足对城市燃气生产过程的调度指挥，建立数字化、信息化的城市，需要建立可靠的城市燃气生产指挥系统。燃气管网 SCADA 系统（数据采集与监视控制系统）是各燃气公司实现燃气输配系统安全高效运行的必然途径和有效手段。近几年随着国家大力发展天然气产业，对燃气企业燃气输配管理信息化要求越来越高。

一、燃气管网 SCADA 系统组成

燃气管网 SCADA 系统主要由门站控制系统、工业用户数据采集系统、加气站数据采集系统、调度中心监控系统等四部分组成。

燃气管网 SCADA 系统组成示意图如图 12-3 所示。

调度中心（中控室）配备有一台 SCADA 服务器、两台操作员站、一台巡线监控站、一台打印机、一台三层以太网交换机和 UPS 系统。

SCADA 服务器是整个系统的数据处理核心，运行软件为 SCADA 系统软件与 SQL Server 数据库软件。SCADA 系统软件负责采集工业用户、加气站和门站的数据，并把操作人员的指令下发到相应设备上。SQL Server 是一个关系型数据库软件，存储着 SCADA 系统的所有历史数据，基于这些数据可提供数据查询、曲线显示、趋势分析、报表输出等功能。服务器是一台高可靠性的机器，可保证 7×24h 不间断工作，其上配备有硬盘冗余系统，可最大程

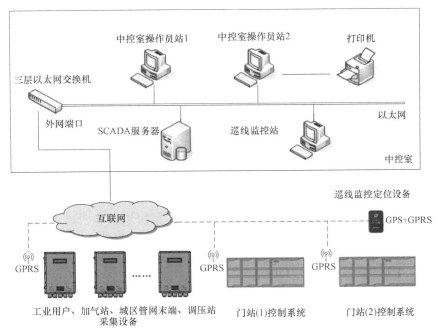

图 12-3　燃气管网 SCADA 系统组成示意图

度地保证数据的可靠性。

中控操作员站安装组态软件，为用户提供查看数据、操作设备的界面，主要功能包括管网地图、工艺画面显示、历史数据查询、趋势图、报警记录、报表输出等，用户界面根据用户需要定制开发。操作员站的所有数据均来自 SCADA 服务器，操作员下发的指令也传送到 SCADA 服务器上，再由 SCADA 服务器向下转发。图 12-3 所示方案中，配备了两台中控操作员站，两台机器可以显示不同画面，方便操作人员使用，另外他们还构成了冗余系统，一台故障不会影响到系统的正常运行。其中一台操作员站连接有打印机，另一台通过网络共享也可使用，两台机器都可以输出报表。

调度中心（中控室）配置的打印机为 A3 幅面激光打印机，可满足复杂报表输出的需要。

调度中心（中控室）配备一台三层以太网交换机，除了普通交换机功能外，还具备基本路由及防火墙功能。通过这台交换机 SCADA 服务和两台操作员站连接在同一个子网络内，彼此可互相通信。交换机的外网端口连接到互联网，使内部子网可以和互联网上的其他节点通信，同时交换机可配置防火墙功能，防止外部网络对系统的攻击。为了使 SCADA 系统能够正常工作，交换机的外网端口必须具有固定的公网 IP 地址，或通过公司内部网络映射的外网可访问的内网 IP 地址。为了保证整个 SCADA 系统网络的稳定性，建议采用移动服务提供商（GPRS 提供商）的专网光纤接入。

为了保证设备的不间断工作，调度中心配备有 UPS 系统，最大 3000V·A 输出，外置电池组可保证系统备可用时间不小于 6h。

工业用户、加气站、城区管网末端、调压站数量多且分布分散，各个站的情况不尽相同，因此数据传输的最佳方式是无线 GPRS，这种方式不受布线条件限制，只要有手机网络就可传输数据。GPRS 传输设备内置 SIM 卡（需用户准备），通过移动通信公司的 GPRS 服务连接到互联网,由此和同样连接在互联网上的位于调度中心的 SCADA 服务器通信。如当地移动通信公司可提供虚拟内部网络,则可以获得更好的稳定性。

对于天然气门站来说,也可以采用 GPRS 方式向调度中心传输数据,如果希望获得更好的稳定性,可以采用有线网络方式传输数据。为降低网络结构的复杂程度,方便维护,推荐采用 GPRS 无线方式。

巡线监控系统由位于调度中心的巡线监控计算机和巡线员随身携带的定位设备组成。定位设备采用 GPS 卫星定位,人员位置信息通过 GPRS 无线网络传送到调度中心并实时显示在巡线监控计算机上。

二、门站控制系统

天然气门站包括两个进口和两个出口。需要采集的数据包括各个进出口的压力、温度、各条支路上的流量(包括瞬时流量和累计流量)、燃气泄漏报警等。同时还要根据流量控制加臭机,实现加臭量的自动调节。门站具备本地监控功能,同时所有数据在 SCADA 系统调度中心(中控室)均可显示。

门站控制系统结构示意图如图 12-4 所示。

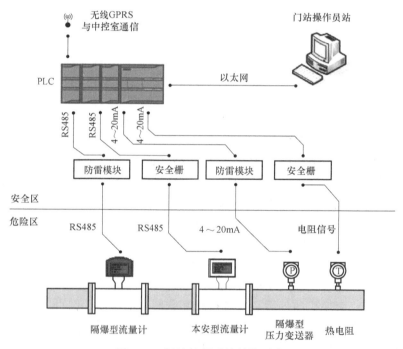

图 12-4 门站控制系统结构示意图

门站控制系统采用可编程序控制器(PLC)作为主控制器,PLC 具备数据采集、设备通信、逻辑运算和设备控制等功能,性能强大且可靠性高。PLC 具备模拟量输入/输出接口(AI/AO)、数字量输入/输出接口(DI/DO)、RS485 通信接口和以太网接口。

PLC 的模拟量输入接口用来采集压力变送器、温度变送器等具备 4~20mA 电流输出的仪表;模拟量输出接口用来控制加臭机等设备;数字量输入接口用来采集燃气泄漏报警、切断阀状态等信号;数字量输出接口用来控制切断阀、报警指示灯等设备;RS485 通信接口用来与流量计和其他串行设备通信；以太网接口用来与门站监控计算机通信。各输入/输出接口在配置时均留有一定余量。

门站中常用的防爆型流量计有两种类型：一种为隔爆型，另一种为本安型。隔爆型流量计可直接连接到PLC的RS485接口，为防止雷击对PLC的破坏，回路中需要加防雷保护模块（包括24V供电防雷模块和RS485通信防雷模块）。对于本安型流量计，为构成本安防爆系统必须与相应的安全栅配合使用。流量计安全栅选用隔离式安全栅并具配电功能，可向流量计供电。流量计采用总线方式连接在PLC的RS485口上，一个RS485口可连接多台流量计，PLC使用流量计厂家的专用协议与流量计通信，由于采用了多协议技术，不同品牌的流量计可连接在同一个RS485口上。

门站要对天然气加臭，加臭工作可由PLC自动控制完成。PLC可根据采集到的流量信号控制加臭机（使用AO口，输出4~20mA电流信号），实现自动加臭，控制算法可根据要求编制。

门站中配置一台监控计算机，其上运行监控软件（组态软件），通过以太网与PLC连接。PLC采集到的压力、温度、流量等数据可实时显示在监控画面上，同时操作人员还可通过监控画面对现场设备进行控制。监控软件还具备实时曲线、历史曲线、历史数据查询、报警记录、报表输出等功能。

门站数据远传到调度中心是通过GPRS无线方式来实现的。PLC可将门站现场数据传送到调度中心（中控室），同时还可接受调度中心下发的指令。PLC配备有两个RS485通信口，其中一个连接到GPRS模块（DTU模块），实现GPRS无线通信。

为保证不间断供电要求，门站配备了UPS系统，可保证至少6h的后备时间。为防止雷击由供电线传入系统，在UPS前端配有电源防雷保护模块。

三、工业用户、加气站、燃气管网末端、调压站数据采集系统

工业用户、加气站、燃气管网末端、调压站的燃气设备一般位于调压箱或调压房内，所需采集的数据相对较少，一般包括1~3路流量，一个进口或出口压力。

工业用户数据采集系统的典型配置示意图如图12-5所示。

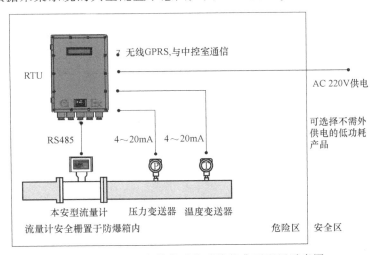

图12-5 工业用户数据采集系统的典型配置示意图

工业用户、加气站、燃气管网末端、调压站数据采集系统采用燃气监控无线数据传输单元（RTU）作为采集和传输设备，该设备可采集燃气现场数据并通过GPRS无线网络传送至调度中心计算机。

该设备具备模拟量输入（AI）、数字量输入（DI）、数字量输出（DO）及RS485/422通信功能，可采集压力、温度、可燃气体浓度等模拟量数据（通过AI口），也可采集阀门开关状态、燃气泄漏报警等数字量信息（通过DI口），并可对现场设备进行控制（通过DO口）。设备采用模块化设计，各输入、输出接口均可根据实际需要扩展。

工业用户、加气站、燃气管网末端、调压站内的流量计推荐使用本安型流量计，同样需要配合安全栅使用，安全栅置于防爆箱内，流量计连接在采集设备的RS485通信口上，采集设备可从流量计中可读取到流量数据（瞬时流量和累计流量）、气体温度和进出口压力（根据流量计安装位置测得的压力为进口压力或出口压力）。如有压力变送器或温度变送器，则变送器连接在采集装置的模拟量输入接口上，变送器为4~20mA输出。如为本安型则需要额外增加安全栅。采集到的数据通过GPRS无线网络发送到调度中心（中控室）。

四、燃气管网SCADA系统功能

燃气管网SCADA系统调度中心实时采集门站、调压站、加气站、调压箱/柜等站点的工艺运行参数，实现对燃气管网和工艺设备运行情况进行自动、连续的监视、管理和数据统计，为管网平衡、安全运行提供必要的辅助决策信息。其主要功能如下：

（1）对各站数据的实时采集、处理和存储。
（2）图形显示。
（3）管网图、工艺流程图动态实时显示。
（4）实时和历史数据趋势图、柱状图和饼状图。
（5）全部参数的列表显示。
（6）报警和故障处理。
（7）参数（如压力）上下限报警。
（8）事件报警（如红外、供电等）。
（9）声光报警及故障报警时自动推图。
（10）报警信息的存储查询。
（11）安全保护功能，可设置不同安全区和安全级别，用户可以建立不同的安全功能区和不同的功能级别。
（12）对于预设的重要事件，系统可向特定人员发出手机短信。
（13）数据存储、归档。
（14）关系数据库和数据网页发布。
（15）统计报表的生成打印。
（16）操作员站界面多屏显示。
（17）系统诊断管理。
（18）系统的自诊断和故障分析功能。
（19）网络监视及管理。
（20）通信系统的诊断管理。
（21）系统时间同步功能。

(22) UPS 供电功能。
(23) 网络安全设计。
(24) 设备管理功能。
(25) 班组日常管理功能。
(26) 系统冗余热备。
(27) 主备中心切换。
(28) 主备通信链路切换。
(29) 主备服务器切换。
(30) 网络冗余。
(31) 实时服务器冗余热备。
(32) 通信系统冗余热备。
(33) 打印机冗余。
(34) 远程控制功能。
(35) 投影机（含投影幕布）。
(36) SCADA 系统在接口设计上应具备从其他系统获得数据和向其他系统提供数据的功能，以便系统功能的扩展。

第三节　供水管网 SCADA 系统

供水管网 SCADA 系统有助于供水公司远程实时监测供水管网，工作人员可以在供水公司调度中心远程监测全市供水管网的压力及流量情况。科学指挥各水厂启停供水设备，保障供水压力平衡、流量稳定，及时发现和预测爆管事故的发生。

一、供水管网 SCADA 系统组成

供水管网 SCADA 系统是供水公司供水调度管理系统的一个子系统，主要由供水公司调度中心、通信平台、监测终端、压力变送器和流量仪表组成。

供水管网 SCADA 系统组成示意图如图 12-6 所示。

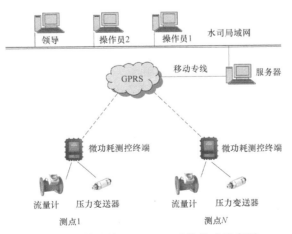

图 12-6　供水管网 SCADA 系统组成示意图

二、供水管网 SCADA 系统在线监控终端功能特点与结构形式

1. 在线监控终端的功能特点

（1）采集管网压力、流量、流向、电池电压等数据。
（2）将采集数据主动上报到调度中心；支持定时上报和监测数据超限上报。
（3）支持多种供电方式：电池供电、太阳能供电、市电供电。
（4）大容量可充电电池供电、太阳能供电、市电供电条件下支持调度中心随时问询。
（5）采用 GPRS、短消息无线通信方式。
（6）现场可存储、显示、查询压力、流量等数据及工作参数。存储数据≥1万条。
（7）数据存储间隔、数据上报间隔可以设置。
（8）防水防潮等级高，测井内安装时：IP68。
（9）4 节高能电池可数据发送≥1 万条，100Ah 可充电电池充电 1 次可使用 3~4 个月。
（10）为现场压力变送器提供直流电源：5V、12V、24V。
（11）支持远程升级设备程序、设定参数。

2. 在线监控终端的结构形式

供水管网 SCADA 系统在线监控终端的结构形式分为两种，即：测井内型监控设备和测井外型监控设备。

测井内型监控设备安装在测井内，电池供电时采用此结构。电池供电方式有两种：一种是靠 4 节高能锂电池组供电，电池组安装在微功耗测控终端内；另一种是靠大容量可充电蓄电池组供电，可充电蓄电池组独立安装。

测井外型监控设备安装在测井外，太阳能供电和市电供电时采用此结构。

三、供水管网 SCADA 系统监测点设备配置与安装方式

因供电方式不同，监测点的现场设备配置与安装方式也不同。下面将分别对各种监测点设备配置与安装方式进行介绍。

1. 高能锂电池组供电方式

（1）测点设备配置表。高能锂电池组供电方式测点设备配置表见表 12-1。

表 12-1　高能锂电池组供电方式测点设备配置表

序号	部件名称	数量	备注
1	微功耗测控终端	1	DATA-6216（内嵌锂电池组）
2	防水外罩	1	测控终端用
3	压力变送器	1	0~5V 信号输出
4	流量仪表	1	脉冲输出或串口输出

（2）终端设备安装方式。将防水外罩安装在监测井井壁上，微功耗测控终端放置在防水罩内。压力变送器信号线、水表信号线接在微功耗测控终端自带的防水接线盒上。高能锂电池组供电方式终端设备安装方式如图 12-7 所示。

2. 可充电电池组供电方式

（1）测点设备配置表。可充电电池组供电方式测点设备配置表见表 12-2。

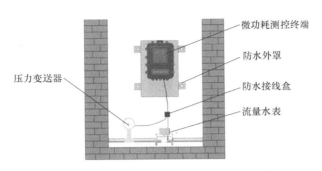

图 12-7 高能锂电池组供电方式终端设备安装方式

表 12-2 可充电电池组供电方式测点设备配置表

序号	部件名称	数量	备注
1	微功耗测控终端	1	DATA-6216
2	防水外罩	1	安装测控终端用
3	可充电电池组	1	100Ah、6V
4	可充电电池组安装支架及防水罩	1	安装电池组用
5	压力变送器	1	0~5V 信号输出
6	流量仪表	1	脉冲输出或串口输出

（2）终端设备安装方式。将防水外罩安装在监测井井壁上，微功耗测控终端放置在防水罩内。压力变送器信号线、水表信号线接在微功耗测控终端自带的防水接线盒上。可充电电池组安装支架固定监测井井壁上，安放好电池组，接好电源线，扣上并固定防水罩。可充电电池组供电方式设备安装方式如图 12-8 所示。

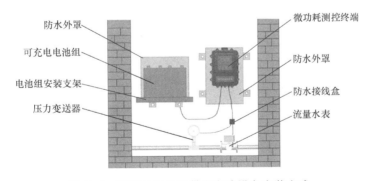

图 12-8 可充电电池组供电方式设备安装方式

3．太阳能供电方式

（1）测点设备配置表。太阳能供电方式测点设备配置表见表 12-3。

（2）终端设备安装方式。将微功耗测控终端、充电保护器、蓄电池等集成在金属防护箱内。金属防护箱安装在金属杆上。太阳能板安装在金属杆上的支架上。压力变送器信号线、水表信号线接在防水接线盒上。按接线图要求接线。太阳能供电方式设备安装方式如图12-9 所示。

表 12-3　太阳能供电方式测点设备配置表

序号	部件名称	数量	备注
1	微功耗测控终端	1	DATA-6216
2	室外型金属防护箱	1	480mm×360mm×200mm
3	充电保护器	1	12V
4	蓄电池	1	12Ah
5	太阳能板	1	20W
6	金属杆及安装支架	1	依据安装环境设计
7	压力变送器	1	0~5V 信号输出
8	流量仪表	1	脉冲输出或串口输出

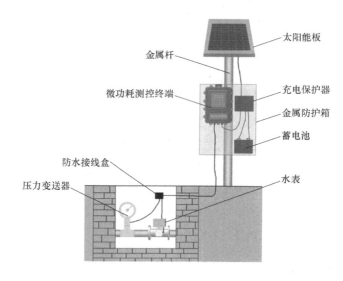

图 12-9　太阳能供电方式设备安装方式

4．市电供电方式

（1）测点设备配置表。市电供电方式测点设备配置表见表 12-4。

表 12-4　市电供电方式测点设备配置表

序号	部件名称	数量	备注
1	微功耗测控终端	1	DATA-6216
2	室外型金属防护箱	1	480mm×360mm×200mm
3	开关电源	1	12V
4	蓄电池	1	12Ah
5	空气开关	1	10A
6	金属杆及安装支架	1	依据安装环境设计
7	压力变送器	1	0~5V 信号输出
8	流量仪表	1	脉冲输出或串口输出

（2）终端设备安装方式。将微功耗测控终端、开关电源、蓄电池等集成在金属防护箱内。金属防护箱安装在金属杆上。压力变送器信号线、水表信号线接在防水接线盒上。按接线图要求接线。市电供电方式设备安装方式如图 12-10 所示。

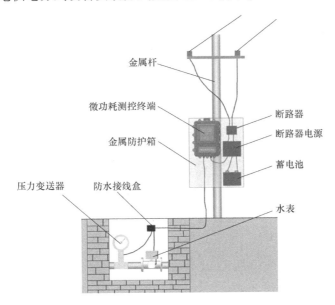

图 12-10　市电供电方式设备安装方式

四、供水管网 SCADA 系统结构与功能

1. 供水管网 SCADA 系统硬件网络结构

供水管网 SCADA 系统硬件网络结构示意如图 12-11 所示。

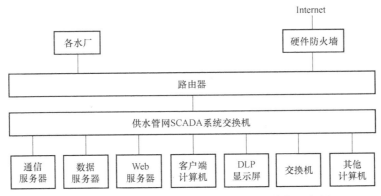

图 12-11　供水管网 SCADA 系统硬件网络结构示意图

2. 供水管网 SCADA 系统软件结构

供水管网 SCADA 系统软件采用 B/S 结构或 B/S+C/S 结构，软件在供水公司调度中心服务器上运行，使用者通过供水公司局域网浏览并进行操作。数据通信服务软件可将水源井远程测控终端等设备接入供水管网 SCADA 系统。供水管网 SCADA 系统软件界面如图 12-12 所示。

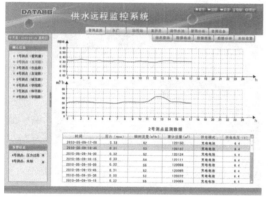
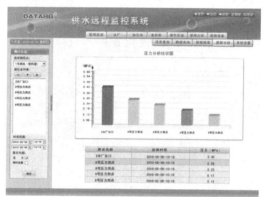

图 12-12　供水管网 SCADA 系统软件界面

3. 供水管网 SCADA 系统功能

供水公司的 SCADA 系统能够对全市供水管网进行监测，具体功能如下：

（1）监测整个城市供水管网测点的压力、流量、流向、水质信息。

（2）监测各水厂出厂流量、出厂压力、清水池水位、加压泵工作状态。

（3）监测加压泵站的水池水位、进口压力、水泵工作状态、出口压力，远程控制加压泵的启停。

（4）监测直供水泵工作状态、出口流量、出口压力，远程控制水泵的启停。

（5）监测城市备用调节水池的水位。

（6）生成每个测点的压力、流量数据曲线，生成每条管线压力分布曲线。

（7）生成各种工作报表。

（8）辅助预测，发现爆管事故，提供辅助决策建议。

（9）存储，查询，对比历史数据。

（10）远程维护监测设备。

（11）辅助管理管网管道、阀门、变送器、流量计等设备。

第四节　城市地下综合管廊安全监测系统与关键技术

地下综合管廊是指在城市地下用于集中敷设电力、通信、广播电视、给水、排水、热力、燃气等市政管线的公共隧道。如果说高楼大厦是城市的面子，那么地下综合管廊就是城市的里子，是城市的内在"名片"，是城市基础设施的重要组成部分。作为解决城市地下空间与管网问题的有效方式，它代表了城市基础设施发展的必然方向和全新模式。对于具备条件的排水管道建议纳入综合管廊，新版《城市综合管廊工程技术规范》（GB 50838—2015）增加了排水管道入廊的技术规定，它将综合管廊的设计与海绵城市技术措施相结合，既满足了综合管廊的总体功能、完善了城市基础设施，又能提高排水防涝标准、提升城市应对洪涝灾害的能力。近年来，国家将地下综合管廊建设作为重点支持的民生工程。

地下管廊汇集了城市的各种生命管线，关乎市民生活的方方面面，是城市正常运行的重要基础设施。加之地下管廊属于隐蔽工程，传统的巡检方式难以实时、准确、全面掌握地下管廊的运行状态，因此，地下综合管廊安全监测系统的建设成为管廊运营管理环节的重中之重，也是地下综合管廊建设的重要内容之一。

一、系统建设目标

综合管廊监控报警与运维管理系统设计遵循"超前规划，适度预留，稳定可靠，易于扩展，功能分散，信息集中"的原则，结合国内目前成熟领先的一体化综合监控理念，运用计算机网络技术、智能控制技术、多媒体技术、管理开发技术，采用先进的信息采集与获取、信息传输与管理、信息展示与利用的设计理念，提供先进、科学的综合管理机制和联动控制机制，实现对综合管廊集中监控及历史信息集中查询，可以实现整个管廊监控系统的一体化综合集成、智能控制的目标。

（1）实时、自动采集及传输监测数据。采用高质量、高精度专业传感器，对管廊自身、管廊内各种管线的运营状况实时监测，准确反映变形或变化情况。

（2）快速、准确处理监测数据，及时预警。对监测数据快速准确计算，绘制变形曲线或报表。变形或参数超限时能够及时报警，提醒管理人员及时采取针对性应急措施，保障地下综合管廊安全。

二、系统建设总体思路

综合管廊安全监测与预警系统的设计要满足运维管理、设备监控、安全防灾等需求。为预防事故发生，保证综合管廊安全、可靠地运行，需建立综合管廊智能化综合监控系统。系统设计的总体思路是利用物联网技术，对地下管廊、各类设施及环境等进行感知、识别，通过网络互联进行传输、计算、分析处理和数据挖掘，实现对地下管廊的实时监测、精确管理和科学决策。系统融合了多元传感器、软件开发、网络传输、计算机、建筑物三维模拟等先进技术，由监测子系统、数据中心子系统和客户端子系统三部分组成，系统组成部分及工作架构如图12-13所示。

监测子系统主要由温湿度传感器、燃气泄漏传感器、火险和有害气体传感器、积水传感器、倾斜仪、应力计传感器等监测传感器和无线网络卫星/有线通信模块等设备组成。

1. 数据中心子系统组成

数据中心子系统由硬件和软件组成：

（1）硬件包括：光缆、交换机、服务器、路由器、防火墙、磁盘阵列等。

（2）软件包括：数据处理、灾害评估、预警多功能软件。客户端子系统主要为客户端

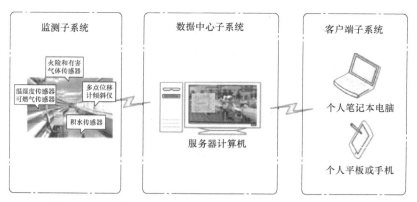

图 12-13　城市地下管廊安全监测系统组成部分及工作架构

软件，可以通过信息推送发布预警信息。

2. 系统基本工作流程

（1）监测子系统将各类传感器监测的数据通过专用光缆、无线通信（GPRS/3G）或无线传感器网络通信（WSN）等相结合的方式传输至数据中心子系统。

（2）数据中心子系统对传感器监测数据进行处理，得出地下管廊的日常运营监测数据。

（3）客户使用自己的电脑或手机登录客户端软件，随时随地查看监测数据或报警信息。

三、关键技术

1. 集成多源传感器的监测子系统

多源传感器在建筑变形、水位渗透、应力应变监测、管线安全运行等方面有独特优势。地下管廊安全监测系统需要监测多个对象，且每个对象不同点位要求多种传感器进行综合利用。通过多源传感器硬件耦合、数据融合、信号抗干扰等关键集成技术的研究，研制多源传感器终端监测设备来实现复杂环境下多要素的监测，可为提升监测能力、增加监测要素、增加预警正确性提供保障。集成多源传感器的监测系统如图 12-14 所示。

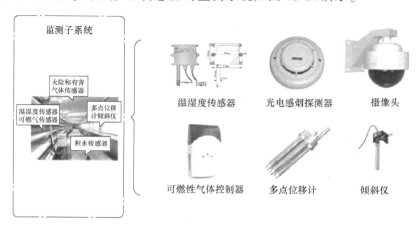

图 12-14　集成多源传感器的监测子系统

2. 多源传感器数据网络传输技术

为了能够监测管廊自身健康状况、管线运行情况、管廊内环境，获得管廊各个部位的健康参数，系统设计了在有效范围内通过合理布设以接收多源传感器数据的监测站，并将数据实时传输至数据中心的方式。本系统关键技术之一就是基于 RFID、WSV 网络通信技术及 VTRIP（Vetworked transport of RTCM via Internet Protocol）协议，研究各个多源传感器监测数据无线、实时、安全、稳定的传输技术，解决监测站数据传输难、成本高的难题，实现监测站子系统与控制中心子系统之间的无缝链接与数据传输，为整个系统的稳定、可靠运行提供准确的监测数据。系统通信方式如图 12-15 所示。

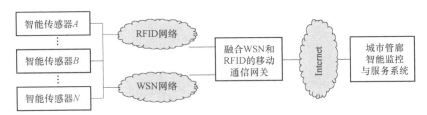

图 12-15　系统通信方式

3. 客户端子系统

用户通过登陆客户端软件（图 12-16）可以实时查看各个传感器的监测信息，不需在监测现场就能查看远程监测站信息，方便用户远程获取数据中心服务器的信息。

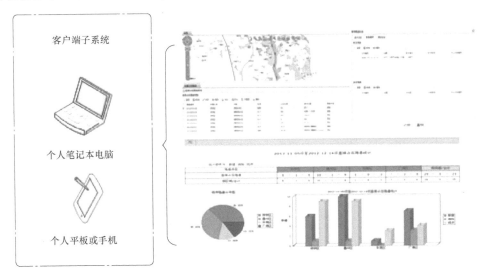

图 12-16　客户端子系统

同时，如果一旦监测区域发生异常情况，数据中心软件会向客户端软件推送预警消息，以及时发现问题，快速采取措施，最大程度保障人员安全，降低经济损失。

四、系统功能

1. 环境监测

通过在每个防火分区的出入口和通风口处安装气体（O_2、CH_4、H_2S）、温度、湿度、烟雾、水位等监测传感器，监测信号通过北斗多元传感器监测设备传送到监控中心计算机。在监控中心控制室显示屏上以数字形式显示每个防火分区的氧气百分比含量和温度、湿度等。一旦探测器检测到危险气体,危险区域周边的作业人员会第一时间看到以数字形式显示每个防火分区的气体百分比含量和温度、湿度等报警提示信息,获知报警位置。

2. 管廊自身变形监测

通过在管廊内部墙壁内埋设多点位移计、倾斜仪等监测传感器,监测设备通过多元传感器将数据传送到监控中心,数据处理中心软件对收集到的监测信息进行处理分析。一旦监测点的变形量达到或超过预警值,数据中心软件会向客户端软件推送消息,以供技术人员及时发现问题,采取对应措施。

参 考 文 献

[1] 王强，苗金明. 地下管网检测技术 [M]. 北京：机械工业出版社，2014.
[2] 袁厚明. 地下管线检测技术 [M]. 2版. 北京：中国石化出版社，2012.
[3] 中华人民共和国住房和城乡建设部. 城市地下管线探测技术规程：CJJ 61—2015 [S]. 北京：中国建筑工业出版社，2017.
[4] 王勇. 城市地下管线探测技术方法研究与应用 [D]. 长春：吉林大学，2012.
[5] 杜良法. 电（磁）法技术在地下管线探测中的应用 [J]. 测绘与空间地理信息，2008（6）：7-10.
[6] 曹震峰. 燃气PE管道示踪线方法及其探测技术 [J]. 勘察科学技术，2010（4）：61-64.
[7] 杨剑，李华，焦彦杰. 探地雷达在城市地下管线探测中的应用 [J]. 物探化探计算技术，2012（6）：669-672.
[8] 吴晓南，胡镁林，商博军，等. 城市燃气泄漏检测新方法及其应用 [J]. 天然气工业，2011（9）：98-101.
[9] 袁朝庆，刘迎春，刘燕，等. 光纤光栅在热力管道泄漏检测中的应用 [J]. 无损检测，2010（10）：790-794.
[10] BW Technologies. GasAlertMicro复合气体探测仪快速参考指南：中文版 [Z].
[11] 雷林源. 城市地下管线探测与测漏 [M]. 北京：冶金工业出版社，2003.
[12] 朱能发，王成，王健. 惯性陀螺仪在非开挖施工管线定位测量中的应用 [J]. 测绘通报，2015（S2）：60-61.
[13] 肖顺，张永命，任建平. 地震映像法在超深管线探测中的应用 [J]. 城市勘测，2014（1）：170-172.
[14] 许国礼，徐洪苗. 高密度电法在工程勘察及检测中的应用 [J]. 中国非金属矿工业导刊，2014（6）：53-55.
[15] 陈穗生，梁瑜萍. 复杂条件下地下的管线探测方法 [J]. 物探与化探，2008（1）：96-100.
[16] 皮博迪. 管线腐蚀控制 [M]. 吴建华，许立坤，等译. 北京：化学工业出版社，2004.
[17] 董绍华. 管道完整性技术与管理 [M]. 北京：中国石化出版社，2007.
[18] 万者坚，孙珍同，袁厚明. 涂层针孔缺陷的检漏原理及方法 [J]. 腐蚀与防护，1999（8）：369-370.
[19] 陈敬和. 变频选频法测量埋地管道防腐层绝缘电阻技术 [Z]. 阴极保护技术与应用培训教材，2002（15）.
[20] 杨子江. 埋地管道外防腐状况检测系统 [Z]. 阴极保护技术与应用培训教材，2005（5）.
[21] 钟富荣. 断电电位和涂层面电阻率测试方法 [J]. 油气储运，2002（6）：36-38.
[22] 俞蓉蓉，蔡志章. 地下金属管道的腐蚀与防护 [M]. 北京：石油工业出版社，1998.
[23] 孙慧珍，等. 地下设施的腐蚀与防护 [M]. 北京：科学出版社，2001.
[24] 洪乃丰. 地下管道腐蚀与城市安全 [J]. 城市减灾，2006，48（3）：5-8.
[25] 翁永基，卢绮敏. 腐蚀管道最小壁厚测量和安全评价方法 [J]. 油气储运，2003（12）：40-43.
[26] 臧延旭，等. 管道壁厚测量技术研究进展 [J]. 管道技术与设备，2013（3）：20-22.
[27] 罗金恒，赵新伟，白真权，等. 管道土壤腐蚀速率测试方法 [J]. 油气储运，2004（11）：50-52.
[28] 石仁委. 埋地管道壁厚的瞬变电磁检测技术研究 [J]. 石油化工腐蚀与防护，2007（2）：10-13.
[29] 殷朋. 内腐蚀在线监测技术在输气管道的应用 [J]. 腐蚀与防护，2003（5）：213-215.
[30] 李学文. 浅谈公共排水管道电视检测技术 [J]. 广东建材，2012（7）：35-37.

[31] 王敬凡. 燃气管道的腐蚀和检测技术 [J]. 上海煤气, 2008 (3): 15-17.
[32] 易冬蕊. 输油管道的超声导波检测应用 [D]. 西安: 西安石油大学, 2012.
[33] 张正义. 埋地钢质燃气管道腐蚀检测与评估方法研究 [D]. 重庆: 重庆大学, 2004.
[34] 刘慧芳, 张鹏, 周俊杰, 等. 油气管道内腐蚀检测技术的现状与发展趋势 [J]. 管道技术与设备, 2008 (5): 46-48.
[35] 李兆太, 王成森, 黄智, 等. 管道对接焊缝的超声波检测 [J]. 无损检测, 2011 (8): 46-53.
[36] 武万辉, 郭勇, 王同德, 等. 管道漏磁检测技术及应用 [J]. 管道技术与设备, 2009 (2): 33-34.
[37] 杨勇, 尹春峰, 姬杰. 金属磁记忆技术在埋地金属管道应力集中区检测中的应用 [J]. 石油工程建设, 2012 (5): 54-57.
[38] 沈功田, 景为科, 左延田. 埋地管道无损检测技术 [J]. 无损检测, 2006, 28 (3): 137-141.
[39] 周舰, 克勤, 冯其波. 埋地聚乙烯管道变形检测技术探讨 [J]. 中国测试技术, 2006, 32 (1): 34-37.
[40] 王艺, 李冠男, 杨乐. 排水管道检测技术 [J]. 河南科技, 2010 (7X): 49-50.
[41] 辛君君, 董甲瑞, 黄松岭, 等. 油气管道变形检测技术 [J]. 无损检测, 2008 (5): 285-288.
[42] 周燕, 董怀荣, 周志刚, 等. 油气管道内检测技术的发展 [J]. 石油机械, 2011 (3): 74-77.
[43] 宋生奎, 宫敬, 才建, 等. 油气管道内检测技术研究进展 [J]. 石油工程建设, 2005 (2): 10-14.
[44] 雷晓青, 等. 油气管道无损检测方法选择 [J]. 石油工业技术监督, 2013 (7): 28-30.
[45] 张智, 牛田瑛, 陈琦. 管道泄漏监测技术和监测体系发展现状 [J]. 中国化工贸易, 2011 (9): 8-10.
[46] 李健, 陈世利, 黄新敬, 等. 长输油气管道泄漏监测与准实时检测技术综述 [J]. 仪器仪表学报, 2016 (8): 1747-1760.
[47] GUO A, 韩钊. 基于超声导波微传感技术的油气管道在线监测技术 [J]. 天然气工业, 2015 (10): 106-111.
[48] 董绍华, 王联伟. 管道内腐蚀监测技术的现状及发展趋势 [J]. 石油石化管线与技术, 2009 (3): 75-76.
[49] 段汝娇, 何仁洋, 杨永, 等. 管道非破坏腐蚀监测新技术研究进展 [J]. 管道技术与设备, 2014 (6): 18-20.
[50] 周亮. 城市地下综合管廊安全监测系统建设关键技术研究 [J]. 现代测绘, 2016 (6): 39-41.